普通高等教育船舶与海洋工程学科"十三五"规划系列教材

船舶流体力学(第二版)

主 编 夏国泽 杨 丹

华中科技大学出版社
中国·武汉

内 容 简 介

本书是全国高等院校船舶专业"九五"部委级重点教材。

本书论述了流体力学的基本原理,重点讨论了不可压缩流体的运动规律和绕流问题,内容包括:流体的性质;流体静力学;流体运动的描述和基本方程;伯努利方程和积分型基本方程的应用;旋涡理论;势流理论;波浪理论;黏性流体动力学;边界层理论。各章均有适量的习题,书后有附录和习题参考答案。

本书资料丰富,内容翔实,分量适当。结合专业特色,在势流理论、波浪理论和边界层理论等章节中有许多改进和更新,全书思路清晰、论述精练、流畅。

本书可作为船舶、海洋工程专业的教材,也可供其他专业的大学生用作学习流体力学的参考书。

图书在版编目(CIP)数据

船舶流体力学/夏国泽,杨丹主编.—2版.—武汉:华中科技大学出版社,2018.11(2023.7重印)
普通高等教育船舶与海洋工程学科"十三五"规划系列教材
ISBN 978-7-5680-4689-3

Ⅰ.①船… Ⅱ.①夏… ②杨… Ⅲ.①船舶流体力学-高等学校-教材 Ⅳ.①U661.1

中国版本图书馆 CIP 数据核字(2018)第 242234 号

船舶流体力学(第二版)

夏国泽 杨 丹 主编

Chuanbo Liuti Lixue

策划编辑:万亚军
责任编辑:吴 晗
封面设计:刘 卉
责任监印:周治超

出版发行:华中科技大学出版社(中国·武汉)　　电话:(027)81321913
　　　　　武汉市东湖新技术开发区华工科技园　　邮编:430223
录　　排:华中科技大学惠友文印中心
印　　刷:武汉科源印刷设计有限公司
开　　本:787mm×1092mm　1/16
印　　张:15.25
字　　数:395千字
版　　次:2023年7月第2版第2次印刷
定　　价:46.80元

本书若有印装质量问题,请向出版社营销中心调换
全国免费服务热线:400-6679-118　竭诚为您服务
版权所有　侵权必究

出 版 说 明

根据国务院国发〔1978〕23号文件批转试行的《关于高等学校教材编审出版若干问题的暂行规定》，中国船舶工业总公司负责全国高等学校船舶类专业规划教材编审、出版的组织工作。

为做好教材编审组织工作，中国船舶工业总公司相应地成立了"船舶工程"、"船舶动力"两个教材委员会和"船电自动化"、"惯性导航及仪器"、"水声电子工程"、"液压"、"水中兵器"五个教材小组，聘请了有关院校的教授、专家50余人参加工作。船舶类专业教材委员会(小组)是有关船舶类专业教材建设研究、指导、规划和评审方面的专家组织，主要任务是协助船舶总公司做好高等学校船舶类专业教材的编审工作，为教材质量审查把关。

经过前四轮教材建设，共出版教材300余种，建立了较完善的规章制度，扩大了出版渠道，在教材的编审依据、计划体制、出版体制等方面实行了有成效的改革，这些为"九五"期间船舶类专业教材建设奠定了良好基础。根据国家教委对"九五"期间高校教材建设要"抓好重点教材，全面提高质量，继续增加品种，整体优化配套，深化管理体制和运行机制的改革，加强组织领导"的要求，船舶总公司于1996年又制定了"全国高等学校船舶类专业教材'九五'选题规划"。列入规划的选题共133种，其中部委级重点选题49种，一般选题84种。

"九五"教材规划是在我国发展社会主义市场经济条件下第一个教材规划，为适应社会主义市场经济外部环境，"九五"船舶类专业教材建设实行指导性计划体制。即在指导性教材计划指导下，教材编审出版由主编学校负责组织实施，教材委员会(小组)进行质量审查，教材编审室组织协调。

"九五"期间要突出抓好重点教材，全面提高教材质量，为此教材建设引入竞争机制，通过教材委员会(小组)评审、择优确定主编，实行主编负责制。教材质量审查实行主审、复审制，聘请主编校以外的专家审稿，最后教材委员会(小组)复审，复审合格后由有关教材委员会(小组)发出版推荐证书，出版社方可出版。全国高校船舶类专业规划教材，就是通过严密的编审程序和高标准、严要求的审稿工作来保证教材质量。

为完成"九五"教材规划，主编学校应充分发挥主导作用。规划教材的立项是由学校申报，立项后由主编校组织实施，教材出版后由学校组织选用，学校是教材编写与教材选用的行为主体，教材计划的执行主要取决于主编校工作情况。希望有关高校切实负起责任，各有关方面积极配合，为完成"九五"船舶类专业教材规划、为编写出版更多的精品教材而努力。

由于水平和经验局限，教材的编审出版工作和教材本身还会有很多缺点和不足，希望各有关高校、同行专家和广大读者提出宝贵意见，以便改进提高。

中国船舶工业总公司教材编审室
一九九七年四月

普通高等教育船舶与海洋工程学科"十三五"规划系列教材

序

海洋是孕育生命的"摇篮",也是养育生命的"牧场",人类社会发展的历史进程与海洋息息相关。自古以来,人类在利用海洋获得"鱼盐之利"的同时,也获得了"舟楫之便",仅海上运输一项,就占到了目前国际贸易总运量中的 2/3 以上。而今随着科学技术的发展,海洋油气开发、海洋能源开发、海水综合利用和海洋生物资源开发及保护等拉开了 21 世纪——海洋新世纪的帷幕。传统的船舶工程因海洋开发而焕发青春,越来越明朗地成为 21 世纪一道亮丽的风景线。

船舶与海洋工程学科是一个有着显著应用背景的学科。大型船舶和海上石油钻井平台是这个学科工程应用的两个典型标志。它们就如同海上的城市,除了宏大的外观,其上也装备有与陆上相类似的设施,如电站及电网系统、起吊设备、生活起居设施、直升机起降平台等,还装备有独特的设施,如驾控室、动力装置、推进系统、锚泊设备等。因此,该学科与其他相关学科有着密切的联系,如土木工程、动力工程及工程热物理、机械工程、电气工程、控制科学与工程等学科。将现代化的船舶与海洋工程的产品称为集科技大成之作,毫不夸张。

为了满足船舶与海洋工程学科本科生的学习需要,我们在多年教学、科研工作的基础上,并参考兄弟院校的相关教材及国内外有关资料文献,编写了本系列教材。本系列教材涵盖了船舶与海洋工程专业和轮机工程专业的主要学习课程,包括船舶与海洋工程概论、轮机工程概论、船舶流体力学、船舶设计原理、船舶与海洋工程结构力学、船舶摇摆与操纵、海洋平台设计原理、海洋资源与环境、舰船电力系统及自动装置、船舶动力装置原理与设计、深海机械与电子技术、舰船液压系统等。本系列教材的编写,旨在为船舶与海洋工程学科相关专业的本科生提供系统的学习教材,同时也向从事造船、航运、海洋开发的科技工作者及对船舶与海洋工程知识有兴趣的广大读者提供一套系统介绍船舶与海洋工程知识的参考书。

教材建设是高校教学中的基础性工作,是一项长期的工作,需要不断吸取人才培养模式和教学改革成果,吸取学科和行业的知识、新技术、新成果。本套教材的编写出版只是近年来华中科技大学船舶与海洋工程学院教学改革的初步总结,还需要各位专家、同行提出宝贵意见,以进一步修订、完善,不断提高教材质量。

华中科技大学船舶与海洋工程学科规划教材编写组
2014 年 8 月

再 版 前 言

"船舶流体力学"是船舶与海洋工程专业的一门重要技术基础课。一方面,本专业许多后续课程要以它为基础;另一方面,随着海洋工程和高性能船舶技术的发展,流体力学方面会有更多、更迫切的问题提出来,所以书中力图贯彻"打好基础,精选内容,逐步更新,利于教学"的原则,在传授知识的基础上尽量注意到能力的培养,以适应科技发展和教育改革的需要。

《船舶流体力学》自 2003 年出版以来至今已有 15 年,在船舶与海洋工程专业广泛使用,对专业的发展做出了积极贡献。本版修订考虑到目前的教学状态,仍保留了首版的基本内容和本专业特色,内容由浅入深、循序渐进,便于独立学习。

根据教材使用单位意见,本次修订的主要工作有:进一步修正了各概念的定义和诠释,并对全书进行了较全面的总结;对公式、变量表达和推导中的不妥和笔误之处进行了修改;第五章增加卡门涡街内容(5.8 节);各章节的内容进一步增强专业领域内的实际工程应用,使读者易于理解。

本书论述了流体力学的基本原理,重点讨论了不可压缩流体的运动规律和绕流问题,介绍了一些基本理论方法和结果。全部授完本书的内容需 70~80 学时。选学内容均在标题前面以"*"号注明。为便于学习,书后有附表、附录和习题答案。

在编写本书过程中参考了许多有关著作,从中获益匪浅,在此谨向这些作者表示感谢。

华中科技大学出版社和船舶与海洋工程学院的有关同志对本书的出版给予了大力支持和帮助,谨此表示感谢。

由于编者水平所限,书中的缺点和错误在所难免,恳请使用本书的教师和读者予以批评指正。

编者
于华中科技大学
2018 年 5 月

目 录

第 1 章 流体的性质 (1)
  1.1 流体的连续介质模型 (1)
  1.2 流体的压缩性 (2)
  1.3 流体的黏性 (4)
  1.4 作用在流体上的力 (7)
  1.5 应力张量 (8)
  1.6 理想流体中压力的大小与方向无关 (10)
  习题 (10)

第 2 章 流体静力学 (12)
  2.1 流体静力学方程 (12)
  2.2 流体平衡的一些要求 (14)
  2.3 平衡流体的等压面 (16)
  2.4 重力场中流体的静压分布 (18)
  2.5 压力计 (19)
  2.6 静止流体在平板上的作用力 (21)
  2.7 静止流体在曲面上的作用力 (23)
  2.8 阿基米德原理 (25)
  习题 (27)

第 3 章 流体运动的描述和基本方程 (30)
  3.1 描述流体运动的方法 (30)
  3.2 流场的几何描述 (33)
  3.3 流体运动的基本方程(拉格朗日型) (37)
  3.4 系统导数——雷诺输运公式 (38)
  3.5 积分形式的基本方程(欧拉型) (39)
  3.6 微分形式的基本方程 (39)
  习题 (43)

第 4 章 伯努利方程和积分型基本方程的应用 (45)
  4.1 伯努利方程 (45)
  4.2 定常流管的质量守恒方程 (48)
  4.3 空泡、船吸等现象的浅释 (50)
  4.4 低速测量 (51)
  4.5 小孔口出流问题 (53)
  4.6 定常流中积分型基本方程的应用 (54)
  习题 (61)

第 5 章	旋涡理论	(64)
5.1	旋涡运动的基本概念	(64)
5.2	速度环量和斯托克斯定理	(67)
5.3	汤姆逊定理	(69)
5.4	拉格朗日定理	(70)
5.5	海姆霍兹定理	(71)
5.6	旋涡的诱导速度	(72)
5.7	兰金涡	(76)
5.8	卡门涡街	(78)
习题		(79)
第 6 章	势流理论（一）	(81)
6.1	无旋运动和速度势	(81)
6.2	不可压势流的基本方程和边界条件	(82)
6.3	二维流动和流函数	(85)
6.4	复势和复速度	(87)
6.5	不可压平面势流的基本解	(88)
6.6	绕圆柱体的流动	(94)
6.7	布拉修斯公式	(98)
6.8	库塔-儒可夫斯基定理	(100)
6.9	保角变换方法的应用	(101)
6.10	映像法	(109)
6.11	基于奇点法的翼剖面理论	(114)
6.12	面元法	(119)
6.13	附加质量	(122)
习题		(125)
第 7 章	势流理论（二）	(128)
7.1	轴对称流动	(128)
7.2	细长旋转体轴向流动的线性理论	(129)
7.3	有限翼展机翼	(132)
7.4	升力线理论	(134)
7.5	展弦比换算式	(139)
7.6	小展弦比机翼	(141)
习题		(143)
第 8 章	波浪理论	(144)
8.1	波浪运动的基本方程与边界条件	(144)
8.2	小振幅波的速度势	(147)
8.3	小振幅波的要素	(148)
8.4	流体质点的运动、压力分布	(150)

8.5	波能及其传递	(153)
8.6	波群和群速度	(155)
8.7	波浪的浅水效应	(156)
8.8	二维船波	(159)
*8.9	开尔文波	(161)
习题		(164)

第9章 黏性流体动力学 ……(165)

9.1	纳维-斯托克斯方程	(165)
9.2	黏性流体运动的相似律	(168)
9.3	量纲分析	(173)
9.4	黏性不可压缩流动的准确解	(176)
9.5	层流和湍流	(182)
9.6	湍流的基本方程	(184)
9.7	湍流模式理论	(186)
9.8	圆管中充分发展湍流的速度分布	(189)
9.9	光滑圆管的阻力系数	(192)
9.10	管路计算	(194)
习题		(195)

第10章 边界层理论 ……(197)

10.1	普朗特边界层方程	(197)
10.2	平板层流边界层的精确解	(200)
10.3	平板边界层的动量分析	(205)
10.4	平板层流边界层的近似解	(207)
10.5	湍流边界层的速度分布	(208)
10.6	平板湍流边界层计算	(210)
10.7	平板阻力的工程估算	(211)
*10.8	动量积分方程及其解法	(213)
10.9	曲面边界层内的流动和分离	(217)
10.10	黏性阻力和边界层控制	(220)
习题		(222)

附录 ……(224)

附录 A	运动黏性系数和密度表	(224)
附录 B	常用公式	(226)
附录 C	质量守恒方程、N-S方程和流线方程(不可压流)	(226)

习题参考答案 ……(228)

参考文献 ……(233)

第1章 流体的性质

流体是液体和气体的统称。流体力学研究流体的宏观运动规律,以及流体和与之接触的物体之间的相互作用问题。根据研究对象的不同,流体力学可分为水动力学和空气动力学。

船舶流体力学是一门研究与船舶及海洋结构物有关的流体流动的学科,又称船舶水动力学。随着造船行业的发展,围绕船舶理论逐步形成了船舶水动力学,应用流体力学理论与实验的方法研究船舶的快速性与运动性能。船舶流体力学的研究内容主要包括:船舶的阻力性能;船舶的推进性能;船舶的操纵与摇摆;船舶的适航性能;船舶的浮性和稳性;计算流体力学;水波理论;流体动力测试技术等。此外,船舶流体力学的研究对象还扩展到海洋工程结构物、潜器、水下鱼雷和导弹等,研究的内容还包括了水弹性力学(结构与流体的动力学及其耦合问题)。船舶流体力学的实验设备主要是船舶拖曳水池、操纵性水池、水槽、风洞、螺旋桨空泡水筒等。

1.1 流体的连续介质模型

1.1.1 流体

从力学观点看,流体和固体的差别主要在于它们对剪力的承受能力不同。固体能够产生一定的变形来承受剪应力;流体则不能。无论剪应力多么小,流体都将连续不断地变形——流动,直到剪应力变为零为止。这时流体只承受压力而处于平衡状态。

液体和气体之间也有差别,从力学观点看,差别仅在于它们的可压缩程度不同。液体在常温常压下有确定的体积,很难压缩,因此,当空间容积比液体体积大时,它会出现自由液面。气体容易压缩,又能够均匀充满整个给定的有限空间,因而它不会出现自由面。当压缩性和自由面的影响可以忽略不计时,液体和气体的流动规律就完全一样了。

1.1.2 流体密度与流体质点

密度是流体的一个基本物理量。若均匀流体中流体的体积为 ΔV,质量为 Δm,则比值

$$\rho_{平均} = \frac{\Delta m}{\Delta V} \tag{1.1.1}$$

称为平均密度。如果流体质量分布不均匀,就需要取极限来确定各点的质量分布密度,简称流体密度,即

$$\rho = \lim_{\Delta V \to \tau_0} \frac{\Delta m}{\Delta V} \tag{1.1.2}$$

式中,τ_0——包含任意指定点 $A(x,y,z)$ 在内的极限体积。当 $\Delta V < \tau_0$ 时,其中所含流体分子数过少,分子运动的随机性会影响质量的统计平均值;当 $\Delta V > \tau_0$ 时,宏观的质量分布不均匀会带来误差。$\Delta m/\Delta V$ 随 ΔV 变化的示意图如图 1.1.1 所示。对于所有液体以及在 10^5 Pa 压力下的气体,τ_0 大约是 10^{-9} mm^3。

流体质点指的是极限体积流体,或者说,是 τ_0 内流体分子的总和。从宏观看,流体质点要多小就可有多小,从微观看,它又足够大,其中大量分子运动的统计平均量应足以代表流体的宏观属性,例如体积为 10^{-10} mm³ 的水中含有大约 3.3×10^9 个分子。

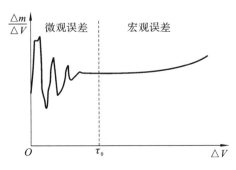

图 1.1.1 流体的密度

1.1.3 连续介质模型

流体力学在远远大于分子运动尺度的范围内研究流体的运动,而不考虑流体分子的个别行为,因此,可以将流体视为连续介质,这就是所谓的连续介质模型或者连续介质假设。连续介质的概念源于数学。从数学上讲,实数系是一个连续集。在任意两个不同的实数之间必定存在另一个不同的实数,因而,在任何两个不同的实数之间就有无穷多个实数。时间可以用一个实数系 t 代表,三维空间可以用三个实数系 x、y、z 来代表,于是可以将时间和空间看成一个四维的连续集。将连续集的概念推广到物质时,认为物质在空间是连续分布的,这种物质就是**连续介质**。

在假设流体为连续介质的条件下,流体的密度可以定义为

$$\rho = \lim_{\Delta V \to 0} \frac{\Delta m}{\Delta V} \tag{1.1.3}$$

用类似的方法还可以定义动量密度、能量密度等。因此也可以说,如果某种物质的质量、动量、能量密度在上述数学意义上存在,则这种物质就是连续介质。

流体的连续介质模型有如下特性:

(1) 流体可以无限分割为任意小的流体质点。质点的质量分布是均匀的,其流体状态服从热力学关系;

(2) 除特殊情况外,流体的力学和热力学参数在时空中是连续分布的,而且通常认为是无限可微的。

因此,可以应用连续函数的数学方法对流体的运动及动力学问题进行分析。

1.2 流体的压缩性

1.2.1 状态方程

气体的密度 ρ 受温度 T 和压强 p 的影响显著,气体密度通常随压强的增高而增大,随温度的升高而减小,它们之间的关系可以用热力学状态方程表示,即

$$p = p(\rho, T) \tag{1.2.1}$$

常见的气体大多数服从完全气体状态方程

$$\rho = \frac{p}{gRT} \tag{1.2.2}$$

式中：g——重力加速度，$g=9.81 \text{ m/s}^2$；

T——绝对温度（K）；

R——气体常数，对于空气，$R=29.27 \text{ m/K}$；

p——压强（Pa）；

ρ——密度（kg/m³）。

水的密度随温度升高而略微降低（见附表 A.1），随压强增加而加大。不计温度的影响时，有下列的经验关系式：

$$\frac{p}{p_0} \approx (B+1)\left(\frac{\rho}{\rho_0}\right)^n - B \tag{1.2.3}$$

式中：$p_0 = 101325 \text{ Pa}$；

$\rho_0 = 999.2 \text{ kg/m}^3$（淡水），$1026 \text{ kg/m}^3$（海水）；

$B \approx 3000$；

$n \approx 7$。

1.2.2 压缩性和膨胀性

流体密度随压力而改变的性质称为压缩性，随温度而改变的性质称为热膨胀性。流体密度的一般函数关系式为

$$\rho = \rho(p, T)$$

由此可求得密度随压力和温度变化的改变量，即

$$d\rho = \frac{\partial \rho}{\partial p} dp + \frac{\partial \rho}{\partial T} dT$$

或

$$\frac{d\rho}{\rho} = \alpha_T dp - \beta dT \tag{1.2.4}$$

式中：α_T——等温压缩系数，$\alpha_T = \frac{1}{\rho}\left(\frac{\partial \rho}{\partial p}\right)_T$；

β——等压热膨胀系数，$\beta = -\frac{1}{\rho}\left(\frac{\partial \rho}{\partial T}\right)_p$。

等温压缩系数的倒数称为体积弹性模量，记为

$$E = \frac{1}{\alpha_T} = \rho\left(\frac{\partial p}{\partial \rho}\right)_T \tag{1.2.5}$$

先比较一下水和空气的压缩性。由(1.2.4)式和(1.2.5)式可得

$$\frac{\Delta \rho}{\rho} \approx \frac{\Delta p}{E} \tag{1.2.6}$$

水的 $E \approx 2.04 \times 10^9 \text{ N/m}^2$，在增加一个大气压，即 $\Delta p = 101325 \text{ Pa}$ 的情况下，由(1.2.6)式可得水密度的相对变化量 $\Delta \rho / \rho \approx 0.5 \times 10^{-4}$，可见水的压缩性是极小的。在同样的温度条件下，空气的可压缩性要大得多，这时由(1.2.2)式可得

$$\frac{\Delta \rho}{\rho} \approx \frac{\Delta p}{p} \tag{1.2.7}$$

它表明压力加大一倍密度也加大一倍。从以上对比可知,空气比水容易压缩得多。

再比较水和空气的膨胀性。在 10^5 Pa 压力下,温度为 $10\sim20$ ℃时,水的 β 值为 $1.5\times10^{-4}(℃)^{-1}$,因此,当温度从 10 ℃增加到 20 ℃时,水的密度相对下降约为 1.5×10^{-3},对于空气,可由状态方程导出

$$\beta = -\frac{1}{\rho}\left(\frac{\partial\rho}{\partial T}\right)_p = \frac{1}{T} \tag{1.2.8}$$

由此关系可得

$$\left(\frac{\Delta\rho}{\rho}\right) = -\left(\frac{\Delta T}{T}\right) = -\frac{10}{283} = -3.5\%$$

可见,空气的膨胀性也比水的大得多。

1.2.3 可压缩流体和不可压缩流体

从上面空气和水的压缩性比较可知,水不容易压缩,空气容易压缩。这只是从物理性质比较得到的概念,不能由此简单地下结论:水是不可压缩流体,空气是可压缩流体。

流体力学中,不可压缩流体系指运动引起的密度变化可以忽略不计的流体。分析表明,当马赫数(Mach number)(气流速度 v 和当地音速 a 的比值)$Ma = v/a \leqslant 0.3$ 时,无需考虑空气的压缩性影响,可将空气视为不可压缩流体。在标准大气条件($t_0 = 15$ ℃,$p_0 = 101325$ Pa,$\rho_0 = 1.225$ kg/m³)下,海平面上的音速 $a_0 = 340.294$ m/s,因此,速度 $v \leqslant 100$ m/s 的气流都可以认为是不可压缩的。水下声速约为 1400 m/s,水流一般都认为是不可压缩的,但也有例外,在水下强烈爆炸的情况下,压力的急剧变化将引起密度的显著改变,这时水也是可压缩流体。因此,流体的可压缩性和可压缩性对流体的影响并不是一回事,前者仅仅是一种物性,后者则与流动的条件有关,因而也与流场本身的特性有关。

不可压缩流体的密度等于常数,即

$$\rho = 常数 \tag{1.2.9}$$

1.3 流体的黏性

流体运动时,流体内部具有抵抗相互滑移的能力,这种属性称为流体的黏性。实际上,流体都有黏性,但只在运动过程中才有可能表现出来。黏性作为流体的一种宏观物理属性,它与流体分子的热运动、分子间的相互作用以及由此在非均匀速度场中产生的动量输运密切相关。

1.3.1 牛顿内摩擦定律

流体内部抵抗相互滑移的力称为黏性力或内摩擦力。这种力可以通过实验测出来。如图 1.3.1 所示,水平放置的下平板是固定不动的,上面的平行平板在力 F 作用下以速度 V 向右运动。由于流体具有黏性,故紧贴平板的流体运动速度应与平板相等,在两平板之间,各层流体的运动速度都不同。如果两平行平板相距很近,那么各层流体的速度矢端曲线(通常称为速度剖面或速度型)可以认为是一条直线,因此,有

$$v = \frac{V}{y_0}y \tag{1.3.1}$$

式中:y_0——两平板之间的距离。具有这种速度剖面的流动称为线性剪切流动。

实验表明,加在上平板上的力 F 与速度 V 以及上平板面积 S 成正比,与两平板之间的距

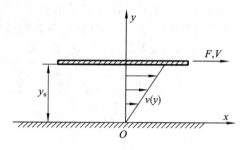

图 1.3.1 黏性力的测定

离 y_0 成反比,即

$$F \propto \frac{VS}{y_0} \quad 或 \quad \frac{F}{S} \propto \frac{V}{y_0}$$

写成等式,考虑到(1.3.1)式有

$$\tau = \frac{F}{S} = \mu \frac{V}{y_0} = \mu \frac{v}{y} \tag{1.3.2}$$

显然 $\tau = F/S$ 就是为克服流体的内摩擦必须加在上平板单位面积上的力。此力通过上平板又加在流体顶层表面上,然后向下逐层传递,一直传递到下面的平板为止。流体内部这种与运动方向平行的单位面积上的力称为剪应力。式中的比例系数 μ 称为**黏性系数**。

进一步的实验证实,一般情况下,流体的剪应力(内摩擦应力)

$$\tau = \mu \frac{\mathrm{d}v}{\mathrm{d}y} \tag{1.3.3}$$

式中:$\mathrm{d}v/\mathrm{d}y$——x 方向的速度在 y 方向的变化率,通常称其为 y 方向的**速度梯度**。剪应力方向和速度梯度方向是垂直的。这个公式是由实验得到的,通常称为**牛顿内摩擦定律**。符合此定律的流体称为**牛顿流体**,空气和水是自然界最典型的牛顿流体。牛顿流体最典型的特征是:剪应力和速度梯度呈线性关系。

1.3.2 黏性系数 μ 和 ν

流体的黏性系数 μ 常和密度 ρ 一起,以 μ/ρ 的形式出现,为方便起见,令

$$\nu = \frac{\mu}{\rho} \tag{1.3.4}$$

并称 ν 为**运动黏性系数**。它的量纲 $[\nu] = L^2 T^{-1}$,其中,L 是长度量纲,T 是时间量纲。μ 又称为**动力黏性系数**,其量纲为 $[\mu] = ML^{-1}T$,其中 M 是质量的量纲。

空气的黏性系数 μ 可按 Sutherland 公式计算:

$$\frac{\mu}{\mu_0} = \left(\frac{T}{T_0}\right)^{3/2} \frac{T_0 + T_s}{T + T_s} \tag{1.3.5}$$

式中,$T_s = 110.4$ K,$T_0 = 288.15$ K,$\mu_0 = 17.89 \times 10^{-6}$ kg/(m·s),数值计算结果如附表 A.2 所示。

水(淡水和海水)的运动黏性系数随温度的变化而变化,其数据如附表 A.1 所示。

现将空气、淡水、海水在 15 ℃、一个大气压($p = 101325$ Pa)下的密度、黏性系数的常用值列于表 1.3.1 中。

空气和水的 ν 值随温度变化而变化的曲线如图 1.3.2 所示。两条曲线的变化趋势相反,这是因为气体的黏性与分子热运动有关,温度升高,分子热运动加强,动量交换增加,各流层之

间的相互制约加强,因而黏性系数变大;液体的黏性主要取决于液体分子间的聚集力,当温度升高时,液体分子振动加强,分子间聚集力变小,因而黏性系数随温度上升而减小。

表 1.3.1 常用黏性系数表($t=15\ ℃$, $p=1.01325\times10^5\ Pa$)

	$\rho/(kg/m^3)$	$\mu\times10^6/(kg/(m\cdot s))$	$\nu\times10^6/(m^2/s)$
空气	1.225	17.89	14.60
淡水	999.2	1139	1.14
海水	1026	1221	1.19

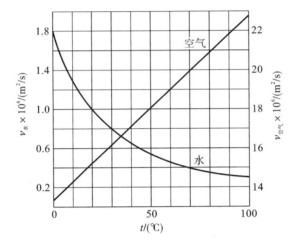

图 1.3.2 ν 随温度的变化而变化的曲线

1.3.3 黏性流体和理想流体

现在来考察黏性对流体运动的影响。图 1.3.3 所示的是半无限长平板上的均匀直线流动,远前方来流与板面平行,速度记为 v_∞。当流体流经平板时,平板对流体有阻滞作用,紧靠平板的流体速度趋于零,远离平板的流体速度大。平板板面法线上各点的水平速度 $v=v(x,y)$,可以用测速仪测量出来。可以发现,当 $y\geqslant\delta(x)$ 以后,$\partial v/\partial y\rightarrow 0$,$v\rightarrow v_\infty$。图 1.3.3 中用虚线表示 $\delta(x)$ 随 x 的变化。在 $\delta(x)$ 和板面之间的流体运动,因为 $\partial v/\partial y\neq 0$,剪应力 $\tau\neq 0$,这是流体黏性影响的必然结果。在 $\delta(x)$ 以外的流场,因为 $\partial v/\partial y=0$,剪应力 $\tau=0$,这表明流体黏性的影响完全可以忽略,流体可以看成是无黏(性)的。无黏的流体称为**理想流体**。运动过程中要考虑黏性影响的流体则称为**黏性流体**。

可以从数量上对 $\delta(x)$ 作一估计。设来流从平板前缘流到下游 x 处所用时间为 t,它与 x/v_∞ 同一数量级。在 t 时间内,平板对流体的阻滞作用通过内摩擦传向流体内部的垂直距离记为 $\delta(x)$,它的大小与黏性系数 ν 及时间 t 有关。从量纲看,$\sqrt{\nu t}$ 有长度量纲,因此,可以认为 $\delta(x)$ 和 $\sqrt{\nu t}$ 是同一数量级的,于是

$$\frac{\delta(x)}{x}\sim\frac{\sqrt{\nu t}}{x}\sim\frac{\sqrt{\nu x/v_\infty}}{x}=\frac{1}{\sqrt{Re_x}} \quad (1.3.6)$$

式中:

$$Re_x=\frac{v_\infty x}{\nu} \quad (1.3.7)$$

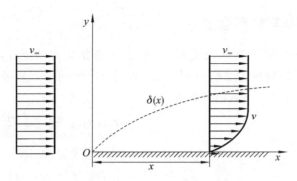

图 1.3.3　平板上的黏性流动

称为雷诺数(常写成 Re 数);波浪号~用来表示两边的量数量级相等。可以看出,在大 Re 数时,黏性影响区相对很薄,这一薄层称为边界层(或附面层,详见第 10 章)。在边界层以外是主流区,这个区域的流体运动自然应采用理想流体这一简化模型(即 $\mu=0$)来加以处理。

运动物体所受到的流体动力可以分成:①与运动方向垂直的分力——**升力**;②与运动方向相反的分力——**阻力**。解决升力问题用的是理想流体运动理论。解决阻力问题需要对边界层内的流动进行分析,即便如此,也少不了先进行无黏流动的计算。所以,理想流体的运动理论占有十分重要的地位。

理想流体流经固壁时不会黏附于壁面上,它将一滑而过。如果半无限长平板上方做均匀直线运动的是理想流体,壁面法线方向的速度分布将如图 1.3.4 所示。确切地说,其特征就是,壁面切线方向的分速 $v_\tau \neq 0$。因此,理想流体绕物体的无分离流动所要满足的物面边界条件为

物面法线方向分速 　　　$v_n = 0$ 　　　(1.3.8)

这个条件称为**可滑移条件**。

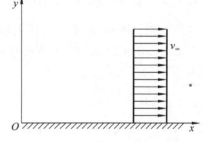

图 1.3.4　平板上的理想流体运动

黏性流体在物面上不能滑移,相应的边界条件称为**无滑移条件**(或**黏附条件**),即

物面法线方向分速　　　　　　　$v_n = 0$
物面切线方向分速　　　　　　　$v_\tau = 0$ 　　　(1.3.9)

1.4　作用在流体上的力

作用在流体上的力分为两类:质量力和表面力。

1. 质量力

这是超距离作用力,作用在流体的每个质点上。例如重力、惯性力、电磁力等。

2. 表面力

这是接触作用力,即周围流体或固体作用在该流体表面上的力,例如压力、摩擦力等。

流体是连续介质,因此质量力和表面力都是连续的分布力,需要定义它们的分布强度,以便衡量其大小。

1.4.1 质量力及其分布强度

在体积为 V，表面积为 S 的一块流体中，包含任意指定点 $M(x,y,z)$ 在内取微元体积 ΔV，作用在该微元体上的质量为 $\Delta \boldsymbol{F}$（见图 1.4.1），当 $\Delta V \to 0$ 时，下列极限值就是质量力在 M 点的分布强度

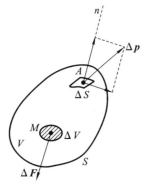

$$\boldsymbol{f} = \lim_{\Delta V \to 0} \frac{\Delta \boldsymbol{F}}{\rho \Delta V} = \frac{\mathrm{d}\boldsymbol{F}}{\rho \mathrm{d}V} \tag{1.4.1}$$

显然，$\boldsymbol{f}$ 是空间和时间的连续函数，即

$$\boldsymbol{f} = \boldsymbol{f}(x,y,z,t)$$

已知 $\boldsymbol{f}$ 就可以计算整块流体受到的质量力：

$$\boldsymbol{F} = \int_V \rho \boldsymbol{f} \mathrm{d}V \tag{1.4.2}$$

在重力场中，质量为 $\rho \mathrm{d}V$ 的流体的重力为

$$\mathrm{d}\boldsymbol{G} = \rho \mathrm{d}V \cdot \boldsymbol{g} \tag{1.4.3}$$

图 1.4.1 质量力和表面力

将(1.4.3)式和(1.4.1)式比较可知，重力加速度 $\boldsymbol{g}$ 就是重力的分布强度。由(1.4.1)式可知，质量力的分布强度也就是单位质量流体所受到的质量力，简称为单位质量力。

1.4.2 表面力及其分布强度

如图 1.4.1 所示，在流体表面上包含指定点 $A(x,y,z)$ 在内取微元面积 ΔS，其上作用的表面力记为 $\Delta \boldsymbol{P}$，$\boldsymbol{n}$ 为 ΔS 在 A 点的外法线单位矢量。用下式定义表面力在 A 点的分布强度，并称为 A 点的应力：

$$\boldsymbol{p}_n = \lim_{\Delta S \to 0} \frac{\Delta \boldsymbol{P}}{\Delta S} \tag{1.4.4}$$

$\boldsymbol{p}_n$ 和 $\boldsymbol{n}$ 一般不共线，所以通常将 $\boldsymbol{p}_n$ 按下列定义分解成几个分量。

定义 1 应力矢量 $\boldsymbol{p}_n$ 在作用面外法线方向的分量 $\boldsymbol{p}_{nn}$ 称为正应力。

约定正值的正应力和 $\boldsymbol{n}$ 同向，并称之为拉应力；负值的正应力则称之为压应力，简称为压力（即压强）。流体几乎不能承受任何拉应力，只承受压力。

定义 2 应力矢量 $\boldsymbol{p}_n$ 在作用面的切平面上两个相互垂直的分量 $\boldsymbol{p}_{n\tau}$ 和 $\boldsymbol{p}_{ns}$ 为剪应力（或切应力）。

应力分量使用了两个下标，第一下标表示作用面的方向，第二下标表示应力分量的方向。

请注意，过 A 点的微元面有无限多个，这里 $\boldsymbol{p}_n$ 仅仅是外法线单位矢量为 $\boldsymbol{n}$ 的那个微元面上 A 点的应力矢量。同一点上不同方向的应力矢量是不同的。简而言之，应力和它的作用面的方向有关。

按照(1.4.4)式的定义，应力矢量 $\boldsymbol{p}_n$ 是外界对流体施加的应力，那么 $\boldsymbol{p}_{-n}$ 就是该流体对外界的反作用，二者大小相等方向相反，因此，

$$\boldsymbol{p}_n = -\boldsymbol{p}_{-n} \tag{1.4.5}$$

1.5 应力张量

1.4 节曾指出，一点的应力和它的作用面的方向有关。下面来证明：只要知道通过该点相

互垂直的三个坐标面上的应力值,就可以确定该点任意方向的应力。

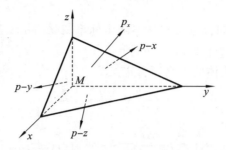

图 1.5.1 一点的应力状态

为此,取图 1.5.1 所示的微元四面体,p_n、p_{-x}、p_{-y}、p_{-z} 是各微元面上的应力平均值。斜面面积为 ΔS_n,四面体体积为 ΔV,作用在它上面的质量力为 $f\rho\Delta V$,在质量力和各表面力的作用下,四面体获得了加速度 a,因此根据牛顿第二定律,有如下方程:

$$f\rho\Delta V + p_n\Delta S_n + p_{-x}\Delta S_x + p_{-y}\Delta S_y + p_{-z}\Delta S_z = \rho\Delta Va \tag{1.5.1}$$

式中各微元面积有如下几何关系:

$$\Delta S_x = \Delta S_n \cos(x,n)$$
$$\Delta S_y = \Delta S_n \cos(y,n)$$
$$\Delta S_z = \Delta S_n \cos(z,n)$$

再按照(1.4.5)式,将 p_{-x}、p_{-y}、p_{-z} 换成 $-p_x$、$-p_y$、$-p_z$。代换后将(1.5.1)式通除以 ΔS_n,取极限。由于 ΔV 和 ΔS_n 相比是高阶小量,$\lim\limits_{\Delta S_n \to 0} \Delta V/\Delta S_n = 0$,因此,$f\rho\Delta V$ 和 $\rho\Delta Va$ 两项均可略去,结果得到

$$p_n = p_x\cos(x,n) + p_y\cos(y,n) + p_z\cos(z,n) \tag{1.5.2}$$

这个结果表明,只要知道三个坐标面上的应力值就可以确定该点任意方向的应力。为清楚起见,将(1.5.2)式改写成投影式:

$$\begin{cases} p_{nx} = p_{xx}\cos(x,n) + p_{yx}\cos(y,n) + p_{zx}\cos(z,n) \\ p_{ny} = p_{xy}\cos(x,n) + p_{yy}\cos(y,n) + p_{zy}\cos(z,n) \\ p_{nz} = p_{xz}\cos(x,n) + p_{yz}\cos(y,n) + p_{zz}\cos(z,n) \end{cases} \tag{1.5.3}$$

或写成矩阵形式:

$$\begin{bmatrix} p_{nx} & p_{ny} & p_{nz} \end{bmatrix} = \begin{bmatrix} \cos(x,n) & \cos(y,n) & \cos(z,n) \end{bmatrix} \begin{bmatrix} p_{xx} & p_{xy} & p_{xz} \\ p_{yx} & p_{yy} & p_{yz} \\ p_{zx} & p_{zy} & p_{zz} \end{bmatrix} \tag{1.5.4}$$

或

$$p_n = n \cdot P$$

式中:P——应力张量,

$$P = \begin{bmatrix} p_{xx} & p_{xy} & p_{xz} \\ p_{yx} & p_{yy} & p_{yz} \\ p_{zx} & p_{zy} & p_{zz} \end{bmatrix} \tag{1.5.6}$$

它刻画了 M 点的应力状态。给定应力张量即可求出指定点任一方向的应力。

应力张量有如下性质。

(1) 应力张量是对称张量,即

$$p_{ij} = p_{ji}, \quad i \neq j \tag{1.5.7}$$

例如：$p_{yx} = p_{xy}$，$p_{zy} = p_{yz}$等，由于应力张量具有对称性，所以9个分量中，只有6个分量是独立的。

（2）应力张量的三个法向分量之和是不随坐标系变化的不变量，即

$$p_{xx} + p_{yy} + p_{zz} = p_{x'x'} + p_{y'y'} + p_{z'z'} \tag{1.5.8}$$

利用这个性质，可以将黏性流体的平均压力定义为

$$p = -\frac{p_{xx} + p_{yy} + p_{zz}}{3} \tag{1.5.9}$$

1.6 理想流体中压力的大小与方向无关

理想流体没有内摩擦，不存在剪应力，所以应力投影(1.5.3)式可简化为

$$\begin{cases} p_{nx} = p_{xx}\cos(x,n) \\ p_{ny} = p_{yy}\cos(y,n) \\ p_{nz} = p_{zz}\cos(z,n) \end{cases} \tag{1.6.1}$$

从另一方面看，由于没有剪应力，所以应力矢量和外法线单位矢量 $\boldsymbol{n}$ 共线，于是有

$$\boldsymbol{p}_n = p_{nn}\boldsymbol{n} \tag{1.6.2}$$

即

$$\begin{cases} p_{nx} = p_{nn}\cos(x,n) \\ p_{ny} = p_{nn}\cos(y,n) \\ p_{nz} = p_{nn}\cos(z,n) \end{cases} \tag{1.6.3}$$

将(1.6.3)式和(1.6.1)式比较，得

$$p_{nn} = p_{xx} = p_{yy} = p_{zz} \tag{1.6.4}$$

这个结果表明，法向应力的大小与方向无关。将(1.6.4)式代入(1.5.9)式，得到理想流体的压力

$$p = -p_{xx} = -p_{yy} = -p_{zz} = -p_{nn} \tag{1.6.5}$$

因此可以说：理想流体中任意一点压力的大小和方向是无关的。这个结论对于真空的静止流体也适用，因为静止（或处于平衡状态）的流体中也没有剪应力。对于静止流体，结论是：流体静压力的大小和方向无关。

习　题

1.1 常温下水的密度和压力有关，这个经验关系式是(1.2.2)式，试计算：

(1) 水压为 1.01×10^5 N/m²，5.07×10^5 N/m²，1.01×10^6 N/m²，1.01×10^8 N/m² 时的等温压缩系数和弹性模量；

(2) 水压从 1.01×10^5 N/m² 等温加压到 5.07×10^7 N/m² 时，其密度变化是多少？

1.2 20 ℃的水银在不同压力下的密度如题表1.1所示。

题表 1.1　水银的密度

$p\times 10^{-5}$/Pa	1.013	1013	2026
ρ/(kg/m³)	13545	13599	13652

试用这些数据拟合形如(1.2.2)式的经验公式，求出该式中 B 与 n 的最佳值。

1.3 流体中的音速 $c=\sqrt{dp/d\rho}$。用状态方程和等熵关系式可以求得标准状况下空气中的音速 $c=340$ m/s。请利用(1.2.2)式和1.2题的结果分别估算水和水银中的音速值,并和如下数据作比较:15.5 ℃,101325 N/m² 下水中音速 1490 m/s,水银中音速 1450 m/s。

1.4 一长为 l、宽为 b 的平板,完全浸没在黏性系数为 μ 的流体中,流体以速度 v_0 顺平板流过。设平板两侧的速度分布如题图 1.4 所示(仅画出上半平面的图形),求:

(1) 平板上的摩擦阻力;
(2) $y=h/2$ 处流体的剪应力;
(3) $y=3h/2$ 处流体的剪应力。

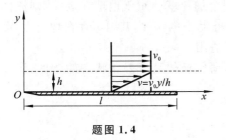

题图 1.4

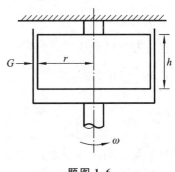

题图 1.5

1.5 如题图 1.5 所示,半径为 R 的直圆管内横截面上流体的速度分布为

$$v=v_{\max}\left(1-\frac{r^2}{R^2}\right)$$

式中 $v_{\max}$ 是管轴处的速度。若流体的黏性系数为 μ,求单位长度圆管受到的摩擦阻力。

1.6 圆筒式旋转黏度计如题图 1.6 所示,内筒固定,半径 $r=20$ cm,高 $h=40$ cm,外筒以角速度 $\omega=10$ rad/s 旋转。两圆筒间的径向间隙 $G=0.3$ cm,其间液体的周向速度沿径向呈直线分布。若内筒受到的力矩 $M=4.905$ N·m,求液体的黏性系数 μ 不计筒底部的黏性力。

1.7 如题图 1.7 所示,半径为 R 的圆盘在油槽内以角速度 ω 转动。油的黏性系数为 μ,假设油槽和盘面之间速度分布是线性的,且不计圆盘边缘外侧面的剪应力,试导出作用在圆盘上的黏滞转矩。

1.8 一个质量为 8 kg 的平铁块从覆盖着 2 mm 厚油层必斜面上向下滑(见题图 1.8)。斜面倾角 20°,油的 $\mu=0.29$ kg/(m·s),铁块的接触面积为 0.2 m²,试求铁块稳定下滑的速度。

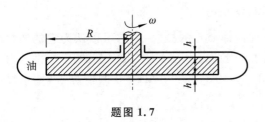

题图 1.7

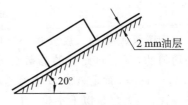

题图 1.8

第 2 章　流体静力学

本章研究流体处于静止状态下的力学问题。静止是指流体内部宏观质点之间或流体层之间没有相对运动,达到了相对平衡,当然流体也可作为一个整体像刚体一样运动。相对于坐标系而言,流体整体的静止可分为相对静止和绝对静止,这里约定,如果此时坐标系固连于地球上,则流体就处于绝对的静止状态;如果坐标系以某一个加速度相对于地球在运动,则流体就处于相对静止状态。静止状态又称平衡状态。处于静止状态的流体,其内不存在切应力,因此由流体静力学所得到的结论对理想流体和黏性流体都适用。

流体静力学的主要内容有:建立流体静力学方程,研究流体处于静止状态的条件,研究静压力分布的规律及这些规律在工程实际中的应用。

流体静力学是船舶浮性和静稳性的理论基础。

2.1　流体静力学方程

理论力学已经证明,物体处于平衡状态的充要条件是,作用在物体上的所有外力 $\sum \boldsymbol{R}$ 和所有力矩 $\sum \boldsymbol{M}$ 为零,即

$$\begin{cases} \sum \boldsymbol{R} = 0 \\ \sum \boldsymbol{M} = 0 \end{cases} \tag{2.1.1}$$

将这两个条件用在一个微元流体上就可以导出流体静力学的微分方程。

如图 2.1.1 所示,采用直角坐标系。取微元流体为一个平行六面体,各个面都与坐标面平行,棱边长分别为 dx、dy、dz,体积 $dV = dxdydz$。作用在该微元流体上的力有静压力和质量力。

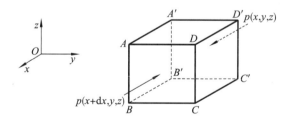

图 2.1.1　微元流体的平衡

由于微元流体的尺度要多小就可以取多小,和流体质点的概念一样,可以认为它的质量分布是均匀的,每个面元上的参数分布也是均匀的。因此,面元 $A'B'C'D'$ 上的压力的合力为 $p(x,y,z)dydz$,面元 $ABCD$ 上则有合力 $p(x+dy,y,z)dydz$。在 $dx \to 0$ 的情况下,用泰勒级数展开式,略去二阶以上小量,有

$$p(x+dx,y,z) = p(x,y,z) + \frac{\partial p}{\partial x}dx \tag{2.1.2}$$

因此微元体上压力在 x 方向的合力为

$$P_x = p(x,y,z)\mathrm{d}y\mathrm{d}z - p(x+\mathrm{d}x,y,z)\mathrm{d}y\mathrm{d}z$$
$$= -\frac{\partial p}{\partial x}\mathrm{d}x\mathrm{d}y\mathrm{d}z = -\frac{\partial p}{\partial x}\mathrm{d}V$$

同样可以写出另外两个方向表面力的合力 P_y 和 P_z，因此，有

$$\begin{cases} P_x = -\dfrac{\partial p}{\partial x}\mathrm{d}V \\ P_y = -\dfrac{\partial p}{\partial y}\mathrm{d}V \\ P_z = -\dfrac{\partial p}{\partial z}\mathrm{d}V \end{cases} \tag{2.1.3}$$

作用在微元六面体上的质量力为
$$\boldsymbol{F} = \boldsymbol{f}\rho\mathrm{d}V = (f_x\boldsymbol{i} + f_y\boldsymbol{j} + f_z\boldsymbol{k})\rho\mathrm{d}V$$

它的三个投影为

$$\begin{cases} F_x = f_x\rho\mathrm{d}V \\ F_y = f_y\rho\mathrm{d}V \\ F_z = f_z\rho\mathrm{d}V \end{cases} \tag{2.1.4}$$

在上述表面力和质量力作用下，流体处于平衡状态，应满足 $\sum \boldsymbol{R} = 0$ 的条件，因而，有如下方程：

$$F_x + P_x = 0, \quad F_y + P_y = 0, \quad F_z + P_z = 0 \tag{2.1.5}$$

将(2.1.3)式和(2.1.4)式代入(2.1.5)式，得

$$\begin{cases} f_x\rho\mathrm{d}V - \dfrac{\partial p}{\partial x}\mathrm{d}V = 0 \\ f_y\rho\mathrm{d}V - \dfrac{\partial p}{\partial y}\mathrm{d}V = 0 \\ f_z\rho\mathrm{d}V - \dfrac{\partial p}{\partial z}\mathrm{d}V = 0 \end{cases} \tag{2.1.6}$$

同时，由 $\sum \boldsymbol{M} = 0$ 的条件，可得

$$\begin{cases} \left(f_y\rho\mathrm{d}V - \dfrac{\partial p}{\partial y}\mathrm{d}V\right)\left(z + \dfrac{\mathrm{d}z}{2}\right) + \left(f_z\rho\mathrm{d}V - \dfrac{\partial p}{\partial z}\mathrm{d}V\right)\left(y + \dfrac{\mathrm{d}y}{2}\right) = 0 \\ \left(f_z\rho\mathrm{d}V - \dfrac{\partial p}{\partial z}\mathrm{d}V\right)\left(x + \dfrac{\mathrm{d}x}{2}\right) + \left(f_x\rho\mathrm{d}V - \dfrac{\partial p}{\partial x}\mathrm{d}V\right)\left(z + \dfrac{\mathrm{d}z}{2}\right) = 0 \\ \left(f_x\rho\mathrm{d}V - \dfrac{\partial p}{\partial x}\mathrm{d}V\right)\left(y + \dfrac{\mathrm{d}y}{2}\right) + \left(f_y\rho\mathrm{d}V - \dfrac{\partial p}{\partial y}\mathrm{d}V\right)\left(x + \dfrac{\mathrm{d}x}{2}\right) = 0 \end{cases} \tag{2.1.7}$$

从(2.1.6)式和(2.1.7)式可以看出，当(2.1.6)式成立时，(2.1.7)式就随之成立，因此，流体静力学微分方程可以直接由(2.1.6)式得到，即

$$\begin{cases} f_x = \dfrac{1}{\rho}\dfrac{\partial p}{\partial x} \\ f_y = \dfrac{1}{\rho}\dfrac{\partial p}{\partial y} \\ f_z = \dfrac{1}{\rho}\dfrac{\partial p}{\partial z} \end{cases} \tag{2.1.8}$$

由于静压力是标量函数，它的梯度为

$$\text{grad}\,p = \boldsymbol{i}\frac{\partial p}{\partial x} + \boldsymbol{j}\frac{\partial p}{\partial y} + \boldsymbol{k}\frac{\partial p}{\partial z} \tag{2.1.9}$$

所以,静力学方程可以写成如下矢量形式:

$$\boldsymbol{f} = \frac{1}{\rho}\text{grad}\,p = \frac{1}{\rho}\boldsymbol{\nabla} p \tag{2.1.10}$$

式中:$\boldsymbol{\nabla}$——哈密尔顿算子

$$\boldsymbol{\nabla} = \boldsymbol{i}\frac{\partial}{\partial x} + \boldsymbol{j}\frac{\partial}{\partial y} + \boldsymbol{k}\frac{\partial}{\partial z} \tag{2.1.11}$$

流体静力学方程说明了质量力和压力梯度之间的关系。当已知 $\boldsymbol{f}$ 和 ρ 时,是否可以直接用积分(2.1.10)式求出压力分布呢?这还要看质量力是不是满足静止流场的要求。下面讨论这个问题。

2.2 流体平衡的一些要求

2.2.1 质量力的要求

为了积分静力学方程,可以先用微分矢量

$$\mathrm{d}\boldsymbol{l} = \boldsymbol{i}\mathrm{d}x + \boldsymbol{j}\mathrm{d}y + \boldsymbol{k}\mathrm{d}z \tag{2.2.1}$$

去点乘(2.1.10)式两边,因为 $\boldsymbol{\nabla} p \cdot \mathrm{d}\boldsymbol{l} = \mathrm{d}p$ 是全微分,所以(2.1.10)式的积分可写成

$$p(l) - p(l_0) = \int_{l_0}^{l} \rho \boldsymbol{f} \cdot \mathrm{d}\boldsymbol{l} \tag{2.2.2}$$

(2.2.2)式右边的积分必须与积分路线无关,否则所得的压力 p 就会是多值的,物理上不可能。因此,$\rho \boldsymbol{f}$ 的线积分与积分路线无关就成了对质量力的要求。"线积分与积分路线无关"和"沿任何封闭曲线的积分为零"是完全相同的提法。根据数学上的斯托克斯公式

$$\int_A \boldsymbol{n} \cdot (\boldsymbol{\nabla} \times \boldsymbol{a})\mathrm{d}A = \oint_L \boldsymbol{a} \cdot \mathrm{d}\boldsymbol{l} \tag{2.2.3}$$

"闭曲线的积分为零"又相当于 $\boldsymbol{\nabla} \times \boldsymbol{a} = 0$。对于我们讨论的问题,$\boldsymbol{a} = \rho \boldsymbol{f}$,所以,$\rho \boldsymbol{f}$ 要满足的条件是

$$\boldsymbol{\nabla} \times (\rho \boldsymbol{f}) = 0 \tag{2.2.4}$$

式中的密度 ρ 可设法去掉,为此将上式展开写成:

$$\boldsymbol{\nabla}\rho \times \boldsymbol{f} + \rho \boldsymbol{\nabla} \times \boldsymbol{f} = 0 \tag{2.2.5}$$

再用 $\boldsymbol{f}$ 点乘(2.2.5)式,因 $\boldsymbol{f}$ 和 $\boldsymbol{\nabla}\rho \times \boldsymbol{f}$ 垂直,点乘积为零,只剩下第二项,结果为

$$\boldsymbol{f} \cdot (\boldsymbol{\nabla} \times \boldsymbol{f}) = 0 \tag{2.2.6}$$

这就是流体平衡对质量力的要求。

再来看看重力场能否满足上述要求。单位质量的重力为

$$\boldsymbol{f} = -\boldsymbol{k} g \tag{2.2.7}$$

式中:g——重力加速度,重力指向地心,与 z 轴方向相反,故有负号。重力的旋度

$$\boldsymbol{\nabla} \times \boldsymbol{f} = \begin{vmatrix} \boldsymbol{i} & \boldsymbol{j} & \boldsymbol{k} \\ \dfrac{\partial}{\partial x} & \dfrac{\partial}{\partial y} & \dfrac{\partial}{\partial z} \\ 0 & 0 & -g \end{vmatrix} = 0$$

可见重力场是无旋的,能满足(2.2.6)式的要求。

场论中已经证明,无旋的矢量场就是势量场*。因此,可以给重力场定义一个势函数 U,使得

$$-\boldsymbol{k}g = \operatorname{grad}U$$

由此可求出重力场的势(函数):

$$U = -zg \tag{2.2.8}$$

一个矢量场"无旋"和一个矢量场"有势"是等价的说法,在速度场中会经常碰到。

2.2.2 流体的要求

以上还没有涉及流体的性质。在同样的质量力场中,不同性质的流体是否都能保持静止状态呢?不一定。因为静力学微分方程式中只有密度和压力。因此,按密度和压力的关系可以将流体分成两类:正压流体和斜压流体。这是从流体的状态方程角度对流体的一种分类,在一般情况下,$\rho = \rho(p, T)$,这种流体称为斜压流体。若 $\rho = \rho(p)$,即密度只是压强的函数时,这种流体称为正压流体。广义地说,正压流体是一种力学特征与热力学特征无关的流体,正压流体运动速度的求解不需要用能量方程,而且动力黏性 $\mu = $ 常数。

1. 正压流体

正压流体的密度只是压力的单值函数,即

$$\rho = \rho(p) \tag{2.2.9}$$

正压流体的例子有:对于等温过程的流体,

$$\rho = Cp$$

式中:C——常数。

对于绝热过程的流体,

$$\rho = Cp^{1/k}$$

式中:k——绝热指数,对于空气,$k \approx 1.4$。

对于不可压缩流体,

$$\rho = C$$

可以作为一个特例。

2. 斜压流体

不满足正压条件(2.2.9)式的流体,称为斜压流体。斜压流体的一个典型例子是地面上的大气,它的密度 $\rho = \rho(p, T)$ 明显地受压力和温度的影响。

下面证明:①正压流体静止的必要条件是质量力有势;②斜压流体不能在有势力场中保持静止。

定理 1 正压流体静止的必要条件是质量力有势。

证明 对于正压流体,由于 $\rho = \rho(p)$,可以定义一个压力函数 $\mathscr{P}(p)$,使得

$$\mathrm{d}\mathscr{P} = \frac{\mathrm{d}p}{\rho} \tag{2.2.10}$$

于是,(2.1.10)式变为

$$\boldsymbol{f} = \frac{1}{\rho}\boldsymbol{\nabla}p = \boldsymbol{\nabla}\mathscr{P}$$

---

* 标量函数 U 的梯度场 $\operatorname{grad}U$ 或 $\boldsymbol{\nabla}U$ 称为势量场。而且 $\boldsymbol{\nabla} \times \boldsymbol{\nabla}U \equiv 0$。

将上式取旋度,得
$$\nabla \times \boldsymbol{f} = \boldsymbol{\nabla} \times \boldsymbol{\nabla} \mathscr{P} \equiv 0$$
这就表明,正压流体静止的必要条件要求质量力有势。

定理 2 斜压流体不能在有势力场中保持静止。

证明 对(2.1.10)式取旋度,得
$$\nabla \times \boldsymbol{f} = \boldsymbol{\nabla} \times \left(\frac{1}{\rho} \boldsymbol{\nabla} p\right) = -\frac{1}{\rho^2} \boldsymbol{\nabla} \rho \times \boldsymbol{\nabla} p$$

由于斜压流体的密度不是压力的单值函数,上式中的 $\boldsymbol{\nabla}\rho \times \boldsymbol{\nabla} p \neq 0$,因此,要求 $\boldsymbol{\nabla} \times \boldsymbol{f} \neq 0$,这和给定条件是相矛盾的。这就证明斜压流体在有势力场中不能保持静止。

地面上的大气不能保持稳定的平衡就是一个实例。

2.3 平衡流体的等压面

由流体静力学微分方程
$$\boldsymbol{f} = \frac{1}{\rho} \boldsymbol{\nabla} p \tag{2.3.1}$$

可知,质量力 $\boldsymbol{f}$ 和压力梯度矢量处处平行,而压力梯度方向和等压面处处正交。因此等压面和质量力矢量处处正交。设
$$\mathrm{d}\boldsymbol{l} = \boldsymbol{i}\mathrm{d}x + \boldsymbol{j}\mathrm{d}y + \boldsymbol{k}\mathrm{d}z \tag{2.3.2}$$

是等压面上的微分线段,那么,根据等压面的上述性质,应有
$$\boldsymbol{f} \cdot \mathrm{d}\boldsymbol{l} = 0 \tag{2.3.3}$$

这就是等压面方程,直角坐标系中可以写成
$$f_x \mathrm{d}x + f_y \mathrm{d}y + f_z \mathrm{d}z = 0 \tag{2.3.4}$$

下面证明:两种密度不同的平衡流体的分界面一定是等压面。设两种互不混合流体的密度分别为 ρ_1 和 ρ_2,分界面上压力 p、质量力 $\boldsymbol{f}$ 都是连续分布的。在分界面上取微分线段 $\mathrm{d}\boldsymbol{l}$,按下面两式计算分界面两侧沿 $\mathrm{d}\boldsymbol{l}$ 方向的压力增量:
$$\mathrm{d}p = \mathrm{d}\boldsymbol{l} \cdot \nabla p = \mathrm{d}\boldsymbol{l} \cdot \rho_1 \boldsymbol{f}$$
$$\mathrm{d}p = \mathrm{d}\boldsymbol{l} \cdot \nabla p = \mathrm{d}\boldsymbol{l} \cdot \rho_2 \boldsymbol{f}$$

以上两式分别除以 ρ_1、ρ_2 再相减,得
$$\left(\frac{1}{\rho_1} - \frac{1}{\rho_2}\right)\mathrm{d}p = 0 \tag{2.3.5}$$

由于 $\rho_1 \neq \rho_2$,所以沿分界面只有 $\mathrm{d}p = 0$,因此,分界面是等压面。

下面是三个例子,讨论惯性坐标系和非惯性坐标系中平衡液体的等压面形状。

例 2.3.1 证明静置容器中液体的等压面为水平面。

证明 作用在液体上的单位质量力只有重力,且
$$\boldsymbol{f} = -\boldsymbol{k}g$$

将上式代入(2.3.4)式,得
$$-g\mathrm{d}z = 0$$
即
$$z = C \tag{2.3.6}$$

式中:C——常数。

因此,等压面是水平面。

例 2.3.2 如图 2.3.1 所示,容器以加速度 a 向右做匀加速水平运动,求容器内液面的形状。

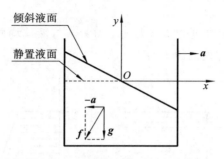

图 2.3.1 匀加速运动容器内的液面

解 将坐标系固连于容器上,坐标原点放在静置液面的中点。作用在液体质点上的质量力有两种:重力和惯性力。单位质量重力是 g,单位质量惯性力是 $-a$。因此,总的单位质量力为

$$f = g - a = -kg - ia$$

将上式代入(2.3.4)式,积分得

$$z = -\frac{a}{g}x + C$$

当 $x=0$ 时,$z=0$ 按此条件,积分常数 $C=0$,所以,平衡时的液面方程为

$$z = -\frac{a}{g}x$$

这是一个倾斜平面,倾角的大小决定于加速度 a。当 $a=0$ 时,$z=0$ 为水平面。

例 2.3.3 直圆筒容器绕自身轴线做定轴等速旋转运动,旋转角速度为 ω,求容器内液面的形状。

解 如图 2.3.2 所示,选用固连于容器的圆柱坐标系 (r,z,θ)。由于轴对称性,运动特性和 θ 无关。当圆筒以角速度 ω 匀速旋转时,$M(r,z)$ 点处的向心加速度为

$$a = -e_r r\omega^2$$

式中:e_r——坐标轴 r 的单位矢量。因此 M 点处单位质量流体质点受到的惯性力为 $-a$,加上重力项,有

$$f = g - a = -e_z g + e_r r\omega^2$$

将 e_z 换成 k,e_r 换成 i,r 换成 x,代入(2.3.4)式,积分,换元后,得

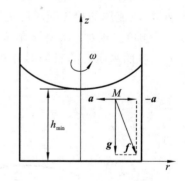

图 2.3.2 定轴旋转容器中的液面

$$z = \frac{\omega^2}{2g}r^2 + C$$

如图 2.3.2 所示,当 $r=0$ 时,$z=h_{\min}$,所以 $C=h_{\min}$,于是

$$z = \frac{\omega^2}{2g}r^2 + h_{\min} \qquad (2.3.8)$$

此式表明,液面形状是旋转抛物面。式中,$h_{\min}$ 的值可以根据液体体积不变的原理确定。

2.4 重力场中流体的静压分布

如图 2.4.1(a)所示,液面高度为 z_0,大气压力为 p_0,液体均质,密度为 ρ,只受重力作用。计算静平衡时指定点 $A(x,z)$ 处的压力。

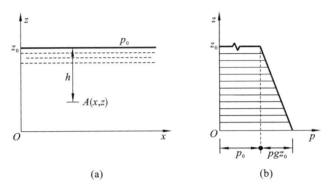

图 2.4.1 重力场的压力分布

单位质量流体受到的重力是唯一的质量力,即

$$f = -kg$$

将上式代入(2.1.10)式,积分,得

$$p = -\rho g z + C$$

积分常数 C 可用 $z=z_0$ 时 $p=p_0$ 的自由液面压力条件决定,结果是 $C = p_0 + \rho g z_0$,因此上述积分可写成

$$p = p_0 + \rho g h \tag{2.4.1}$$

式中:h——液体中指定点的深度,$h = z_0 - z$,(2.4.1)式就是重力场中均质流体的静压公式。它表明,均质流体的静压随深度呈线性变化,特别是,相对压力 $p - p_0 = \rho g h$ 呈三角形分布(见图 2.4.1(b))。相对压力等于单位面积上高度为 h 的液柱重量。通常说的水压力就是指的相对压力。参照水压力的三角形分布,绘制船体上的水压力分布曲线就很容易了,如图 2.4.2 所示

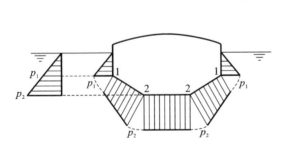

图 2.4.2 船体上的水压分布

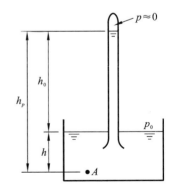

图 2.4.3 压力高度

静压公式(2.4.1)式还可以写成

$$\frac{p}{\rho g} = \frac{p_0}{\rho g} + h \qquad (2.4.2a)$$

或
$$h_p = h_0 + h \qquad (2.4.2b)$$

式中：h_p——压力高度，$h_p = p/(\rho g)$，其几何关系如图 2.4.3 所示。其中大气压力对应的压力高度 h_0 随 p_0 和 ρg 而定。一个标准大气压的压力：

$$p_0 = 101325 \text{ Pa} = 760 \text{ mmHg} \approx 10.332 \text{ mH}_2\text{O}$$

压力的量纲 $[p] = ML^{-1}T^{-2}$，在 SI（国际单位制）中，压力的单位是 Pa，定义为

$$1 \text{ Pa} = 1 \text{ N/m}^2$$

例 2.4.1 如图 2.4.4 所示，容器中有两层互不掺混的液体，密度分别为 ρ_1 和 ρ_2，有关尺寸如图 2.4.4 所示，试计算图中 A、B 两点的静压。

解 此问题可用(2.4.1)式逐层进行计算：

$$p_A = p_0 + \rho_1 g h_A$$
$$p_B = p_{0B} + \rho_2 g (h_B - h_1)$$

式中：
$$p_{0B} = p_0 + \rho_1 g h_1$$

是两层液体界面上的压力。

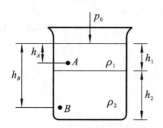 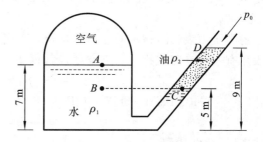

图 2.4.4 多层不同密度液体的压力   图 2.4.5 倾斜式压力容器

例 2.4.2 如图 2.4.5 所示，求容器顶部空气的压力。已知 $\rho_1 = 999.2 \text{ kg/m}^3$，$\rho_2 = 899.7 \text{ kg/m}^3$，$p_0 = 101325 \text{ Pa}$，$g = 9.81 \text{ m/s}^2$。

解 B 和 C 点在同一水平面上，且在一个均质液体中，所以两点的压力相等，即 $p_B = p_C$。容器顶部空气压力 $p_{空气} = p_A$，而 p_A 和 p_B 及 p_C 之间有如下关系：

$$p_A + \rho_1 g h_{AB} = p_B = p_C = p_0 + \rho_2 g h_{CD}$$

式中：h_{AB} 和 h_{CD}——A、B 两点和 C、D 两点的高度差。由以上关系可得

$$\begin{aligned}
p_{空气} &= p_A = p_0 + \rho_2 g h_{CD} - \rho_1 g h_{AB} \\
&= 101325 \text{ Pa} + 9.81(899.7 \times 4 - 999.2 \times 2) \text{ Pa} \\
&= (101325 + 15700) \text{ Pa} \\
&= 117025 \text{ Pa}
\end{aligned}$$

2.5 压力计

2.5.1 液柱式压力计原理

最简单的液柱式压力计是 U 形管压力计，如图 2.5.1 所示，在一根 U 形玻璃管中装入适

量的液体，一端接入待测压力 p，另一端通大气(大气压力 p_0)，读出 U 形管内两液柱高度差 h，按下式即可算出相对压力：

$$p - p_0 = \rho g h \tag{2.5.1}$$

在压力测量中，这个相对压力称为表压，

表压＝绝对压力－大气压力

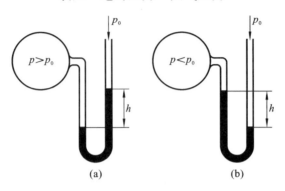

图 2.5.1　U 形管压力计

由于大气压力是随环境变化的，测压时必须记录下当时的大气压力值，否则算不出绝对压力值。

各类压力表(计)指示的压力都是相对于当时大气压的压力，这也是表压一词的由来。负值表压有一个专门名称——真空度，例如：

$$p - p_0 = -400 \text{ Pa}$$

读作"真空度 400 Pa"或"负压 400 Pa"；

$$p - p_0 = 600 \text{ Pa}$$

读作"表压 600 Pa"。

2.5.2　压力计分类概述

按工作原理，压力计可分为三类。

1. 液柱式压力计

它将压力信号变为液面高度差，再反算压力值，常使用水、酒精或水银作为测压工质。这种压力计结构简单，测量精确；但尺寸大，反应慢，不能自动测量。

2. 弹性式压力计

它将压力信号变为弹性元件的机械变形量，以指针偏转的方式输出信号，工业系统中多使用此类压力计。优点是，使用方便，测压范围大，从几个大气压到几百个大气压(1 个大气压等于 101325 Pa)都能测量。缺点是，精度低，不能自动测量。

3. 压力传感器

这种压力计有应变式和压电式之分。原理是将压力信号变为电信号，应变式是通过弹性元件变形而导致电阻变化，压电式是利用压电效应等。因而测量速度快，精度较高。静态压力和动态压力都可测量，可以远距离自动测量。

实际工作中常常要进行多点压力测量，这时要用压力扫描阀。扫描阀将收到的信号传入压力传感器进行测量，并记录备用，扫描速度约为 100 点/min。常用的扫描阀为 48 点扫描阀，只需配一个压力传感器就可以进行多点测量。

2.6 静止流体在平板上的作用力

静止流体对水下结构和浮体的作用力和力矩是工程设计所必须知道的基本数据之一,下面两节介绍计算方法。先讲静止流体对平板的作用力,这是基础;对曲面的作用力将在2.7节介绍。

设容器侧壁与水平面成 α 角,平板 AB 是侧壁的一部分,xOy 坐标系取在侧壁上,如图2.6.1所示,xOy 平面已经绕 Oy 轴转了 $90°$ 角,这样便于讨论合力作用点的位置。图中 C 点是平板面积的几何中心(形心)。

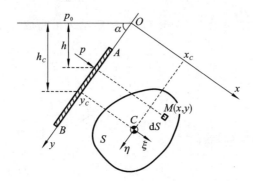

图 2.6.1 平板上的作用力

平板上任意一点 $M(x,y)$ 的水深为 h,作用在该点的相对压力为

$$p - p_0 = \rho g h \tag{2.6.1}$$

这是该点以上、水平面以下流体柱在单位面积上产生的作用力,这个作用力与平板垂直。静止流体在平板上的作用力是一个垂直于平板的平行力系,沿平板积分就可以得到合力 R,即

$$R = \int_S (p - p_0) \mathrm{d}s = \int_S \rho g h \, \mathrm{d}s = \rho g \sin\alpha \int_S y \mathrm{d}S \tag{2.6.2}$$

式中:$\int_S y \mathrm{d}S$ ——平板面积对 x 轴的静矩。

将平板 AB 视为等厚度均质平板,应用合力矩定理有

$$\int_S y \mathrm{d}S = y_C S \tag{2.6.3}$$

式中:y_C ——形心 C 的 y 坐标。

将(2.6.3)式代入(2.6.2)式,可得合力

$$R = \rho g h_C S = (p - p_0)_C S \tag{2.6.4}$$

(2.6.4)式表明:静止流体作用在平板上的力等于平板面积乘以平板形心所在深度的相对压力,它和平板的形状、倾斜角 α 无关。

合力 R 的作用点称为压力中心,其坐标为 (x_{Cp}, y_{Cp})。因为压力随深度增加而变大,所以 $y_{Cp} > y_C$。可以用合力矩定理确定压力中心的位置,即

$$\int_S y(p - p_0) \mathrm{d}S = y_{Cp} R \tag{2.6.5}$$

因此

$$y_{Cp} = \frac{1}{R} \rho g \sin\alpha \int_S y^2 \mathrm{d}S \tag{2.6.6}$$

式中：$\int_S y^2 \mathrm{d}S$——平板面积对 x 轴的惯性矩。

为便于计算，做平移变换，令（见图 2.6.1）
$$y = y_C + \eta \tag{2.6.7}$$
于是
$$\int_S y^2 \mathrm{d}S = y_C^2 S + 2y_C \int_S \eta \mathrm{d}S + \int_S \eta^2 \mathrm{d}S$$
式中：$\int_S \eta \mathrm{d}S = \eta_C S = 0$。所以
$$\int_S y^2 \mathrm{d}S = y_C^2 S + \int_S \eta^2 \mathrm{d}S \tag{2.6.8}$$

将(2.6.8)式代入(2.6.6)式，考虑到(2.6.4)式，最后结果可写成
$$y_{Cp} = y_C + \frac{I_\xi}{y_C S} \tag{2.6.9}$$

同样，可求得
$$x_{Cp} = x_C + \frac{I_{\xi\eta}}{y_C S} \tag{2.6.10}$$

式中：I_ξ——平板面积对 ξ 轴的惯性矩，
$$I_\xi = \int_S \eta^2 \mathrm{d}S \tag{2.6.11}$$

$I_{\xi\eta}$——平板面积对 ξ,η 轴的惯性积，
$$I_{\xi\eta} = \int_S \xi\eta \mathrm{d}S \tag{2.6.12}$$

只要形心轴 ξ 和 η 中有一个是对称轴，面积惯性积心 $I_{\xi\eta}$ 就必为零。为便于计算，将常见图形的形心、面积、面积惯性矩列于表 2.6.1 中。

表 2.6.1 常见图形的形心、面积惯性矩

图形	矩形	正方形（旋转）	梯形	圆形	半圆形
面积 S	bh	h^2	$\dfrac{(B+b)h}{2}$	πr^2	$\dfrac{\pi r^2}{2}$
η_C	$\dfrac{h}{2}$	$\dfrac{h}{\sqrt{2}}$	$\dfrac{(B+2b)h}{3(B+b)}$	r	$\dfrac{4r}{3\pi}$
I_ξ	$\dfrac{bh^3}{12}$	$\dfrac{h^4}{12}$	$\dfrac{B^2+4Bb+b^2}{36(B+b)}h^3$	$\dfrac{\pi r^4}{4}$	$0.110 r^4$

例 2.6.1 贮水池的垂直侧壁上有一孔，用等腰梯形平板密封，平板上边铰接（见图 2.6.2），距自由液面 1.1 m。该等腰梯形平板的高度为 1.5 m，上边长为 2.7 m，下边长为 1.2 m，试计算拉动平板所需要的力矩。已知水密度 $\rho = 1000\ \mathrm{kg/m^3}$，$g = 9.81\ \mathrm{m/s^2}$。

解 拉动平板所需力矩等于合力 R 对铰链轴 B 的力矩。求出 R、y_{C_p} 即可计算所需力矩。

平板面积 $\quad S = \dfrac{1}{2}(2.7+1.2)\times 1.5 \text{ m}^2 = 2.925 \text{ m}^2$

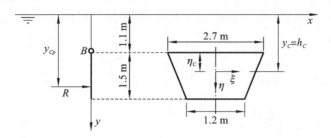

图 2.6.2

形心坐标 $\quad y_C = 1.1+\eta_C = \left[1.1+\dfrac{(2.7+2\times 1.2)\times 1.5}{3\times(2.7+1.2)}\right]\text{ m} = 1.745 \text{ m}$

合力 $\quad R = \rho g h_C S = \rho g y_C S = 1000\times 9.81\times 1.754\times 2.925 \text{ N} = 50330 \text{ N}$

面积惯性矩 $\quad I_\xi = \dfrac{2.7^2+4\times 2.7\times 1.2+1.2^2}{36\times(2.7+1.2)}\times 1.5^3 \text{ m}^4 = 0.521 \text{ m}^4$

压力中心坐标 $\quad y_{C_p} = y_C+\dfrac{1}{y_C S}I_\xi = \left(1.754+\dfrac{0.521}{1.754\times 2.925}\right)\text{ m} = 1.856 \text{ m}$

拉动平板所需力矩
$$M = R\times(y_{C_p}-1.1) = 50330\times(1.856-1.1) \text{ N}\cdot\text{m} = 38049 \text{ N}\cdot\text{m}$$

2.7 静止流体在曲面上的作用力

为方便起见,假设曲面是一个柱面,柱面的母线都垂直于纸面。图 2.7.1 所示的 AB 曲面就是这无限长柱面的一部分。下面求静止流体作用在 AB 曲面上的力。

在平行于 z 轴的方向上,取 AB 曲面以上、自由液面以下的流体(图 2.7.1(a)所示的有阴影线的部分)为分离体,研究它的平衡,就可以反推出作用在 AB 曲面上的作用力,这个分离体称为压力体。

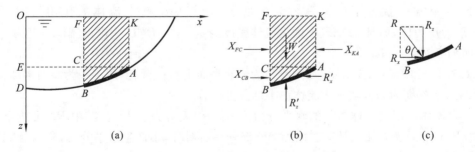

图 2.7.1 静止流体作用于曲面

设压力体作用在 AB 曲面上的力为 R,其分量为 R_x 和 R_z,那么曲面给压力体的反作用力就是 R'_x 和 R'_z,如图 2.7.1(b)所示。AC 是平行于 Ox 轴的辅助线,在它以上的两侧,周围流体给压力体的水平作用力 X_{FC} 和 X_{KA} 大小相等,方向相反,相互抵消,因此,根据压力体上水平分力的平衡,有

$$X_{CB} - R'_x = 0$$

即
$$R'_x = X_{CB} \tag{2.7.1}$$

式中：X_{CB}——作用在 CB 铅垂面上的力，其大小可按(2.6.4)式计算。铅垂面 CB 的面积 S_x 就是曲面 AB 的面积的投影，投影面的法线和 x 轴平行。此投影面积的形心深度记为 h_C，则有

$$R'_x = X_{CB} = \rho g h_C S_x$$

根据作用和反作用定律，可得曲面 AB 上的水平分力

$$R_x = \rho g h_C S_x \tag{2.7.2}$$

在铅垂方向上力的平衡条件是

$$W - R'_z = 0$$

即
$$R'_z = W \tag{2.7.3}$$

式中：W——压力体中流体的重力。

同样，根据作用和反作用定律，作用在曲面 AB 上的铅垂力

$$R_z = W = \rho g V$$

式中，V——压力体体积。

已知 R_x、R_z 就可以求得合力的大小、方向和作用线（见图 2.7.1(c)），合力为

$$R = \sqrt{R_x^2 + R_z^2} \tag{2.7.5}$$

$$\tan\theta = \frac{R_z}{R_x} \tag{2.7.6}$$

以上讨论是针对平面曲壁进行的，其结果可以推广到空间任意曲壁的场合，且仅多一个水平分量 R_y，它的计算方法完全和 R_x 的相同。

下面再讨论一下压力体的概念。如果图 2.7.1(a)所示的曲壁右侧也有同等深度的同样流体，根据静压公式(2.4.1)，曲壁 AB 上任一点两侧的压力大小相等、方向相反，都将互相抵消，AB 壁将不受力。换句话说，在相同水深的情况下，右侧流体作用在曲壁上的力和左侧流体的作用力大小相等，方向相反。因此，如果图 2.7.1(a)所示的左侧无流体，右侧有流体，则计算右侧流体作用在 AB 上的力时，仍然可以取左侧的 $ABCFK$ 为压力体作为分析单元，尽管此时压力体中没有流体，但在分析力的平衡时，可以设想压力体中有流体存在，只要将这样得到的力反一个方向就行了。如图 2.7.2 所示，计算 AB 壁上流体的作用力时，可以取 $ABCDEF$ 为压力体，而且 $CDEF$ 中虚设流体密度为 ρ_1，在 $ABCD$ 中虚设流体密度为 ρ_2，流体的分界面和真实的一样高。

例 2.7.1 如图 2.7.3 所示，在倾斜角为 α 的平面上有一圆孔，用半径为 a 的半球盖密封，球心 O 的水下深度为 H，求静止流体在半球盖上的作用力。

解 设流体作用在半球盖上的水平分力为 R_H，铅垂分力为 R_V。其中 R_H 可按半球的有效铅垂投影面上的受力加以计算。因为 AC 部分左右对称，不产生水平分力，所以有效铅垂投影面积 S_H 实际上就是直径 $AB = 2a$ 的圆面积在铅垂面上的投影，即 $S_H = \pi a^2 \sin\alpha$，此有效铅垂投影面的形心在水下的深度 $h_C = H$。因此，按(2.7.2)式计算，有

$$R_H = \rho g h_C S_H = \rho g H(\pi a^2 \sin\alpha)$$

计算铅垂分力 R_V 的关键在于计算压力体的体积。设铅垂辅助线 KE 切于半球，线 GBC 和 KE 平行，二者之间有效压力体的体积就是 BEC 球缺的体积。铅垂辅助线 FA 和 GBC 之间的有效压力体体积又可分为两部分：斜面 AB 以上的椭圆柱体体积 $V_1 = \pi a^2 H \cos\alpha$；斜面 AB

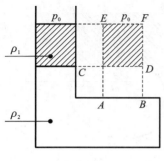

图 2.7.2

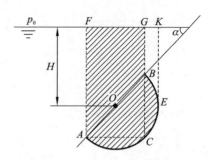

图 2.7.3 倾斜平板上的半球形盖

(通过球心 O 的对称剖面图)

以下的球体体积,它和 BEC 球缺体积之和等于半球的体积 $V_2 \frac{2}{3}$ πa^3,因此,铅垂分力

$$R_V = \rho g(V_1 + V_2) = \rho g\left[H\cos\alpha + \frac{2a}{3}\right]\pi a^2$$

R_V 指向下,R_H 指向右,所以合力 R 指向右下方(见图 2.7.4),合力作用线通过 O 点,与水平面成 θ 角,即

$$R = \sqrt{R_H^2 + R_V^2}$$

$$\tan\theta = \frac{R_V}{R_H} = \frac{\cos\alpha + \frac{2a}{3H}}{\sin\alpha}$$

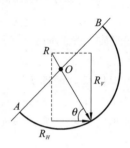

图 2.7.4

2.8 阿基米德原理

2.8.1 阿基米德原理

这里先讨论一个柱体在水下受到的浮力问题,然后讨论柱体浮在水面上的情况,最后综合推广到三维物体,就可以得到阿基米德原理:当一个物体全部或部分浸没于液体中时,它所受到的浮力等于它所排开的液体重力。

下面用压力体的概念说明浮力的产生。

1. 浸没体的浮力

如图 2.8.1 所示,四条辅助线——虚线与柱体表面相切于 a、b、c、d 四点。因为 dac 和 dbc 两侧壁的投影面 S_z 相等,所以水平方向静水力合力为零。在铅垂方向上,曲面 acb 上的作用力 F_{abc}(向上)比曲面 adb 上的作用力 F_{adb}(向下)大,所以浸没体受到一个向上的浮力

$$F_b = F_{acb} - F_{adb} = \rho g(V_c - V_d) = \rho g V \tag{2.8.1}$$

式中:V_c——曲面 acb 以上的压力体体积;

V_d——曲面 adb 以上的压力体体积;

V——浸没体的体积,$V = V_c - V_d$,而 V_c 和 V_d 都要计算到水面线 m—n 为止。

2. 浮体的浮力

如图 2.8.2 所示,物体一部分在液体中,其体积记为 V_1,另一部分在空气中,体积则记为 V_2。在水平面上方任意高度上找一水平参考线 m—n,以便计算压力体的体积。acb 曲面上受

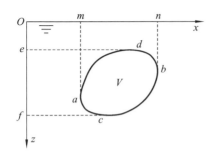
图 2.8.1 浸没体

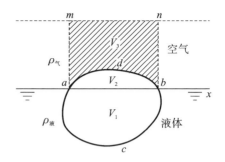
图 2.8.2 浮体

到向上的静水力,分三部分写出,即
$$F_{acb} = \rho_{液} gV_1 + \rho_{气} g(V_2 + V_3)$$
adb 曲面上受到向下的静水力
$$F_{adb} = \rho_{气} gV_3$$
所以浮体受到的浮力
$$F_b = F_{acb} - F_{adb} = \rho_{液} gV_1 + \rho_{气} gV_2 \tag{2.8.2}$$
通常不考虑空气的浮力作用,于是
$$F_b \approx \rho_{液} gV_1 \tag{2.8.3}$$
这里 V_1 就是通常说的"排水体积"。

综合以上两种情况,对于三维物体,就有前述的阿基米德原理。

2.8.2 浮体的平衡

当浸没体的浮力与重力大小相等,方向相反,并且共线时,浸没体就处在平衡状态;而且仅当浮力作用点 B(浮心)在重心 G 的上方,浸没体的平衡才是稳定的(见图 2.8.3(a)),因为这时有一个恢复力矩使浸没体回复到平衡位置。

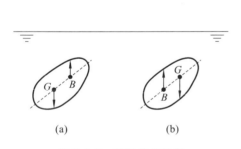

图 2.8.3 浸没体的平衡
(a)稳定的平衡;(b)不平衡

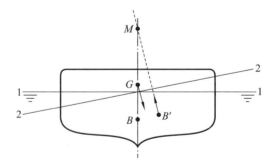

图 2.8.4 船体的横向稳定性

浮体的平衡问题比浸没体的复杂一些。水面船舶是一个典型的浮体。由于船舶载重通常在偏上的位置,船舶重心 G 略高于浮心 B,这是最常见的情况。图 2.8.4 所示的水线面 1—1 表示正浮位置,水线面 2—2 表示船舶右倾。在右倾的情况下,右侧排水体积加大,浮心由 B 点移到 B' 点,浮力作用线垂直于水线面②。倾斜后的浮力作用线的延长线和正浮状态纵中剖面线的交点 M 称为**定倾中心**(初稳心或横稳心)。当定倾点中心 M 高于重心 G 时,重力和浮力将产生一个恢复力矩使船舶回复到正浮状态;当定倾中心 M 低于重心 G 时,将产生一个倾

习　题

2.1　设质量力
$$f = (y^2 + yz + z^2)i + (z^2 + zx + x^2)j + (x^2 + xy + y^2)k$$
在此力场中,正压流体和斜压流体是否都可以保持静止?说明原因。

2.2　在自由面以下 10 m 深处,水的绝对压力和表压分别是多少?假定水的密度为 1000 kg·m^{-3},大气压为 101 kPa。

2.3　正立方体水箱内空间每边长 0.6 m,水箱上面装有一根长 30 m 的垂直水管,内径 25 mm,水管下端与水箱内部上表面齐平,箱底是水平的。若水箱和管装满水(密度为 1000 kg·m^{-3})试计算:(1)作用在箱底上的静水压力;(2)作用在承箱台面上的力(不计箱重和管重)。

2.4　如题图 2.4 所示,大气压力 $p_a = 100$ kN·m^{-2},底部 A 点处绝对压力为 130 kN·m^{-2},问 B 点处的压力计和 C 点处的压力计所显示的表压各是多少?

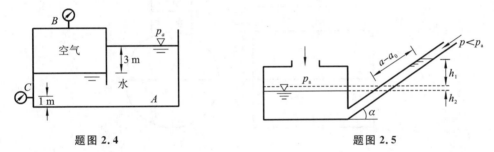

题图 2.4　　　　　　　　　　题图 2.5

2.5　倾斜式微压计由贮液杯和倾斜管组成,如题图 2.5 所示,贮液杯内自由面上的压力为大气压力 p_a,斜管接待测压力 $p(<p_a)$,若 $p = p_a$ 时斜管中液柱读数为 a_0,试证明

$$p_a - p = \rho g (a - a_0)\left(1 + \frac{S}{S_0 \sin\alpha}\right)\sin\alpha$$

式中:a 为测压时斜管中液柱的读数;S 为斜管的横截面积;S_0 为贮液杯的横截面积;α 为斜管的倾斜角。

2.6　多管式测压计如题图 2.6 所示。已知 ρ_1、ρ_2、h_1、h_2、h_3,求压差 $p - p_a$。

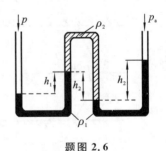

题图 2.6

2.7　潜艇内气压计读数为 $p_1 = 800$ mmHg,汞测压计测到的水压读数为 $p_2 = 400$ mmHg,若海平面上汞测压计测到的大气压力为 760 mmHg,海水平均密度 $\rho = 1026$ kg·m^{-3},汞的密度为 $\rho_1 = 13.6 \times 10^3$ kg·m^{-3},求该艇潜没水深度 H。

2.8　用题图 2.8 所示装置测量贮水器 A 的中心 C 点处的压力,测得 $\Delta h = 60$ cm。经检查发现管路中的空气未排除,空气所占的位置如题图 2.8 所示,水的密度为 $\rho = 1000$ kg·m^{-3},水银的密度为 $\rho_1 = 13.6 \times 10^3$ kg·m^{-3},试问这会带来多大的误差?

2.9　矩形平面的面积为 1.5 m×1.8 m,将此平面沿长边方向垂直插入水中。当平面上边缘分别处于:(1)与水面齐平,(2)在水平面以下 0.3 m 处时,分别求作用在一个侧面上的压

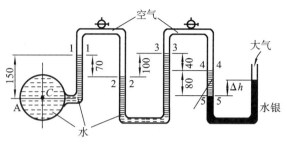

题图 2.8

力大小及其压力中心的深度。

2.10 如题图 2.10 所示,圆柱容器内装水(密度为 1000 kg·m⁻³),高度为 600 mm,再装密度为 800 kg·m⁻³ 的油,油层高度为 900 mm,油面以上是压力为 0.2×10^5 Pa 的空气。求作用于圆柱容器侧面上的力及压力中心的位置。

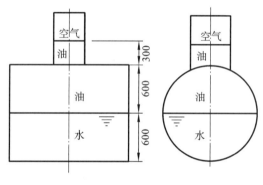

题图 2.10

2.11 船闸宽 6 m,关上两扇闸门正圩形成 120°角的人字形(见题图 2.11),闸门高 6 m,下铰装在门底以上 0.6 m 处,上铰装在底面以上 5.4 m 处。当闸门一侧挡水深度在底部以上 4.5 m,另一侧为 1.5 m 时,求水压力引起的闸门之间的作用力,以及两铰链上的约束反力。

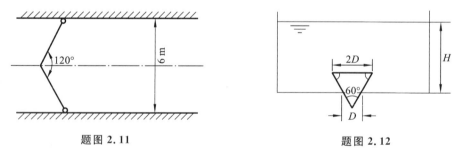

题图 2.11　　　　　　　　题图 2.12

2.12 容器内盛水,水深 $H=1$ m。容器底部有直径 $D=10$ cm 的圆孔,用一个正圆锥木塞堵死。如题图 2.12 所示,木塞底部水平,底部直径是孔径的两倍,求拔掉木塞放水要用多大的力?

2.13 如题图 2.13 所示,矩形平板闸门高 4 m,宽 6 m,水深 $H=3$ m。水压力经闸门面板传到三条水平梁上,为使各横梁的负荷相等,应分别将它们安放在距自由液面多深的地方?

2.14 盛水的球体,直径 $d=2$ m,如题图 2.14 所示,求上下半球连接螺栓所受的力。

2.15 如题图 2.15 所示,U 形管绕铅垂轴线 AB 等速旋转,若 AB 管中水面降到 A 点,求每分钟转数。

2.16 船的淡水排水量为 2452.5 kN。现将质量为 0.2×10^5 kg 的载荷从甲板中间向右侧横移 9 m(见题图 2.16),引起 3 m 长单摆下端水平移动 23 cm,船体在倾斜位置处于平衡状态,求定倾中心 M 到重心 G 的距离 GM(亦称定倾中心高度)。

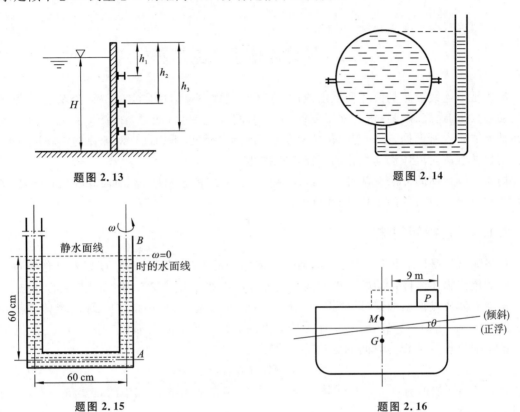

题图 2.13

题图 2.14

题图 2.15

题图 2.16

第 3 章 流体运动的描述和基本方程

3.1 描述流体运动的方法

流体是由连续分布的流体质点组成的,在运动过程中各流体质点的位置会发生变化,质点的流动参数(如速度、压强、密度和温度等)会随时间发生变化;同时,在流体区域中,所有空间点都被流体质点所占据,不同空间位置上质点的流动参数也不相同。对流体的流动进行研究,需要用数学方法对流体流动变化的规律进行描述。

描述流体运动的方法有两种:(1)以流体质点为对象的拉格朗日(Lagrange)法;(2)以流动参数的时空分布为对象的欧拉(Euler)法。

3.1.1 拉格朗日法

拉格朗日法是以流体质点为对象,通过描述它们的位置、速度、加速度以及其他物理量随时间的变化来描述流体运动的一种方法。这种方法沿袭了理论力学研究质点系的办法,因而要给每个流体质点作出标记,以便识别。最方便的办法是,以某一指定时刻 t_0 流体质点所处的位置坐标 $x_0 = a, y_0 = b, z_0 = c$ 作为该质点的标记。每个质点都有一组 (a,b,c) 值,于是质点的某一个物理量 f 作为时间的函数就可以写成

$$f = f(a,b,c,t) \tag{3.1.1}$$

当 a,b,c 取不同数值时,(3.1.1)式就可表示不同质点的物理量。式中的自变量 a,b,c,t 称为拉格朗日变量。

流体质点的运动轨迹曲线简称**迹线**。如图 3.1.1 所示,迹线就是质点位置矢量 r 的矢端曲线,因而迹线的数学表达式为

$$\boldsymbol{r} = \boldsymbol{r}(a,b,c,t) \tag{3.1.2a}$$

或

$$\begin{cases} x = x(a,b,c,t) \\ y = y(a,b,c,t) \\ z = z(a,b,c,t) \end{cases} \tag{3.1.2b}$$

由于 a,b,c 可以取不同值,因此,(3.1.2)式是全部质点的迹线方程,也就是质点的位置方程。

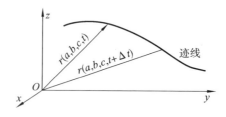

图 3.1.1 迹线

质点的速度等于它的空间位置随时间的变化率。这时,a,b,c 作为参变量,于是有

$$\begin{cases} v_x = \dfrac{\partial x}{\partial t} = v_x(a,b,c,t) \\ v_y = \dfrac{\partial y}{\partial t} = v_y(a,b,c,t) \\ v_z = \dfrac{\partial z}{\partial t} = v_z(a,b,c,t) \end{cases} \tag{3.1.3}$$

质点的加速度是速度的时间变化率,即

$$\begin{cases} a_x = \dfrac{\partial v_x}{\partial t} = \dfrac{\partial^2 x}{\partial t^2} = a_x(a,b,c,t) \\ a_y = \dfrac{\partial v_y}{\partial t} = \dfrac{\partial^2 y}{\partial t^2} = a_y(a,b,c,t) \\ a_z = \dfrac{\partial v_z}{\partial t} = \dfrac{\partial^2 z}{\partial t^2} = a_z(a,b,c,t) \end{cases} \tag{3.1.4}$$

由以上两式可以看出一个共同点:流体质点物理量对时间的变化率就是该物理量对时间的偏导数。

3.1.2 欧拉法

流体力学关注流体运动的总体特征和规律,一般不去追踪个别质点的运动。例如,船舶在水中运动时,我们关注的不是个别流体质点从船头到船尾的运动历程,而是各个波系的位置和波高的大小等参数,船尾流动是否有严重的分离,桨盘附近的流场是否比较均匀等。这就是说,关心的是流动参数的空间分布及其随时间的变化。因此,流体运动的物理量 f 应该作为空间和时间的连续函数,即

$$f = f(x,y,z,t) \tag{3.1.5}$$

式中:x,y,z 和 t ——自变量,称为欧拉变量。

物理量的时空连续分布称为**场**。流体运动所有物理量场的总体构成**流场**。流场中有速度场、加速度场、压力场、温度场等。但通常情况下,流场主要是指速度场。

上述两种描述方法的着眼点不同,实质上是等价的。如果标号参数为 (a,b,c) 的流体质点,在 t 时刻正好到达 (x,y,z) 这个空间点上,则有

$$f = f(x,y,z,t) = f[x(a,b,c,t), y(a,b,c,t), z(a,b,c,t), t] = f(a,b,c,t)$$

可见两者描述的是同一种运动,这说明两种描述方法之间存在联系,可以互相转换。

3.1.3 质点加速度公式

质点加速度是质点的速度矢量随时间的变化率。在拉格朗日法中,加速度用(3.1.4)式计算,即 $\boldsymbol{a} = \partial \boldsymbol{v}/\partial t$。在欧拉法中,必须求出该质点在 Δt 时间内的速度改变量,然后求极限,即

$$\boldsymbol{a} = \lim_{\substack{\Delta t \to 0 \\ \Delta r \to 0}} \dfrac{\boldsymbol{v}(\boldsymbol{r}+\Delta \boldsymbol{r}, t+\Delta t) - \boldsymbol{v}(\boldsymbol{r}+t)}{\Delta t}$$

将上式的分子展成泰勒级数:

$$\boldsymbol{v}(\boldsymbol{r}+\Delta \boldsymbol{r}, t+\Delta t) - \boldsymbol{v}(\boldsymbol{r},t)$$
$$= \left(\dfrac{\partial \boldsymbol{v}}{\partial t}\right)_r \Delta t + \left(\dfrac{\partial \boldsymbol{v}}{\partial x}\right)_t \Delta x + \left(\dfrac{\partial \boldsymbol{v}}{\partial y}\right)_t \Delta y + \left(\dfrac{\partial \boldsymbol{v}}{\partial z}\right)_t \Delta z + O(\Delta t^2, |\Delta \boldsymbol{r}|^2, \Delta t |\Delta \boldsymbol{r}|)$$

回代,取极限,略去二阶以上小量,得

$$a = \frac{\partial \boldsymbol{v}}{\partial t} + \frac{\partial \boldsymbol{v}}{\partial x}\frac{\mathrm{d}x}{\mathrm{d}t} + \frac{\partial \boldsymbol{v}}{\partial y}\frac{\mathrm{d}y}{\mathrm{d}t} + \frac{\partial \boldsymbol{v}}{\partial z}\frac{\mathrm{d}z}{\mathrm{d}t}$$

由于 $\Delta x, \Delta y, \Delta z$ 是流体质点在 Δt 时间内的位移，所以

$$\lim_{\Delta t \to 0} \frac{\Delta x}{\Delta t} = \frac{\mathrm{d}x}{\mathrm{d}t} = v_x, \quad \frac{\mathrm{d}y}{\mathrm{d}t} = v_y, \quad \frac{\mathrm{d}z}{\mathrm{d}t} = v_z$$

于是，加速度公式可以写成

$$\boldsymbol{a} = \frac{\partial \boldsymbol{v}}{\partial t} + v_x \frac{\partial \boldsymbol{v}}{\partial x} + v_y \frac{\partial \boldsymbol{v}}{\partial y} + v_z \frac{\partial \boldsymbol{v}}{\partial z}$$

式中：$\partial \boldsymbol{v}/\partial t$——**当地加速度**，它是流体质点原来空间点上速度随时间的变化率。

$\frac{\partial \boldsymbol{v}}{\partial x}, \frac{\partial \boldsymbol{v}}{\partial y}, \frac{\partial \boldsymbol{v}}{\partial z}$——**迁移加速度**，它是由速度场不均匀产生的。由此可以得出如下结论：

质点加速度＝当地加速度＋迁移加速度

在直角坐标系中，加速度的分量式为

$$\begin{cases} a_x = \dfrac{\partial v_x}{\partial t} + v_x \dfrac{\partial v_x}{\partial x} + v_y \dfrac{\partial v_x}{\partial y} + v_z \dfrac{\partial v_x}{\partial z} \\ a_y = \dfrac{\partial v_y}{\partial t} + v_x \dfrac{\partial v_y}{\partial x} + v_y \dfrac{\partial v_y}{\partial y} + v_z \dfrac{\partial v_y}{\partial z} \\ a_z = \dfrac{\partial v_z}{\partial t} + v_x \dfrac{\partial v_z}{\partial x} + v_y \dfrac{\partial v_z}{\partial y} + v_z \dfrac{\partial v_z}{\partial z} \end{cases} \quad (3.1.7)$$

例 3.1.1 给定速度场 $v_x = x+t, v_y = -y-t, v_z = 0$，试求 $t=0$ 时的加速度场。

解 按(3.1.7)式各项偏导数为

$$\partial v_x/\partial t = 1, \quad \partial v_x/\partial x = 1$$
$$\partial v_y/\partial t = -1, \quad \partial v_y/\partial y = -1$$

其余项的偏导数为零，所以，加速度场为

$$a_x = x+t+1, \quad a_y = y+t-1, \quad a_z = 0$$

$t=0$ 时则有

$$a_x = x+1, \quad a_y = y-1, \quad a_z = 0$$

3.1.4 方程的张量表示法

有许多方程写起来很麻烦，但很有规律，我们可以用带下标的变量符号和约定的规则将这些方程写成很简洁的形式。方程的这种写法称之为张量表示法。下面仅以加速度公式的改写为例加以说明。

在(3.1.7)式中，令 $v_x = v_1, v_y = v_2, v_z = v_3; x = x_1, y = x_2, z = x_3$，相应有 $a_x = a_1, a_y = a_2, a_z = a_3$，因此，(3.1.7)式可以写成

$$a_i = \frac{\partial v_i}{\partial t} + \sum_{j=1}^{3} v_j \frac{\partial v_i}{\partial x_j} \quad (i = 1, 2, 3) \quad (3.1.8)$$

为简便起见，可以省去求和符号，将式(3.1.8)写成

$$a_i = \frac{\partial v_i}{\partial t} + v_j \frac{\partial v_i}{\partial x_j} \quad (i, j = 1, 2, 3) \quad (3.1.9)$$

从(3.1.8)式到(3.1.9)式，这种改写实质上采用了爱因斯坦求和约定的规则：方程的一项中，某下标如果仅出现两次（例如(3.1.9)式中的 j），该项就要在这个下标(j)的取值范围内写成求和形式。采用这种规则，求和符号就可省略。表示求和的下标称为**哑标**，无需求和的下标

（例如 i）称为**自由下标**。只要不引起误解，哑标符号可以随意更改，例如

$$v_j \frac{\partial v_i}{\partial x_j} = v_k \frac{\partial v_i}{\partial x_k} = v_m \frac{\partial v_i}{\partial x_m} = \cdots$$

但不能写成 $v_i \dfrac{\partial v_i}{\partial x_i}$。

方程的张量表示法不仅使方程的形式简洁，而且更便于进行公式推导和运算。今后会看到这一点，9.6.3 小节的内容就是一个典型例子。

3.1.5　质点导数

定义　流体质点物理量 Q 随时间的变化率称为质点导数，并用 $\dfrac{DQ}{Dt}$ 表示。前面推导的加速度就是流体质点速度的质点导数，因此，

$$\boldsymbol{a} = \frac{D\boldsymbol{v}}{Dt} = \frac{\partial \boldsymbol{v}}{\partial t} + v_x \frac{\partial \boldsymbol{v}}{\partial x} + v_y \frac{\partial \boldsymbol{v}}{\partial y} + v_z \frac{\partial \boldsymbol{v}}{\partial z} \tag{3.1.10}$$

用哈密尔顿算子 $\boldsymbol{\nabla} = \boldsymbol{i}\dfrac{\partial}{\partial x} + \boldsymbol{j}\dfrac{\partial}{\partial y} + \boldsymbol{k}\dfrac{\partial}{\partial z}$，(3.1.10)式可以写成

$$\boldsymbol{a} = \frac{D\boldsymbol{v}}{Dt} = \frac{\partial \boldsymbol{v}}{\partial t} + (\boldsymbol{v} \cdot \boldsymbol{\nabla})\boldsymbol{v} \tag{3.1.11}$$

所以表示质点导数的算符可以写成

$$\frac{D}{Dt} = \frac{\partial}{\partial t} + (\boldsymbol{v} \cdot \boldsymbol{\nabla}) \tag{3.1.12}$$

用张量表示法，则有

$$\frac{D}{Dt} = \frac{\partial}{\partial t} + v_j \frac{\partial}{\partial x_j} \tag{3.1.13}$$

这里再强调一下，$\partial/\partial t$ 是欧拉空间变量 x_j 不变时的导数——局部导数。(3.1.12)式和 (3.1.13)式两式的最后一项则表示迁移导数。所以有如下一般结论：

物理量的质点导数＝局部导数＋迁移导数

质点导数（或物质导数）的物理意义是运动流体元上的物理量随时间的变化率，$\partial/\partial t$ 是局部导数，它的物理意义是固定点上的物理量随时间的变化率；$(\boldsymbol{v} \cdot \boldsymbol{\nabla})$ 是迁移导数，它的物理意义是由于不同的空间位置具有不同的流动特性，流体元在流场中从一个位置运动到另一个位置而产生的随时间的变化率。物质导数适用于流场中任意变量。

3.2　流场的几何描述

3.2.1　定常流场和非定常流场

速度场、压力场、温度场等都是用来描述流动状态一个方面的特征的，其总体才构成流场的全部内容。不过，流场一词常常指的是速度场，因为速度是流体运动的一个基本要素，而且可以用几何的方法来描述，非常直观。

流场按当地导数 $\partial/\partial t$ 是否等于零分成两类：(1) $\partial/\partial t = 0$ 的流场，称为**定常流场**；(2) $\partial/\partial t \neq 0$ 的流场，称为**非定常流场**。

坐标系的选取对流场的时间特性有影响。例如，物体在流体中作等速直线运动时，坐标系

固连于地面,对于这个参考系来说,流场是非定常的(见图 3.2.1(a))。如果将坐标系固连于等速直线运动的物体上(见图 3.2.1(b)),则物体不动,流体以同样大小的速度反向绕物体流动,这时的流场是定常的。定常流场比非定常流场容易处理,所以只要可能,就取所谓运动坐标系(将坐标系固定在等速直线运动的物体上)来研究物体的"绕流"。

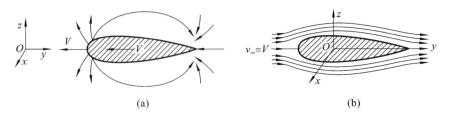

图 3.2.1　坐标系对流场时间特性的影响

(a)非定常流场 $v=v(x,y,z,t)$;(b)定常流场 $v=v(x,y,z)$

3.2.2　流线、驻点、极限流线

1. 流线

为了用图形直观地表示一个矢量场,这里引入了矢量线的概念。矢量线的数学定义是:矢量线上每一点的切线方向与矢量在该点的方向一致。速度场是矢量场,速度场的矢量线称为**流线**——流线上每一点的切线方向与该点的速度方向一致,如图 3.2.2 所示。

设流线上任一点的矢径为

$$r = ix + jy + kz$$

则

$$dr = idx + jdy + kdz$$

代表了该点上与流线相切的矢量。按照流线的定义 dr 和速度 v 共线,所以

$$dr \times v = 0$$

于是

$$\frac{dx}{v_x} = \frac{dy}{v_y} = \frac{dz}{v_z} \tag{3.2.1}$$

这就是直角坐标系的流线微分方程。给定速度场 $v=v(x,y,z,t)$,将时间 t 作为参变量,积分(3.2.1)式可以得到流线方程。按流线方程画出的图形称为**流谱**。

圆柱坐标系(见图 3.2.3)的流线微分方程为

$$\frac{dr}{v_r} = \frac{rd\theta}{v_\theta} = \frac{dz}{v_z} \tag{3.2.2}$$

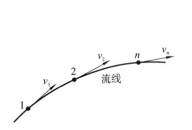

图 3.2.2　流线

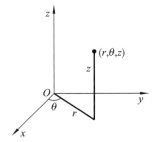

图 3.2.3　圆柱坐标系

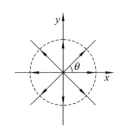

图 3.2.4　源流的流谱

例 3.2.1　已知速度场

$$v_r = \frac{1}{r}, \quad v_\theta = 0, \quad v_z = 0$$

求流线方程,画出流谱。

解 这是一个平面流场,将 v_r 和 v_θ 代入(3.2.2)式,得

$$\frac{\mathrm{d}r}{(1/r)} = \frac{r\mathrm{d}\theta}{0}$$

即
$$\mathrm{d}\theta = 0$$

积分得流线方程
$$\theta = C$$

式中:C——积分常数。

流谱如图 3.2.4 所示,从坐标原点出发的射线族,这种流动称为"源"。如果是反向流动,则称为"汇"。流动方向可由速度场判定

例 3.2.2 已知速度场

$$v_x = x + t, \quad v_y = -y - t, \quad v_z = 0$$

求流线方程,画出 $t=0$ 时的流谱,说明流谱随时间的变化将如何变化。

解 将 v_x, v_y, v_z 代入(3.2.1)式,有

$$\frac{\mathrm{d}x}{x+t} = \frac{\mathrm{d}y}{-(y+t)}$$

将 t 作为参变量,积分上式,得

$$\ln(x+t) = -\ln(y+t) + C_1$$

或
$$(x+t)(y+t) = C \tag{1}$$

这就是非定常平面流场的流线方程,当 $t=0$ 时有

$$xy = C \tag{2}$$

流谱如图 3.2.5 所示,是双曲线族。此时坐标轴也是流线。流线的方向是根据给定的速度场来判定的。令

$$x' = x + t, \quad y' = y + t \tag{3}$$

则(1)式变成

$$x'y' = C \tag{4}$$

(4)式和(2)式在形式上一样。这说明,不同时间,在新坐标系中的流谱和图 3.2.5 所示的一样。新旧坐标系之间只是平移变换的关系,由(3)式可知,随着时间 t 的推移,流谱将沿 45°线向右上方平行移动。

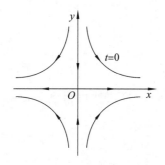

图 3.2.5 双曲线型的流谱

图 3.2.6 理想流体绕翼型流动的驻点

从以上两例可以看出流线有以下性质:一般情况下,同一时刻通过一点只有一条流线。但

在理论上有两个例外:(1)速度为零的点,例如,图 3.2.5 所示流谱中的原点;(2)速度为无限大的点,例如,图 3.2.4 所示流谱的原点。在这些点上流线可以交叉,因为在这些空间点上流体的运动没有特定的速度方向。在非定常流动中,特定空间点上的流体速度随着时间变化,如果速度的方向随时间变化,则不同时刻通过这些空间点的流线是不相同的,因为它们在这一点具有方向不同的切线。在定常流动中,流线不随时间变化。

2. 驻点

定义 驻点是流线上速度为零的点。

理想流体绕翼型流动时(见图 3.2.6),流体沿翼型表面可以滑动,因此,表面曲线可以当做流线。在 S_1 点,来流流线分开;在 S_2 点,上下两条流线汇合,S_1、S_2 两点都是驻点,分别称为前驻点和后驻点。

3. 极限流线

如果是黏性流体绕翼型流动,则物面上流体的速度全部为零,不能沿物面滑动,所以,黏性流体绕流时物面曲线不能当做流线。物面上各点不能当驻点看待。在黏性流体绕流中可以引进极限流线的概念。所谓极限流线就是无限靠近壁面的流线(见图 3.2.7),极限流线上各点的速度不等于零。由于黏性流体绕流在物体后面会形成尾流,上、下翼面的极限流线在物体后面没有交汇点,因此,真实流场中,翼型绕流只有前驻点,而没有后驻点。

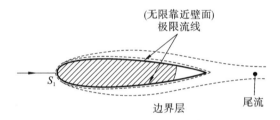

图 3.2.7 黏性流体绕流的极限流线和前驻点

3.2.3 迹线

流体质点的运动轨迹简称为迹线。在定常流场中,迹线和流线是完全重合的。在非定流中,迹线需要由速度场积分求出。如给定欧拉速度场 $v=v(x,y,z,t)$,则迹线方程为

$$\begin{cases} \dfrac{\mathrm{d}x}{\mathrm{d}t} = v_x(x,y,z,t) \\ \dfrac{\mathrm{d}y}{\mathrm{d}t} = v_y(x,y,z,t) \\ \dfrac{\mathrm{d}z}{\mathrm{d}t} = v_z(x,y,z,t) \end{cases} \quad (3.2.3)$$

式中:(x,y,z)——时间 t 的函数。

给定起始时刻 $t=0$ 时的质点坐标为 (a,b,c),积分(3.2.3)式就可得到该质点的运动轨迹。

例 3.2.3 已知速度场

$$v_x = x+t, \quad v_y = -y-t, \quad v_z = 0$$

求:(1)$t=0$ 时过 $(-1,1,0)$ 点的流线;(2)$t=0$ 时位于 $(-1,1,0)$ 点的流体质点的迹线。

解 (1)求流线。

流线方程为例 3.2.2 的(1)式,即
$$(x+t)(y+t) = C$$
将指定时刻、指定坐标代入上式,定出积分常数 $C=-1$。因此,所求流线方程为
$$xy = -1 \tag{1}$$

(2) 求迹线。

将 v_x, v_y, v_z 的表达式代入(3.2.3)式,得
$$\frac{\mathrm{d}x}{\mathrm{d}t} = x+t, \quad \frac{\mathrm{d}y}{\mathrm{d}t} = -(y+t), \quad \frac{\mathrm{d}z}{\mathrm{d}t} = 0 \tag{2}$$

(2)式是一阶线性常微分方程,其解为
$$x = C_1 \mathrm{e}^t - t - 1, \quad y = C_2 \mathrm{e}^{-t} - t + 1, \quad z = C_3$$

将给定的初值代入(3)式,定出积分常数:
$$C_1 = 0, \quad C_2 = 0, \quad C_3 = 0$$

因此,迹线方程为
$$x = -t - 1, \quad y = -t + 1, \quad z = 0$$

上式消去 t 即得
$$y = x + 2 \tag{4}$$

比较(1)式和(4)式可知,非定常流动中迹线和流线是不同的。

3.2.4 流管

由流线的概念可以引伸出流面和流管的概念。某一时刻通过给定曲线(不是此时刻的流线)C 上每一点的流线所构成的曲面称为流面,如图 3.2.8(a)所示;如果给定的空间曲线 C 是一条封闭的可缩曲线,则构成的流面是管状曲面,并称之为流管,如图 3.2.8(b)所示。

流面和流管由流线组成,因此,流面上任意一点的法向量 $\boldsymbol{n}$ 和当地流场速度矢量 $\boldsymbol{v}$ 垂直,即
$$\boldsymbol{v} \cdot \boldsymbol{n} = 0 \tag{3.2.4}$$

这表明,流体不能穿过流面或流管表面。因此,流面和流管表面可看成"刚性壁面"。应用这种概念上的转换,图 3.2.5 所示的流动就可以分别看成是:①绕直角壁面的流动(见图 3.2.9(a));②平面驻点附近的流动(见图 3.2.9(b))。

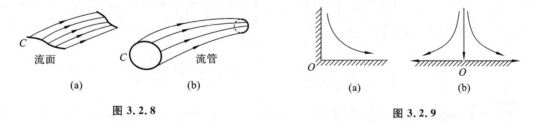

图 3.2.8　　　　　　　　图 3.2.9

3.3　流体运动的基本方程(拉格朗日型)

流体运动是一种宏观运动形态,它应该遵循自然界中关于物质运动的某些普遍规律,如质

量守恒定律、动量定理、动量矩定理等*。将自然界的普遍规律用于流体运动,得到的各流动参数之间的关系式称为流体运动的基本方程。

物质运动的上述普遍规律原来都是针对一定的物质系统提出来的。"一定的物质系统"在理论力学中指的是确定不变的质点所组成的质点系;在流体力学中指的就是由确定的流体质点组成的流体系统(流体团块)。以流体质点系为对象表述流体运动的普遍规律,这种描述法就是拉格朗日法,它的数学表达式称为拉格朗日型基本方程。下面将给出这些方程。为此,在流体中取一个体积为 $V(t)$,表面积为 $S(t)$ 的确定的流体系统为考察对象。这个流体系统中的流体质点永远在这个系统中,不增加也不减少。换句话说,流体系统与外界没有质量交换。因此,质量守恒定律用于这个流体系统就十分简单,它的数学表达式就是质量守恒方程(连续方程):

$$M = \int_V \rho \mathrm{d}V = C \tag{3.3.1a}$$

或

$$\frac{\mathrm{D}M}{\mathrm{D}t} = \frac{\mathrm{D}}{\mathrm{D}t}\int_V \rho \mathrm{d}V = 0 \tag{3.3.1b}$$

式中:M——流体系统的质量。积分区间(流体体积)V 是随时间改变而改变的。

按动量定理,流体系统的动量 $\boldsymbol{K}$ 随时间的变化率等于外界作用在该系统上的合力 $\sum \boldsymbol{F}$。它的数学表达式就是动量方程为

$$\frac{\mathrm{D}\boldsymbol{K}}{\mathrm{D}t} = \frac{\mathrm{D}}{\mathrm{D}t}\int_V \rho \boldsymbol{v} \mathrm{d}V = \sum \boldsymbol{F} \tag{3.3.2a}$$

由于外力有质量力和表面力之分,所以(3.3.2a)式右边可以分成两项,于是有

$$\frac{\mathrm{D}}{\mathrm{D}t}\int_V \rho \boldsymbol{v} \mathrm{d}V = \int_V \boldsymbol{f} \mathrm{d}V + \int_S \boldsymbol{p}_n \mathrm{d}S \tag{3.3.2b}$$

式中:$\boldsymbol{f}$——单位质量力;

$\boldsymbol{p}_n$——表面应力。

按动量矩定理,流体系统对某点的动量矩 $\boldsymbol{H}$ 随时间的变化率等于外界作用在该系统上所有外力对同一点的力矩之和。它的数学表达式就是动量矩方程为

$$\frac{\mathrm{D}\boldsymbol{H}}{\mathrm{D}t} = \frac{\mathrm{D}}{\mathrm{D}t}\int_V \boldsymbol{r} \times \rho \boldsymbol{v} \mathrm{d}V = \sum \boldsymbol{r} \times \boldsymbol{F} \tag{3.3.3a}$$

或

$$\frac{\mathrm{D}}{\mathrm{D}t}\int_V \boldsymbol{r} \times \rho \boldsymbol{v} \mathrm{d}V = \int_V \rho(\boldsymbol{r} \times \boldsymbol{f})\mathrm{d}V + \int_S (\boldsymbol{r} \times \boldsymbol{p}_n)\mathrm{d}S \tag{3.3.3b}$$

式中:$\boldsymbol{r}$——相应质点、力点的矢径。

3.4 系统导数——雷诺输运公式

正如 3.1 节指出的,通常要采用欧拉法描述流体的运动,这时物理量的时空分布是我们的研究对象。3.3 节介绍的方程是对流体系统写出的拉格朗日型方程,需要将它们改为对指定空间写成的方程——欧拉型基本方程,下面要推导的雷诺输运公式能完成这种转换。

为方便起见,将 t_0 时刻流体系统占据的空间 V_0 作为指定空间,并称之为**控制体**。控制体

---

* 对于可压缩流动,还必须服从能量守恒定律(热力学第一定律)、熵不等式(热力学第二定律)以及状态方程等。

的体积简写成 CV，控制体表面面积简写成 CS，于是 $CV=V_0$，$CS=S_0$，S_0 是流体系统在 t_0 时的表面面积。控制体是指定的固定空间，随着时间的推移，不断有流体从控制体流出流入，这种流动必须满足质量守恒定律，即

流体流出的质量－流体流入的质量＝控制体内流体质量的减少量

假设控制面外法线单位矢量为 $\boldsymbol{n}$，单位时间内通过控制体的质量净流出量就是

$$\int_{CS}\rho\boldsymbol{v}\cdot\boldsymbol{n}\,\mathrm{d}S \tag{1}$$

单位时间控制体内质量的减少量为

$$-\frac{\partial}{\partial t}\int_{CV}\rho\,\mathrm{d}V = -\int_{CV}\frac{\partial\rho}{\partial t}\mathrm{d}V \tag{2}$$

质量守恒定律要求(1)式和(2)式相等，因此，有质量守恒方程

$$\int_{CV}\frac{\partial\rho}{\partial t}\mathrm{d}V + \int_{CS}\rho\boldsymbol{v}\cdot\boldsymbol{n}\,\mathrm{d}S = 0 \tag{3}$$

(3)式是欧拉型方程，它和拉格朗日型方程(3.3.1b)式等效，因此，有

$$\left(\frac{\mathrm{D}}{\mathrm{D}t}\int_V\rho\,\mathrm{d}V\right)_{t=t_0} = \int_{CV}\frac{\partial\rho}{\partial t}\mathrm{d}V + \int_{CS}\rho\boldsymbol{v}\cdot\boldsymbol{n}\,\mathrm{d}S \tag{3.4.1}$$

上述关系可以推广到任意的物理量 Φ，即

$$\left(\frac{\mathrm{D}}{\mathrm{D}t}\int_V\Phi\,\mathrm{d}V\right)_{t=t_0} = \int_{CV}\frac{\partial\Phi}{\partial t}\mathrm{d}V + \int_{CS}\Phi\boldsymbol{v}\cdot\boldsymbol{n}\,\mathrm{d}S \tag{3.4.2}$$

(3.4.2)式是流体系统的导数公式。它表明：任一瞬时，流体系统内物理量对时间的变化率，等于该瞬时取定的控制体内物理量的当地导数与通过控制面的输运量之和。这一公式又称为雷诺(Reynolds)输运公式。

3.5 积分形式的基本方程(欧拉型)

利用系统导数公式(3.4.2)式可以将拉格朗日型方程转换为欧拉型方程。分别令 $\Phi=\rho$，$\Phi=\rho\boldsymbol{v}$，$\Phi=\rho(\boldsymbol{r}\times\boldsymbol{v})$，再将它们分别代入(3.4.2)式，则(3.3.1b)、(3.3.2b)、(3.3.3b)式可改写成：

$$\int_{CV}\frac{\partial\rho}{\partial t}\mathrm{d}V + \int_{CS}\rho\boldsymbol{v}\cdot\boldsymbol{n}\,\mathrm{d}S = 0 \tag{3.5.1}$$

$$\int_{CV}\frac{\partial\rho\boldsymbol{v}}{\partial t}\mathrm{d}V + \int_{CS}\rho\boldsymbol{v}(\boldsymbol{v}\cdot\boldsymbol{n})\,\mathrm{d}S = \int_{CV}\rho\boldsymbol{f}\,\mathrm{d}V + \int_{CS}\boldsymbol{p}_n\,\mathrm{d}S \tag{3.5.2}$$

$$\int_{CV}\frac{\partial\rho(\boldsymbol{r}\times\boldsymbol{v})}{\partial t}\mathrm{d}V + \int_{CS}\rho(\boldsymbol{r}\times\boldsymbol{v})(\boldsymbol{v}\cdot\boldsymbol{n})\,\mathrm{d}S = \int_{CV}\rho(\boldsymbol{r}\times\boldsymbol{f})\,\mathrm{d}V + \int_{CS}(\boldsymbol{r}\times\boldsymbol{p}_n)\,\mathrm{d}S \tag{3.5.3}$$

以上三个方程就是积分形式的欧拉型方程，分别称为质量守恒方程、动量方程和动能方程。它们在工程方面的应用见4.6节。如果控制体是针对坐标系选取的微元控制体，那么由上述方程可以直接推出微分形式的欧拉型方程。微分形式的方程是流场分析的基础。

3.6 微分形式的基本方程

这里采用直角坐标系来建立微分形式的质量守恒方程和动量方程。

3.6.1 质量守恒方程

如图 3.6.1 所示,在直角坐标系中,以点 $A(x,y,z)$ 为顶点取微元六面体作为控制体,六个微元面分别和三个坐标面平行,三个棱边长分别记为 $\mathrm{d}x, \mathrm{d}y, \mathrm{d}z$。

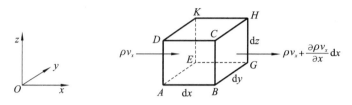

图 3.6.1 微元控制体的质量守恒

因为微元控制体的尺度可以无限小,所以在一个微面上,流体运动参数的分布可以认为是均匀的,而相对面上的参数可用泰勒展开式表达。例如,若设 A 点的速度为 $\boldsymbol{v}_A = \boldsymbol{v}(x,y,z,t)$,则 B 点的速度可表示为

$$\boldsymbol{v}_B = \boldsymbol{v} + \frac{\partial \boldsymbol{v}}{\partial x}\mathrm{d}x$$

因此,通过微元面 $ADKE$ 流入控制体的质量流量为 $\rho v_x \mathrm{d}y \mathrm{d}z$ 通过 $BCHG$ 面流出的质量流量为 $\left(\rho v_x + \frac{\partial \rho v_x}{\partial x}\mathrm{d}x\right)\mathrm{d}y\mathrm{d}z$,于是 x 方向净流出的质量流量

$$\left(\int_{CS}\rho \boldsymbol{v} \cdot \boldsymbol{n}\mathrm{d}S\right)_x = \int_{CS}\rho v_x \mathrm{d}S = \frac{\partial \rho v_x}{\partial x}\mathrm{d}x\mathrm{d}y\mathrm{d}z$$

同样可以求得另外两个方向的净流出质量流量,因而总的净流出质量流量

$$\int_{CS}\rho \boldsymbol{v} \cdot \boldsymbol{n}\mathrm{d}S = \left[\frac{\partial \rho v_x}{\partial x} + \frac{\partial \rho v_y}{\partial y} + \frac{\partial \rho v_z}{\partial z}\right]\mathrm{d}x\mathrm{d}y\mathrm{d}z \tag{1}$$

与此同时,控制体内流体质量也发生了变化。设 t 时刻微元体内的质量为 $\rho \mathrm{d}x\mathrm{d}y\mathrm{d}z$,$t+\Delta t$ 时刻的质量为 $\left(\rho + \frac{\partial \rho}{\partial t}\Delta t\right)\mathrm{d}x\mathrm{d}y\mathrm{d}z$,因此,单位时间内控制体中流体质量的减少量

$$-\int_{CV}\frac{\partial \rho}{\partial t}\mathrm{d}V = -\left(\frac{\partial \rho}{\partial t}\mathrm{d}x\mathrm{d}y\mathrm{d}z\right) \tag{2}$$

将(1)式和(2)式的结果代入积分形式的方程(3.5.1)式就可以得到微分形式的质量守恒方程

$$\frac{\partial \rho}{\partial t} + \frac{\partial \rho v_x}{\partial x} + \frac{\partial \rho v_y}{\partial y} + \frac{\partial \rho v_z}{\partial z} = 0 \tag{3.6.1a}$$

利用散度公式

$$\mathrm{div}(\rho \boldsymbol{v}) = \boldsymbol{\nabla} \cdot \rho \boldsymbol{v} = \frac{\partial \rho v_x}{\partial x} + \frac{\partial \rho v_y}{\partial y} + \frac{\partial \rho v_z}{\partial z}$$

以及
$$\mathrm{div}(\rho \boldsymbol{v}) = \rho \mathrm{div}\boldsymbol{v} + \boldsymbol{v} \cdot \boldsymbol{\nabla}\rho$$

质量守恒方程还有以下两种形式,即

$$\frac{\partial \rho}{\partial t} + \mathrm{div}(\rho \boldsymbol{v}) = 0 \tag{3.6.1b}$$

和

$$\frac{\mathrm{D}\rho}{\mathrm{D}t} + \rho \mathrm{div}\boldsymbol{v} = 0 \tag{3.6.1c}$$

最后一式的导出用了密度的质点导数公式。

对于不可压缩流体，$\rho = C$，所以质量守恒方程可写成

$$\mathrm{div}\boldsymbol{v} = 0 \tag{3.6.2a}$$

或

$$\frac{\partial v_x}{\partial x} + \frac{\partial v_y}{\partial y} + \frac{\partial v_z}{\partial z} = 0 \tag{3.6.2b}$$

质量守恒方程又称为连续方程，满足质量守恒方程又称为满足连续性条件。

3.6.2 动量方程(运动方程)

取微元控制体如图 3.6.2 所示。先讨论通过控制面的动量和控制体中动量的变化率。通过微元面 ADKE 流入控制体的质量流量为 $\rho v_x \mathrm{d}y\mathrm{d}z$，相应的动量流量就是 $\rho \boldsymbol{v} v_x \mathrm{d}y\mathrm{d}z$；通过微元面 BCHG 流出的动量流量则为 $\left(\rho \boldsymbol{v} v_x + \frac{\partial \rho \boldsymbol{v} v_x}{\partial x}\mathrm{d}x\right)\mathrm{d}y\mathrm{d}z$。因此，$x$ 方向动量的净流出量为 $\frac{\partial \rho \boldsymbol{v} v_x}{\partial x}\mathrm{d}x\mathrm{d}y\mathrm{d}z$，同样可计算 y、z 方向的净流出动量。因而，通过控制体的总净流出动量之流量为

$$\int_{CS} \rho \boldsymbol{v}(\boldsymbol{v} \cdot \boldsymbol{n})\mathrm{d}S = \left[\frac{\partial}{\partial x}(\rho \boldsymbol{v} v_x) + \frac{\partial}{\partial y}(\rho \boldsymbol{v} v_y) + \frac{\partial}{\partial z}(\rho \boldsymbol{v} v_z)\right]\mathrm{d}x\mathrm{d}y\mathrm{d}z \tag{1}$$

控制体内动量的变化率则为

$$\int_{CV} \frac{\partial \rho \boldsymbol{v}}{\partial t}\mathrm{d}V = \frac{\partial \rho \boldsymbol{v}}{\partial t}\mathrm{d}x\mathrm{d}y\mathrm{d}z \tag{2}$$

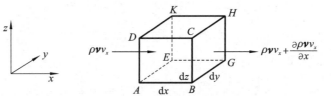

图 3.6.2 微元控制体的动量守恒

以上(1)式、(2)式两式之和就是微元控制体中流体动量的系统导数，它可以写成

$$\begin{aligned}
&\left(\frac{\partial \rho \boldsymbol{v}}{\partial t} + \frac{\partial \rho \boldsymbol{v} v_x}{\partial x} + \frac{\partial \rho \boldsymbol{v} v_y}{\partial y} + \frac{\partial \rho \boldsymbol{v} v_z}{\partial z}\right)\mathrm{d}x\mathrm{d}y\mathrm{d}z \\
&= \left[\frac{\partial \rho \boldsymbol{v}}{\partial t} + (\boldsymbol{v} \cdot \boldsymbol{\nabla})\rho \boldsymbol{v} + \rho \boldsymbol{v}\,\mathrm{div}\boldsymbol{v}\right]\mathrm{d}x\mathrm{d}y\mathrm{d}z \\
&= \left[\frac{\mathrm{D}\rho \boldsymbol{v}}{\mathrm{D}t} + \rho \boldsymbol{v}\,\mathrm{div}\boldsymbol{v}\right]\mathrm{d}x\mathrm{d}y\mathrm{d}z \\
&= \left[\frac{\mathrm{D}\rho}{\mathrm{D}t}\boldsymbol{v} + \rho \frac{\mathrm{D}\boldsymbol{v}}{\mathrm{D}t} + \rho \boldsymbol{v}\,\mathrm{div}\boldsymbol{v}\right]\mathrm{d}x\mathrm{d}y\mathrm{d}z \\
&= \left[\boldsymbol{v}\left(\frac{\mathrm{D}\rho}{\mathrm{D}t} + \rho\,\mathrm{div}\boldsymbol{v}\right) + \rho \frac{\mathrm{D}\boldsymbol{v}}{\mathrm{D}t}\right]\mathrm{d}x\mathrm{d}y\mathrm{d}z \\
&= \rho \frac{\mathrm{D}\boldsymbol{v}}{\mathrm{D}t}\mathrm{d}x\mathrm{d}y\mathrm{d}z
\end{aligned} \tag{3}$$

(3)式用到了质量方程(3.6.1c)式。

现在讨论微元控制体上的作用力。可以认为微元体上的质量力是均匀分布的，因此

$$\int_{CV} \rho \boldsymbol{f}\,\mathrm{d}V = \rho \boldsymbol{f}\,\mathrm{d}x\mathrm{d}y\mathrm{d}z \tag{4}$$

关于表面力,在微元面 $ADKE$ 上的表面应力为 $\boldsymbol{p}_{-x}$(因为此面的外法线方向与 x 轴向相反,所以下标用 $-x$),根据(1.4.5)式,有

$$(\boldsymbol{p}_n)_{ADKE} = \boldsymbol{p}_{-x} = -\boldsymbol{p}_x$$

微元面 $BCHG$ 上的表面应力方向正好相反,因此可以利用泰勒展开式写成

$$(\boldsymbol{p}_n)_{BCHG} = \boldsymbol{p}_x + \frac{\partial \boldsymbol{p}_x}{\partial x}\mathrm{d}x$$

所以,x 方向两微元面上的表面力的合力为

$$(\int_{CS} \boldsymbol{p}_n \mathrm{d}S)_x = \frac{\partial \boldsymbol{p}_x}{\partial x}\mathrm{d}x\mathrm{d}y\mathrm{d}z$$

同理可求 y,z 方向的表面力,整个控制体上的表面力是三者之和,即

$$\int_{CS} \boldsymbol{p}_n \mathrm{d}S = \left(\frac{\partial \boldsymbol{p}_x}{\partial x} + \frac{\partial \boldsymbol{p}_y}{\partial y} + \frac{\partial \boldsymbol{p}_z}{\partial z}\right)\mathrm{d}x\mathrm{d}y\mathrm{d}z \tag{5}$$

将(3)式、(4)式、(5)式代入积分形式的动量方程(3.5.2)式,即得微分形式的动量方程为

$$\rho \frac{\mathrm{D}\boldsymbol{v}}{\mathrm{D}t} = \rho \boldsymbol{f} + \frac{\partial \boldsymbol{p}_x}{\partial x} + \frac{\partial \boldsymbol{p}_y}{\partial y} + \frac{\partial \boldsymbol{p}_z}{\partial z} \tag{3.6.3}$$

它的分量形式为

$$\begin{cases} \rho \dfrac{\mathrm{D}v_x}{\mathrm{D}t} = \rho f_x + \dfrac{\partial p_{xx}}{\partial x} + \dfrac{\partial p_{yx}}{\partial y} + \dfrac{\partial p_{zx}}{\partial z} \\ \rho \dfrac{\mathrm{D}v_y}{\mathrm{D}t} = \rho f_y + \dfrac{\partial p_{xy}}{\partial x} + \dfrac{\partial p_{yy}}{\partial y} + \dfrac{\partial p_{zy}}{\partial z} \\ \rho \dfrac{\mathrm{D}v_z}{\mathrm{D}t} = \rho f_z + \dfrac{\partial p_{xz}}{\partial x} + \dfrac{\partial p_{yz}}{\partial y} + \dfrac{\partial p_{zz}}{\partial z} \end{cases} \tag{3.6.4a}$$

用张量表示法,(3.6.4a)式可以简化成

$$\rho \frac{\mathrm{D}v_i}{\mathrm{D}t} = \rho f_i + \frac{\partial p_{ji}}{\partial x_j} \quad (i,j=1,2,3) \tag{3.6.4b}$$

以上推导的微分形式动量方程又可称为运动方程。方程(3.6.3)式、(3.6.4)式是用应力、应力分量写成的动量方程,对任何流体都适用。

3.6.3 欧拉运动方程

对于理想流体,因为没有剪应力,$p_{ji} \equiv 0 (j \neq i)$,且 $p_{xx} = p_{yy} = p_{zz} = -p$(见(1.6.5)式),这里 p 是理想流体的压力,所以运动方程(3.6.4b)式可以写成

$$\rho \frac{\mathrm{D}v_i}{\mathrm{D}t} = \rho f_i - \frac{\partial p}{\partial x_i} \quad (i=1,2,3) \tag{3.6.5}$$

(3.6.5)式就是著名的欧拉运动方程式。当 $v_i = 0$ 时,此方程式将退化为静力学微分方程(2.1.8)式。

3.6.4 纳维-斯托克斯方程

黏性流体的运动方程可以利用广义牛顿内摩擦定律从(3.6.4b)式导出(见9.1节),结果是

$$\frac{\mathrm{D}v_i}{\mathrm{D}t} = f_i - \frac{1}{\rho}\frac{\partial p}{\partial x_i} + \nu \frac{\partial}{\partial x_j}\left(\frac{\partial v_i}{\partial x_j}\right) + \frac{\nu}{3}\frac{\partial}{\partial x_i}\left(\frac{\partial v_j}{\partial x_j}\right) \tag{3.6.6}$$

式中:$\nu = \mu/\rho$。

(3.6.6)式就是著名的纳维-斯托克斯(Navier-Stokes)方程式,简称为 N-S 方程。对于不可压缩流动,因 $\partial v_j/\partial x_j = 0$,上式简化为

$$\frac{\mathrm{D}v_i}{\mathrm{D}t} = f_i - \frac{1}{\rho}\frac{\partial p}{\partial x_i} + \nu \frac{\partial}{\partial x_j}\left(\frac{\partial v_i}{\partial x_j}\right) \tag{3.6.7}$$

当 $\nu = 0$ 时,(3.6.7)式退化为欧拉运动方程。不可压黏性流体流动的 N-S 方程向量式为

$$\frac{\mathrm{D}\boldsymbol{v}}{\mathrm{D}t} = \boldsymbol{f} - \frac{1}{\rho}\boldsymbol{\nabla}p + \nu\boldsymbol{\nabla}^2\boldsymbol{v} \tag{3.6.8}$$

有关 N-S 方程的问题将在第 9 章讨论,第 4 章将从欧拉方程的积分出发,首先讨论一些简单的流体工程问题。

习　题

3.1　已知二维速度场 $\boldsymbol{v} = 3y^2\boldsymbol{i} + 2x\boldsymbol{j}$,求 $(x,y) = (2,1)$ 点的:(1)速度;(2)当地加速度;(3)迁移加速度;(4)与速度矢量平行的加速度分量;(5)与速度方向垂直的加速度分量。

3.2　已知二维速度场 $v_x = x^2 - y^2 + x, v_y = -2xy - y$,压力场为 $p = 4x^3 - 2y^2$ 求 $(x,y) = (2,1)$ 点的:(1)加速度分量 a_x, a_y;(2)压力变化 $\mathrm{D}p/\mathrm{D}t$。

3.3　对下列速度场,式中 a 为常数,求流线族,并画流谱。

(1) $v_x = ay, v_y = 0$;

(2) $v_x = \dfrac{ax}{x^2 + y^2}, v_y = \dfrac{ay}{x^2 + y^2}$;

(3) $v_x = -\dfrac{ay}{x^2 + y^2}, v_y = \dfrac{ax}{x^2 + y^2}$;

(4) $v_r = \dfrac{\cos\theta}{r^2}, v_\theta = \dfrac{\sin\theta}{r^2}$。

3.4　已知 $v_x = ax + t^2, v_y = -ay - t^2, v_z = 0, a$ 为常数,求流线和迹线。

3.5　试推导圆柱坐标系的质量守恒方程:

$$\frac{\partial \rho}{\partial t} + \frac{\partial(r\rho v_x)}{r\partial x} + \frac{\partial(r\rho v_r)}{r\partial r} + \frac{\partial(r\rho v_\theta)}{r\partial \theta} = 0$$

圆柱坐标系中的微元控制体如题图 3.5 所示。

3.6　设空间不可压流的两个分速为

$$v_x = ax^2 + by^2 + cz^2, \quad v_y = -dxy - eyz - fzx$$

式中,a, b, c, d, e, f 为常数,求第三个分速 v_z。

3.7　如题图 3.7 所示,气体以速度 $u(x)$ 在多孔壁圆管中流动,管径为 d_0,气体从壁面细孔被吸出的平均速度为 v,试证明下式成立:

$$\frac{\partial \rho}{\partial t} + \frac{\partial(\rho u)}{\partial x} = -\frac{4\rho v}{d_0}$$

3.8　已知理想不可压流场 $\boldsymbol{v} = 2xy\boldsymbol{i} - y^2\boldsymbol{j}$,试求 x 方向的压力梯度及 $(1,2)$ 点的压力梯度的大小,不计重力影响。

3.9　证明驻点附近的流场 $v_x = \dfrac{U_0}{L}x, v_y = -\dfrac{U_0}{L}y, v_z = 0$ 为 N-S 方程的一个精确解,式中,U_0, L 为常数,并计算压力场 $p(x,y)$。

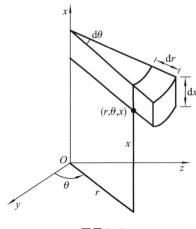

题图 3.5

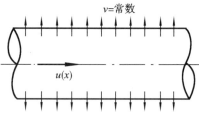

题图 3.7

第 4 章 伯努利方程和积分型基本方程的应用

在对流场进行全面分析之前,先研究理想流体沿流线的动力学问题,从中导出流体力学的一个重要公式——伯努利方程。伯努利方程是在流动定常、重力作用等特定条件下由欧拉运动方程所求出的代数方程形式的解,它是针对流动的特点对控制方程进行分析求解得到的。这个方程不仅能够定性说明许多重要现象,而且在流体工程上有许多应用。将伯努利方程和控制体积分型方程配合使用,可以简捷有效地解决一些工程上的实际问题。

4.1 伯努利方程

在理想流体定常流场中,欧拉方程(3.6.5)式可以写成

$$\begin{cases} v_x \dfrac{\partial v_x}{\partial x} + v_y \dfrac{\partial v_x}{\partial y} + v_z \dfrac{\partial v_x}{\partial z} = f_x - \dfrac{1}{\rho} \dfrac{\partial p}{\partial x} \\ v_x \dfrac{\partial v_y}{\partial x} + v_y \dfrac{\partial v_y}{\partial y} + v_z \dfrac{\partial v_y}{\partial z} = f_y - \dfrac{1}{\rho} \dfrac{\partial p}{\partial y} \\ v_x \dfrac{\partial v_z}{\partial x} + v_y \dfrac{\partial v_z}{\partial y} + v_z \dfrac{\partial v_z}{\partial z} = f_z - \dfrac{1}{\rho} \dfrac{\partial p}{\partial z} \end{cases} \tag{4.1.1}$$

将这个方程沿流线积分可以得到伯努利方程。为此,将(4.1.1)式的第一式乘以 $\mathrm{d}x$,按照流线方程

$$\frac{\mathrm{d}x}{v_x} = \frac{\mathrm{d}y}{v_y} = \frac{\mathrm{d}z}{v_z}$$

将有 $v_y \mathrm{d}x = v_x \mathrm{d}y, v_z \mathrm{d}x = v_x \mathrm{d}z$,所以乘以 $\mathrm{d}x$ 后的(4.1.1)式的第一式可写成

$$v_x \frac{\partial v_x}{\partial x} \mathrm{d}x + v_x \frac{\partial v_x}{\partial y} \mathrm{d}y + v_x \frac{\partial v_x}{\partial z} \mathrm{d}z = f_x \mathrm{d}x - \frac{1}{\rho} \frac{\partial p}{\partial x} \mathrm{d}x$$

即

$$v_x \mathrm{d}v_x = f_x \mathrm{d}x - \frac{1}{\rho} \frac{\partial p}{\partial x} \mathrm{d}x \tag{1}$$

(4.1.1)式的另外两式分别乘 $\mathrm{d}y, \mathrm{d}z$ 后,作类似的代换,可得

$$v_y \mathrm{d}v_y = f_y \mathrm{d}y - \frac{1}{\rho} \frac{\partial p}{\partial y} \mathrm{d}y \tag{2}$$

$$v_z \mathrm{d}v_z = f_z \mathrm{d}z - \frac{1}{\rho} \frac{\partial p}{\partial z} \mathrm{d}z \tag{3}$$

将(1)式、(2)式和(3)式相加,得

$$v_x \mathrm{d}v_x + v_y \mathrm{d}v_y + v_z \mathrm{d}v_z = \mathrm{d}U - \frac{\mathrm{d}p}{\rho} \tag{4.1.2}$$

式中:U——质量力的势函数,重力场的势函数为

$$U = -gz \tag{4.1.3}$$

再假设流体是正压的,因而可以定义压力函数 $\mathscr{P}$,使得

$$\frac{\mathrm{d}p}{\rho} = \mathrm{d}\mathscr{P}$$

于是(4.1.2)式可以写成

$$d\left(\frac{v^2}{2}\right) = dU - d\mathscr{P}$$

或

$$d\left(\frac{v^2}{2} + \mathscr{P} - U\right) = 0 \tag{4.1.4}$$

将(4.1.4)式沿流线积分,即得伯努利方程:

$$\frac{v^2}{2} + \mathscr{P} - U = C \tag{4.1.5}$$

式中:C——积分常数,C的值只能沿同一条流线保持相等,不同流线有不同的常数C。

4.1.1 定常不可压缩流动的伯努利方程

定常不可压缩流动中,$\rho=$常数,$\mathscr{P}=p/\rho$。因此,在重力场中,定常不可压缩流动的伯努利方程为

$$\frac{v^2}{2} + \frac{p}{\rho} + gz = C \tag{4.1.6a}$$

习惯上常将该式改写为

$$\frac{v^2}{2g} + \frac{p}{\rho g} + z = C \tag{4.1.6b}$$

式中:$\frac{v^2}{2g}$——单位质量流体的动能;

z——单位质量流体具有的势能;

$\frac{p}{\rho g}$——压力对单位质量流体所做的压力功。

式(4.1.6)由著名科学家伯努力在1738年首先给出,因此称为伯努力方程。伯努力方程是流体运动微分方程在特定条件下的一个代数解,求解过程中所用到的条件包括:①定常流动;②理想流体;③均质不可压缩流体;④重力是唯一的质量力;⑤沿着流线积分。可见,伯努利方程是理想流体沿流线做定常流动的机械能守恒方程。

式(4.1.6b)中的各项都是具有长度的量纲,在水力学中,又把方程中的各项都分别定义为一种水头:z为位置水头;$\frac{p}{\rho g}$为压强水头;$\frac{v^2}{2g}$为速度水头。三种水头之和为总水头。因此按照水力学的表述方法,伯努力方程表述的是在没有黏性所产生的水头损失时,沿着流线总水头保持为常数。

对于低速气流,通常略去重力项,将伯努利方程写成

$$\frac{\rho v^2}{2} + p = p_0 \tag{4.1.7}$$

式中:$\frac{\rho v^2}{2}$——动压;

p——静压;

p_0——总压,或驻点压力。

4.1.2 等熵气流的伯努利方程

理想流体做绝热连续流动时,沿流线的熵值不变,称之为等熵流动。等熵气流有如下关系:

$$\frac{p}{\rho^k} = C \tag{4.1.8}$$

式中：k——定压比热容和定容比热容之比，$k = c_p/c_V$，称为绝热指数（空气 $k=1.4$）。用此关系可求得压力函数

$$\mathscr{P} = \int \frac{\mathrm{d}p}{\rho} = \frac{k}{k-1} \frac{p}{\rho} \tag{4.1.9}$$

将(4.1.9)式代入(4.1.5)式，不计重力影响，得

$$\frac{v^2}{2} + \frac{k}{k-1} \frac{p}{\rho} = C \tag{4.1.10}$$

这就是等熵气流的伯努利方程，C 是沿流线的积分常数。

4.1.3 压缩性的影响

将(4.1.7)式和(4.1.10)式作一比较，可以看出在什么情况下要考虑压缩性的影响。为此，利用来流的条件定(4.1.10)式的积分常数：

$$C = \frac{v_\infty^2}{2} + \frac{k}{k-1} \frac{p_\infty}{\rho_\infty}$$

这样驻点压力 p_0 要满足下式：

$$\frac{k}{k-1} \frac{p_0}{\rho_0} = \frac{k}{k-1} \frac{p_\infty}{\rho_\infty} = \frac{v_\infty^2}{2} \tag{4.1.11}$$

考虑到(4.1.8)式，有 $\rho_\infty/\rho_0 = (\rho_\infty/\rho_0)^{1/k}$，故(4.1.11)式可写成

$$\frac{p_0}{p_\infty} = \left(1 + \frac{k-1}{k} \frac{\rho_\infty v_\infty^2}{2 p_\infty}\right)^{\frac{k}{k-1}} \tag{4.1.12}$$

物理学已证明，音速

$$c = \sqrt{\frac{\mathrm{d}p}{\mathrm{d}\rho}} = \sqrt{k \frac{p}{\rho}} \tag{4.1.13}$$

引入马赫数 $Ma_\infty = v_\infty/c_\infty$，可将(4.1.13)式写成

$$\frac{p_0}{p_\infty} = \left(1 + \frac{k-1}{2} Ma_\infty^2\right)^{\frac{k}{k-1}} \tag{4.1.14}$$

考虑亚音速流动（$Ma_\infty < 1$），因此，上式可以按二项式展开成级数：

$$\frac{p_0}{p_\infty} = 1 + \frac{k}{k-1} \cdot \frac{k-1}{2} Ma_\infty^2 + \frac{\frac{k}{k-1}\left(\frac{k}{k-1}-1\right)}{2!}\left(\frac{k-1}{2} Ma_\infty^2\right)^2 + \cdots$$

作为初步近似，保留前三项，写成

$$\frac{p_0}{p_\infty} = 1 + \frac{k}{2} Ma_\infty^2 + \frac{k}{8} Ma_\infty^4$$

$$= 1 + \frac{k}{2} Ma_\infty^2 \left(1 + \frac{Ma_\infty^2}{4}\right)$$

或者

$$\frac{p_0}{p_\infty} = 1 + \frac{\rho_\infty v_\infty^2}{2 p_\infty}\left(1 + \frac{Ma_\infty^2}{4}\right)$$

即

$$p_0 = p_\infty + \frac{\rho_\infty v_\infty^2}{2}\left(1 + \frac{Ma_\infty^2}{4}\right) \tag{4.1.15}$$

如果按不可压缩气流公式(4.1.7)式计算，结果有

$$p_0 = p_\infty + \frac{\rho_\infty v_\infty^2}{2} \quad (4.1.16)$$

将(4.1.15)式减去(4.1.16)式,得到两种算法的绝对误差:

$$\Delta p_0 = \frac{\rho_\infty v_\infty^2}{2} \cdot \frac{Ma_\infty^2}{4}$$

再除以来流的动压得到相对误差:

$$\varepsilon = \frac{2\Delta p_0}{\rho_\infty v_\infty^2} = \frac{Ma_\infty^2}{4} \quad (4.1.17)$$

计算结果表明,当空气的运动速度为 $v_\infty = 102$ m/s 时,$Ma_\infty = 0.3$(标准大气条件下音速为 340 m/s)),相对百分误差 $\varepsilon\% = 2.25\%$。所以一般认为,$Ma_\infty \leqslant 0.3$ 的气流都可以看成是不可压缩的,$Ma_\infty > 0.3$ 的气流才需要考虑压缩性的影响。

4.2 定常流管的质量守恒方程

4.2.1 定常流管的质量守恒方程

欧拉型积分形式质量守恒方程(3.5.1)式为

$$\int_{CV} \frac{\partial \rho}{\partial t} dV + \int_{CS} \rho \boldsymbol{v} \cdot \boldsymbol{n} dS = 0 \quad (4.2.1)$$

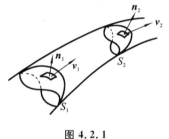

图 4.2.1

将(4.2.1)式用于定常流管(见图 4.2.1),因 $\partial \rho/\partial t = 0$,侧壁又无流体通过,故有

$$\int_{CS} \rho \boldsymbol{v} \cdot \boldsymbol{n} dS = \int_{S_2} \rho_2 \boldsymbol{v}_2 \cdot \boldsymbol{n}_2 dS - \int_{S_1} \rho_1 \boldsymbol{v}_1 \cdot \boldsymbol{n}_1 dS = 0$$

即

$$\int_{S_2} \rho_2 \boldsymbol{v}_2 \cdot \boldsymbol{n}_2 dS = \int_{S_1} \rho_1 \boldsymbol{v}_1 \cdot \boldsymbol{n}_1 dS \quad (4.2.2a)$$

式中:截面 S_1 和 S_2 可以是任意曲面。(4.2.2a)式是定常流管质量方程的一般形式。如果所取截面与流管内所有流线处处垂直,则(4.2.2a)式可以写成

$$\int_{S_2} \rho_2 v_2 dS = \int_{S_1} \rho_1 v_1 dS \quad (4.2.2b)$$

4.2.2 一维管流速度和面积的关系

假设定常管流是一维流动,即流动参数在同一截面上是均匀分布的,只在流动方向上发生变化——一维流假设,则质量守恒方程(4.2.2)式可写成

$$\rho_2 v_2 S_2 = \rho_1 v_1 S_1 \quad (4.2.3a)$$

或

$$\rho v S = C \quad (4.2.2b)$$

一维流假设在工程问题中是经常被采用的。只要流动的主流速度远远大于横向速度,通道截面的变化率 $dS(x)/dx$ 很小,一维流假设就是一种很好的近似。一维流动参数沿流动方向的变化如同沿其中一条流线的变化一样,因此,沿流线积分得到的伯努利方程可以推广应用于一维流动。下面就来分析一维管流速度和面积的变化关系。

对于不可压缩流动,$\rho = C$,因此有

$$v_2 S_2 = v_1 S_1 \quad (4.2.4)$$

(4.2.4)式说明速度与流管截面积成反比:流管变细速度加快,流管变粗速度减慢。根据这个规律去看低速流谱,可以断定:流线变得越来越密的地方是加速区,相反则是减速区。日常生活的许多现象都能用上述规律解释。

但是,在可压缩气流中,面积和速度的关系和马赫数 Ma 有关。可以证明,等熵气流中有

$$(Ma^2-1)\frac{\mathrm{d}v}{v} = \frac{\mathrm{d}S}{S} \tag{4.2.5}$$

证明 等熵气流的伯努利方程为(4.1.10)式,即

$$\frac{v^2}{2} + \frac{k}{k-1}\frac{p}{\rho} = C \tag{1}$$

将(1)式微分,得

$$v\mathrm{d}v + \frac{k}{k-1}\left(\frac{\mathrm{d}p}{\rho} - \frac{p}{\rho^2}\mathrm{d}\rho\right) = 0$$

或

$$v\mathrm{d}v + \frac{\mathrm{d}p}{\mathrm{d}\rho}\frac{\mathrm{d}\rho}{\rho} + \frac{1}{k-1}\left(\frac{\mathrm{d}p}{\rho} - k\frac{p}{\rho^2}\mathrm{d}\rho\right) = 0 \tag{2}$$

由等熵关系(4.1.8)式

$$\frac{p}{\rho^k} = C$$

的微分可得

$$\frac{\mathrm{d}p}{p} = k\frac{\mathrm{d}\rho}{\rho} \tag{3}$$

考虑到(3)式,(2)式左边第三项为零,因此,有

$$v\mathrm{d}v + \frac{\mathrm{d}p}{\mathrm{d}\rho} \cdot \frac{\mathrm{d}\rho}{\rho} = 0 \tag{4}$$

因为音速

$$c = \sqrt{\frac{\mathrm{d}p}{\mathrm{d}\rho}} = \sqrt{k\frac{p}{\rho}}$$

所以(4)式可以写成

$$\frac{\mathrm{d}\rho}{\rho} = -\frac{v^2}{c^2}\frac{\mathrm{d}v}{v} = -Ma^2\frac{\mathrm{d}v}{v} \tag{5}$$

(5)式是由伯努利方程得到的结果,它表明,气流加速就要膨胀,密度会变小。再考虑质量方程,由(4.2.3b)式,可得

$$\frac{\mathrm{d}\rho}{\rho} + \frac{\mathrm{d}v}{v} + \frac{\mathrm{d}S}{S} = 0 \tag{6}$$

将(5)式代入(6)式,得

$$(Ma^2-1)\frac{\mathrm{d}v}{v} = \frac{\mathrm{d}S}{S} \tag{4.2.5}$$

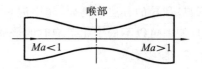

图 4.2.2 拉瓦尔喷管示意图

当 $Ma<1$ 时,气体做亚音速流动,$(Ma^2-1)<0$,所以 $\mathrm{d}S<0$(流管变细)时,$\mathrm{d}v>0$(加速);当 $\mathrm{d}S>0$(流管变粗)时,$\mathrm{d}v<0$(减速)。因此,不可压缩流动只是亚音速流动的一个特例。

当 $Ma>1$ 时,气体做超音速流动,$(Ma^2-1)>0$,所以 $\mathrm{d}S>0$(流管加粗)时,$\mathrm{d}S>0$(加速);$\mathrm{d}S<0$(流管变细)时,$\mathrm{d}v<0$(减速)。这个规律和亚音速的正相反。火箭发动机喷管要得

到超音速喷流必须设计成图 4.2.2 所示的形状,先收缩(亚音速加速到音速的流动),后扩张(超音速加速流动),这种喷管叫拉伐尔(Laval)喷管。

4.3 空泡、船吸等现象的浅释

利用伯努利方程和质量守恒方程所阐明的基本原理,对工程和生活中出现的一些物理现象可以作一些初步解释。船舶航行中出现的空泡流、船吸、浅水吸底现象,以及高速行驶的轿车车身变轻等问题都可以作为例子,现分述如下。

1. 空泡的形成和破灭

当液体中的汽化与凝结过程达到动平衡时,其宏观的汽化现象会停止,此时液体的压强称为饱和蒸汽压强或汽化压强,液体的汽化压强与温度有关,水的汽化压强见表 4.3.1。

观察图 4.3.1 所示的截面水平管道中的水流。根据质量守恒方程,最小截面处流速最大,按伯努利方程(4.1.7)式,此处压力将最小。当最小截面上压力 p 小于水的饱和蒸汽压 p_v 时,水将汽化,形成空泡;流向下游时,由于截面加大,流速降低,压力将增大。当下游某处压力 p 大于当地水的饱和蒸汽压 p_v 时,已形成的空泡将破灭。图 4.3.1 所示的最小截面下游附近形成空泡区就是这个原因。

表 4.3.1　汽化压强随温度的变化

水温 t/℃	5	10	15	20	30	40	50	60	100
汽化压强 p_v/Pa	873	1226	1706	2334	4246	7110	12337	19917	101303

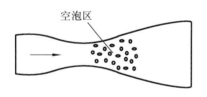

图 4.3.1　管中的空泡现象

实际上,由于水中溶解有空气和其他杂质,这些东西作为汽核会促使空泡提前出现,也就是 $p>p_v$ 时就可能出现空泡。如果是纯净水,没有汽核,即使 $p<p_v$,也不会马上出现空泡。不过在计算空泡时,还是以 $p=p_v$ 作为界定的标准。

在水翼翼面上、螺旋桨桨叶上、潜艇和鱼雷上都有可能出现空泡。空泡的出现将使得翼面的升(力)阻(力)比下降,使螺旋桨的效率降低,影响探测、观察仪器的工作。因为空泡的形成和破灭是压力脉动过程,因此,会产生噪声,严重时还会引起物面材料的"剥蚀"。噪声对军用舰船的隐蔽性是非常不利的。

1877 年雷诺就对空泡问题做过预言,1893 年英国的"勇敢号"才首次碰到这个问题,几年后的"透平号"也碰到同样的"故障",先后换了七种桨都不解决问题,后来用三联动轴装上三个桨取代原来的一个大桨才达到预期的航速。当空泡现象不可避免时,使空泡充分发展,也是一种因势利导的方法。例如,超空泡翼型上空泡区已设法延伸到翼面以外,不仅避免了"剥蚀",而且效率可以不低于无空泡时的普通翼型。

2. 船吸现象

如图 4.3.2(a)所示,两船靠近并行,由于船型的特点,两船间的水道如同变截面水道,两船间的水流速度比船外侧的水流速度快,根据伯努利方程可以定性判断,两船之间水的压力比外侧小。在这种压力差的作用下,两船将相互靠拢。这种现象称为船吸。如果两船相遇,出现图 4.3.2(b)所示的情况,或者 B 船要超越 A 船的情况(图 4.3.2(c)),都有可能发生两船碰撞的危险。

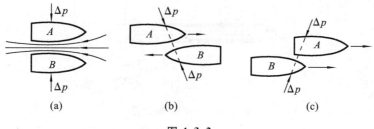

图 4.3.2

3. 浅水吸底现象

船舶在浅水区航行时会增加吃水深度。这是因为船底和航道底面之间形成了明显的水流加速区,船底水流的压力将比深水时小,因此,船底下坐吃水增加。这种现象称为吸底。一条总吨位为 4600 t(登记吨)的船,前吃水 7.2 m,后吃水 7.6 m,以 10 kn(1 kn=1.85 km/h)左右的航速航行时,船底下坐量可达 0.4 m,如果在这种情况下在深度略大于 8 m 的航道里航行,则稍有纵倾就会触底。

4. 轿车车身变"轻"

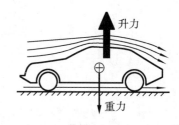

图 4.3.3

小轿车高速行驶时会出现车速越高,车身越"轻"的现象,这也可以用伯努利方程做初步说明。车身纵剖面上凸下平(见图 4.3.3),形状和机翼剖面有些类似。行驶时,车上面气流的相对速度比下面的快,因此上面压力比下面的小。上、下面的压力差形成一种向上的升力,车速越快,升力也越大,车身也就显得更"轻"。这种太"轻"的车不好驾驶,容易出危险。有些赛车加装了能产生负升力的翼型板,就是为了解决这个问题。

4.4 低速测量

4.4.1 皮托管

低速气流的速度可以通过测量压力然后换算得到。根据伯努利方程(4.1.7)式,有

$$v = \sqrt{\frac{2(p_0 - p)}{\rho}} \qquad (4.4.1)$$

式中:$p_0 - p$——总静压差,可以用皮托-静压管(简称皮托(Pitot)管*)测量。图 4.4.1 所示的是皮托管构造、装置示意图,当皮托管的管轴线对准来流方向时,可以通过 U 形管压力计的读数算出总静压的差值。由于设计、加工方面的诸多原因,每一根皮托管在投入使用之前都需要进行校准,设 ξ 为校正系数,实用的换算式就可以写成:

$$v = \xi \sqrt{\frac{2(p_0 - p)}{\rho}} \qquad (4.4.2)$$

皮托管用来测量水流速度时,应完全排除管路中的空气,否则不易测准。

---

* 皮托管最早就是一根总压管,没有外面套装的静压管。

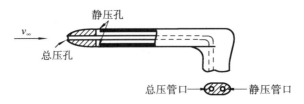

图 4.4.1 皮托-静压管

4.4.2 文特利管

文特利(Venturi)管是用在工业管路上测量流量的装置,管的中间细,两头粗,两端通过法兰盘和管路连通(见图 4.4.2)。假设管内流动是一维的,体积流量为 Q,那么 1—1 截面的平均速度就是

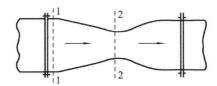

图 4.4.2 文特利管示意图

$$v_1 = \frac{Q}{S_1} \tag{4.4.3}$$

式中:S_1——1—1 截面的截面积。下面将设法先找到 v_1,再乘以 S_1 就可算出体积流量 Q。假设 1—1 和 2—2 两截面之间的流动损失可以忽略不计,文特利管又安装在水平位置,那么,对于这样一个简化的管流,应用伯努利方程,有

$$p_1 + \frac{\rho v_1^2}{2} = p_2 + \frac{\rho v_2^2}{2} \tag{4.4.4}$$

质量守恒方程为

$$v_1 S_1 = v_2 S_2 \tag{4.4.5}$$

再测出 1—1 截面和 2—2 截面的平均压差

$$p_1 - p_2 = \rho_m g h \tag{4.4.6}$$

式中:ρ_m——压力计内液体的密度;

h——压力计两管液面高度差。

由(4.4.4)式、(4.4.5)式和(4.4.6)式可得

$$v_1 = \xi \sqrt{\frac{2gh(\rho_m/\rho)}{(S_1/S_2)^2 - 1}} \tag{4.4.7}$$

式中:ξ——文特利管的校正系数。

正如读者已经看到的,我们作了一系列的假设,将实际管流简化成一维流,不计管路损失,又用管壁上开孔测出的压力代替平均压力。这一切近似带来的误差都通过校正系数 ξ 去校正。

文特利管工作时,每次测量得到 h 值,代入(4.4.7)式算出 v_1,再按(4.4.3)式反算出体积流量 Q。

4.5 小孔口出流问题

这里用伯努利方程分析液体从容器的小孔口流出(或流入)的问题,这容易使人联想起油箱漏油、船仓进水等情景。分析这一问题有一定的实际意义,但分析方法是近似的。

4.5.1 小孔口定常出流

如图 4.5.1 所示,直桶容器的水位保持恒定,底部附近有一小孔口,孔口口径比孔口到水面的垂直距离 H 小很多。小孔出口截面上的速度 v 可以认为是均匀的,且不随时间变化而变化。设直桶容器的横截面积为 S_1,小孔截面积为 S_a,大气压力为 p_a,求小孔口的出流速度 v。

任意选定一个基准面,水面和小孔到基准面的高度分别为 z_1 和 z;设想从水面到小孔口有(任意)一条流线(例如图中的虚线),对此流线可写出伯努利方程

$$\frac{v_1^2}{2} + \frac{p_a}{\rho} + gz_1 = \frac{v^2}{2} + \frac{p_a}{\rho} + gz \quad (4.5.1)$$

根据质量守恒定律,有

$$S_1 v_1 = S_a v \quad (4.5.2)$$

考虑到 $H = z_1 - z$,由以上二式可得出口流速

$$v = \sqrt{\frac{2gH}{1-(S_a/S_1)^2}} \quad (4.5.3)$$

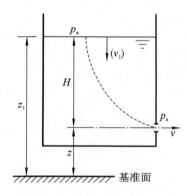

图 4.5.1 小孔口定常出流

当 $S_a \ll S_1$ 时,(4.5.3)式可简化为托里拆利(Torricelli)公式:

$$v = \sqrt{2gH} \quad (4.5.4)$$

(4.5.4)式表明:小孔口的出流速度和流体质点在重力作用下,在空中自由下落 H 高度所获得的速度大小相等。

现在计算从小孔口流出体积为 $S_1 H$ 的水所需要的时间 t_1。按质量守恒,有

$$S_a v t_1 = S_1 H$$

将(4.5.3)式代入上式,可得

$$t_1 = \frac{1}{2}\sqrt{\frac{2H}{g}(m-1)}, \quad m = (S_1/S_a)h^2 \quad (4.5.5)$$

4.5.2 出口反压不断变化的出流

如图 4.5.2 所示,整个容器分成两部分,中间隔板下方有小孔。在水位差的作用下,水从容器1流入容器2,直到容器2的水位和容器1的一样高为止。假设容器1的水位可以保持不变,问通过小孔灌满容器2需要的时间是多少?

此问题相当于船仓底部进水。本问题和 4.5.1 小节的问题不同点在于截面 A_a 的出口反压随时在变。沿图中虚线所示的流线,从容器1的水面到小孔出口的伯努利方程为

$$\frac{v_1^2}{2} + \frac{p_a}{\rho} + gz_1 = \frac{v^2}{2} + \frac{p_a + \rho g(H-h)}{\rho} + (z_1 - H) \quad (4.5.6)$$

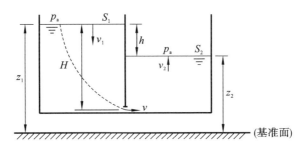

图 4.5.2

根据质量守恒,有

$$S_a v = S_1 v_1 \tag{4.5.7}$$

由以上两式可解出

$$v = \sqrt{\frac{2gh}{1-(S_a/S_1)^2}} \tag{4.5.8}$$

这说明,小孔出流速度和水位差 h 有关。容器 2 不断进水,液面不断上升,上升速度为 $v_2 = \mathrm{d}z_2/\mathrm{d}t$,按质量守恒,有

$$S_2 v_2 = S_2 \frac{\mathrm{d}z_2}{\mathrm{d}t} = S_a v \tag{4.5.9}$$

因为 $\mathrm{d}z_2/\mathrm{d}t = -\mathrm{d}h/\mathrm{d}t$,所以(4.5.9)式又可以写成

$$S_a v = -S_2 \frac{\mathrm{d}h}{\mathrm{d}t} \tag{4.5.10}$$

将(4.5.8)式代入上式,得

$$S_a \sqrt{\frac{2gh}{1-(S_a/S_1)^2}} = -S_2 \frac{\mathrm{d}h}{\mathrm{d}t}$$

积分上式,利用初始条件 $t=0$ 时 $h=H$,可得

$$\sqrt{h} = \sqrt{H} - \frac{1}{2} \frac{S_a S_1}{S_2 \sqrt{S_1^2 - S_a^2}} \sqrt{2g} t \tag{4.5.11}$$

当 $h=0$ 时,可得所需时间

$$t = \frac{S_2 \sqrt{S_1^2 - S_a^2}}{S_a S_2} \sqrt{\frac{2H}{g}} \tag{4.5.12}$$

如果 $S_2 = S_1$,上式可以简化为

$$t_2 = \sqrt{\frac{2H}{g}(m-1)} = 2t_1, \quad m = (S_1/S_a)^2 \tag{4.5.13}$$

式中:t_1 由(4.5.5)式确定。如果 $S_1 \gg S_a$,(4.5.12)式还可简化为

$$t_3 = \frac{S_2}{S_a} \sqrt{\frac{2H}{g}} \tag{4.5.14}$$

出口反压不断变化应该是非定常问题,这里只用定常流的伯努利方程作了近似分析。当面积 S_1/S_a 很大时,这种近似的分析结果和非定常分析所能得到的近似解析结果是相差不多的,在此不作进一步的讨论。

4.6 定常流中积分型基本方程的应用

定常流动中当地导数项为零,控制体积分型基本方程(3.5.1)式、(3.5.2)式和(3.5.3)式

可以分别简化成

质量守恒方程
$$\int_{CS} \rho \boldsymbol{v} \cdot \boldsymbol{n} \mathrm{d}S = 0$$

动量方程
$$\int_{CS} \rho \boldsymbol{v} (\boldsymbol{v} \cdot \boldsymbol{n}) \mathrm{d}S = \int_{CS} \rho \boldsymbol{f} \mathrm{d}V + \int_{CS} \boldsymbol{p}_n \mathrm{d}S$$

动量矩方程
$$\int_{CS} \rho (\boldsymbol{r} \times \boldsymbol{v})(\boldsymbol{v} \cdot \boldsymbol{n}) \mathrm{d}S = \int_{CS} \rho (\boldsymbol{r} \times \boldsymbol{f}) \mathrm{d}V + \int_{CS} \boldsymbol{r} \times \boldsymbol{p}_n \mathrm{d}S$$

由动量方程可知，通过控制面的净流出动量与控制面上的表面力、控制体上的质量力成正比。如果固体和流体的接触面是控制面的一部分，控制面其余部分的流动参数又已知，那么通过动量方程，就可以求出固体壁面施加在流体上的表面力的合力大小。根据牛顿第三定律，流体将以大小相等、方向相反的力作用在固体边界上，这种力叫做作用在物体上的流体动力。再运用动量矩方程，还可以找到流体动力的作用线或作用点的位置。由此可以看出，应用控制体积分型基本方程的第一步就是要选好控制面。选择控制面无一定规则，一般可以选择如下界面作为控制面：

(1) 与问题有关的边界面；
(2) 全部或部分物理量已知的面；
(3) 流面(平面问题的流线)。

下面分析一些典型问题，学习应用控制体分析的方法，进而了解用这种方法解决实际问题的有效性。

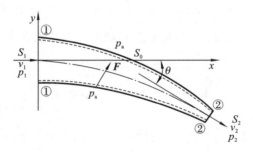

图 4.6.1

4.6.1 弯管壁受到的流体动力

如图 4.6.1 所示，理想不可压缩流体流过一段变截面弯管时，管壁对流体施加的表面力合力为 $\boldsymbol{F}$，流体给管壁的反作用力为 $\boldsymbol{R}'$，且 $\boldsymbol{R}' = -\boldsymbol{F}$，从 $\boldsymbol{R}'$ 中扣除环境压力之后才得到流体作用在弯管壁上的流体动力，这是因为管内没有流体流动时，内壁上也有环境压力的作用。

取弯管两端截面①、②和管内壁为控制面，截面①的面积、速度、压力分别记为 S_1, v_1, p_1；截面②的面积、速度、压力分别记为 S_2, v_2, p_2；管内壁面积记为 S_0；截面②相对于截面①的相对转角为 θ。不考虑重力的影响，则动量方程为

$$\int_{CS} \rho \boldsymbol{v}(\boldsymbol{v} \cdot \boldsymbol{n}) \mathrm{d}S = \boldsymbol{F} + \int_{S_1} \boldsymbol{p}_n \mathrm{d}S + \int_{S_2} \boldsymbol{p}_n \mathrm{d}S \tag{1}$$

在一维流的假设下，弯管的体积流量 $Q = v_1 S_1 = v_2 S_2$，而

$$\int_{S_1} \boldsymbol{p}_n \mathrm{d}S = \int_{S_1} -p_1 \boldsymbol{n}_1 \mathrm{d}S = -p_1 S_1 \boldsymbol{n}_1 \tag{2}$$

$$\int_{S_2} \boldsymbol{p}_n \mathrm{d}S = -p_2 S_2 \boldsymbol{n}_2 \tag{3}$$

通过控制面的净流出动量

$$\int_{CS} \rho \boldsymbol{v}(\boldsymbol{v} \cdot \boldsymbol{n}) \mathrm{d}S = \int_{S_1} \rho(-v_1 \boldsymbol{n}_1)(-v_1) \mathrm{d}S + \int_{S_2} \rho(v_2 \boldsymbol{n}_2)(v_2) \mathrm{d}S \quad (4)$$
$$= \rho v_1^2 S_1 \boldsymbol{n}_1 + \rho v_2^2 S_2 \boldsymbol{n}_2$$

将(2)式、(3)式、(4)式代入(1)式,得

$$\boldsymbol{F} = (p_1 + \rho v_1^2) S_1 \boldsymbol{n}_1 + (p_2 + \rho v_2^2) S_2 \boldsymbol{n}_2 \quad (4.6.1\mathrm{a})$$

因为 $\boldsymbol{n}_1 = -\boldsymbol{i}, \boldsymbol{n}_2 = \boldsymbol{i}\cos\theta - \boldsymbol{j}\sin\theta$,所以 $\boldsymbol{F}$ 的两个分量可写成

$$\begin{cases} F_x = -(p_1 + \rho v_1^2) S_1 + (p_2 + \rho v_2^2) S_2 \cos\theta \\ F_y = -(p_2 + \rho v_2^2) S_2 \sin\theta \end{cases} \quad (4.6.1\mathrm{b})$$

因为流体给管壁的反作用力纪 $\boldsymbol{R}' = -\boldsymbol{F}$,所以

$$\boldsymbol{R}' = -(p_1 + \rho v_1^2) S_1 \boldsymbol{n}_1 - (p_2 + \rho v_2^2) S_2 \boldsymbol{n}_2 \quad (4.6.2\mathrm{a})$$

$\boldsymbol{R}'$ 的两个分量则为

$$\begin{cases} R'_x = (p_1 + \rho v_1^2) S_1 - (p_2 + \rho v_2^2) S_2 \cos\theta \\ R'_y = (p_2 + \rho v_2^2) S_2 \sin\theta \end{cases} \quad (4.6.2\mathrm{b})$$

从 $\boldsymbol{R}'$ 中扣除管壁上的环境压力,得到弯管所承受的流体动力,即

$$\boldsymbol{R} = \boldsymbol{R}' - \int_{S_0} p_a \boldsymbol{n}_0 \mathrm{d}S \quad (4.6.3)$$

式中:$\boldsymbol{n}_0$——控制体侧表面的外法线单位矢量,指向管内壁。(4.6.3)式还可以写成

$$\boldsymbol{R} = \boldsymbol{R}' - \oint_{CS} p_a \boldsymbol{n} \mathrm{d}s + \int_{S_1} p_a \boldsymbol{n}_1 \mathrm{d}S + \int_{S_2} p_a \boldsymbol{n}_2 \mathrm{d}S$$

因为环境压力(大气压力) p_a 是常数,所以它在封闭曲面上的积分为零,即

$$\oint_{CS} p_a \boldsymbol{n} \mathrm{d}S = p_a \oint_{CS} \boldsymbol{n} \mathrm{d}S = 0 \quad (4.6.4)$$

于是

$$\boldsymbol{R} = \boldsymbol{R}' + p_a S_1 \boldsymbol{n}_1 + p_a S_2 \boldsymbol{n}_2 \quad (4.6.5\mathrm{a})$$

将(4.6.2a)式代入上式,得

$$\boldsymbol{R} = -[(p_1 - p_a) + \rho v_1^2] S_1 \boldsymbol{n}_1 - [(p_2 - p_a) + \rho v_2^2] S_2 \boldsymbol{n}_2 \quad (4.6.5\mathrm{b})$$

$\boldsymbol{R}$ 的两个分量为

$$\begin{cases} R_x = [(p_1 - p_a) + \rho v_1^2] S_1 - [(p_2 - p_a) + \rho v_2^2] S_2 \cos\theta \\ R_y = [(p_2 - p_a) + \rho v_2^2] S_2 \sin\theta \end{cases} \quad (4.6.5\mathrm{c})$$

这一结果表明,计算弯管受力时要用表压去计算。

例 4.6.1 如图 4.6.2 所示,一转角 $\theta = 90°$ 的弯管,内径 $d = 0.1$ m,水的体积流量 $Q = 0.00314$ m³/s,不计重力,求水流作用在弯管上的力。

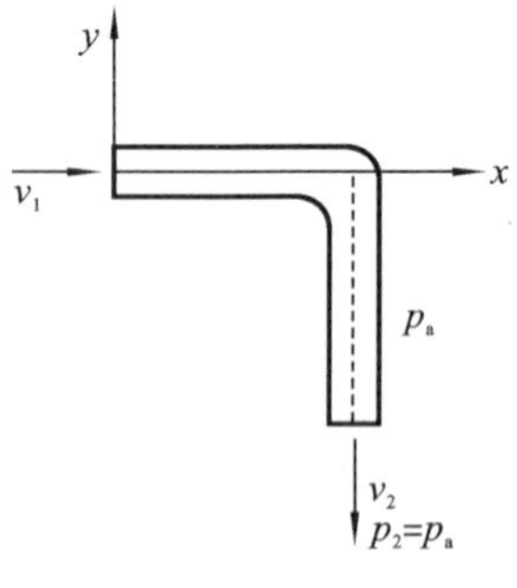

解 由题设条件可算得

$$S_1 = S_2 = 0.00785 \text{ m}^2$$

平均流速巧 $v_1 = v_2 = 0.4$ m/s,由伯努利方程,可得 $p_1 = p_2 = p_a$,水的密度 $\rho = 1000$ kg/m³,又 $\cos 90° = 0, \sin 90° = 1$,将以上数据代入(4.6.5b)式,分别得

$$R_x = [0 + 1000 \times 0.4^2] \times 0.00785 \text{ N} - 0 = 1.256 \text{ N}$$
$$R_y = [0 + 1000 \times 0.4^2] \times 0.00785 \times 1 \text{ N} = 1.256 \text{ N}$$

图 4.6.2

4.6.2 射流对斜面的冲击力

理想不可压平面射流以夹角 α 向斜置平板冲击(见图4.6.3),求平板受到的冲击力。设平板对射流的作用力为 $\boldsymbol{F}$,因为射流是理想流体,此力与平板垂直,假设它的作用点位于负 x 轴上,离原点距离为 e。射流的反作用力为 $\boldsymbol{R}'$,扣除环境压力 p_a 之后就得到平板所受到的冲击力 $\boldsymbol{R}$,即

$$\boldsymbol{R} = \boldsymbol{R}' - p_a S_{板} \boldsymbol{n}_{板} \qquad (1)$$

式中: $S_{板}$——控制面上平板的面积;

$\boldsymbol{n}_{板}$——法向单位矢量,指向平板。

控制面由如下几部分组成:两条射流边界,平板和三个射流截面(宽度分别记为 b_0, b_1, b_2)。截面 b_0, b_1, b_2 离原点足够远,可以认为截面上的流动参数是均匀分布的,压力和速度的平均值等于射流边界上的值,即

$$p_0 = p_1 = p_2 = p_a \qquad (2)$$

由于射流边界是流线,边界上的压力都等于环境压力 p_a,如果不计重力影响,则由伯努利方程可得

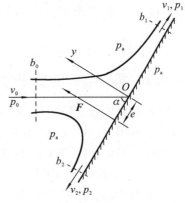

图 4.6.3

$$v_1 = v_2 = v_0 \qquad (3)$$

根据质量守恒方程,有 $\quad v_0 b_0 = v_1 b_1 + v_2 b_2$

最后可得 $\quad\quad\quad\quad\quad\quad\quad b_0 = b_1 + b_2 \qquad (4)$

根据所取控制体的受力分析,动量方程可以写成

$$\begin{aligned}\int_{CS}\rho \boldsymbol{v}(\boldsymbol{v}\cdot\boldsymbol{n})\mathrm{d}S &= \boldsymbol{F} + \int_{CS-S_{板}} \boldsymbol{p}_n \mathrm{d}S \\ &= \boldsymbol{F} + \oint_{CS} -p_a \boldsymbol{n}\mathrm{d}S - \int_{S_{板}} -p_a \boldsymbol{n}_{板}\,\mathrm{d}S \\ &= \boldsymbol{F} + p_a S_{板}\,\boldsymbol{n}_{板}\end{aligned} \qquad (5)$$

上面积分中再次用到了 $\oint_{CS} -p_a \boldsymbol{n}\mathrm{d}S = 0$ 的积分技巧。由于 $\boldsymbol{F} = -\boldsymbol{R}'$,再考虑到(1)式,动量方程(5)可以写成

$$\int_{CS}\rho \boldsymbol{v}(\boldsymbol{v}\cdot\boldsymbol{n})\mathrm{d}S = -\boldsymbol{R} \qquad (6)$$

现将方程左边逐项写出,得

$$\rho(-v_0\boldsymbol{n}_0)(-v_0)b_0 + \rho(v_1\boldsymbol{n}_1)(v_1)b_1 + \rho(v_2\boldsymbol{n}_2)(v_2)b_2 = -\boldsymbol{R} \qquad (7)$$

因为 $\boldsymbol{n}_0 = -\boldsymbol{i}\cos\alpha + \boldsymbol{j}\sin\alpha, \boldsymbol{n}_1 = \boldsymbol{i}, \boldsymbol{n}_i = -\boldsymbol{i}, \boldsymbol{R} = -R\boldsymbol{j}$,所以上式按两个分量分开后可写成

$$\begin{cases} -\rho v_0^2 b_0 \cos\alpha + \rho v_1^2 b_1 - \rho v_2^2 b_2 = 0 \\ \rho v_0^2 b_0 \sin\alpha = R \end{cases} \qquad (8)$$

考虑到(3)式和(4)式,解(8)式,可以得到射流对板的冲击力 R 和射流的附壁宽度 b_1, b_2,结果为

$$\begin{cases} R = \rho v_0^2 b_0 \sin\alpha \\ b_1 = \dfrac{1+\cos\alpha}{2}b_0 \\ b_2 = \dfrac{1-\cos\alpha}{2}b_0 \end{cases} \qquad (4.6.6)$$

下面应用动量矩方程求合力作用点的位置。与(6)式对应,动量矩方程可写成

$$\int_{CS} \rho(\boldsymbol{r} \times \boldsymbol{v})(\boldsymbol{v} \cdot \boldsymbol{n}) \mathrm{d}S = -\boldsymbol{r} \times \boldsymbol{R} \tag{9}$$

参看图 4.6.3 写出各控制面(CS)上的动量矩;$\boldsymbol{R}$ 离原点的距离为 e,这样(9)式可写成

$$-(\rho v_1 b_1) v_1 \frac{b_1}{2} + (\rho v_2 b_2) v_2 \frac{b_2}{2} = -eR \tag{10}$$

将(3)式和(4.6.6)式代入上式,即得

$$e = \frac{b_0}{2} \cot\alpha \tag{4.6.7}$$

4.6.3 螺旋桨的动量理论

螺旋桨是船舶推进的主要部件,也是低速飞机(飞行速度在 500~600 km/h 以下)的高效推进器。下面用动量定理来说明螺旋桨有高效率的道理。

将坐标系固定在航行器上,螺旋桨相对静止不动,来流从左向右流向螺旋桨。如图 4.6.4 所示,取包围桨盘在内的流管、截面 1 和截面 2 所围空间作为控制体。桨盘所在截面的面积正好等于桨盘面积,记为 S。截面 1—1 和截面 2—2 离桨盘所在截面足够远,两截面上的流动参数都可以认为是均匀分布的。螺旋桨的贡献是在桨盘前后产生一个压力差 Δp,盘后压力 $p' + \Delta p$ 高于环境压力 p_a,而盘前压力 p' 低于 p_a(这是因为来流流向桨盘是个加速过程,有压力降)。流体通过桨盘以后在高压推动下继续加速,直到远后方(截面 2)加速完毕,压力恢复到环境压力 p_a,而速度达到 v_2。

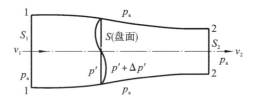

图 4.6.4　螺旋桨推进

通过桨盘面的流体质量流量为 $\rho v_1 S_1 = \rho v_2 S_2$,通过控制体的动量净流出量则为

$$(\rho v_2 S_2) v_2 - (\rho v_1 S_1) v_1 = \rho v_1 S_1 (v_2 - v_1)$$

控制面上的压力都是 p_a,其合力为零;在控制体内,螺旋桨给来流以推力 T(向右)。因此,按动量定理有

$$T = \rho v_1 S_1 (v_2 - v_1) = \rho v_A S (v_2 - v_1) \tag{4.6.8a}$$

螺旋桨受到的反作用力大小等于 T,但指向左,即航行器前进方向。这个力就是飞机获得的拉力,或者船舶获得的推力。因此,Tv_1 就是螺旋桨输出的有用功率。

通过桨盘的单位质量流体,未经桨的作用之前,动能是 $v_1^2/2$,而最终变为 $v_2^2/2$,动能的增置是 $(v_2^2 - v_1^2)/2$。因此,单位时间内流过桨盘的流体的动能增量为

$$\Delta E_k = \frac{1}{2} \rho v_1 S_1 (v_2^2 - v_1^2) = \frac{1}{2} \rho v_2 S_2 (v_2^2 - v_1^2) \tag{4.6.8b}$$

这是螺旋桨在单位时间内付出的能量。螺旋桨的效率 η 是其提供的有用功率和单位时间内付出的能量之比,即

$$\eta = \frac{Tv_1}{\Delta E_k} = \frac{\rho v_1 S_1 (v_2 - v_1) v_1}{\frac{1}{2} \rho v_1 S_1 (v_2^2 - v_1^2)} = \frac{2}{1 + \dfrac{v_2}{v_1}} \tag{4.6.9}$$

因为有许多实际问题没有考虑进去,(4.6.9)式的结果只能称为螺旋桨的理想效率。从公式看,$v_2/v_1 \to 1$ 是最理想的(效率高),可是推力 T 的公式(4.6.8a)式表明,要想得到一定的推力,而又不想 v_2 比 v_1 大很多的话,唯一的办法是加大桨盘面积 S。用加大盘面积增加推力,所付出的能量和盘面积的一次方成正比;若靠加大速度差($v_2 - v_1$)来增加推力,所付出的能量将和($v_2^2 - v_1^2$)成正比。相比之下,用增加桨盘面积的方法增加推力比较合算。因此,只要情况允许,采用大桨盘有好处。

4.6.4 喷气推进

喷气推进器借助液体燃料或固体燃料的燃烧,使工作介质(燃气)以高速向后喷出,由此产生推力使飞行器向前飞行。如图 4.6.5 所示,坐标系固定在推进器上,气流在远前方压力为 p_a,以 v_1 的速度流向飞行器。空气进入推进器经过增压、燃烧、膨胀以后,以高速向后喷出,到远下游压力恢复到 p_a,而速度 v_2 也趋于均匀分布。假设流动是定常的,略去质量力的影响,下面来分析一下推进器的推力。

在高速飞行中,推进器壳体周围的压力不等于大气压力 p_a,为方便起见,取如图 4.6.5 虚线所示的控制体,它不包括推进器壳体。截面 1—1 到截面 2—2 是通过推进器内部的气流通道;截面 1—1′ 到截面 2—2′ 是环形截面通道。走内部通道的是内部气流,走环形截面通道的是外部气流。下面对控制体的两个分区分别写出动量方程:

内流
$$p_1 S_1 - p_2 S_2 + f_{13} + F_{内} + f_{42} = m_2 v_2 - m_1 v_1 \tag{1}$$

外流
$$p_1(S_1' - S_1) - p_2(S_2' - S_2) - f_{13} + F_{外} - f_{42} + p_a(S_2' - S_1') = m'(v_2' - v_1) \tag{2}$$

式中:S_1——1—1 截面的面积;

$S_1' - S_1$——环形截面 1—1′ 的面积;

m——质量,内流的 $m_2 > m_1$,因为有燃料加入,外流的质量 m' 保持不变;

f_{13}, f_{42}——在 1—3 段、4—2 段上外流作用在内流上的表面力在 x 方向上的合力;

$F_{内}$——在 3—4 段上推进器壳体施加于内流的阻力;

$F_{外}$——推进器外侧施加于外流的阻力。

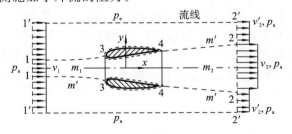

图 4.6.5 喷气推进

推进器施加在气流上的总作用力等于 $F_{内}$ 与 $F_{外}$ 之和,即
$$F = F_{内} + F_{外} = m_2 v_2 - m_1 v_1 + m'(v_2' - v_1) \tag{4.6.10}$$

根据牛顿第三定律,气流给推进器的反作用力——推力指向负 x 方向,大小等于 F。

喷水推进的道理也是一样的,只是高速水流的产生方法和气流的不同。

4.6.5 气垫船的飞高

图 4.6.6 所示的是周边射流型气垫船示意图。气流由风扇提供,下部出口周边是柔性围

裙。气流向内倾斜 θ 角喷出,当底部压力 p 达到一定值以后,船体就会腾空。设船的质量为 m,底部面积为 S,喷口处射流宽度为 b_0,速度为 v_0,求气垫船的飞升高度 h。

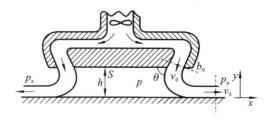

图 4.6.6 气垫

当气垫船稳定升空后,气流射到地面之后向外折转,与地面平行地向外射出。足够远处贴着地面的射流宽度和喷口处的宽度一样,都是 b_0,速度也是 v_0,这是因为射流外边界上压力沿流线不变,不计重力影响,由伯努利方程可得到速度不变的结论,再由质量守恒得知宽度也不变。

这里只需分析右半边的射流,取射流边界和进出口截面作控制面,对此,可写出动量方程的分量式:

x 方向
y 方向
$$\begin{cases} \rho v_0 v_0 b_0 + \rho(-v_0\cos\theta)(-v_0)b_0 = ph \\ 0 = pS - mg \end{cases} \quad (4.6.11)$$

式中,底部的压力 p 显然是表压,由(4.6.11)式可得飞高

$$h = \rho v_0^2 b_0 (1+\cos\theta) \frac{S}{mg} \quad (4.6.12)$$

4.6.6 喷水器

如图 4.6.7 所示,旋转式喷水器的两臂长分别为 0.2m 和 0.15m,两喷口的直径均为 $d=6$ cm,流量均为 $Q=0.01$ m^3/s。求喷水器的旋转角速度 ω;要阻止其旋转,需要加多大的扭矩 M?

此问题要用动量矩方程解决。任意取一个控制体围住喷水器,控制体相对于喷水器是不动的;两个喷口就是控制面上的两个出口。喷口喷出的水流产生的动量矩和入口水流产生的动量矩之和应等于外力矩之和,据此,可以算出旋转角速度 ω 的大小。

水是从通过转动中心的管子进入喷水器的,因此,入口水流的动量矩为零。控制面上均布环境压力的力矩和为零,除此之外,再没有其他外力矩。因此,对于本问题动量矩方程可简化成:两喷出水流的动量矩之和为零,即

图 4.6.7 喷水器

$$\rho Q v_1 r_1 + \rho Q v_2 r_2 = 0$$
或
$$v_1 r_1 + v_2 r_2 = 0 \quad (1)$$

式中:$r_1 = 0.2$ m;

$r_2 = 0.15$ m;

v_1, v_2——喷出水流的绝对速度。

若设 v 为喷水的相对速度,则

$$v = \frac{Q}{\pi d^2/4} = 3.53 \text{ m/s} \tag{2}$$

而

$$\begin{cases} v_1 = v - r_1\omega \\ v_2 = v - r_2\omega \end{cases} \tag{3}$$

将(3)式代入(1)式,可得

$$\omega = \frac{v(r_1 + r_2)}{r_1^2 + r_2^2} = 19.77 \text{ s}^{-1} = 188.8 \text{ r/min}$$

如果要阻止喷水器旋转,所需外加扭矩为

$$M = \rho Q(vr_1 + vr_1) = 12.36 \text{ N} \cdot \text{m}$$

式中:ρ——水的密度,$\rho = 1000$ kg/m^3。

习　题

4.1 如题图 4.1 所示,海平面上空气通过管道被吸进真空箱,管道内的流动不考虑黏性和压缩性影响。现测出管道 A—A 截面上的静压为 9.6×10^4 Pa,求该截面气流的速度。

4.2 如题图 4.2 所示,用皮托管测量水的流速时,它的低端开口面向来流,其轴线与来流平行,管内水位高出水面 5 cm,求水流速度。

题图 4.1　　　　　题图 4.2　　　　　题图 4.4

4.3 鱼雷在 5 m 深的水下以 50 kn(1 kn=1.85 km/h=0.514 m/s)的速度运动,根据相对性原理,这种运动可视为无穷远处来流以流速 50 kn 绕鱼雷流动。若绕流在鱼雷表面的最大速度是无穷远来流速度的 1.15 倍,试求鱼雷表面上的最小压力。若已知水温 15 ℃时产生空泡的压力为 2332.4 N/m^2,求鱼雷表面开始出空泡时的航速。

4.4 如题图 4.4 所示,只要给虹吸管以足够的吸力,吸取容器中的流体形成连续的流动,这流动将一直持续下去直到吸干容器中的流体为止。不考虑损耗,求(1)出口速度 v_2;(2)吸管中的最低压力 p_3。

4.5 在文特利管中有空气流动。在其最窄截面 1—1 处开一孔接小竖管(见题图 4.5),小管插在水中,水面在管轴线以下 0.2 m 处;截面 2—2 通大气。已知管径 $d_1 = 20$ mm,$d_2 = 40$ mm,问流量多大时才能将水吸入气流中。

4.6 两块二维平行平板各长 $2L$,相距 b(见题图 4.6),且 $b \ll L$。板间有不可压流体,当上板以缓慢的匀速 V 向下板靠拢时,流体从两侧被挤出,可以不计黏性作用,求距平板中心 x 处

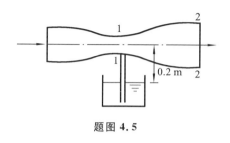

题图 4.5

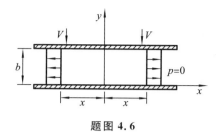

题图 4.6

的流速和压力。

4.7 一水槽在同一侧面有大小相同的两小孔,两孔在同一铅垂线上相距 h,下孔离水面距离为 H(见题图 4.7),求两孔射流交点的位置。

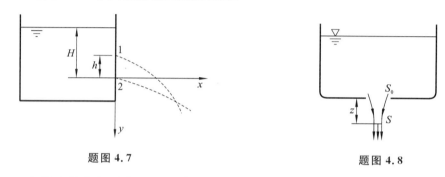

题图 4.7　　　　　　　　题图 4.8

4.8 一大贮水箱底部开有一面积为 S_0 的小圆孔(见题图 4.8),水在定常出流时孔口处的速度为 v_0,试证明距离孔口下面 z 处的水流截面积为

$$S = \frac{S_0}{\sqrt{1 + \frac{2gz}{v_0^2}}}$$

4.9 水槽截面积为 $1\ \text{m}^2$,直桶形,贮水 4 m 深。打开底部直径为 60 mm 的圆孔,试求两分钟后水深是多少?

4.10 水平放置的 U 形弯管如题图 4.10 所示,弯管两平行轴线相距为 l,管截面积由 $S_1 = 50\ \text{cm}^2$ 变到 $S_2 = 10\ \text{cm}^2$,S_2 截面通大气。水流体积流量 $Q = 0.01\ \text{m}^3/\text{s}$,求水流对弯管的作用力及作用点的位置。

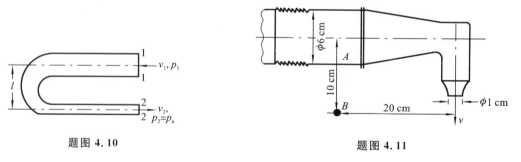

题图 4.10　　　　　　　　题图 4.11

4.11 如题图 4.11 所示,弯嘴管头的轴位于水平线上,水流以 16 m/s 的速度从管嘴垂直向下射入大气中。在 A 处表压为 128 kN·m^{-2},忽略摩擦阻力,求由于水流作用在该弯头上的合力对通过 B 点的垂直轴的矩。

4.12 如题图 4.12 所示,一平板垂直插入水柱内,水柱速度 $v_0 = 30$ m/s,总流量 $Q_0 = 30$

kg/s，分流量 $Q_1=12$ kg/s，试求水柱作用在平板上的力和水流偏转角 α。

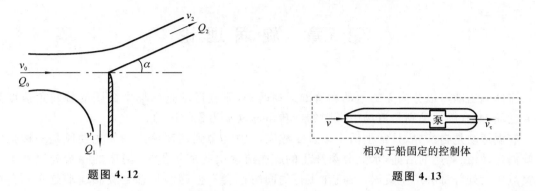

题图 4.12　　　　　　　　　　　题图 4.13

4.13　如题图 4.13 所示，喷水推进船，水从船首孔道进入，从船尾由喷管高速喷出。相对于船，水流进口速度为 v（大小等于船的航速），喷出速度为 v_τ，试证明喷水推进效率为

$$\eta=\frac{\text{单位时间推力所做的功}}{\text{单位时间泵所提供的能量}}=\frac{2v}{v_\tau+v}$$

4.14　一艘潜艇在水下正常巡航，留下对称于潜艇纵轴的圆柱形尾流。沿尾流纵轴的速度等于潜艇的航行速度 5 m/s，尾流中速度与半径成反比，并在 $r=6$ m 处减为零，试计算潜艇受到的阻力，以及潜艇以此航行速度航行所需的最小功率。

第 5 章 旋 涡 理 论

流体的运动可以分为无旋运动和有旋运动两种,无旋运动是流场中微团的旋转角速度为零的运动,而有旋运动则是流场中微团的旋转角速度不为零的运动。

旋涡运动是自然界、日常生活中以及工程实际中常碰到的现象。例如龙卷风是一种强大的旋涡运动;在船尾的后面,水流分离产生的旋涡流动引起能量损失;河床的拐弯处以及水管的突然扩大处等都会产生旋涡;飞机在飞行的同时也会产生旋涡。总之旋涡运动是实际存在的一种重要的运动,因而对于旋涡运动的研究有着重要的意义。

5.1 旋涡运动的基本概念

5.1.1 涡量和平均旋转角速度

速度场的旋度称为涡量场。涡量 $\boldsymbol{\Omega}$ 的数学定义就是

$$\boldsymbol{\Omega} = \boldsymbol{\nabla} \times \boldsymbol{v} \tag{5.1.1}$$

流场按涡量是否为零划分成两类:$\boldsymbol{\Omega} \neq 0$ 的流场称为有旋流场;$\boldsymbol{\Omega} = 0$ 的流场称为无旋流场。

因为

$$\boldsymbol{\nabla} \times \boldsymbol{v} = \begin{vmatrix} \boldsymbol{i} & \boldsymbol{j} & \boldsymbol{k} \\ \partial/\partial x & \partial/\partial y & \partial/\partial z \\ v_x & v_y & v_z \end{vmatrix} = \left(\frac{\partial v_z}{\partial y} - \frac{\partial v_y}{\partial z} \right) \boldsymbol{i} + \left(\frac{\partial v_x}{\partial z} - \frac{\partial v_z}{\partial x} \right) \boldsymbol{j} + \left(\frac{\partial v_y}{\partial x} - \frac{\partial v_x}{\partial y} \right) \boldsymbol{k}$$

若令

$$\begin{cases} \omega_x = \frac{1}{2} \left(\frac{\partial v_z}{\partial y} - \frac{\partial v_y}{\partial z} \right) \\ \omega_y = \frac{1}{2} \left(\frac{\partial v_x}{\partial z} - \frac{\partial v_z}{\partial x} \right) \\ \omega_z = \frac{1}{2} \left(\frac{\partial v_y}{\partial x} - \frac{\partial v_x}{\partial y} \right) \end{cases} \tag{5.1.2}$$

则

$$\boldsymbol{\Omega} = 2\boldsymbol{\omega} \tag{5.1.3}$$

(5.1.2)式定义的 $\boldsymbol{\omega}$ 是流体微团的**平均旋转角速度**。下面用几何分析的方法对此加以说明。

t 瞬时在 M 点取一长方形微元流体 $MACB$,如图 5.1.1 所示,图中 $MA = \mathrm{d}x$,$MB = \mathrm{d}y$,在 $t + \mathrm{d}t$ 瞬时,该微元体运动到新的位置,同时发生了变形和旋转,成为微元体 $M_1 A_1 C_1 B_1$。为便于比较分析,图中已将微元体 $M_1 A_1 C_1 B_1$ 平移到 M 点,使 M 和 M_1 点重合。现在先分别计算 MA 边和 MB 边的旋转角速度。设 M 点的速度为 v_x,v_y,则 A 点的速度可以写成

$$\begin{cases} (v_x)_A = v_x + \frac{\partial v_x}{\partial x} \mathrm{d}x \\ (v_y)_A = v_y + \frac{\partial v_y}{\partial x} \mathrm{d}x \end{cases} \tag{5.1.4}$$

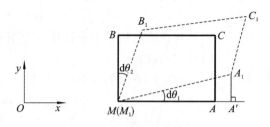

图 5.1.1 流体微团的变形

过 A_1 点作 MA 边延长线的垂线交于 A' 点,按几何关系和运动学关系,有

$$\sin(\mathrm{d}\theta_1) = \frac{A_1 A'}{MA + AA'} = \frac{[(v_y)_A - v_y]\mathrm{d}t}{\mathrm{d}x + [(v_x)_A - v_x]\mathrm{d}t} = \frac{(\partial v_y/\partial x)\mathrm{d}t}{1 + (\partial v_x/\partial x)\mathrm{d}t}$$

式中:$\mathrm{d}\theta_1$——MA 边在 $\mathrm{d}t$ 时间内的转角。

当 $\mathrm{d}t \to 0$ 时,$AA' \to 0$,所以上式可写成

$$\mathrm{d}\theta_1 = \frac{\partial v_y}{\partial x}\mathrm{d}t$$

即

$$\frac{\mathrm{d}\theta_1}{\mathrm{d}t} = \frac{\partial v_y}{\partial x} \tag{5.1.5}$$

这就是 MA 边的旋转角速度。同样可得 MB 边的旋转角速度,即

$$\frac{\mathrm{d}\theta_2}{\mathrm{d}t} = \frac{\partial v_x}{\partial y} \tag{5.1.6}$$

用两邻边旋转角速度的平均值作为流体在 M 点的平均旋转角速度*,并记为 ω_z,则有

$$\omega_z = \frac{1}{2}\left(\frac{\mathrm{d}\theta_1}{\mathrm{d}t} - \frac{\mathrm{d}\theta_2}{\mathrm{d}t}\right) = \frac{1}{2}\left(\frac{\partial v_y}{\partial x} - \frac{\partial v_x}{\partial y}\right) \tag{5.1.7}$$

对于空间运动,同样可定义 ω_x, ω_y,因此,有(5.1.2)式,这就说明 $\omega_x, \omega_y, \omega_z$ 是流体微团平均旋转角速度 $\boldsymbol{\omega}$ 的三个分量。

流场是否有旋不能依据流线的形状来判断。用一个通俗的例子打比方,一列受检阅的三军行列式,迈着整齐的步伐正步前进,这是"无旋"的;载歌载舞的文艺队伍,边跳、边转地前进,这就是"有旋"的(尽管行进路线都是直线)。再看下面一个具体例子。

例 5.1.1   已知 $v_r = 0, v_\theta = \Gamma/2\pi r, \Gamma$ 为常数,求流线和流场的涡量。

解   极坐标的流线方程为

$$\frac{\mathrm{d}r}{v_r} = \frac{r\mathrm{d}\theta}{v_\theta}$$

---

*   因为 $\mathrm{d}\theta_1$ 和 $\mathrm{d}\theta_2$ 方向相反,两项相减才能表示沿逆时针方向的净转角。如果两项相加,所得结果为**角变形率**(或剪切变形率),即

$$\gamma_z = \frac{1}{2}\left(\frac{\mathrm{d}\theta_1}{\mathrm{d}t} + \frac{\mathrm{d}\theta_2}{\mathrm{d}t}\right) = \frac{1}{2}\left(\frac{\partial v_y}{\partial x} + \frac{\partial v_x}{\partial y}\right)$$

空间运动还可以类似定义 γ_x, γ_y。此外,对于流体微团的线尺度之伸缩,还可以定义**线变形率**——单位时间内长度的改变量与原长之比,即

$$\varepsilon_x = \frac{\partial v_x}{\partial x}, \quad \varepsilon_y = \frac{\partial v_y}{\partial y}, \quad \varepsilon_z = \frac{\partial v_z}{\partial z}$$

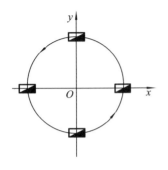

图 5.1.2 无旋流动

将题设条件代入上式积分得
$$r = C$$

这说明流线是以坐标原点为圆心的同心圆族,流动沿逆时针方向进行。

极坐标系中的涡量(参见附录 B):
$$\Omega = \frac{\partial v_\theta}{\partial r} + \frac{v_\theta}{r} - \frac{\partial v_r}{r\partial \theta} = 0$$

说明流动是无旋的。图 5.1.2 所示的就是这种流动的一个几何说明,带标记的流体微团在做圆周运动,但自身没有旋转,流动是无旋的。

5.1.2 涡线、涡面和涡管

涡量场是一个矢量场,类似于速度场,可以定义**涡线**——线上各点的涡矢量均与该线相切(见图 5.1.3)。涡线方程可以写成

$$\frac{\mathrm{d}x}{\Omega_x} = \frac{\mathrm{d}y}{\Omega_y} = \frac{\mathrm{d}z}{\Omega_z} \tag{5.1.8}$$

圆柱坐标系中,涡线方程为

$$\frac{\mathrm{d}r}{\Omega_r} = \frac{r\mathrm{d}\theta}{\Omega_\theta} = \frac{\mathrm{d}z}{\Omega_z} \tag{5.1.9}$$

在平面流动中,涡线在速度平面内只是一个投影点。换一个角度看,平面绕流作为无穷长柱状物体的绕流,其涡线将与流线处处正交。

涡线的概念可以引伸出涡面和涡管的概念:某一时刻通过给定的曲线(不是此刻的涡线)C 上每一点的涡线所构成的曲面称为**涡面**;如果曲线 C 是一条封闭的可缩曲线,则构成的涡面是管状曲面,并称之为**涡管**(见图 5.1.4)。

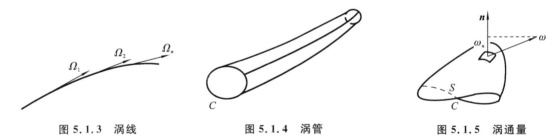

图 5.1.3 涡线　　　　图 5.1.4 涡管　　　　图 5.1.5 涡通量

涡面和涡管由涡线组成,因此,涡面上任意一点的法向量 $\boldsymbol{n}$ 和当地的涡矢量 $\boldsymbol{\Omega}$ 垂直,即
$$\boldsymbol{\Omega} \cdot \boldsymbol{n} = 0 \tag{5.1.10}$$

5.1.3 涡通量和涡管强度

通过以曲线 C 为边界的任意曲面 S 的**涡通量**定义为

$$J = \int_S \boldsymbol{\omega} \cdot \boldsymbol{n} \mathrm{d}S = \int_S \omega_n \mathrm{d}S \tag{5.1.11}$$

式中:$\boldsymbol{n}$——曲面的法线单位矢量,如图 5.1.5 所示。

如果 S 是涡管截面,则 J 又称为**涡管强度**。

5.2 速度环量和斯托克斯定理

涡通量的计算要用曲面积分,若用数学中的斯托克斯公式,面积分可化作线积分。

定义 速度矢量的切向分量沿封闭周线 C 的线积分

$$\Gamma_C = \oint_C \boldsymbol{v} \cdot \mathrm{d}\boldsymbol{l} = \oint_C (v_x \mathrm{d}x + v_y \mathrm{d}y + v_z \mathrm{d}z) \tag{5.2.1}$$

称为绕该周线的速度环量。

斯托克斯定理 任意曲面上的涡通量的两倍等于该曲面周线上的速度环量,即

$$2\int_S \boldsymbol{\omega} \cdot \boldsymbol{n} \mathrm{d}S = \oint_C \boldsymbol{v} \cdot \mathrm{d}\boldsymbol{l} \tag{5.2.2a}$$

或

$$2\iint_S (\omega_x \mathrm{d}y\mathrm{d}z + \omega_y \mathrm{d}z\mathrm{d}x + \omega_z \mathrm{d}x\mathrm{d}y) = \oint_C (v_x \mathrm{d}x + v_y \mathrm{d}y + v_z \mathrm{d}z) \tag{5.2.2b}$$

式中,$\boldsymbol{n}$ 和 $\mathrm{d}\boldsymbol{l}$ 沿周线的取向符合右手法则(右手四指沿周线方向,拇指指向法线方向)。

用微积分理论或场论中的斯托克斯公式很容易证明(5.2.2)式。也可以根据流体力学的速度环量、涡通量概念来直接证明,在此证明从略。

斯托克斯定理适用于单连通域。所谓单连通域,系指闭曲线 C 可在该区域内任意缩为一点,即 C 为可缩曲线,否则为多连通域。图 5.2.1 所示的平面周线 C 所围区域 S 是一个双连通域,因为它里面包围着一个翼剖面,周线 C 无法绕过翼剖面缩为一点。如果将翼剖面边界作为内周线 C',在内、外周线之间用两条无限靠近的平行线(隔线)AB 和 $A'B'$ 连接起来,那么依次经过 $ABDB'A'EA$ 所围区域就是单连通域,它将翼剖面排除在外了。对于这个单连通域,速度环量应分成四部分计算,即

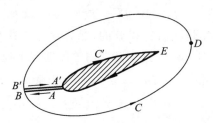

图 5.2.1 双连通域

$$\oint_{ABDB'A'EA} \boldsymbol{v} \cdot \mathrm{d}\boldsymbol{l} = \Gamma_{AB} + \Gamma_{BDB'} + \Gamma_{B'A'} + \Gamma_{A'EA}$$

因为 AB 和 $A'B'$ 无限靠近,积分方向 $A \to B$ 与 $B' \to A'$ 正相反,所以

$$\Gamma_{AB} = -\Gamma_{B'A'}$$

又

$$\Gamma_{BDB'} = \Gamma_C$$
$$\Gamma_{A'EA} = \Gamma_C{'}$$

所以

$$\oint_{A \to A} \boldsymbol{v} \cdot \mathrm{d}\boldsymbol{l} = \Gamma_C + \Gamma_C{'}$$

注意,沿周线积分方向左边都是定义域。将这一结果用于(5.2.2a)式即得双连通域的斯托克斯公式

$$2\int_S \boldsymbol{\omega} \cdot \boldsymbol{n} \mathrm{d}S = \oint_C \boldsymbol{v} \cdot \mathrm{d}\boldsymbol{l} + \oint_{C'} \boldsymbol{v} \cdot \mathrm{d}\boldsymbol{l} \qquad (5.2.3)$$

例 5.2.1 已知如下速度分布：

在 $r \leqslant 5$ 范围内，$\quad v_x = -\dfrac{1}{5}y, \quad v_y = \dfrac{1}{5}x$

在 $r \geqslant 5$ 范围内，$\quad v_x = -5y/(x^2+y^2), \quad v_y = 5x/(x^2+y^2)$

试分别求出半径为 $r=3,5$ 和 10 的三个圆周上的速度环量 $\varGamma_3, \varGamma_5$ 和 $\varGamma_{10}$。

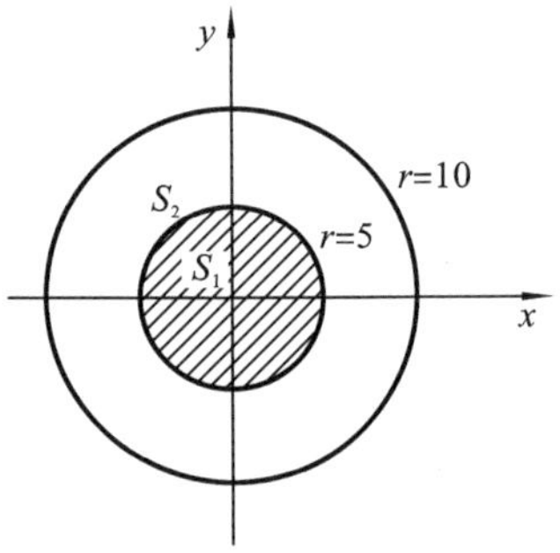

解 如图 5.2.2 所示，半径 $r=5$ 圆内区域记为 S_1，圆外区域记为 S_2。在 S_1 内，因为

$$\omega_z = \frac{1}{2}\left(\frac{\partial v_y}{\partial x} - \frac{\partial v_x}{\partial y}\right) = \frac{1}{5}$$

所以，当 $r \leqslant 5$ 时，以 r 为半径的圆上速度环量为

$$\varGamma_r = 2\int_{S_1(r)} \omega_z \mathrm{d}S = 2\int_0^r \frac{1}{5} 2\pi r \mathrm{d}r = \frac{2\pi}{5}r^2$$

因而可得

$$\varGamma_3 = \frac{18\pi}{5}$$

$$\varGamma_5 = 10\pi$$

图 5.2.2 圆上速度环量

在 S_2 内，$\omega_z = 0$，所以 $\int_S \omega_z \mathrm{d}S = 0$，在 $r=5$ 和 $r=10$ 的环形区域是双连通的，因此，

$$\varGamma_{10} + \varGamma'_5 = 2\int_{S_2} \omega_z \mathrm{d}S = 0$$

故有

$$\varGamma_{10} = -\varGamma'_5 = \varGamma_5 = 10\pi$$

式中，$\varGamma'_5$ 是顺时针积分的，而 $\varGamma_5$ 是逆时针积分的，二者反号。这个结果是可以预期的，因为 $r \geqslant 5$ 以外区域是无旋的，任何包围 $r=5$ 这个圆在内的闭曲线上速度环量恒为 10π。

例 5.2.2 已知 $v_x = a\sqrt{y^2+z^2}, v_y = v_z = 0, a$ 为常数。试求涡线方程沿封闭曲线

$$\begin{cases} x^2 + y^2 = b^2 \\ z = 0 \end{cases}$$

的速度环量，式中，b 为常数。

解 （1）涡线。

由题设条件可得

$$\begin{cases} \omega_x = 0 \\ \omega_y = \dfrac{a}{2}\dfrac{z}{\sqrt{y^2+z^2}} \\ \omega_z = -\dfrac{a}{2}\dfrac{y}{\sqrt{y^2+z^2}} \end{cases}$$

将此结果代入涡线方程，有

$$\frac{\mathrm{d}x}{0} = \frac{\mathrm{d}y}{z} = \frac{\mathrm{d}z}{-y}$$

积分得涡线的方程：

$$\begin{cases} x = C_1 \\ y^2 + z^2 = C_2 \end{cases}$$

如图 5.2.3 所示,涡线是平行 y-z 平面上的同心圆族,圆心在 x 轴上。

(2) 速度环量。

如图 5.2.4 所示,积分曲线 C 是圆心在原点,半径为 b 的 x-y 平面上的圆。根据斯托克斯公式,有

$$\Gamma_C = 2\int_S \omega_z \mathrm{d}S = 2\int_{S_\text{上}} \omega_z \mathrm{d}S + 2\int_{S_\text{下}} \omega_z \mathrm{d}S$$

在 $S_\text{上}$(上半圆)区域,$\omega_z = -\dfrac{a}{2}$;在 $S_\text{下}$ 区域,$\omega_z = +\dfrac{a}{2}$,所以

$$\Gamma_C = 0$$

这并不能说明圆内是无旋的,只是上、下两半圆内涡量大小相等,反号相抵消而已。结合图 5.2.3 所示的界线情况,很容易看到这一点。

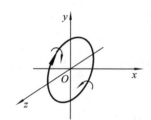

图 5.2.3　y-z 面上的一条涡线

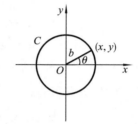

图 5.2.4　积分曲线

5.3　汤姆逊定理

这里将讨论沿封闭的流体周线速度环量随时间变化而变化的问题。

定义　由相同流体质点组成的连续曲线称为流体线。流体线随流体质点移动而转移、变形。

定理　沿封闭流体周线 C 的速度环量的导数等于加速度环量:

$$\frac{\mathrm{D}}{\mathrm{D}t}\oint_C \boldsymbol{v} \cdot \delta \boldsymbol{l} = \oint_C \frac{\mathrm{D}\boldsymbol{v}}{\mathrm{D}t} \cdot \delta \boldsymbol{l} \tag{5.3.1}$$

式中,积分是在瞬时 t 对流体周线进行的,空间的微分符号用 δ 表示。下面证明此定理。

速度环量的微商由两部分组成,即

$$\frac{\mathrm{D}\Gamma}{\mathrm{D}t} = \frac{\mathrm{D}}{\mathrm{D}t}\oint_C \boldsymbol{v} \cdot \delta \boldsymbol{l} = \oint_C \frac{\mathrm{D}\boldsymbol{v}}{\mathrm{D}t} \cdot \delta \boldsymbol{l} + \oint_C \boldsymbol{v} \cdot \frac{\mathrm{D}(\delta \boldsymbol{l})}{\mathrm{D}t} \tag{5.3.2}$$

可见,如果能证明(5.3.2)式最后一项为零,就证明了本定理。为此,首先考察一下 $\delta \boldsymbol{l}$ 随时间的变化情况。如图 5.3.1 所示,在瞬时 t 流体周线上的微分线段为 $\delta \boldsymbol{l}$,$t + \mathrm{d}t$ 瞬时,变为周线 C' 上的 $\delta \boldsymbol{l}'$,它们之间有如下关系

$$\delta \boldsymbol{l} + \mathrm{d}\boldsymbol{r}_2 - \mathrm{d}\boldsymbol{r}_1 = \delta \boldsymbol{l} + \boldsymbol{v}_2 \mathrm{d}t - \boldsymbol{v}_1 \mathrm{d}t = \delta \boldsymbol{l} + (\boldsymbol{v}_2 - \boldsymbol{v}_1)\mathrm{d}t$$
$$= \delta \boldsymbol{l} + \delta \boldsymbol{v} \cdot \mathrm{d}t$$

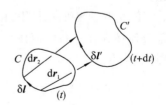

图 5.3.1

因此
$$\frac{D}{Dt}(\delta l) = \lim_{dt \to 0} \frac{\delta l' - \delta l}{dt} = \delta v$$

于是
$$\oint_C v \cdot \frac{D(\delta l)}{Dt} = \oint_C v \cdot \delta v = \oint_C \delta\left(\frac{v^2}{2}\right) = 0$$

显然,这是一个封闭周线上的全微分的积分,应等于零,这就证明了(5.3.1)式成立。

汤姆逊(Thomson)定理[*] 理想正压流体在势力场中运动时,沿封闭流体线的速度环量不随时间变化而变化,即

$$\frac{D}{Dt}\oint_C v \cdot \delta l = 0 \tag{5.3.3}$$

如果能证明(5.3.1)式的加速度环量此时为零,就证明了本定理。理想正压流体在势力场中运动,其欧拉运动方程(3.6.5)式为

$$\frac{Dv_i}{Dt} = f_i - \frac{1}{\rho} \cdot \frac{\partial p}{\partial x_i} \quad (i = 1,2,3)$$

它的矢量形式为

$$\frac{Dv}{Dt} = F - \frac{1}{\rho}\nabla p \tag{5.3.4}$$

设质量力的势函数为 U,则 $F = \nabla U$;正压流体的压力函数 $\mathscr{P} = \int dp/\rho$,于是 $\nabla p/\rho = \nabla \mathscr{P}$(见(2.2.10)式),所以,此时欧拉方程可写成

$$\frac{Dv}{Dt} = \nabla U - \nabla \mathscr{P} = \nabla(U - \mathscr{P})$$

因而加速度环量

$$\oint_C \frac{Dv}{Dt} \cdot \delta l = \oint_C \nabla(U - \mathscr{P}) \cdot \delta l = \oint_C \delta(U - \mathscr{P}) = 0$$

因此,汤姆逊定理(5.3.2)式得证。

5.4 拉格朗日定理

利用汤姆逊定理和斯托克斯定理可以证明:理想正压流体在势力场中可以持续地做无旋运动——拉格朗日定理。

假设在某一时刻 t_0,某一部分流体之中处处都有 $\boldsymbol{\omega} = 0$,做无旋运动。在其中任取一封闭曲线 C,以 C 为边界周线的流体面记为 S,则由斯托克斯定理,得

$$\boldsymbol{\Gamma} = \oint_C v \cdot dl = 2\int_S \boldsymbol{\omega} \cdot \boldsymbol{n} dS = 0$$

上式说明,在所研究的这部分流体中,沿任意封闭流体线的速度环量在 t_0 时刻均为零。在理想、正压、力场有势的条件下,由汤姆逊定理可知,在此以前任何时刻 t_1,或者以后任何时刻 t_2,这部分流体在任一封闭流体线上的速度环量也必为零,再根据斯托克斯定理,可以反推出在任意时刻,均有

$$\int_S \boldsymbol{\omega} \cdot \boldsymbol{n} dS = \frac{1}{2}\oint_C v \cdot dl = 0$$

---

[*] Sir William Thomson, Lord Kelvin(1842—1907),此定理又称 Kelvin 定理。

由于曲面选取的任意性,要使上式成立,必须处处都有 $\boldsymbol{\omega}=0$。也就是说,在其他任何时刻,这部分流体仍然作无旋运动。这就证明了拉格朗日提出的无旋流的持续性。

拉格朗日定理是判断流体运动是否无旋的理论依据。例如,说水波运动是无旋的,根据就在于:①黏性的影响可以不考虑,水可以当做理想流体;②水是不可压缩的,符合正压条件;③重力是有势的质量力;④初始水面静止,环量处处为零,是无旋的,根据拉格朗日定理,扰动产生的水波运动也将是无旋的。

拉格朗日定理还有另一层含义:理想正压流体在有势的力场中,如果某一时刻是有旋的,则此前此后都是有旋的。有关这一点用反证法就可说明。假若在某时刻的前后时刻流体变成为无旋的,根据前面的证明,当初就应该是无旋的,这和当初指定时刻是有旋的假定矛盾。考虑到拉格朗日定理的这一层含义,可以将拉格朗日定理表述为:**在理想、正压、质量力有势的条件下,涡量不生不灭**。因此,在这时的无旋流场中若存在若干孤立的涡,那么涡核以内的有旋流和涡核以外的无旋流始终是分开的。孤立的集中涡称为**旋涡**。旋涡在理想流体的无旋流场中有何表现,对流动有何影响,这些都是值得关注的问题。

若拉格朗日定理的三个前提条件不满足,则无旋流动就不能维持下去。由此,可以推断涡的产生至少有三种可能的诱发因素:①流体的黏性;②非正压性;③非有势质量力的作用。此外,在超音速流场中,弯曲的激波后面也会产生涡。

5.5 海姆霍兹定理

海姆霍兹(Helmholtz)有三个关于涡管的定理。

第一涡定理 沿涡管涡的强度不变。

在涡管上任取两个截面 S 和 S',两截面间的涡管侧壁为 S''(见图 5.5.1),S 截面的边沿周线为 C,根据斯托克斯定理,有

$$\oint_C \boldsymbol{v} \cdot \mathrm{d}\boldsymbol{l} = 2\int_S \boldsymbol{\omega} \cdot \boldsymbol{n} \mathrm{d}S = 2\int_{S'+S''} \boldsymbol{\omega} \cdot \boldsymbol{n} \mathrm{d}S$$

因为 S'' 是涡管侧壁,在 S'' 上处处 $\boldsymbol{\omega} \cdot \boldsymbol{n}=0$,所以由上式,可得

$$\int_S \boldsymbol{\omega} \cdot \boldsymbol{n} \mathrm{d}S = \int_{S'} \boldsymbol{\omega} \cdot \boldsymbol{n} \mathrm{d}S$$

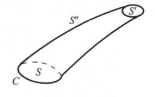

图 5.5.1 涡管

定理得证。

根据第一涡定理,涡管截面若趋于零,则涡量必趋于无限大,显然物理上不可能。因此,涡管不能在流体内部终止,它们或者形成闭合的涡环(见图 5.5.2(a)),或者伸展到两种流体的界面(见图 5.5.2(b)),或者(理论上)延伸到无限远处。此外,涡管不能在非旋转固壁上终止,否则涡管强度将在那里消失,这违背了第一涡定理。靠近非旋转壁面,涡管将呈喇叭状扩张,其截面在固壁处趋向无限大(见图 5.5.2(c)),只有这样,固壁上的无滑移条件和第一涡定理才能相容。

第二涡定理 理想正压流体在势力场中运动时,组成涡管的流体质点始终组成涡管。

在涡管侧壁上任取一条封闭流体线,它的初始环量为零。根据汤姆逊定理,同一组流体质点组成的封闭流体线的环量在后来时刻仍将是零,因此,这条闭曲线仍在涡管壁上,由于闭曲线是任意取的,可知涡管侧壁总是由相同的一些流体质点所组成。这就证明了第二涡定理。

第三涡定理 理想正压流体在势力场中运动时,其中任何涡管的强度都不随时间变化而

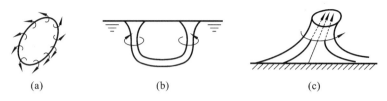

图 5.5.2 涡环与涡管

(a)涡环；(b)终止于流体界面上的涡管；(c)非旋转固壁上的涡管

变化。

这条定理当初是以不可压流为前提证明的，现在汤姆逊定理已经包括了它。

以上三个定理中，第一涡定理是运动学方面的定理，只要流体无黏性，该定理就能成立。后两条则要求运动是环量守恒的，也就是要求：流体是理想正压的，质量力有势。满足这三个条件，环量就守恒（汤姆逊定埋）。

5.6 旋涡的诱导速度

旋涡是涡量聚集的涡结构，或者说是集中涡。流体的黏性是形成旋涡的主要因素，在工程和自然界中有着最广泛的实例。例如，在桥墩后面会拖曳出的一个个旋涡；急驶的小骄车后面会卷出一对向内旋转的旋涡；三角翼前缘会发生流动分离形成脱体涡；火山口边缘因摩擦形成涡环等。地球上大范围旋涡的生成通常是由流体的斜压性和地球自转引起的科氏力（非有势力或非保守力）综合作用的结果。例如，台风、气旋和反气旋，北大西洋环流，等等。

旋涡和旋涡之间，或者说旋涡对它周围的无旋流场的影响，是通过旋涡的诱导速度体现出来的。下面先讨论最简单的问题——点涡，然后借助量纲分析的办法导出旋涡诱导速度的一般公式。为方便起见，先给出如下定义：

（1）涡索是无旋流场所包围的横截面充分小的细长涡管；

（2）线涡是横截面积趋于零，但强度沿轴线保持不变的涡管；

（3）点涡是无限长的直线涡。

注意，线涡和涡索是两个不同的概念。涡索上各点的涡量可以大小不等，线涡上涡量为常量。

5.6.1 点涡

设位于坐标原点的点涡强度为 $\varGamma$，根据斯托克斯定理，有

$$\varGamma = 2\int_A \boldsymbol{\omega} \cdot \boldsymbol{n} \mathrm{d}A = \oint_C \boldsymbol{v} \cdot \mathrm{d}\boldsymbol{l} = \int_0^{2\pi} v_\theta r \mathrm{d}\theta = v_\theta 2\pi r$$

如果在原点没有源和汇[*]，而仅仅只有点涡的话，则 $v_r = 0$，因此，点涡周围的速度场就是

$$\begin{cases} v_\theta = \dfrac{\varGamma}{2\pi r} \\ v_r = 0 \end{cases} \tag{5.6.1}$$

例 5.1.1 讨论过这种流动的流谱和无旋性质。由于原点有点涡存在，在它周围（$r=0$ 除外）产

---

[*] 见例 3.2.1。

生的速度场[见(5.6.1)式],称为点涡的诱导速度场。因这个速度场是无旋的,点涡也称为势涡。为什么做圆周运动的流体又是无旋的呢? 算一算它的公转角速度 ω_1 和自转角速度 ω_2 就知道了。在半径为 r 的圆周上运动的流体微团,它的公转角速度(按刚体旋转计算)为

$$\omega_1 = \frac{v_\theta}{r} = \frac{\Gamma}{2\pi r^2} \tag{5.6.2a}$$

而自转角速度

$$\omega_2 = \frac{\mathrm{d}v_\theta}{\mathrm{d}r} = \frac{\Gamma}{2\pi r^2} \tag{5.6.2b}$$

所以,它的总的旋转角速度

$$\omega = \omega_1 + \omega_2 = 0$$

这就是点涡是势涡的物理原因。

5.6.2 诱导速度公式

现在讨论区域 V 内涡量产生的诱导速度。如图 5.6.1 所示,如果来流是平面流动,在 A 点有一个点涡,它在 M 点产生的诱导速度[见(5.6.2a)式] $v \propto \Gamma r$,所以在一般情况下,涡量产生的诱导速度可以用比例关系写成

$$v \propto \boldsymbol{\Omega} \times \boldsymbol{r}$$

微元体积 $\mathrm{d}V$ 中的涡量产生的诱导速度可写成

$$\mathrm{d}\boldsymbol{v} \propto \frac{(\boldsymbol{\Omega} \times \boldsymbol{r})\mathrm{d}V}{r^3}$$

这里除以 r^3 是量纲齐次性所要求的,上式可以用一个待定常数 C 写成如下等式:

$$\mathrm{d}\boldsymbol{v} = C\frac{\boldsymbol{\Omega} \times \boldsymbol{r}}{r^3}\mathrm{d}V \tag{5.6.3}$$

因此,诱导速度

$$\boldsymbol{v} = C\int_V \frac{\boldsymbol{\Omega} \times \boldsymbol{r}}{r^3}\mathrm{d}V \tag{5.6.4}$$

对于图 5.6.2 所示的涡索,有

$$\mathrm{d}V = S\mathrm{d}l$$

式中:S——涡索的截面积。

涡索的旋涡强度 $2\omega \cdot S = \Gamma$,所以

$$\boldsymbol{\Omega}\mathrm{d}V = 2\omega S\mathrm{d}\boldsymbol{l} = V\mathrm{d}\boldsymbol{l} \tag{5.6.5}$$

又因为 $\mathrm{d}\boldsymbol{l} \times \boldsymbol{r} = r\mathrm{d}l\sin\alpha$(见图 5.6.2),利用这些关系,(5.6.3)式可以写成

$$\mathrm{d}\boldsymbol{v} = C\Gamma\frac{\sin\alpha\mathrm{d}\boldsymbol{l}}{r^2} \tag{5.6.6}$$

对于直涡索(见图 5.6.3),有如下几何关系:

$$\frac{r \cdot \mathrm{d}\alpha}{\mathrm{d}l} = \sin(\alpha + \mathrm{d}\alpha) \approx \sin\alpha = \frac{R}{r}$$

将上式代入(5.6.6)式,有

$$\mathrm{d}v = C\Gamma\frac{\sin\alpha\mathrm{d}\alpha}{R} \tag{5.6.7}$$

如果直线涡为图 5.6.3 所示的 AB,则它在 M 点产生的诱导速度可按如下积分结果去计算:

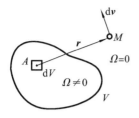
图 5.6.1 涡量场产生的诱导速度

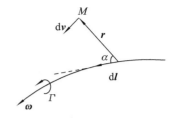
图 5.6.2 涡索

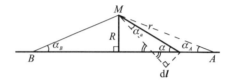
图 5.6.3 直涡索

$$v = \frac{C\Gamma}{R}\int_{\alpha_A}^{180°-\alpha_B} \sin\alpha \, d\alpha = C\Gamma \frac{\cos\alpha_A + \cos\alpha_B}{R} \tag{5.6.8}$$

当 A 和 B 延伸到无限远时,$\alpha_A = 0°$,$\alpha_B = 0°$,于是得到无限长直线涡的诱导速度

$$v = C\Gamma \frac{2}{R} \tag{5.6.9}$$

将(5.6.9)式和(5.6.1)式比较,可知

$$C = \frac{1}{4\pi} \tag{5.6.10}$$

将此常数回代到(5.6.4)式,得到毕奥-沙伐尔(Biot-Savart)公式:

$$v = \frac{1}{4\pi}\int_V \frac{\boldsymbol{\Omega} \times \boldsymbol{r}}{r^3} dV \tag{5.6.11}$$

这是诱导速度的最一般公式。对于涡索,用(5.6.6)式的曲线积分得

$$\boldsymbol{v} = \frac{\Gamma}{4\pi}\int_l \frac{\sin\alpha \, d\boldsymbol{l}}{r^2} \tag{5.6.12}$$

对于有限长直线涡,有

$$v = \frac{\Gamma}{4\pi R}(\cos\alpha_A + \cos\alpha_B) \tag{5.6.13}$$

对于半无限长直线涡,有

$$v = \frac{\Gamma}{4\pi R} \tag{5.6.14}$$

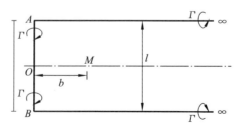
图 5.6.4 Π形涡

对于无限长直线涡,有

$$v = \frac{\Gamma}{2\pi R} \tag{5.6.15}$$

直线涡在自身轴及其延长线上各点不产生诱导速度，因为 $R \to 0$ 时，$v \to \infty$，物理上是不可能的。(5.6.13)式～(5.6.15)式中速度 v 的方向可以根据给定的环量方向来判定。

例 5.6.1 如图 5.6.4 所示，一 Π 形涡，强度(环量)为 Γ，试计算该涡所在平面对称轴上 M 点和 O 点两处的诱导速度。

解 各段涡在 M 点的诱导速度都垂直指向纸面（向里），各段的诱导速度如下。

在 OA 段 $\quad v_1 = \dfrac{\Gamma}{4\pi b}\left(\cos 90° + \dfrac{l/2}{\sqrt{(l/2)^2 + b^2}}\right) = \dfrac{\Gamma}{4\pi b} \cdot \dfrac{l/2}{\sqrt{(l/2)^2 + b^2}}$

在 $A\infty$ 段

$$v_2 = \frac{\Gamma}{4\pi(l/2)}\left(\frac{b}{\sqrt{(l/2)^2 + b^2}} + \cos 0°\right) = \frac{\Gamma}{4\pi(l/2)}\left(\frac{b}{\sqrt{(l/2)^2 + b^2}} + 1\right)$$

在 M 点 $\quad v_M = 2(v_1 + v_2) = \dfrac{\Gamma}{\pi l}\left(\dfrac{\sqrt{(l/2)^2 + b^2}}{b} + 1\right)$

在 O 点 $\quad v_0 = 2(v_2)_{b=0} = \dfrac{\Gamma}{\pi l}$

例 5.6.2 如图 5.6.5 所示，环量为 Γ 的一对点涡对称地布置在 x 轴上，试求两个点涡的运动方程。

解 点涡 B 在 A 点的诱导速度：

$$v_{xA} = 0, \quad v_{yA} = -\frac{\Gamma}{2\pi(2a)}$$

点涡 A 在 B 点的诱导速度：

$$v_{xB} = 0, \quad v_{yB} = -\frac{\Gamma}{2\pi(2a)}$$

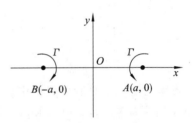

图 5.6.5 涡对

上述结果表明，这一对点涡将以 $v_y = -\dfrac{\Gamma}{4\pi a}$ 的速度沿负 y 轴方向做等速直线运动，点涡 A 的运动微分方程为

$$\begin{cases} \mathrm{d}x_A = v_{xA}\mathrm{d}t = 0 \\ \mathrm{d}y_A = v_{yA}\mathrm{d}t = -\dfrac{\Gamma}{4\pi a}\mathrm{d}t \end{cases}$$

积分上式得

$$\begin{cases} x_A = C_1 \\ y_A = -\dfrac{\Gamma}{4\pi a}t + C_2 \end{cases}$$

初始条件是 $t=0$ 时，$x_A = 0$，$y_A = 0$，按此条件得 $C_1 = a$，$C_2 = 0$，所以点涡 A 的运动方程为

$$\begin{cases} x_A = a \\ y_A = -\dfrac{\Gamma}{4\pi a}t \end{cases}$$

同样可得点涡 B 的运动方程

$$\begin{cases} x_B = -a \\ y_B = -\dfrac{\Gamma}{4\pi a}t \end{cases}$$

例 5.6.3 图 5.6.6 所示的为一对涡偶，求它们的运动方程。

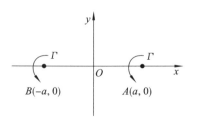

图 5.6.6 涡偶

解 图 5.6.6 所示瞬间，点涡 A 获得垂直向上的速度：

$$v_{xA} = 0, \quad v_{yA} = \frac{\Gamma}{4\pi a}$$

而点涡 B 获得垂直向下的速度：

$$v_{xB} = 0, \quad v_{yB} = -\frac{\Gamma}{4\pi a}$$

由于这种涡偶有反对称性，因此，两个点涡将保持 $2a$ 的距离，同时绕 O 点逆时针方向等速旋转，转动角速度为

$$\omega = \frac{v_{yA}}{a} = \frac{\Gamma}{4\pi a^2}$$

用极坐标表示的运动方程：

对于点涡 A，有 $\quad r_A = a, \quad \theta_A = \dfrac{\Gamma}{4\pi a^2} t$

对于点涡 B，有 $\quad r_B = a, \quad \theta_B = \pi + \dfrac{\Gamma}{4\pi a^2} t$

5.7 兰 金 涡

点涡的速度场只能模拟集中涡外围的运动情况，真实的旋涡有涡核存在，而且核心的旋转线速度几乎为零。兰金（Rankine）涡就是有核旋涡的一个简化模型。

5.7.1 速度分布

兰金提出的旋涡模型是：涡核是半径为 R 的无限长圆柱形流体，涡量均匀分布；涡核以外的流体按点涡流场那样的规律运动。下面先推导涡核内的速度表达式。因为涡核内涡量是均匀分布的，半径为 r 的圆截面上涡通量 $\pi r^2 \omega$ 和该圆周上的环量 $\Gamma_r = 2\pi r v_\theta$ 有如下关系：

$$\Gamma_r = 2\pi r v_\theta = 2\pi r^2 \omega$$

所以在涡核内

$$v_\theta = r\omega \quad (r \leqslant R) \tag{5.7.1}$$

而在涡核以外

$$v_\theta = \frac{\Gamma}{2\pi r} \quad (r \geqslant R) \tag{5.7.2}$$

这就是点涡的速度分布。环量 Γ 和涡核的旋转角速度 ω 之间有如下关系：

$$R\omega = \frac{\Gamma}{2\pi R} \tag{5.7.3}$$

这是当 $r = R$ 时，由(5.7.1)式和(5.7.2)式两式相等推出来的。利用这一关系，(5.7.2)式可以写成

$$v_\theta = \frac{R^2}{r}\omega \quad (r \geqslant R) \tag{5.7.4}$$

至此，可以用圆柱坐标写出兰金涡的速度分布：

$$\begin{cases} v_r = v_z = 0 \\ v_\theta = \begin{cases} r\omega & (r \leqslant R) \\ \dfrac{R^2}{r}\omega & (r \geqslant R) \end{cases} \end{cases} \quad (5.7.5)$$

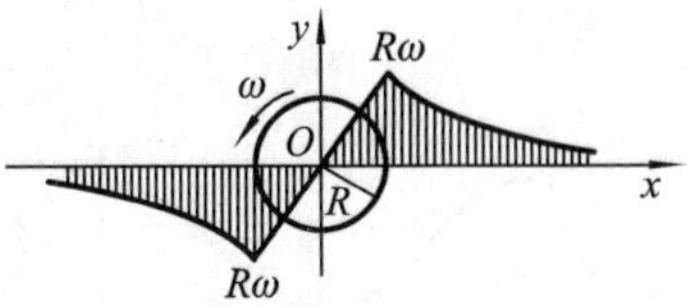

分布曲线如图 5.7.1.所示。

图 5.7.1 兰金涡的速度分布

从(5.7.5)式可以看出,当 $r=0$ 时 $v=0$,且环量 $=0$;在涡核内 $v \propto r$ 这些结果粗略地反映了真实旋涡的一些基本特征。例如,台风是一个大尺度的旋涡,直径可达 160～180 km,中心地带风力可高达 8～11 级以上,但总有一个"风眼",其直径达 16～32 km。风眼内一片平静,白昼可见蓝天,夜间星光闪烁。风眼以外 8～20 km 的环形地带则是云墙区,这里才是台风显威风之处,大风暴雨都出现在这一带,最大风速出现在云墙外侧。云墙由高耸的螺旋状积雨云组成。当然,这些复杂的涡结构还不能用一个简单模型来描述。

5.7.2 压力分布

下面确定重力场中兰金涡的压力分布。圆柱坐标系中运动方程为

$$\frac{\partial v_r}{\partial t} + (v \cdot \nabla) v_r - \frac{v_\theta^2}{r} = f_r - \frac{1}{\rho} \frac{\partial p}{\partial r} \quad (5.7.6)$$

兰金涡的 $v_r = 0$,重力场的 $f_r = 0$,所以上式可简化为

$$\frac{v_\theta^2}{r} = \frac{1}{\rho} \frac{\partial p}{\partial r} \quad (5.7.7)$$

当 $r \geqslant R$ 时,(5.7.7)式的积分为

$$p = -\frac{1}{2}\rho \frac{R^4}{r^2}\omega^2 + C_1$$

根据边界条件,$r \to \infty$ 时 $p = p_\infty$ 可得 $C_1 = p_\infty$,于是

$$p = p_\infty - \frac{1}{2}\rho \frac{R^4}{r^2}\omega^2 \quad (r \geqslant R) \quad (5.7.8)$$

当 $r \leqslant R$ 时,可得

$$p = \frac{1}{2}\rho r^2 \omega^2 + C_2$$

根据边界条件,$r = R$ 时,p 满足(5.7.8)式,可得

$$C_2 = p_\infty - \rho R^2 \omega^2$$

所以有

$$p = p_\infty - \rho \omega^2 \left(R^2 - \frac{r^2}{2}\right) \quad (r \leqslant R) \quad (5.7.9)$$

(5.7.8)式和(5.7.9)式的曲线如图 5.7.2 所示,越靠近中心,压力越低,形成吸力,所以卷入旋涡就很难自拔。

5.7.3 有自由面的情形

液体中的兰金涡有自由面,下面讨论自由面的形状问题。考虑到液体的重力影响,此时压力分布式中应加上一项 $\rho g z$,按图 5.7.3 所示的坐标系,这时压力分布应写成

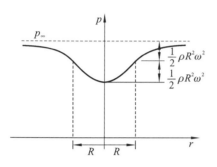

图 5.7.2 压力分布

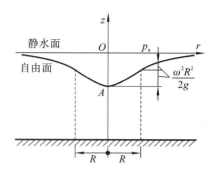

图 5.7.3 自由面形状

$$p = \begin{cases} p_a - \dfrac{1}{2}\rho \dfrac{R^4}{r^2}\omega^2 - \rho g z & (r \geqslant R) \\ p_a - \rho\omega^2\left(R^2 - \dfrac{r^2}{2}\right) - \rho g z & (r \leqslant R) \end{cases} \tag{5.7.10}$$

式中：p_a——自由面上的大气压力。

当(5.7.10)式左边的 $p = p_a$ 时，就可以得到自由面的坐标 z，因此自由面方程就是

$$z = \begin{cases} -\dfrac{\omega^2 R^2}{2g}\left(\dfrac{R}{r}\right)^2 & (r \geqslant R) \\ -\dfrac{\omega^2 R^2}{2g}\left(2 - \dfrac{r^2}{R^2}\right) & (r \leqslant R) \end{cases} \tag{5.7.11}$$

5.8 卡门涡街

5.6 小节已经指出，工程和自然界中广泛存在涡量聚集的旋涡结构。在一定条件下，定常来流绕过某些物体时，会在物体两侧周期性地、交替地脱落出旋转方向相反，并排分布的规则双列旋涡，如图 5.8.1 所示，卡门(Karman)最先对出现在圆柱绕流尾流区的这种规则排列的旋涡进行了深入分析，故把它们称为卡门涡街。卡门的研究发现，要形成稳定的卡门涡街，两列旋涡之间距离 h 与同列中相邻两个旋涡间的距离 l 之比需满足 $h/l = 0.281$。涡街的形成是由于流动分离引起的，关于边界层分离的内容将在 10.9 节讨论。

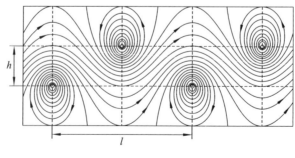

图 5.8.1 卡门涡街

当流体绕流物体发生涡街现象时会对物体产生一种额外的周期性作用力。以圆柱体的涡街为例，当圆柱体两侧交替释放旋涡时，刚释放完旋涡的一侧柱面绕流得到改善，侧面总压力较低，而正准备释放旋涡的一侧，绕流较差，侧面总压力较高。这样就形成一个作用在圆柱侧

面,方向总是指向刚释放完旋涡那一侧面的作用力。这种作用方向交变的横向力的频率很高,如与圆柱体或管子的固有频率相等,会引起共振,使圆柱体的振幅增大,直到破坏。

潜水艇的潜望镜筒在一定航速下如发生卡门涡街,且其频率恰好与潜望镜筒的固有频率一致,则也会使潜望镜发生强烈振动而无法观察,甚至会折断。有时为了避免发生卡门涡街,不少水下建筑或航空设备都设计成具有流线型体形以改善绕流工况,免除涡街带来的破坏。卡门涡街还会产生声学效应。在旷野里,风吹过电线时发出的嘘嘘声,就是旋涡周期性脱落时引起空气中压力脉动所造成的声波所致。流速愈高,这种声波频率也愈高。当卡门涡街造成的声波频率与结构的固有频率相同,就会发生声学共振,产生严重噪声(如螺旋桨的"谐鸣"现象),并使器壁在脉动压力作用下弯曲变形,甚至造成破坏。

习　题

5.1　已知 $v_x = y+2z, v_y = z+2x, v_z = x+2y$,求:
(1) 涡量及涡线方程;
(2) 在 $z=0$ 平面的面积 $dS=0.0001 \text{ m}^2$ 上的涡通量。

5.2　在原来静止、不可压、无界流场中给定涡量分布:
$$\begin{cases} \boldsymbol{\Omega} = 2\omega \boldsymbol{k} & (r \leqslant a) \\ \boldsymbol{\Omega} = 0 & (r > a) \end{cases}$$
式中,ω、a 均为常数;$\boldsymbol{k}$ 是圆柱坐标系 (r, θ, z) 中 z 方向的单位矢量。假设速度分布是轴对称的,求此分布。

5.3　已知
$$v_x = \frac{\Gamma}{2\pi} \frac{y}{(x-3)^2+y^2}, \quad v_y = \frac{\Gamma}{2\pi} \frac{x-3}{(x-3)^2+y^2}$$
式中,Γ 是常数。求沿围线 C_1, C_2, C_3 的速度环量。如题图 5.3 所示,C_1 和 C_2 是正方形,C_3 是圆。

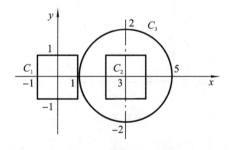

题图 5.3

5.4　设在 $(1,0)$ 点上有 $\Gamma=\Gamma_0$ 的旋涡,在 $(-1,0)$ 点上有 $\Gamma=-\Gamma_0$ 的旋涡,试求沿下列路线的速度环流。
(1) $x^2+y^2=4$;
(2) $(x-1)^2+y^2=1$;
(3) $x=\pm 2, y=\pm 2$ 的方框;
(4) $x=\pm 0.5, y \pm 0.5$ 的方框。

5.5　圆涡环的涡量为 Γ,涡环的半径为 a(见题图 5.5),求涡环对其环平面中心点的诱导

速度。并将此速度和涡环自诱导的整体运动速度(涡环沿中心轴线移动速度)

$$v = \frac{\Gamma}{4\pi a}\left[\ln\frac{8a}{R} - \frac{1}{4}\right]$$

作比较,式中,R 为涡核半径。问哪一个速度大？判别的参数是什么？

5.6 如题图 5.6 所示,初始在 (1,0)、(−1,0)、(0,1) 和 (0,−1) 四点上有环量 Γ 等于常值的点涡,求其运动轨迹。

5.7 将龙卷风当做一个点涡,已知距涡心 30 m 处压力下降为 192 N/m²,求该处旋风的线速度。又测得该龙卷风中心以 2.7 m/s 的速度在做直线移动。在它经过的路上某点测得压降为 48 N/m²,风正向该点移动,问要经过多久该点的压降恰好达到 192 N/m²？

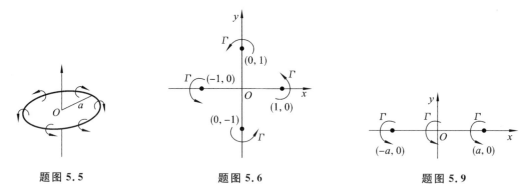

题图 5.5　　　　题图 5.6　　　　题图 5.9

5.8 承题 5.7,假设涡核半径 R = 30 m,试按兰金涡模型作核内核外静压随 r 的分布曲线。

5.9 如题图 5.9 所示,三个强度相等的点涡初始均布在 x 轴上,求它们的运动方程。如果将无数个点涡沿 x 轴等间距排列成一条无穷长涡链,试定性说明该涡链的运动情况。

5.10 如题图 5.10 所示有一 Π 形涡,强度为 Γ,两平行段延伸至无穷远,求 x 轴上各点的诱导速度。

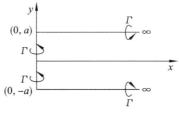

题图 5.10

5.11 设水面旋涡由中心的涡核和外围无旋运动两部分组成,已知涡核内的速度分布为 $v_\theta = 10r$,外部 $v_\theta = 0.9/r$,求:

(1) 涡核的半径;

(2) 旋涡中心水面下陷的深度。

第 6 章 势流理论(一)

不可压流体势流指的就是理想流体的无旋运动。实际的流体都是具有黏性的,因而其运动也都是有旋的,但势流理论仍然在流体力学的研究中占有重要地位。在一些问题的研究中,黏性对于流动的影响仅在物体周围较小的范围内作用明显,在远离物面的地方,势流理论计算得到的流场与实测结果并无多大差异,在高速情况下更是如此。不仅如此,势流理论还能解释升力及附近质量等问题,并提供它们的计算方法。

波浪运动可以作为理想流体的无旋运动来处理,第 8 章将专门讨论这个问题。机翼升力,流线型物体无分离流动的压力分布等重要工程问题都是用势流理论来解决的。即便是研究物面上的边界层流动,运用边界层理论解决黏流问题,也必须知道势流的有关结果。势流理论是流体力学的重要组成部分,本章仅讨论二维流动问题。作为在某些特殊情况下的一种近似,有时可以把三维问题简化为二维问题来处理。例如,船舶在水面上的垂直振荡问题,由于船舶的长度比宽度及吃水大得多,且船型纵向变化比较缓慢,可以近似认为流体只在垂直于船长方向的平面内流动,如果我们在船长方向将船分割成许多薄片,并假定绕各薄片的流动互不影响的话,则这一问题就可以按平面流动处理,这一近似方法在造船领域内称为切片理论(strip theroy)。

6.1 无旋运动和速度势

流动无旋的条件是

$$\boldsymbol{\Omega} = \boldsymbol{\nabla} \times \boldsymbol{v} = 0 \tag{6.1.1}$$

场论已证明:标量函数 Φ 的梯度的旋度必为零,即

$$\boldsymbol{\nabla} \times \boldsymbol{\nabla}\Phi \equiv 0 \tag{6.1.2}$$

因此,速度 v 可以用标量函数的梯度 $\boldsymbol{\nabla}\Phi$ 表示,即

$$\boldsymbol{v} = \boldsymbol{\nabla}\Phi \tag{6.1.3}$$

由(6.1.3)式定义的标量函数 Φ 称为速度势。无旋流必有速度势,这一点也可以用斯托克斯公式(5.2.2a)式来证明,该式可以写成

$$\int_S \boldsymbol{\Omega} \cdot \boldsymbol{n} \mathrm{d}S = \oint_C \boldsymbol{v} \mathrm{d}\boldsymbol{l}$$

由于场中处处 $\Omega=0$,因此,

$$\oint_C \boldsymbol{v} \cdot \mathrm{d}\boldsymbol{l} = 0$$

因为封闭周线 C 是任意曲线,所以 $\int \boldsymbol{v} \cdot \mathrm{d}\boldsymbol{l}$ 和积分路线无关,流场中任意两点间的积分只是空间点 (x,y,z) 的函数,即

$$\Phi(x,y,z,t) - \Phi(x_0,y_0,z_0,t) = \int_{(x_0,y_0,z_0)}^{(x,y,z)} (v_x \mathrm{d}x + v_y \mathrm{d}y + v_z \mathrm{d}z) \tag{6.1.4}$$

将(6.1.4)式写成全微分的形式:

$$d\Phi = v_x dx + v_y dy + v_z dz$$

由此可得

$$v_x = \frac{\partial \Phi}{\partial x}, \quad v_y = \frac{\partial \Phi}{\partial y}, \quad v_z = \frac{\partial \Phi}{\partial z} \tag{6.1.5}$$

这就是要证明的(6.1.3)式的三个分量的关系式。

(6.1.5)式表明,速度势在 x、y、z 上的方向导数等于速度的三个分量。容易证明:Φ 在任意指定的 $\boldsymbol{n}$ 方向上的导数等于速度在该方向的分量,即

$$\frac{\partial \Phi}{\partial n} = v_n \tag{6.1.6}$$

因为方向导数

$$\frac{\partial \Phi}{\partial n} = \frac{\partial \Phi}{\partial x}\cos(\boldsymbol{n},x) + \frac{\partial \Phi}{\partial y}\cos(\boldsymbol{n},y) + \frac{\partial \Phi}{\partial z}\cos(\boldsymbol{n},z)$$
$$= v_x \cos(\boldsymbol{n},x) + v_y \cos(\boldsymbol{n},y) + v_z \cos(\boldsymbol{n},z)$$

根据矢量的投影关系,上式的最后结果就是速度分量 v_n,所以(6.1.6)式成立。根据这一性质,立即就可以写出圆柱坐标系中势流速度的三个分量:

$$v_r = \frac{\partial \Phi}{\partial r}, \quad v_\theta = \frac{\partial \Phi}{r\partial \theta}, \quad v_z = \frac{\partial \Phi}{\partial z} \tag{6.1.7}$$

速度势的另一个性质是:等势面 $\Phi=C$(常数)和流线正交。因为在等势面上,有

$$d\Phi = \frac{\partial \Phi}{\partial x}dx + \frac{\partial \Phi}{\partial y}dy + \frac{\partial \Phi}{\partial z}dz = 0$$

即

$$v_x dx + v_y dy + v_z dz = 0$$

或

$$\boldsymbol{v} \cdot d\boldsymbol{l} = 0$$

这说明,等势面上任意一点的速度矢量与通过该点的等势面上有向线段正交,这也就是所要证明的:$\Phi=C$ 和流线正交。

6.2 不可压势流的基本方程和边界条件

6.2.1 不可压势流的质量守恒方程

不可压势流的质量守恒方程是(3.6.2)式,即

$$\frac{\partial v_x}{\partial x} + \frac{\partial v_y}{\partial y} + \frac{\partial v_z}{\partial z} = 0$$

将(6.1.5)式代入上式,得

$$\frac{\partial^2 \Phi}{\partial x^2} + \frac{\partial^2 \Phi}{\partial y^2} + \frac{\partial^2 \Phi}{\partial z^2} = 0 \tag{6.2.1a}$$

或

$$\boldsymbol{\nabla}^2 \Phi = 0 \tag{6.2.1b}$$

式中:∇^2——拉普拉斯(Laplace)算子,

$$\boldsymbol{\nabla}^2 = \boldsymbol{\nabla} \cdot \boldsymbol{\nabla} = \frac{\partial^2}{\partial x^2} + \frac{\partial^2}{\partial y^2} + \frac{\partial^2}{\partial z^2} \tag{6.2.2}$$

(6.2.1)式是不可压势流的质量守恒方程,这个线性的二阶偏微分方程称为拉普拉斯方程。拉普拉斯方程的解可以叠加。也就是说,若 Φ_1 和 Φ_2 是它的解,那么 $\Phi_1+\Phi_2$ 也是它的解。只要将 $\Phi_1+\Phi_2$ 代入(6.2.1)式立即可以得到证明。势流叠加原理,指的就是拉普拉斯方程的解可

以叠加这种性质。如果已有若干基本解,利用基本解叠加,就有可能得到复杂的无旋流动结果。

6.2.2 欧拉方程的积分

在给定的边界条件下求解拉普拉斯方程可以得到速度场,将已知的速度场再代入欧拉方程就可以用积分求得压力场。实际上,在无旋流中,欧拉方程可以直接积分,这个积分就是柯西拉格朗日(Cauchy-Lagrange)积分。4.1 节曾沿流线作过积分得到伯努利方程,该方程也可称为伯努利积分。现在,要在非定常的情况下讨论欧拉方程的积分问题。

欧拉方程(3.6.5)式的矢量形式为

$$\frac{D\boldsymbol{v}}{Dt} = \boldsymbol{F} - \frac{1}{\rho}\boldsymbol{\nabla} p \tag{6.2.3a}$$

或者

$$\frac{\partial \boldsymbol{v}}{\partial t} + (\boldsymbol{v} \cdot \boldsymbol{\nabla})\boldsymbol{v} = \boldsymbol{F} - \frac{1}{\rho}\boldsymbol{\nabla} p \tag{6.2.3b}$$

式中:

$$(\boldsymbol{v} \cdot \boldsymbol{\nabla})v_x = v_x \frac{\partial v_x}{\partial x} + v_y \frac{\partial v_x}{\partial y} + v_z \frac{\partial v_x}{\partial z}$$

$$= v_x \frac{\partial v_x}{\partial x} + v_y \frac{\partial v_y}{\partial x} + v_z \frac{\partial v_z}{\partial x} + v_y \left(\frac{\partial v_x}{\partial y} - \frac{\partial v_y}{\partial x}\right) + v_z \left(\frac{\partial v_x}{\partial z} - \frac{\partial v_z}{\partial x}\right)$$

$$= \frac{\partial}{\partial x}\left(\frac{v^2}{2}\right) + 2(v_z \omega_y - v_y \omega_z)$$

同样可得

$$(\boldsymbol{v} \cdot \boldsymbol{\nabla})v_y = \frac{\partial}{\partial y}\left(\frac{v^2}{2}\right) + 2(v_x \omega_z - v_z \omega_x)$$

$$(\boldsymbol{v} \cdot \boldsymbol{\nabla})v_y = \frac{\partial}{\partial z}\left(\frac{v^2}{2}\right) + 2(v_y \omega_x - v_x \omega_y)$$

所以

$$(\boldsymbol{v} \cdot \boldsymbol{\nabla})\boldsymbol{v} = \boldsymbol{\nabla}\left(\frac{v^2}{2}\right) + 2(\boldsymbol{\omega} \times \boldsymbol{v}) = \boldsymbol{\nabla}\left(\frac{v^2}{2}\right) + \boldsymbol{\Omega} \times \boldsymbol{v}$$

$$= \boldsymbol{\nabla}\left(\frac{v^2}{2}\right) + \boldsymbol{\nabla} \times \boldsymbol{v} \times \boldsymbol{v} \tag{6.2.4}$$

将(6.2.4)式代入(6.2.3)式,得格罗米柯-兰姆方程:

$$\frac{\partial \boldsymbol{v}}{\partial t} + \boldsymbol{\nabla}\left(\frac{v^2}{2}\right) + \boldsymbol{\nabla} \times \boldsymbol{v} \times \boldsymbol{v} = \boldsymbol{F} - \frac{1}{\rho}\boldsymbol{\nabla} p \tag{6.2.5}$$

这种形式的方程把有关涡量的项显示出来了,便于我们处理无旋的问题。若流体是正压的,有压力函数 $\boldsymbol{\nabla}\mathscr{P} = \boldsymbol{\nabla} p/\rho$,若质量力有势,质量力可写成势函数 U 的梯度,即 $\boldsymbol{F} = \boldsymbol{\nabla} U$,那么格罗米柯-兰姆方程可以写成

$$\frac{\partial \boldsymbol{v}}{\partial t} + \boldsymbol{\nabla}\left(\frac{v^2}{2} + \mathscr{P} - U\right) + \boldsymbol{\nabla} \times \boldsymbol{v} \times \boldsymbol{v} = 0 \tag{6.2.6}$$

这个方程可以分两种情况进行积分。

1. 定常、沿流线积分——伯努利积分

在流线上取线元 $d\boldsymbol{l}$,由于 $(\boldsymbol{\nabla} \times \boldsymbol{v}) \times \boldsymbol{v} \cdot d\boldsymbol{l} = 0$,(6.2.6)式的第三项积分为零,第一项因定常也为零,所以剩下只有

$$\int \boldsymbol{V}\left(\frac{v^2}{2}+\mathscr{P}-U\right)\cdot \mathrm{d}\boldsymbol{l} = \int \mathrm{d}\left(\frac{v^2}{2}+\mathscr{P}-U\right) = 0$$

沿流线积分,得

$$\frac{v^2}{2}+\mathscr{P}-U = C \tag{6.2.7}$$

式中：C——沿流线的常数。这就是(4.1.4)式。

2. 无旋流的积分——柯西-拉格朗日积分

如果流动无旋,则有

$$\frac{\partial \boldsymbol{v}}{\partial t} = \frac{\partial}{\partial t}(\boldsymbol{V}\varPhi) = \boldsymbol{V}\frac{\partial \varPhi}{\partial t}$$

(6.2.6)式的第三项等于零,因此,该方程可以写成

$$\boldsymbol{V}\left(\frac{\partial \varPhi}{\partial t}+\frac{v^2}{2}+\mathscr{P}-U\right) = 0$$

圆括号内的函数的梯度为零,说明函数不随空间坐标(x,y,z)变化,只可能是时间的函数,故全场积分得

$$\frac{v^2}{2}+\mathscr{P}-U+\frac{\partial \varPhi}{\partial t} = C(t) \tag{6.2.8}$$

积分常数$C(t)$仅和时间有关,与空间坐标无关。如果是定常无旋流动,$C(t)$和时间也无关,这时柯西-拉格朗日积分和伯努利积分在形式上就完全一样了,而且积分常数全场通用,也不随时间的变化而改变,并将它们统称为伯努利方程。

在重力场中,$U=-gz$,对于不可压流体,$\mathscr{P}=p/\rho$,代入(6.2.8)式得

$$\frac{v^2}{2}+\frac{p}{\rho}+gz+\frac{\partial \varPhi}{\partial t} = C(t) \tag{6.2.9}$$

这个积分式在讨论波浪运动时要用到。

6.2.3 边界条件和解法概述

定常不可压势流的运动学方程是拉普拉斯方程,动力学方程是伯努利方程,这两个方程组成的方程组为

$$\begin{cases} \boldsymbol{V}^2\varPhi = 0 \\ \frac{v^2}{2}+\frac{p}{\rho}+gz = C \end{cases} \tag{6.2.10}$$

关键是求解拉普拉斯方程。数学上,凡是满足拉普拉斯方程的函数称为调和函数,要找一个能代表具体绕流问题的解,就是要找一个能符合具体绕流边界条件的调和函数。这种问题数学上称为边值问题。所谓边界条件就是在流场边界上对流动规定的条件。绕流问题有外边界和内边界之分。即使是无界流场中的绕流问题,外边界推到了无限远,也还是有外边界条件要满足：在绝对坐标系中,无限远处的速度为零；在相对坐标系中,物体不动,在远前方有直匀流(均匀直线流动简称直匀流)流过来,直匀流流速的大小取决于物体原来的运动速度,但方向正相反。这就是通常用到的外边界条件。内边界(物体表面)上的条件因问题不同而不同。势流问题按边界上所给出的条件是对速度势$\varPhi$自身值规定的,还是对它的法向导数$\partial \varPhi/\partial n$规定的分为三类：

（1）第一边值问题：在边界上给定$\varPhi$的值；
（2）第二边值问题：在边界上给定$\partial \varPhi/\partial n$的值；

(3) 第三边值问题:在一部分边界上给定 Φ 值,另一部分给定 $\partial\Phi/\partial n$ 的值。

流体力学中大多数问题属于第二边值问题。这个问题中,势流的边界条件为:相对坐标系中远方的边界条件是直匀流 v_∞,物面上法向速度 $v_n = \partial\Phi/\partial n = 0$,切向速度不限,这也就是通常说的物面上可滑移条件。

势流问题的求解有如下方法。

1. 解析法

这种方法是想找到一个满足方程和边界条件的解析函数。工程问题很难做到这一点。

2. 奇点法

它是利用几种简单的基本解叠加来满足边界条件获得所需结果的方法。势流的基本解(或称基本势流)在数学上是奇性的,所以这种方法称为奇点法。大容量计算机的使用,可以允许用大量的基本解去满足具体的边界条件,这种奇点分布的数值算法又称为面元法。

3. 保角变换法

这种方法在解平面不可压势流上极有效。它把一个复杂边界经多次保角变换,变成一个简单边界,简单边界的绕流容易获得解。然后再根据变换关系反推回去,将原来复杂边界的流场算出来。

4. 数值近似解法

本方法又称为松弛迭代法,它将微分方程改成差分方程,全流场划分成网格,要求每一网格交点上的函数值与其周围四个交点上的函数值之间符合拉普拉斯方程所规定的差分关系。计算之初,可以预估每一点的初值,然后反复松弛迭代,直到既满足边界条件,彼此间又无矛盾为止。

5. 手工绘制流网

这是一种图解法,利用等势线和流线正交的特性,设法修改绘制出正确的流线、等势线网格图——流网。有了正确的流网,就可以计算流速和流量。

本章要介绍的是奇点法和保角变换法。

6.3 二维流动和流函数

流动参数只依赖于两个空间坐标的流动称为**二维流动**。有两类二维流动:平面平行流动(简称平面流动)和轴对称流动。本章只讲平面流动。轴对称流动在第 7 章介绍。

所谓平面平行流动,系指流体质点在平行的平面上运动,并且每个平面上的流动都相同的情况。例如,在垂直于轴线绕过无穷长直圆柱体的流动中,各横截面上的绕流情况均相同,因此,整个流动就可以简化为一个平面上的绕圆截面的流动。

不可压流体做平面运动时必须满足质量守恒方程

$$\frac{\partial v_x}{\partial x} + \frac{\partial v_y}{\partial y} = 0 \tag{6.3.1}$$

由这个方程可知,一定存在一个函数 Ψ 可以取代 v_x 和 v_y,它们之间的关系是

$$v_x = \frac{\partial \Psi}{\partial y}, \quad v_y = -\frac{\partial \Psi}{\partial x} \tag{6.3.2}$$

将(6.3.2)式代入(6.3.1)式即可得到证明。因为

$$\frac{\partial v_x}{\partial x} = \frac{\partial^2 \Psi}{\partial y \partial x}, \quad \frac{\partial v_y}{\partial y} = -\frac{\partial^2 \Psi}{\partial x \partial y}$$

二者之和恒等于零。

（6.3.2）式定义的 Ψ 称为**流函数**。用流函数表达流线方程最简单，即
$$\Psi = C \tag{6.3.3}$$
将（6.3.2）式确定的 v_x 和 v_y 代入流线方程
$$\frac{\mathrm{d}x}{v_x} = \frac{\mathrm{d}y}{v_y}$$
即得
$$\frac{\partial \Psi}{\partial x}\mathrm{d}x + \frac{\partial \Psi}{\partial y}\mathrm{d}y = \mathrm{d}\Psi = 0$$
因此，流线方程可以写成（6.3.3）式。

现在讨论流函数和流量之间的关系。如图 6.3.1 所示，过 A 点的流线为 $\Psi = \Psi_A$，过 B 点的流线为 $\Psi = \Psi_B$，Ψ_A 和 Ψ_B 分别是 A 点和 B 点的流函数，我们要计算通过任意曲线 AB 的体积流量。为此，在 AB 曲线上任取一有向线元
$$\mathrm{d}\boldsymbol{l} = \mathrm{d}x\boldsymbol{i} + \mathrm{d}y\boldsymbol{j}$$

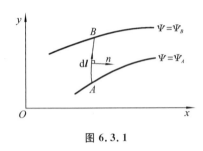

图 6.3.1

而
$$\boldsymbol{n} = \cos(\boldsymbol{n},x)\boldsymbol{i} + \cos(\boldsymbol{n},y)\boldsymbol{j} = \frac{\mathrm{d}y}{\mathrm{d}l}\boldsymbol{i} - \frac{\mathrm{d}x}{\mathrm{d}l}\boldsymbol{j}$$
是曲线的法线单位矢量。通过 $\mathrm{d}l$ 微段上的体积流量就可以写成
$$\mathrm{d}Q = \boldsymbol{v} \cdot \boldsymbol{n}\mathrm{d}l = v_x\mathrm{d}y - v_y\mathrm{d}x = \frac{\partial \Psi}{\partial y}\mathrm{d}y + \frac{\partial \Psi}{\partial x}\mathrm{d}x = \mathrm{d}\Psi$$
所以，通过任意曲线 AB 的流量
$$Q_{AB} = \int_A^B \mathrm{d}Q = \int_A^B \mathrm{d}\Psi = \Psi_B - \Psi_A \tag{6.3.4}$$
这就是说，通过任意一条曲线 AB 的流量等于该曲线两端点的流函数的差值。

最后证明：在无旋的平面流动中，流函数是调和函数。因为无旋，所以
$$\omega = \frac{1}{2}\left(\frac{\partial v_y}{\partial x} - \frac{\partial v_x}{\partial y}\right) = 0$$
将（6.3.2）式代入上式，即得
$$\frac{\partial^2 \Psi}{\partial x^2} + \frac{\partial^2 \Psi}{\partial y^2} = 0 \tag{6.3.5}$$
这说明，流函数 Ψ 满足拉普拉斯方程，所以它是调和函数。求解（6.3.5）式在物面上应满足的条件可以写成 $\Psi = C$，即物面是流线，不可穿透。

在极坐标系中，质量守恒方程为
$$\frac{\partial(rv_r)}{\partial r} + \frac{\partial v_\theta}{\partial \theta} = 0 \tag{6.3.6}$$
仿照（6.3.2）式，可以定义流函数
$$rv_r = \frac{\partial \Psi}{\partial \theta}, \quad v_\theta = -\frac{\partial \Psi}{\partial r} \tag{6.3.7}$$
以上在直角坐标系中讨论的（6.3.6）式、（6.3.4）式以及（6.3.5）式的结论，在极坐标系中均成立。

6.4 复势和复速度

在平面势流中,可以同时定义速度势 Φ 和流函数 Ψ,即

$$\begin{cases} v_x = \dfrac{\partial \Phi}{\partial x} = \dfrac{\partial \Psi}{\partial y} \\ v_y = \dfrac{\partial \Phi}{\partial y} = -\dfrac{\partial \Psi}{\partial x} \end{cases} \quad (6.4.1)$$

这一关系表明,$\Phi(x,y)$ 和 $\Psi(x,y)$ 满足柯西-黎曼条件,它们组成的复变函数

$$W(z) = \Phi(x,y) + \mathrm{i}\Psi(x,y) \quad (6.4.2)$$

是解析函数,式中(见图 6.4.1)

$$z = x + \mathrm{i}y = r\cos\theta + \mathrm{i}r\sin\theta = r\mathrm{e}^{\mathrm{i}\theta} \quad (6.4.3)$$

由速度势作实部,流函数作虚部构成的解析函数 $W(z)$ 称为**复势**。复势的导数和求导方向无关,即

$$\frac{\mathrm{d}W}{\mathrm{d}z} = \frac{\partial \Phi}{\partial x} + \mathrm{i}\frac{\partial \Psi}{\partial x} = \frac{\partial \Phi}{\partial (\mathrm{i}y)} + \mathrm{i}\frac{\partial \Psi}{\partial (\mathrm{i}y)} = \frac{1}{\mathrm{i}}\frac{\partial \Phi}{\partial y} + \frac{\partial \Psi}{\partial y}$$

$$(6.4.4)$$

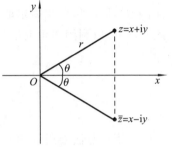

图 6.4.1

将(6.4.1)式代入上式,可得

$$\frac{\mathrm{d}W}{\mathrm{d}z} = v_x - \mathrm{i}v_y = \bar{v} \quad (6.4.5)$$

因为速度可以写成复数 $v = v_x + \mathrm{i}v_y$,所以,上式是速度的共轭函数,称之为**复速度**[*]。利用如下速度关系:

$$v_x = v_r\cos\theta - v_\theta\sin\theta$$
$$v_y = v_r\sin\theta + v_\theta\cos\theta$$

可以得出极坐标的复速度公式:

$$\frac{\mathrm{d}W}{\mathrm{d}z} = (v_r - \mathrm{i}v_\theta)\mathrm{e}^{-\mathrm{i}\theta} \quad (6.4.6)$$

复速度沿曲线 l 的积分为

$$\int_l \frac{\mathrm{d}W}{\mathrm{d}z}\mathrm{d}z = \int_l \mathrm{d}W = \int_l \mathrm{d}\Phi + \mathrm{i}\int_l \mathrm{d}\Psi$$

式中,

$$\int_l \mathrm{d}\Phi = \int_l (v_x\mathrm{d}x + v_y\mathrm{d}y) = \int_l \boldsymbol{v} \cdot \mathrm{d}\boldsymbol{l}$$

$\int_l \mathrm{d}\Phi$ 是沿 l 曲线计算的速度环量,记为 Γ_l,而 $\int_l \mathrm{d}\Psi$ 是通过曲线 l 的流量 Q_l(见(6.3.4)式),所以

$$\int_l \frac{\mathrm{d}W}{\mathrm{d}z}\mathrm{d}z = \Gamma_l + \mathrm{i}Q_l \quad (6.4.7)$$

用 Re 表示取实部,用 Im 表示取虚部,则有

$$\Gamma_l = \mathrm{Re}\int_l \frac{\mathrm{d}W}{\mathrm{d}z}\mathrm{d}z \quad (6.4.8)$$

---

* 有的将 $v = v_x + \mathrm{i}v_y$ 称为复速度,而将 $\mathrm{d}W/\mathrm{d}z = \bar{v}$ 称为共轭复速度。

$$Q_l = \operatorname{Im} \int_l \frac{dW}{dz} dz \tag{6.4.9}$$

复速度积分的实部是速度环量,虚部是流量。如果积分曲线是不可缩的封闭曲线,这种情况就是有封闭周线的平面无旋绕流,也由于在绕流物面上流函数是常数,因而 $\oint d\Psi = 0$,从而绕封闭物面周线的复速度积分就等于绕物面的速度环量:

$$\oint_L \frac{dW}{dz} dz = \oint_L d\Phi = \Gamma \tag{6.4.10}$$

现在有了三种方法求解不可压平面势流。第一,速度势拉普拉斯方程的边值问题;第二,流函数拉普拉斯方程的边值问题;第三,已知边值寻求复势。因为任意两个或两个以上的解析函数的线性组合仍然是解析函数,因此,复势的线性组合仍然是某个势流的复势。正是由于这种特性,因此,同样可以用简单的复势叠加以满足具体问题的边界条件来获得解,这就是奇点法。此外,还可以利用保角变换来寻求满足边界条件的复势,这是平面势流中颇具特色的一种方法。

6.5 不可压平面势流的基本解

下面介绍奇点法要用到的基本解。用这些解叠加来满足边界条件,可以得到有实际意义的绕物体的流动。

6.5.1 直匀流

图 6.5.1 所示的是沿 x 轴向的均匀直线流动,简称直匀流。它的速度场为

$$v_x = v_\infty, \quad v_y = 0$$

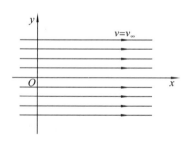

图 6.5.1 沿 x 轴向的直匀流

这个流动满足质量守恒方程和无旋条件,是势流。作为势流的基本解,就是要给出它的速度势、流函数和复势的表达式。这有两种求解法:(1)先求 Φ、Ψ,再组成 $W(z)$;(2)由复速度积分求 $W(z)$,再分虚、实部得到 Φ 和 Ψ。

1. 由 Φ、Ψ 求 $W(z)$

按(6.1.5)式的第一式,有

$$\Phi = \int v_x dx + C_1(y) = v_\infty x + C_1(y) \tag{6.5.1}$$

求 Φ 对 y 的偏导数,并令其等于 v_y,由此可决定 $C_1(y)$,由

$$\frac{\partial \Phi}{\partial y} = \frac{\partial C_1(y)}{\partial y} = v_y = 0$$

有

$$C_1(y) = C$$

式中:C——常数。因此,速度势为

$$\Phi = v_\infty x + C$$

常数项通常都可不写,因为它对速度场没有影响,所以,最后结果是

$$\Phi = v_\infty x \tag{6.5.2}$$

根据(6.3.2)式求 Ψ。

$$\Psi = \int v_x \mathrm{d}y + C_2(x) = v_\infty y + C_2(x)$$

再将 Ψ 对 x 求导,得

$$\frac{\partial \Psi}{\partial x} = \frac{\partial C_2(x)}{\partial x} = -v_y = 0$$

所以

$$C_2(x) = C$$

基于同样理由,$C_2(x) = C$ 可以省略不写,故有

$$\Psi = v_\infty y \tag{6.5.3}$$

由 Φ 和 Ψ 组成复势,得

$$W(z) = \Phi + \mathrm{i}\Psi = v_\infty x + \mathrm{i}v_\infty y = v_\infty(x + \mathrm{i}y) = v_\infty z \tag{6.5.4}$$

2. 由 $W(z)$ 求 Φ、Ψ

通过复速度积分可求复势。复速度为

$$\frac{\mathrm{d}W}{\mathrm{d}z} = v_x - \mathrm{i}v_y = v_\infty$$

所以

$$W(z) = \int \left(\frac{\mathrm{d}W}{\mathrm{d}z}\right)\mathrm{d}z = \int \mathrm{d}W = \int v_\infty \mathrm{d}z = v_\infty z \tag{6.5.5}$$

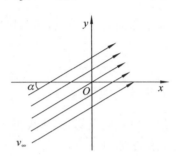

图 6.5.2 与 x 轴成 α 角的直匀流

这里积分常数照样可省略,结果和(6.5.4)式是一样的,分开实部和虚部,即得(6.5.2)式和(6.5.3)式两个调和函数。

与 x 轴成 α 角的直匀流如图 6.5.2 所示,其复势为

$$W(z) = v_\infty z^{-\mathrm{i}\alpha} \tag{6.5.6}$$

6.5.2 点源

流体在平面上从坐标原点向四周均匀地流出,体积流量为 Q,如图 6.5.3 所示,流动是中心对称的。这种流动称为位于原点的点源;如果不是流出,而是反向,向原点集中,则称之为点汇。点源的强度用 $+Q$ 表示,点汇的强度用 $-Q$ 表示。

根据流动的条件可知

$$Q = v_r 2\pi r$$

式中:v_r——径向流速。

由于流动是中心对称的,$v_\theta = 0$,所以极坐标的速度场为

$$\begin{cases} v_\theta = 0 \\ v_r = \dfrac{\theta}{2\pi r} \end{cases} \tag{6.5.7}$$

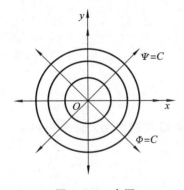

图 6.5.3 点源
等势线 $\Phi = C$ 和流线 $\Psi = C$ 正交

可以证明,此速度场满足质量守恒方程和无旋条件,所以是一个平面势流场。

按(6.4.6)式,复速度

$$\frac{\mathrm{d}W}{\mathrm{d}z} = \left(\frac{\theta}{2\pi r} - \mathrm{i}0\right)\mathrm{e}^{-\mathrm{i}\theta} = \frac{Q}{2\pi r \mathrm{e}^{\mathrm{i}\theta}} = \frac{Q}{2\pi z}$$

将上式积分,得

$$W = \frac{Q}{2\pi}\ln z \qquad (6.5.8)$$

若要分开虚部与实部,则因为

$$W(z) = \frac{Q}{2\pi}\ln z = \frac{Q}{2\pi}\ln(re^{i\theta}) = \frac{Q}{2\pi}(\ln r + i\theta)$$

所以

$$\Phi = \text{Re}W = \frac{Q}{2\pi}\ln r \qquad (6.5.9)$$

$$\Psi = \text{Im}W = \frac{Q}{2\pi}\theta \qquad (6.5.10)$$

如果点源位于 z_0 点,那么根据(6.5.8)式,用坐标平移的方法可以直接写出

$$W(z) = \frac{Q}{2\pi}\ln(z - z_0) \qquad (6.5.11)$$

6.5.3 点涡

位于原点的点涡,其流线是圆心在原点的同心圆族,根据等势线与流线正交的性质可知,等势线就是通过原点的射线,图 6.5.4 所示的就是点涡的流网图。其速度场为

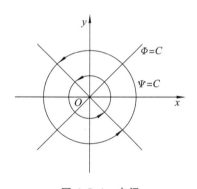

图 6.5.4 点涡

$$\begin{cases} v_\theta = \dfrac{\Gamma}{2\pi r} \\ v_r = 0 \end{cases} \qquad (6.5.12)$$

点涡的复速度为

$$\frac{dW}{dz} = \left(0 - i\frac{\Gamma}{2\pi r}\right)e^{-i\theta} = -i\frac{\Gamma}{2\pi re^{i\theta}} = -i\frac{\Gamma}{2\pi z}$$

将上式积分,得

$$W(z) = \Phi + i\Psi = -\frac{i\Gamma}{2\pi}\ln z \qquad (6.5.13)$$

$$\Phi = \frac{\Gamma}{2\pi}\theta \qquad (6.5.14)$$

$$\Psi = -\frac{\Gamma}{2\pi}\ln r \qquad (6.5.15)$$

位于 z_0 点的点涡复势为

$$W(z) = -\frac{i\Gamma}{2\pi}\ln(z - z_0) \qquad (6.5.16)$$

6.5.4 偶极子

两个强度相等的源和汇无限靠近(见图 6.5.5)时,若强度 Q 和距离 Δx 的乘积趋于一个有限值

$$M = \lim_{\Delta x \to 0} Q\Delta x \qquad (6.5.17)$$

式中:M——偶极矩,它代表了偶极子的强度,那么,这种极限状态的流动就称为偶极子。

偶极子有方向,一般规定汇到源的方向为偶极子的方向。

将图 6.5.5 中源和汇叠加,其 Φ 和 Ψ 为(见(6.5.9)式和(6.5.10)式):

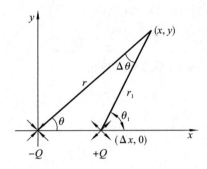

图 6.5.5

$$\Phi = \frac{Q}{2\pi}(\ln r_1 - \ln r) = \frac{Q}{2\pi}\left[\frac{\sqrt{(x-\Delta x)^2 + y^2}}{\sqrt{x^2 + y^2}}\right] \tag{6.5.18}$$

$$\Psi = \frac{Q}{2\pi}(\theta_1 - \theta) \tag{6.5.19}$$

现在考察 $\Delta x \to 0$ 的情况。$\Delta x \to 0$ 时,Q 随之增大,保证(6.5.17)式成立。这时

$$\Phi(x,y) = \lim_{\Delta x \to 0}\left[\frac{Q}{4\pi}\ln\left(\frac{x^2 + y^2 - 2x \cdot \Delta x + \Delta x^2}{x^2 + y^2}\right)\right] \tag{6.5.20}$$

$$= \lim_{\Delta x \to 0}\frac{Q}{4\pi}\ln\left[1 + \frac{\Delta x(\Delta x - 2x)}{x^2 + y^2}\right]$$

将(6.5.20)式中的对数按公式

$$\ln(1+x_1) = x_1 - \frac{1}{2}x_1^2 + \frac{1}{3}x_1^3 - \cdots$$

展开,可得

$$\Phi(x,y) = \lim_{\Delta x \to 0}\frac{Q}{4\pi}\left[\frac{\Delta x(\Delta x - 2x)}{x^2 + y^2} + O(\Delta x^2)\right] = \frac{M}{4\pi}\lim_{\Delta x \to 0}\left(\frac{\Delta x - 2x}{x^2 + y^2}\right)$$

因此,偶极子的速度势为

$$\Phi(x,y) = -\frac{M}{2\pi} \cdot \frac{x}{x^2 + y^2} = -\frac{M}{2\pi} \cdot \frac{\cos\theta}{r} \tag{6.5.21}$$

对于流函数,$\Delta x \to 0$ 时,

$$\Psi(x,y) = \lim_{\Delta x \to 0}\frac{Q}{2\pi}(\theta_1 - \theta) = \lim_{\Delta x \to 0}\frac{Q \cdot \Delta x}{2\pi} \cdot \frac{\Delta \theta}{\Delta x} = \frac{M}{2\pi}\lim_{\Delta x \to 0}\left(\frac{\Delta \theta}{\Delta x}\right) \tag{6.5.22}$$

从图 6.5.5 所示的几何关系可知,

$$\lim_{\Delta x \to 0} r_1 \Delta\theta = \lim_{\Delta x \to 0}\Delta x \sin\theta$$

所以

$$\lim_{\Delta x \to 0}\frac{\Delta\theta}{\Delta x} = \lim_{\Delta x \to 0}\frac{\sin\theta}{r_1} = \frac{\sin\theta}{r}$$

因此可将(6.5.22)式写成

$$\Psi(x,y) = \frac{M}{2\pi} \cdot \frac{\sin\theta}{r} = \frac{M}{2\pi} \cdot \frac{y}{x^2 + y^2} \tag{6.5.23}$$

用(6.5.21)式的 Φ 和(6.5.23)式的 Ψ 组成复势,得

$$W = \Phi + i\Psi = \frac{M}{2\pi}\left(\frac{-\cos\theta + i\sin\theta}{r}\right) = -\frac{M}{2\pi} \cdot \frac{e^{-i\theta}}{r} = -\frac{M}{2\pi z} \tag{6.5.24}$$

它代表位于坐标原点指向正 x 方向的偶极子流动,偶极矩为 M。此流动的流线和等势线如图 6.5.6 所示。

位于 z_0 点与 x 轴成 α 角的偶极子复势(见图 6.5.7)为

$$W = -\frac{M}{2\pi} \cdot \frac{e^{i\alpha}}{z - z_0} \qquad (6.5.25)$$

(6.5.25)式可用移轴、转轴公式从(6.5.24)式导出。

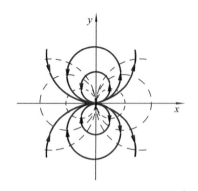

图 6.5.6　偶极子的流线和等势线

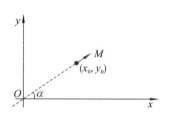

图 6.5.7　位于 (x_0, y_0) 点任意指定方向的偶极子

以上四种基本解的复势的最简单表达式和符号列于表 6.5.1,以便比较。

表 6.5.1　基本解的复势、符号与说明

名称	直匀流	点源	点涡	偶极子
符号	→ v_∞	✕ Q	↙ Γ	← M
复势	$W = z$	$W = \ln z$	$W = -i\ln z$	$W = \dfrac{1}{z}$
说明	$v_\infty = 1$ x 轴向	$Q = 2\pi$ 位于原点	$\Gamma = 2\pi$ 位于原点,逆时针旋转	$M = 2\pi$ 位于原点,负 x 轴向

6.5.5　叠加的例子

下面看两个基本解叠加的例子。

例 6.5.1　直匀流+点源。

正 x 方向的直匀流和原点处的点源叠加,其流函数为

$$\Psi = v_\infty y + \frac{Q}{2\pi}\theta = v_\infty y + \frac{Q}{2\pi}\arctan\frac{y}{x} \qquad (6.5.26)$$

叠加的速度场为

$$\begin{cases} v_x = \dfrac{\partial \Psi}{\partial y} = v_\infty + \dfrac{Q}{2\pi} \cdot \dfrac{x}{x^2 + y^2} \\ v_y = -\dfrac{\partial \Psi}{\partial x} = \dfrac{Q}{2\pi} \cdot \dfrac{y}{x^2 + y^2} \end{cases} \qquad (6.5.27)$$

流场中的驻点可由 $v_x = v_y = 0$ 的条件去找,结果为

$$\begin{cases} x_S = -\dfrac{Q}{2\pi v_\infty} \\ y_S = 0 \end{cases}$$

$$\begin{cases} r_S = \dfrac{Q}{2\pi v_\infty} \\ \theta_S = \pi \end{cases} \tag{6.5.28}$$

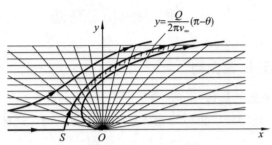

图 6.5.8 Rangine 半体

直匀流＋点源的几条典型流线

式中：x_S, y_S——驻点 S 的坐标。

过驻点的流线方程记为 $\Psi = C_S$，将(6.5.28)式代入(6.5.26)式，令其等于 C_S，即得 $C_S = Q/2$，所以过点 S 的流线方程为

$$y = \frac{Q}{2\pi v_\infty}(\pi - \theta) \tag{6.5.29}$$

图 6.5.8 所示是直匀流、点源以及它们叠加以后的流线图。如果将过驻点的流线视为物面，该流线以外的流场相当于直匀流绕过一半无穷长柱状物体的流场。在无穷远处($\theta = 0$)，$y_{\max} = Q/2v_\infty$。

例 6.5.2 点汇＋点涡

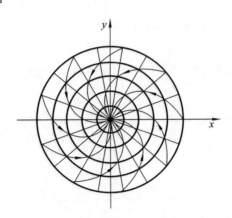

图 6.5.9 点汇＋点涡

在原点的点汇和逆时针转向的点涡叠加，流函数为

$$\Psi = -\frac{Q}{2\pi}\theta - \frac{\Gamma}{2\pi}\ln r \tag{6.5.30}$$

流线方程为 $\Psi = C_1$，即

$$C_1 = -\frac{Q}{2\pi}\theta - \frac{\Gamma}{2\pi}\ln r$$

整理化简后得

$$r = C e^{-(Q\theta/\Gamma)} \tag{6.5.31}$$

这说明流线为对数螺线，其流线也可用叠加的方法画出，如图 6.5.9 所示。

6.6 绕圆柱体的流动

6.6.1 绕圆柱体无环量流动

1. 绕圆柱体无环量流动的复势

直匀流和平面偶极子叠加可以模拟绕物体的平面无旋流动。这种流动的复势为

$$W(z) = v_\infty z + \frac{M}{2\pi z} \tag{6.6.1}$$

这里偶极子位于原点，方向指向负 x 方向，和来流指向相反。式(6.6.1)可以分成虚、实部，写成

$$W(z) = v_\infty z + \frac{M\bar{z}}{2\pi z \bar{z}} = v_\infty x + \frac{Mx}{2\pi(x^2+y^2)} + i\left[v_\infty y - \frac{My}{2\pi(x^2+y^2)}\right] \tag{6.6.2}$$

$W(z)$ 的虚部是流函数 Ψ，当 $\Psi=0$ 时，有流线方程

$$v_\infty y - \frac{My}{2\pi(x^2+y^2)} = 0 \tag{6.6.3}$$

这个方程的解是

$$\begin{cases} y = 0 \\ x^2 + y^2 = \dfrac{M}{2\pi v_\infty} \end{cases} \tag{6.6.4}$$

可见，这条零流线（对应于 $\Psi=0$ 的流线）由 x 轴和中心在原点的圆周所组成，圆周半径

$$a = \sqrt{M/(2\pi v_\infty)}$$

如果模拟直匀流绕半径为 a 的无穷长圆柱绕流，则偶极子的强度应该是

$$M = 2\pi v_\infty a^2 \tag{6.6.5}$$

因此，圆柱绕流的复势应该写成

$$W(z) = v_\infty z + \frac{a^2 v_\infty}{z} \tag{6.6.6}$$

速度势和流函数则分别为

$$\Phi = v_\infty x + \frac{a^2 v_\infty x}{x^2+y^2} = v_\infty \cos\theta \left(r + \frac{a^2}{r}\right) \tag{6.6.7}$$

$$\Psi = v_\infty y - \frac{a^2 v_\infty y}{x^2+y^2} = v_\infty \sin\theta \left(r - \frac{a^2}{r}\right) \tag{6.6.8}$$

圆柱绕流的流线方程为

$$v_\infty y - \frac{a^2 v_\infty y}{x^2+y^2} = C \tag{6.6.9}$$

圆外流谱如图 6.6.1 所示。x,y 轴都是对称轴，物面上的前驻点在 $(-a,0)$ 点，后驻点在 $(a,0)$

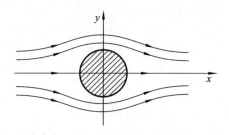

图 6.6.1 圆外流谱

点。绕圆柱面的速度环量为零,这可以从流动的对称性加以判断;也可以按(6.4.10)式计算得出*:

$$\Gamma = \oint \frac{dW}{dz} dz = \oint \left(v_\infty - \frac{a^2 v_\infty}{z^2}\right) dz = 0$$

2. 圆柱面上的速度分布

圆柱表面上的速度可以通过复速度求出。因为

$$\frac{dW}{dz} = \frac{d}{dz}\left(v_\infty z + \frac{a^2 v_\infty}{z}\right) = v_\infty \left[1 - \frac{a^2}{(re^{i\theta})^2}\right] = v_\infty \left(e^{i\theta} - \frac{a^2}{r^2}e^{-i\theta}\right)e^{-i\theta}$$

即

$$\frac{dW}{dz} = v_\infty \left[\cos\theta\left(1 - \frac{a^2}{r^2}\right) + i\sin\theta\left(1 + \frac{a^2}{r^2}\right)\right]e^{-i\theta}$$

和(6.4.6)式对比,即得速度场:

$$\begin{cases} v_r = v_\infty \cos\theta\left(1 - \frac{a^2}{r^2}\right) \\ v_\theta = -v_\infty \sin\theta\left(1 + \frac{a^2}{r^2}\right) \end{cases} \tag{6.6.10}$$

令 $r = a$,即得圆柱面上的速度分布:

$$\begin{cases} v_r = 0 \\ v_\theta = -2v_\infty \sin\theta \end{cases} \tag{6.6.11}$$

在 $\theta = \pm \pi/2$ 处,圆柱面上的速度达到最大值:

$$|v_{\theta_{\max}}| = 2v_\infty \tag{6.6.12}$$

3. 圆柱表面的压力分布

根据圆柱表面的速度分布,利用伯努利方程可以计算出圆柱表面的压力。忽略质量力,方程为

$$p + \frac{\rho v^2}{2} = C \tag{6.6.13}$$

定常势流中,C 为全流场的常数,它可以用远前方来流的参数表示。如果远前方来流的压力为 p_∞,则

$$p + \frac{\rho v^2}{2} = p_\infty + \frac{\rho v_\infty^2}{2} \tag{6.6.14}$$

---

* 积分用到留数定理,即

$$\oint f(z) dz = 2\pi i \operatorname{Res} f(z)$$

式中,留数 $\operatorname{Res} f(z)$ 就是 $f(z)$ 中 z^{-1} 项的系数。

通常用无量纲的**压力系数**表示压力的分布*，其定义为

$$C_p = \frac{p - p_\infty}{\frac{1}{2}\rho v_\infty^2} \tag{6.6.15}$$

将(6.6.14)式代入(6.6.15)式，可得

$$C_p = 1 - \left(\frac{v}{v_\infty}\right)^2 \tag{6.6.16}$$

再将(6.6.11)式代入(6.6.16)式，就得到圆柱表面的压力系数：

$$C_p = 1 - 4\sin^2\theta \tag{6.6.17}$$

压力系数在物面上的分布如图 6.6.2 所示；压力系数曲线如图 6.6.3 所示。

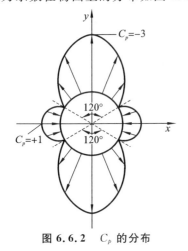

图 6.6.2　C_p 的分布

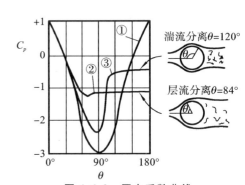

图 6.6.3　压力系数曲线

从图 6.6.2 所示的压力分布的对称性可知，圆柱上的流体动力和力矩均为零。实际情况与势流理论有差别。因为它有摩擦损失，而且下游物面上的流动会分离，压力不能恢复到理论值（见图 6.6.3），所以迎风面和背风面有压力差，这就是压差阻力（或形状阻力）的来源。图6.6.3所示的三条典型曲线：曲线①对应于圆柱无环量理想绕流；曲线②对应于有分离的绕流，分离点的位置为 $\theta \approx 84°$，称为层流分离；曲线③对应于有分离的绕流，分离点的位置为 $\theta \approx 120°$，称为湍流分离。从图中曲线的比较可以得出两点结论：(1)在流动分离以前，理想绕流的压力分布与实际情况较为符合；(2)分离形成了大的压差阻力，分离区压力为常数。这两点结论具有普遍性。

6.6.2　绕圆柱体有环量流动

现在考虑直匀流中圆柱以等角速度 ω 绕自身轴线顺时针旋转的情形（见图 6.6.4）。这种情况可在圆柱无环量绕流的基础上，在原点再叠加一个点涡来模拟。这个新绕流的复势为

$$W(z) = v_\infty\left(z + \frac{a^2}{z}\right) + \frac{\mathrm{i}\Gamma}{2\pi}\ln z \tag{6.6.18}$$

可以看出，所加点涡的转向和图 6.6.4 所示的 ω 的转向是一致的。因为

$$\oint \frac{\mathrm{d}W}{\mathrm{d}z}\mathrm{d}z = \oint\left[v_\infty\left(1 - \frac{a^2}{z^2}\right) + \frac{\mathrm{i}\Gamma}{2\pi}\frac{1}{z}\right]\mathrm{d}z \tag{6.6.19a}$$

$$= 2\pi\mathrm{i}\left(\frac{\mathrm{i}\Gamma}{2\pi}\right) = -\Gamma$$

---

* 无量纲量便于换算，详见 9.2 节。

这说明绕圆柱的环量在数量上就等于点涡的强度 Γ（参看 (6.4.10) 式），因此，(6.6.18) 式的复势可用来模拟圆柱体有环量的绕流。为了满足圆柱面上旋转线速度等于 $a\omega$ 的要求，点涡的强度 Γ 应为

$$\Gamma = 2\pi a(a\omega) = 2\pi a^2 \omega \qquad (6.6.19\mathrm{b})$$

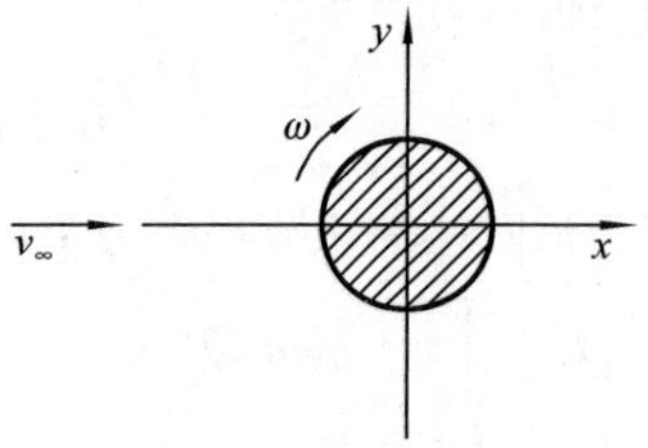

绕流的速度场可以通过复速度公式 (6.4.6) 式求得，结果是

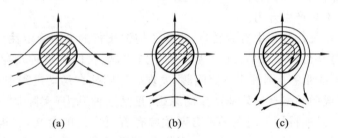

图 6.6.4　直匀流中的旋转圆柱

$$\begin{cases} v_r = v_\infty \cos\theta \left(1 - \dfrac{a^2}{r^2}\right)\lambda \\ v_\theta = -v_\infty \sin\theta \left(1 + \dfrac{a^2}{r^2}\right) - \dfrac{\Gamma}{2\pi r} \end{cases} \qquad (6.6.20)$$

令 $r=a$ 就得到圆柱表面上的速度分布：

$$\begin{cases} v_r = 0 \\ v_\theta = -2 v_\infty \sin\theta - \dfrac{\Gamma}{2\pi a} \end{cases} \qquad (6.6.21)$$

在 (6.6.21) 式中令 $v_\theta = 0$，可以找到物面上驻点的位置：

$$\sin\theta = \dfrac{-\Gamma}{4\pi v_\infty a} \qquad (6.6.22)$$

图 6.6.5　三种典型绕流谱

(a) $\Gamma < 2\pi v_\infty a$；(b) $\Gamma = 2\pi v_\infty a$；(c) $\Gamma > 2\pi v_\infty a$

由于 Γ 值取决于 ω 的大小，因此，绕流可能有三种典型情况，如图 6.6.5 所示。当 $\Gamma > 2\pi v_\infty a$ 时，(6.6.22) 式不成立，说明驻点不在物面上，要在物面以外的流场中去找。为此，在 (6.6.20) 式中令 $v_r = v_\theta = 0$，由此可得驻点的坐标：

$$\begin{cases} \cos\theta = 0, \quad 即 \ \theta = \dfrac{\pi}{2} \ 或 \ \theta = \dfrac{3\pi}{2} \\ r = \dfrac{-\Gamma}{4\pi v_\infty \sin\theta} \pm \sqrt{\left(\dfrac{\Gamma}{4\pi v_\infty \sin\theta}\right)^2 - a^2} \end{cases} \qquad (6.6.23)$$

在 $\Gamma > 2\pi v_\infty a$ 的情况下，只需研究圆外的流场，这时，$r \geqslant a$，$\sin\theta$ 一定取负值，即只能取 $\theta = 3\pi/2$，因此，所求的驻点一定在圆外的 $-y$ 轴上，且

$$r_{驻} = \dfrac{\Gamma}{4\pi v_\infty} + \sqrt{\left(\dfrac{\Gamma}{4\pi v_\infty}\right)^2 - a^2} \qquad (6.6.24)$$

如果根号前取负号，则有 $r_{驻} < a$，这种圆内流场不是我们所需要的。

将 (6.6.21) 式代入 (6.6.16) 式，可得物面上的压力系数：

$$C_p = 1 - \left(2\sin\theta + \dfrac{\Gamma}{2\pi v_\infty a}\right)^2 \qquad (6.6.25)$$

物面上的压力分布为

$$p = p_\infty + \frac{\rho v_\infty^2}{2}\left[1 - \left(2\sin\theta + \frac{\Gamma}{2\pi v_\infty a}\right)^2\right] \quad (6.6.26)$$

将压力沿圆柱面积分得合力 $\boldsymbol{F}$，如图 6.6.6 所示，设 $\boldsymbol{n} = \cos\theta\boldsymbol{i} + \sin\theta\boldsymbol{j}$，于是

$$\begin{aligned}\boldsymbol{F} &= \int_0^{2\pi} -p\boldsymbol{n}a\,\mathrm{d}\theta \\ &= -a\int_0^{2\pi}\left[p_\infty + \frac{\rho v_\infty^2}{2}\left(1 - 4\sin^2\theta - \frac{2\Gamma\sin\theta}{\pi v_\infty a} - \frac{\Gamma^2}{4\pi^2 v_\infty^2 a^2}\right)\right](\cos\theta\boldsymbol{i} + \sin\theta\boldsymbol{j})\,\mathrm{d}\theta = \rho v_\infty \Gamma\boldsymbol{j}\end{aligned}$$

(6.6.27)

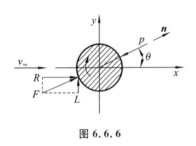

图 6.6.6

结果表明：合力 $\boldsymbol{F}$ 在垂直于来流的方向，这个方向的力称为升力（L）；平行于来流方向的分力称为阻力（R），阻力为零。如果用涡的旋转矢量方向作为环量的方向，来流用矢量表示，则升力的公式可以写成

$$\boldsymbol{L} = \rho\boldsymbol{v}_\infty \times \boldsymbol{\Gamma} \quad (6.6.28)$$

旋转圆柱体在直匀流中能产生升力，原因在于旋转使原来上下对称的速度场发生了变化（见图 6.6.5(a)）：圆柱面上边的流体速度加快，下面的速度则减慢。根据伯努利公式，速度加快的一面压力要下降，变慢的一面压力要升高，这种上下的压差就形成了升力。**没有环量就不会产生升力。**

来复线使炮弹在飞行过程中有旋转，这改善了炮弹飞行的方向稳定性，但也影响到炮弹的命中率，这个问题是马格努斯（Magnus）最早注意到的，炮兵们称这种现象为**马格努斯效应**。后来，瑞利（Rayleigh）研究了圆柱体绕流问题，发现旋转圆柱在运动过程中有升力（或侧向力）产生。这就能很好说明马格努斯效应产生的原因：正是这种升力（实际是一种侧向力）改变了弹着点，使之偏离了瞄准目标。现在马格努斯效应有着更广泛的含义，它指的是：旋转物体在运动过程中产生升力（或侧向力）的现象。现代球类运动普遍利用这种效应，产生了奇妙的效果。

6.7　布拉修斯公式

上一节对圆柱绕流作了详细研究，下面推导任意平面物体上的流体动力计算公式。

假定绕流的复势已知，如图 6.7.1 所示，物面外法线单位矢量为

$$\boldsymbol{n} = \cos\beta\boldsymbol{i} + \sin\beta\boldsymbol{j} = \boldsymbol{i}\frac{\mathrm{d}y}{\mathrm{d}l} - \boldsymbol{j}\frac{\mathrm{d}x}{\mathrm{d}l}$$

压力沿物面积分就是流体动力的合力 $\boldsymbol{F}$，即

$$\boldsymbol{F} = -\oint_L p\boldsymbol{n}\,\mathrm{d}l = -\oint_L p(\boldsymbol{i}\,\mathrm{d}y - \boldsymbol{j}\,\mathrm{d}x) \quad (6.7.1)$$

所以

$$F_x = -\oint_L p\,\mathrm{d}y,\quad F_y = \oint_L p\,\mathrm{d}x \quad (6.7.2)$$

定义一个复数合力

$$\overline{F} = F_x - \mathrm{i}F_y \quad (6.7.3)$$

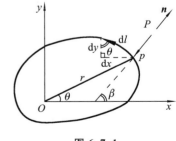

图 6.7.1

将(6.7.2)式代入(6.7.3)式,可得

$$\overline{F} = -\mathrm{i}\oint_L p\,\mathrm{d}\overline{z} \tag{6.7.4}$$

物面上的压力可以用伯努利方程求出:

$$p = p_\infty + \frac{1}{2}\rho v_\infty^2 - \frac{1}{2}\rho|v|^2 = p_0 - \frac{1}{2}\rho|v|^2 \tag{6.7.5}$$

因为总压 p_0 是常数,$\oint p_0\,\mathrm{d}\overline{z} = 0$,将(6.7.5)式代入(6.7.4)式,得

$$\overline{F} = \frac{\mathrm{i}\rho}{2}\oint_L |v||v|\,\mathrm{d}\overline{z} = \frac{\mathrm{i}\rho}{2}\oint_L |v||v|\mathrm{e}^{-\mathrm{i}2\theta}\,\mathrm{d}z$$

由于 $\mathrm{d}W/\mathrm{d}z = \overline{v} = |v|\mathrm{e}^{-\mathrm{i}\theta}$,所以合力

$$\overline{F} = \frac{\mathrm{i}\rho}{2}\oint_L \left(\frac{\mathrm{d}W}{\mathrm{d}z}\right)^2 \mathrm{d}z \tag{6.7.6}$$

因为 $\mathrm{d}W/\mathrm{d}z$ 在物面以外是解析的,(6.7.6)式的积分周线只要包围住物体即可。

下面推导对坐标原点的力矩:

$$M_0\boldsymbol{k} = -\oint_L p(\boldsymbol{r}\times\boldsymbol{n})\,\mathrm{d}l = \oint_L p(x\mathrm{d}x + y\mathrm{d}y)\boldsymbol{k} \tag{6.7.7}$$

由于 $z\mathrm{d}\overline{z} = (x\mathrm{d}x + y\mathrm{d}y) + \mathrm{i}(y\mathrm{d}x - x\mathrm{d}y)$,所以 $(x\mathrm{d}x + y\mathrm{d}y) = \mathrm{Re}(z\mathrm{d}\overline{z})$,于是

$$M_0 = \mathrm{Re}\oint_L p z\,\mathrm{d}\overline{z} = \mathrm{Re}\left(\oint_L p z \mathrm{e}^{-\mathrm{i}2\theta}\,\mathrm{d}z\right)$$

将(6.7.5)式代入上式,即得

$$M_0 = \mathrm{Re}\left(-\frac{\rho}{2}\oint_L |v|^2 \mathrm{e}^{-\mathrm{i}2\theta} z\,\mathrm{d}z\right)$$

即

$$M_0 = \mathrm{Re}\left(-\frac{\rho}{2}\oint_L \left(\frac{\mathrm{d}W}{\mathrm{d}z}\right)^2 z\,\mathrm{d}z\right) \tag{6.7.8}$$

(6.7.6)式和(6.7.8)式是合力与合力矩公式,称之为布拉修斯(Blasius)公式。只要知道复势,用留数定理计算这些积分是容易的。

作用在物体上的流体动力 $\boldsymbol{F}$,可以分解为升力(L)和阻力(R)两部分,如图 6.7.2 所示,升力方向垂直于远前方来流 v_∞,阻力方向与 v_∞ 的方向一致。通常不直接使用升力和阻力,而使用它们的对应无量纲系数,对于力矩也是如此。这些系数的定义是

升力系数
$$C_L = \frac{L}{\frac{1}{2}\rho v_\infty^2 S} \tag{6.7.9}$$

阻力系数
$$C_k = \frac{R}{\frac{1}{2}\rho v_\infty^2 S} \tag{6.7.10}$$

力矩系数
$$C_m = \frac{M}{\frac{1}{2}\rho v_\infty^2 Sb} \tag{6.7.11}$$

式中:S——指定的特征面积;

b——某一个指定的特征长度。

以上三个系数都是无量纲的量。以图 6.7.2 所示的翼剖面为例,前后缘的连线长度称为翼弦弦长,这个长度就可以作为一个特征长度,如果再取垂直于纸面的长度为 1 个单位长度,那么特征面积

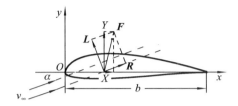

图 6.7.2 作用力 F 的分解

$$S = b \times 1$$

下面用布拉修斯公式推导库塔-儒可夫斯基(Kutta-Joukowsky)定理,进一步证明旋转圆柱绕流的升力公式(6.6.28)式是普遍成立的。

6.8 库塔-儒可夫斯基定理

6.8.1 库塔-儒可夫斯基定理

定理 在定常不可压平面势流中,作用在任意形状物体上的升力和阻力分别为

$$\begin{cases} L = -\rho v_\infty \Gamma \\ R = 0 \end{cases} \tag{6.8.1}$$

证明 如图 6.7.2 所示,远前方来流 v_∞ 与 x 轴成 α 角,物体周线以外无奇点,在无穷远处满足边界条件:

$$\left.\frac{\mathrm{d}W}{\mathrm{d}z}\right|_{z=\infty} = \bar{v}_\infty = v_{\infty x} - \mathrm{i} v_{\infty y} \tag{6.8.2}$$

这说明 ∞ 点是 $\mathrm{d}W/\mathrm{d}z$ 的可去奇点,因此,可将 $\mathrm{d}W/\mathrm{d}z$ 展开成无正整数幂的洛朗级数:

$$\frac{\mathrm{d}W}{\mathrm{d}z} = A_0 + \frac{A_1}{z} + \frac{A_2}{z^2} + \cdots \tag{6.8.3}$$

和(6.8.2)式对比可知,$A_0 = \bar{v}_\infty$。另外,沿包围物体的任意正向闭曲线(逆时针方向)的环量

$$\Gamma = \oint_L \frac{\mathrm{d}W}{\mathrm{d}z} \cdot \mathrm{d}z = \oint_L \left(A_0 + \frac{A_1}{z} + \frac{A_2}{z^2} + \cdots\right) \mathrm{d}z = 2\pi \mathrm{i} A_1 \tag{6.8.4}$$

由此可知,

$$A_1 = \frac{\Gamma}{2\pi \mathrm{i}}$$

因此,复速度可以写成:

$$\frac{\mathrm{d}W}{\mathrm{d}z} = \bar{v}_\infty + \frac{\Gamma}{2\pi \mathrm{i} z} + \cdots \tag{6.8.5}$$

将(6.8.5)式代入(6.7.6)式,得复数合力

$$\bar{F} = \frac{\mathrm{i}\rho}{2} \oint_L \left(\bar{v}_\infty + \frac{\Gamma}{2\pi \mathrm{i} z} + \cdots\right)^2 \mathrm{d}z = \frac{\mathrm{i}\rho}{2}\left(2\pi \mathrm{i} \frac{\Gamma \bar{v}_\infty}{\pi \mathrm{i}}\right) = \mathrm{i}\rho \bar{v}_\infty \Gamma$$

即

$$\bar{F} = X - \mathrm{i} Y = \rho v_{\infty y} \Gamma + \mathrm{i} \rho v_{\infty x} \Gamma \tag{6.8.6a}$$

或

$$\begin{cases} X = \rho v_{\infty y} \Gamma \\ Y = -\rho v_{\infty x} \Gamma \end{cases} \tag{6.8.6b}$$

如图 6.7.2 所示,由分力 X 和 Y 可以换算出升力 L 和阻力 R,因为

$$\begin{cases} L = Y\cos\alpha - X\sin\alpha \\ R = Y\sin\alpha + X\cos\alpha \end{cases} \quad (6.8.7)$$

式中，$\cos\alpha = v_{\infty x}/v_\infty$，$\sin\alpha = v_{\infty y}/v_\infty$，再将(6.8.6b)代入(6.8.7)式，即得

$$\begin{cases} L = -\rho v_\infty \Gamma \\ R = 0 \end{cases} \quad (6.8.8)$$

库塔-儒可夫斯基定理中的环量是逆时针方向计算的，规定为正环量；而圆柱有环量流动一节的环量是顺时针方向计算的，规定为负环量。将(6.8.4)式和(6.6.19a)式对比一下也可看出这种差别，所以(6.8.8)式升力公式的前面有个负号。这意味着正环量产生负升力，而负环量产生正升力，条件是来流 v_∞ 和 x 轴之夹角 α 为锐角。为便于判断升力方向，可将环量看成一个矢量 $\boldsymbol{\Gamma}$，将升力公式写成

$$\boldsymbol{L} = \rho \boldsymbol{v}_\infty \times \boldsymbol{\Gamma} \quad (6.8.9)$$

当环量为正(逆时针)时 $\boldsymbol{\Gamma} = \Gamma \boldsymbol{k}$；当环量为负(顺时针)时，$\boldsymbol{\Gamma} = -\Gamma \boldsymbol{k}$。升力 L 在 xy 平面上始终垂直于 v_∞，按库塔-儒可夫斯基定理得到的二维流升力通常称为**库塔-儒柯夫斯基力**。

理想流体绕过物体做无分离流动时阻力为零。这个结果只能说明理想流体运动理论的局限性，可是在17世纪达朗贝尔(D'Alembert)时代，这个结果还难予解释。达朗贝尔说：从这个经过深刻研究的理论中，至少在绝大多数情况下，只能得出阻力绝对等于零的结论。这是个谜，只好让几何学家来解答。现在，把达朗贝尔的结论称之为达朗贝尔之谜，或达朗贝尔佯谬。

6.8.2 决定环量的后缘条件

计算升力必须先确定环量值，下面介绍确定环量值的条件。

对于一个有尖后缘的机翼剖面绕流，有如图 6.8.1 所示的三种典型流谱。图(a)和图(c)所示的情形，要求流体从翼面一侧绕过尖角到另一侧。这时如果流动不分离，则在尖端就要形成无穷大的速度和负无穷大的压力；要么流动分离，出现涡旋。出现无穷大的速度和压力在物理上不可能，而实验观测又表明：对于每一个尖后缘机翼，都存在一个或大或小的攻角范围，其中绕机翼的流动没有分离，后缘处的流动平滑、速度为有限值。所以，只有图(b)所示流谱的绕流符合实际，后驻点不在上、下两侧翼面上。或者说，尖后缘的机翼剖面，其后驻点必然在后缘。进行升力计算时，可以根据这个条件确定环量值，这个条件称为库塔-儒可夫斯基条件。

进行数值计算时，上述条件不好用，可以改换成等效的条件：在后缘，上、下翼面的压力相等。

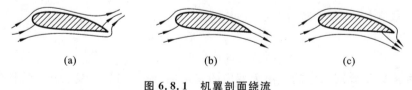

图 6.8.1 机翼剖面绕流

6.9 保角变换方法的应用

用几个基本解叠加得到一个复势，通过流场分析，如果能找到封闭的流线或某些特殊流线，将这些流线视为固体边界，就说该复势可用来描述绕某种物体的绕流。6.6节绕圆柱体的流动就是这样解决的。先有复势，后做分析，是一种被动的方式，这不是解决实际问题的有效

方法。实际问题是给定物体形状和绕流条件,求满足这些条件的复势。为此,可采用保角变换法来解决这一问题,其基本思想是:通过一个解析函数 $\zeta = f(z)$,将物理平面(z 平面)上的物体边界 L 变换到辅助平面(ζ 平面)上的边界 L^* 上,然后在辅助平面上求满足相应条件的复势 $W^*(\zeta)$,再利用变换函数得到物理平面上的复势,其过程是

$$W^*(\zeta) = W^*(f(z)) = W(z) \tag{6.9.1}$$

问题的关键是,寻求合适的变换函数,使辅助平面上的流动问题容易求解。通常要经过多次变换才能得到结果。

复变函数理论已经证明:如果 $\zeta = f(z)$ 在区域 D 是单值解析函数,则其导数

$$\frac{\mathrm{d}\zeta}{\mathrm{d}z} = f'(z) \neq 0 \tag{6.9.2}$$

它可以将 z 平面上区域 D 保角地变换成 ζ 平面上的区域 G,它的反函数 $z = F(\zeta)$ 则可将区域 G 保角地变换成 D。

对于给定的变换函数 $\zeta = f(z)$,如果它是单值的话,对于 z 平面上的每一点,在 ζ 平面上都有一对应点;对于 z 平面上的每一条曲线,ζ 平面上都有一条曲线与之对应;对于 z 平面上的一个图形,在 ζ 平面上也必有一个对应图形。但是这两个平面上的对应图形并非相似的关系,这是因为变换函数各点的导数并不相等。变换函数的导数可以写成

$$\frac{\mathrm{d}\zeta}{\mathrm{d}z} = R\mathrm{e}^{\mathrm{i}\varphi} \tag{6.9.3}$$

式中:R——变换前后微分线段的伸缩率,即 $R = |\mathrm{d}\zeta|/|\mathrm{d}z|$;

φ——变换前后微分线段的转角,即 $\varphi = \arg\mathrm{d}\zeta - \arg\mathrm{d}z$。

由导数的表达式可以看出:由于各点的伸缩率不等或转角的不等,因此,经变换的图形和原图形相比是完全不同的;但是,通过一点的两微分线段具有相等的伸缩率和相等的转角,因而其间的夹角保持不变。这也是保角变换一名的由来。

在具体运用保角变换方法之前,先看看变换前后流场的一般关系。

1. 流线和等势线的分别对应关系

ζ 平面上的流线和等势线与 z 平面上的流线和等势线对应;流线和等势线正交的特性亦不变。

由于

$$W^*(\zeta) = \Phi^*(\zeta, \eta) + \mathrm{i}\Psi^*(\xi, \eta)$$
$$W(z) = \Phi(x, y) + \mathrm{i}\Psi(x, y)$$

这两个解析函数满足(6.9.1)式,所以

$$\Phi^*(\xi, \eta) = \Phi(x, y)$$
$$\Psi^*(\xi, \eta) = \Psi(x, y)$$

说明等势线和流线是分别对应的。由于变换的保角性,流线和等势线正交的特性当然不会变。

2. 复速度的对应关系

变换前后复速度的对应关系是

$$\frac{\mathrm{d}W(z)}{\mathrm{d}z} = \frac{\mathrm{d}W^*(\zeta)}{\mathrm{d}\zeta}\frac{\mathrm{d}\zeta}{\mathrm{d}z} \tag{6.9.4}$$

当物理平面上远前方来流满足条件

$$\left.\frac{\mathrm{d}W(z)}{\mathrm{d}z}\right|_{z=\infty} = v_\infty \mathrm{e}^{-\mathrm{i}\alpha} \tag{6.9.5}$$

时,辅助平面上的相应条件就

$$\left.\frac{\mathrm{d}W^*(\zeta)}{\mathrm{d}\zeta}\right|_{\zeta=\infty} = \left.\frac{\mathrm{d}z}{\mathrm{d}\zeta}\right|_{\zeta=\infty} v_\infty \mathrm{e}^{-\mathrm{i}\alpha} \tag{6.9.6}$$

3. 环量和流量的分别对应关系

根据(6.9.4)式,有

$$\oint_C \frac{\mathrm{d}W(z)}{\mathrm{d}z}\mathrm{d}z = \oint_{C^*} \frac{\mathrm{d}W^*(\zeta)}{\mathrm{d}\zeta}\mathrm{d}\zeta$$

而

$$\oint_C \frac{\mathrm{d}W(z)}{\mathrm{d}z}\mathrm{d}z = \Gamma_C + \mathrm{i}Q_C$$

$$\oint_{C^*} \frac{\mathrm{d}W^*(\zeta)}{\mathrm{d}\zeta}\mathrm{d}\zeta = \Gamma_{C^*} + \mathrm{i}Q_{C^*}$$

所以有

$$\begin{cases} \Gamma_C = \Gamma_{C^*} \\ Q_C = Q_{C^*} \end{cases} \tag{6.9.7}$$

这说明:变换前后,在对应封闭曲线 C 和 C^* 上,环量和流量均保持不变。

6.9.1 平移变换和旋转变换

1. 平移变换

平移变换为

$$\zeta = z + b \tag{6.9.8}$$

式中:b——复常数,$b = b_1 + \mathrm{i}b_2$,此变换的导数

$$\frac{\mathrm{d}\zeta}{\mathrm{d}z} = 1 \tag{6.9.9}$$

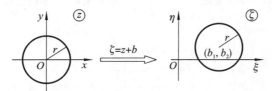

图 6.9.1

这说明变换式(6.9.8)式既无线尺度的变化(即$|\mathrm{d}\zeta| = |\mathrm{d}z|$),又无旋转,所以变换只是使图形平移。如图 6.9.1 所示,z 平面上半径为 r、圆心在坐标原点的圆,经过(6.9.8)式变换,在 ζ 平面上是圆心在(b_1, b_2)点、半径为 r 的圆。

2. 旋转变换

旋转变换为

$$\zeta = z\mathrm{e}^{\mathrm{i}\mu} \tag{6.9.10}$$

(6.9.10)式的导数

$$\mathrm{d}\zeta/\mathrm{d}z = \mathrm{e}^{\mathrm{i}\mu}$$

说明微分线段没有伸缩($R=1$),只有旋转(转角 $\varphi = \mu$)。如图 6.9.2 所示,z 平面上的圆将整体旋转一个角度 μ,圆心从 $z_0 = a$ 变为

$$\zeta_0 = a\mathrm{e}^{\mathrm{i}\mu}$$

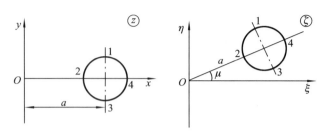

图 6.9.2

例 6.9.1 如图 6.9.3 所示,求半径为 a 的圆柱无环量绕流的复势 $W(z)$。

解 将流动顺时针旋转 $90°$ 以后,得到 ζ 平面上的圆柱无环量绕流(见图 6.9.4),其复势为

$$W(\zeta) = v_0 \left(\zeta + \frac{a^2}{\zeta} \right) \tag{1}$$

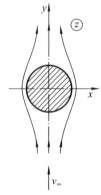

图 6.9.3　z 平面上的圆柱无环量绕流

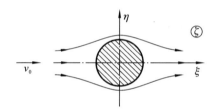

图 6.9.4　ζ 平面上的圆柱无环量绕流

两个平面之间的变换为

$$z = \zeta e^{i\pi/2} \tag{2}$$

或

$$\zeta = -iz \tag{3}$$

将(3)式代入(1)式,得

$$W(z) = v_0 \left(-iz + \frac{a^2}{-iz} \right) = -iv_0 \left(z - \frac{a^2}{z} \right) \tag{4}$$

式中:v_0 的大小由无限远前方的条件决定,因为

$$\left. \frac{dW}{dz} \right|_{z=\infty} = \bar{v}_{\infty 0} = v_{\infty x} - iv_{\infty y} = -iv_\infty \tag{5}$$

将(4)式代入(5)式求导可得

$$v_0 = v_\infty$$

所以 z 平面上所求的复势(4)式最后应写成

$$W(z) = iv_\infty \left(z - \frac{a^2}{z} \right) \tag{6}$$

6.9.2　儒可夫斯基变换

儒可夫斯基变换(简称儒氏变换)为

$$\zeta = \frac{1}{2}\left(z + \frac{A^2}{z}\right) \tag{6.9.11}$$

式中：A——实数。

因为 $\zeta = \xi + i\eta$，$z = x + iy = re^{i\theta}$，所以儒氏变换可以将虚、实部分开，写成

$$\begin{cases} \xi = \dfrac{1}{2}r\cos\theta\left(1 + \dfrac{A^2}{r^2}\right) \\ \eta = \dfrac{1}{2}r\sin\theta\left(1 - \dfrac{A^2}{r^2}\right) \end{cases} \tag{6.9.12}$$

或

$$\frac{\xi^2}{\dfrac{1}{4}\left(r + \dfrac{A^2}{r}\right)^2} + \frac{\eta^2}{\dfrac{1}{4}\left(r - \dfrac{A^2}{r}\right)^2} = 1 \tag{6.9.13}$$

下面仅就 z 平面上圆心在原点、半径 $r \geqslant A$ 的圆的变换加以说明。

1. $r = A$ 的圆（基圆）

将 $r = A$ 代入(6.9.12)式，得

$$\begin{cases} \xi = A\cos\theta \\ \eta = 0 \end{cases} \tag{6.9.14}$$

这是 ζ 平面上的一段直线，两端点坐标分别为 $(-A, 0)$ 和 $(A, 0)$，即 z 平面上半径 $r = A$ 的圆变成 ζ 平面的直线，如图 6.9.5 所示。

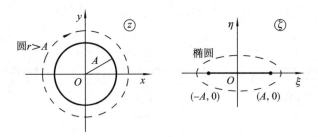

图 6.9.5

2. $r > A$ 的圆

$r > A$、圆心在原点的圆按(6.9.13)式变换，变到 ζ 平面是个椭圆。图 6.9.5 所示的虚线图形就是这种变换的示意图。

如果将两端点分别为 $(-A, 0)$ 和 $(A, 0)$ 的直线段视为一块无厚度的平板，那么，儒氏变换(6.9.11)式就将 z 平面上基圆（$r = A$ 的圆）以外区域变换成 ζ 平面上那块平板以外的区域。

儒氏变换的反函数

$$z = \zeta \pm \sqrt{\zeta^2 - A^2} = \frac{A^2}{\zeta \mp \sqrt{\zeta^2 - A^2}} \tag{6.9.15}$$

刚才讨论过，ζ 趋于 ∞ 和 z 趋于 ∞ 要对应，所以上面第二等式根号前只能取负号，即 $\zeta - \sqrt{\zeta^2 - A^2}$，因而第一等式根号前就只能取正号。因此，儒氏变换的反函数应当写成

$$z = \zeta + \sqrt{\zeta^2 - A^2} \tag{6.9.16}$$

下面的例子就是儒氏变换的一个简单应用。

例 6.9.2 已知图 6.9.3 所示圆柱绕流的复势

$$W(z) = -iv_\infty \left(z - \frac{A^2}{z}\right)$$

式中：A——圆半径。试应用儒氏变换求 ζ 平面上的流动复势。

解 将儒氏变换反函数(6.9.16)式代入题设的 $W(z)$ 式，化简得

$$W^*(\zeta) = -i2v_\infty \sqrt{\zeta^2 - A^2} \tag{6.9.17}$$

又因为

$$\left.\frac{dW^*}{d\zeta}\right|_{\zeta=\infty} = v'_{\infty\xi} - iv'_{\infty\eta} = -i2v_\infty$$

所以

$$v'_{\infty\eta} = 2v_\infty$$

这表明，所求 ζ 平面上的流动是直匀流 $v'_{\infty\eta} = 2v_\infty$ 正对平板的绕流，如图 6.9.6 所示。

6.9.3 平板无环量绕流

这个问题比例 6.9.2 稍为复杂一点。如图 6.9.7 所示，远前方来流 v_∞ 与长度为 $2A$ 的无厚度平板之间的夹角（攻角）为 α，要求无分离绕流的复势 $W(\zeta)$。这可以将此绕流分解成纵向流和横向流两部分，复势可写成

$$W(\zeta) = W_1(\zeta) + W_2(\zeta)$$

即

$$W(\zeta) = v_{\infty\xi}\zeta - iv_{\infty\eta}\sqrt{\zeta^2 - A^2} \tag{6.9.18}$$

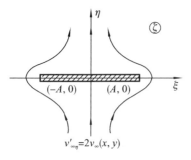

图 6.9.6 直匀流正对平板的绕流

图 6.9.7 平板无环量绕流

(6.9.18)式右边第一项是直匀流，第二项绕平板的横向流是根据(6.9.17)式写的。也就是说，η 方向平板横向流是从 y 方向圆柱无环量绕流经过儒氏变换(6.9.16)式得来的。(6.9.18)式还可以写成

$$W(\zeta) = v_\infty \cos\alpha \, \zeta - iv_\infty \sin\alpha \sqrt{\zeta^2 - A^2} \tag{6.9.19}$$

由此可求得复速度

$$\bar{v} = \frac{dW(\zeta)}{d\zeta} = v_\infty \cos\alpha - iv_\infty \sin\alpha \frac{\zeta}{\sqrt{\zeta^2 - A^2}} \tag{6.9.20}$$

绕平板流动的速度环量按下式计算，结果为零：

$$\Gamma = \oint \frac{dW}{d\zeta} d\zeta = \oint v_\infty \left(\cos\alpha - i\sin\alpha \frac{\zeta}{\sqrt{\zeta^2 - A^2}}\right) d\zeta = 0 \tag{6.9.21}$$

说明这是平板无环量绕流，根据库塔-儒可夫斯基定理，绕平板流动的合力等于零，既无阻力也无升力。为了画出绕流流谱，可以先将驻点找出来。$\bar{v} = 0$ 的地方就是驻点，据此令(6.9.20)式等于零，可得

$$\zeta \pm A\cos\alpha \tag{6.9.22}$$

因此，前驻点（$-A\cos\alpha$，-0）在下表面，后驻点（$A\cos\alpha$，$+0$）在上表面，流谱如图 6.9.8 所示。

6.9.4 平板有环量绕流

1. 复势

在攻角 $\alpha\neq 0$ 的情况下，绕平板流动应当有升力，也就是应当有环量，环量的大小由库塔-儒可夫斯基后缘条件决定。为此，先要求出有环量平板绕流的复势。根据库塔-儒可夫斯基条件，将图 6.9.8 所示的后驻点移到后缘点，为此，所加环量应当是顺时针的，相应地，在 z 平面上应有点涡复势

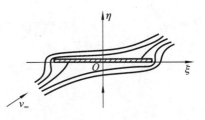

图 6.9.8 平板无环量绕流流谱

$$W'_3(z) = \frac{i\Gamma}{2\pi}\ln z \tag{6.9.23}$$

经（6.9.16）式变换到 ζ 平面，有

$$W_3(\zeta) = \frac{i\Gamma}{2\pi}\ln(\zeta + \sqrt{\zeta^2 - A^2}) \tag{6.9.24}$$

将（6.9.24）式和（6.9.19）式相加，得绕平板有环量流动的复势

$$\begin{aligned}W(\zeta) &= W_1(\zeta) + W_2(\zeta) + W_3(\zeta)\\ &= (v_\infty\cos\alpha)\zeta - i(v_\infty\sin\alpha)\sqrt{\zeta^2 - A^2} + \frac{i\Gamma}{2\pi}\ln(\zeta + \sqrt{\zeta^2 - A^2})\end{aligned} \tag{6.9.25}$$

相应的复速度为

$$\bar{v} = \frac{dW}{d\zeta} = v_\infty\cos\alpha - i\frac{(v_\infty\sin\alpha)\zeta - \dfrac{\Gamma}{2\pi}}{\sqrt{\zeta^2 - A^2}} \tag{6.9.26}$$

在（6.9.26）式中，当 $\zeta = A$ 时，最后一项分母为零，为了不出现无限大的速度，该项的分子也应当等于零（根据数学中的罗彼塔法则），于是有

$$\Gamma = 2\pi A v_\infty \sin\alpha \tag{6.9.27}$$

在后缘点速度为有限值是库塔-儒可夫斯基条件的一种具体表达形式，它意味着流动不会绕过后缘流到平板的上表面上去。因为这里的平板是无厚度的，一旦要出现绕过后缘点的流动，流速就会趋于无穷大，事实上是不可能的。

将（6.9.27）式代入（6.9.25）式，得复势

$$W(\zeta) = (v_\infty\cos\alpha)\zeta - i(v_\infty\sin\alpha)\left[\sqrt{\zeta^2 - A^2} - A\ln(\zeta + \sqrt{\zeta^2 - A^2})\right] \tag{6.9.28}$$

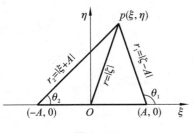

图 6.9.9

2. 平板上的速度分布

将（6.9.27）式代入（6.9.26）式，得复速度

$$\bar{v} = \frac{dW(\zeta)}{d\zeta} = v_\infty\cos\alpha - i(v_\infty\sin\alpha)\sqrt{\frac{\zeta - A}{\zeta + A}} \tag{6.9.29}$$

为了求得平板上的速度分布，先讨论流场中任意一点 $P(\zeta,\eta)$ 的复速度。如图 6.9.9 所示，P 点的复速度可以写成

$$\bar{v} = v_\infty \cos\alpha - \mathrm{i}(v_\infty \sin\alpha)\sqrt{\frac{(\zeta-A)+\mathrm{i}(\eta-0)}{(\zeta+A)+\mathrm{i}(\eta-0)}}$$

$$= v_\infty \cos\alpha - \mathrm{i}(v_\infty \sin\alpha)\sqrt{\frac{r_1 \mathrm{e}^{\mathrm{i}\theta_1}}{r_2 \mathrm{e}^{\mathrm{i}\theta_2}}} \tag{1}$$

$$= v_\infty \cos\alpha - \mathrm{i}(v_\infty \sin\alpha)\sqrt{\frac{r_1}{r_2}}\mathrm{e}^{\mathrm{i}\frac{\theta_1-\theta_2}{2}}$$

当 P 点从 ζ 趋近于 $(\xi,+0)$，且 $|\xi| \leqslant A$ 时，$\theta_1 = \pi$，$\theta_2 = 0$，因此

$$\mathrm{e}^{\mathrm{i}(\theta_1-\theta_2)/2} = \mathrm{i} \tag{2}$$

当 P 点从 ζ 趋近于 $(\xi,-0)$，且 $|\xi| \leqslant A$ 时，$\theta_1 = -\pi$，$\theta_2 = 0$，因此

$$\mathrm{e}^{\mathrm{i}(\theta_1-\theta_2)/2} = -\mathrm{i} \tag{3}$$

在平板上，$r_1 = A - \xi$，$r_2 = \xi - (-A) = \xi + A$，故有

$$\bar{v}_{板} = v_\infty \cos\alpha \pm (v_\infty \sin\alpha)\sqrt{\frac{A-\xi}{A+\xi}} \tag{6.9.30}$$

前驻点的位置可由

$$v_\infty \cos\alpha - (v_\infty \sin\alpha)\sqrt{\frac{A-\xi}{A+\xi}} = 0$$

求得，结果是

$$\xi = -A\cos2\alpha \tag{6.9.31}$$

因此，前驻点的坐标是 $(-A\cos2\alpha, -0)$，比无环量的位置(6.9.22)式向后移了一段距离，其流谱如图 6.9.10 所示。

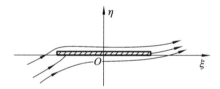

图 6.9.10 平板有环量绕流

3. 平板上的压力分布

平板上的压力系数可按(6.6.16)式计算，即

$$C_p = 1 - \left(\frac{v_{板}}{v_\infty}\right)^2 = 1 - \left[\cos^2\alpha \pm 2(\sin\alpha\cos\alpha)\sqrt{\frac{A-\xi}{A+\xi}} + (\sin^2\alpha)\frac{A-\xi}{A+\xi}\right] \tag{6.9.32}$$

当攻角很小时，$\cos\alpha \approx 1$，$\sin\alpha \approx \alpha$，(6.9.32)式可简化为

$$C_p = \mp 2\alpha\sqrt{\frac{A-\xi}{A+\xi}} \tag{6.9.33}$$

上表面取负值。

4. 升力及升力系数

升力
$$L = \rho v_\infty \Gamma = 2\pi\rho v_\infty^2 A\sin\alpha \tag{6.9.34}$$

此力垂直于 v_∞，并与 η 轴成 α 角。升力系数为

$$C_L = \frac{L}{\frac{1}{2}\rho v_\infty^2 S} = \frac{L}{\frac{1}{2}\rho V_\infty^2 (2A \times 1)} = 2\pi\sin\alpha \tag{6.9.35}$$

当攻角很小时，C_L 和 α 成线性关系：

$$C_L \approx 2\pi\alpha \tag{6.9.36}$$

以上有环量的和无环量的平板绕流公式，都是用儒氏变换(6.9.16)式将 ζ 平面上的平板转换成 z 平面上的圆，利用圆柱绕流的已有结果得到的。在这过程中，ζ 平面是物理平面，z 平面是辅助平面。

儒氏变换(6.9.11)式还可以将圆心在 η 轴上的圆变换成 z 平面上的对称圆弧，将圆心不在 η 轴上的圆变换成 z 平面上圆头尖尾形的儒可夫斯基翼型。这种翼型的后缘角为零，并不实用。实用翼型的计算要用西奥道生(Theodorsen)方法：利用儒氏变换，将实际翼型(后缘角不为零)变换到辅助平面上去，得到一个近似于圆的图形，接着再用傅里叶级数将它进一步变换成一个真正的圆，最后用相应的反变换将圆柱绕流的结果转换到物理平面，得到所要求的结果。

6.10 映 像 法

当流场的外边界离物体很远时，物体的运动或绕物体的流动可以当做是在无界流场中进行的。如果流场中存在其他固壁，固壁离物体又较近，则固壁对物体运动的影响就得认真加以考虑。直壁和圆形壁是最常见的固壁，这两类固壁对流动的影响可以用映像法来研究。

6.10.1 直壁的干扰

如图 6.10.1 所示，点源附近有一道直壁存在，点源流动在壁面处必须对称地顺着壁面向两侧流去。壁面的阻挡使得流动不能自如地流向壁面，同时整个流场都要受到影响，其流场与无壁面的情况是不同的。在理想流体中，一条流线的作用如同一道壁面。要产生如图 6.10.1 所示的与 x 轴重合的流线，可以在 x 轴下面对称地放置一个等强度的点源，这个点源称为原来那个点源的映像。点源和它的映像在 x 轴上任意一点所引起的速度大小相等，合速度方向与 x 轴平行，因此，x 轴线也就是一条流线，其作用如同 x 轴是一道固壁一样。于是，设置的映像源就起了直壁的作用，用这种方法研究直壁的影响叫做映像法。

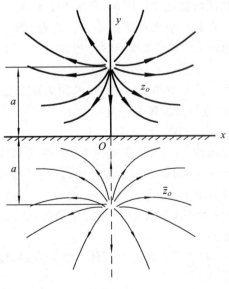

图 6.10.1

如果点涡附近有一道直壁,则直壁的作用就如同在壁的另一侧对称位置上有一个反向旋转的等强度(环量)点涡一样(见图 6.10.2)。我们知道,孤立的一个点涡是不会产生自诱导运动的。现在,有平面直壁存在,其作用等同于一个映像涡,这个映像涡的诱导速度就会使原有点涡作平行于直壁的运动(见例 5.6.2)。

这里先讨论水平直壁对点涡的影响,求出图 6.10.2(a) 上半平面的复势。这个复势应该是原有点涡的复势 $W_1(z)$ 和映像涡的复势 $W_2(z)$ 的叠加。原有点涡的复势为

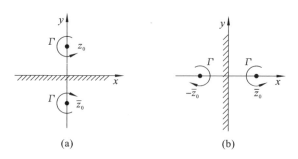

图 6.10.2

$$W_1(z) = \frac{\Gamma}{2\pi i}\ln(z - z_0) \tag{6.10.1}$$

映像涡的复势为

$$W_2(z) = -\frac{\Gamma}{2\pi i}\ln(z - \bar{z}_0) \tag{6.10.2}$$

所以
$$W(z) = W_1(z) + W_2(z)$$
$$= \frac{\Gamma}{2\pi i}\ln\frac{z - z_0}{z - \bar{z}_0} \tag{6.10.3a}$$

如果令 $W_1(z) = f(z)$,$W_2(z) = \bar{f}(z)$,(6.10.3) 式可以写成

$$W(z) = f(z) + \bar{f}(z) \tag{6.10.3b}$$

式中:$\bar{f}(z)$——将 $f(z)$ 中除 z 以外的各复数取共轭值得到的复势。(6.10.3b) 式不仅对点涡成立,而且对任意奇点叠加的流场都成立。因此,有如下平面定理。

平面定理(1) 若 $y > 0$ 的上半平面存在流体力学奇点(涡、源、偶极子、⋯),其复势为 $f(z)$,则当 $y = 0$ 的平面为固壁时,上半平面流场的复势为

$$W(z) = f(z) + \bar{f}(z) \tag{6.10.4}$$

证明 因为 $f(z)$ 的奇点位置 z_j 都在上半平面,映像的奇点位置只能在下半平面的 $\bar{z}_j$ 点。若映像的复势为 $\bar{f}(z)$,则原奇点与其映像的总复势为

$$W(z) = f(z) + \bar{f}(z) \tag{1}$$

如果能证明上式中的虚部(流函数)在 $y = 0$ 时为常数,那就说明映像确实能起到水平壁面的作用,定理就得到证明。由于 $y = 0$ 时,$z = \bar{z}$,所以此时 (1) 式可写成

$$W(z) = f(z) + \bar{f}(\bar{z}) = f(z) + \overline{f(z)} \tag{2}$$

(2) 式表明,$y = 0$ 时 $\text{Im} W(z) = \Psi = 0$,所以 $y = 0$ 是一条流线,这条流线正好取代水平直壁的作用,(6.10.4) 式正是所求的复势。

平面定理(2) 若 $x > 0$ 的右半平面内存在流体力学奇点,其复势为 $f(z)$,当 $z = 0$ 是一道固壁时,则右半平面流场的复势为

$$W(z) = f(z) + \bar{f}(-z) \tag{6.10.5}$$

式中：$\overline{f}(-z)$——将 $f(z)$ 中的 z 换成 $-z$，其余复数取共扼值以后得到的复势。

证明 因为 $f(z)$ 的奇点位置 z_j 都在右半平面，映像的奇点位置只能在左半平面的 $-\overline{z}_j$ 点。若映像的复势为 $\overline{f}(-z)$，则原奇点与映像的总复势为

$$W(z) = f(z) + \overline{f}(-z) \tag{3}$$

因为 $x=0$ 时，$z=-\overline{z}$，这时上式可写成

$$W(z) = f(z) + \overline{f}(\overline{z}) = f(z) + \overline{f(z)} \tag{4}$$

(4)式表明，$x=0$ 时 $\mathrm{Im}W(z)=\Psi=0$，因而，$x=0$ 是一条流线，说明所用的映像正好取代了垂直壁的作用，(6.10.5)式正是所求的复势。

例 6.10.1 如图 6.10.3 所示，z_0 处有一逆时针转向的点涡 Γ，$x=0$ 为固壁，求流场的复势。

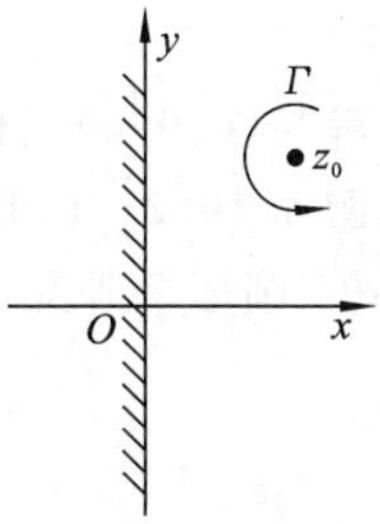

解 点涡的复势

$$f(z) = \frac{\Gamma}{2\pi\mathrm{i}}\ln(z-z_0)$$

映像涡的复势

$$\overline{f}(-z) = -\frac{\Gamma}{2\pi\mathrm{i}}\ln(-z-\overline{z}_0)$$

图 6.10.3

两复势之和

$$\begin{aligned}W(z) &= f(z) + \overline{f}(-z) \\ &= \frac{\Gamma}{2\pi\mathrm{i}}[\ln(z-z_0) - \ln(-z-\overline{z}_0)] \\ &= \frac{\Gamma}{2\pi\mathrm{i}}[\ln(z-z_0) - \ln(z+\overline{z}_0) + C]\end{aligned}$$

式中：C——常数。

我们知道，复势中的常数项和速度势、流函数的常数项一样都没有力学意义，可以舍去，因此，所求复势为

$$W(z) = \frac{\Gamma}{2\pi\mathrm{i}}\ln\frac{z-z_0}{z+\overline{z}_0}$$

6.10.2 圆形壁的干扰

如果圆周线以外有奇点存在，则圆周边界对流场的影响可用圆周线以内的奇点映像来取代，有如下定理。

圆定理 若在 $|z|=R$ 的圆外无界流场中存在奇点，其复势为 $f(z)$，则当 $|z|=R$ 为固壁时，流场的复势为

$$W(z) = f(z) + \overline{f}\left(\frac{R^2}{z}\right) \tag{6.10.6}$$

式中：$\overline{f}(R^2/z)$——将 $f(z)$ 中的 z 换成 R^2/z，其余复数取共轭值以后得到的复势。

证明 由于在圆周上 $|z|=R$，$|z|^2=\overline{z}z=R^2$，所以

$$\overline{z} = \frac{R^2}{z}$$

圆周上复势

$$W(z) = f(z) + \overline{f}(\overline{z}) = f(z) + \overline{f(z)}$$

这说明在圆周上，$\mathrm{Im}W(z)=\Psi=0$，圆周为一封闭的流线，其作用等同于圆形壁面。由于 $f(z)$

的奇点满足 $|z_j|>R$，其映像奇点的可能位置为相应的反演点 $z=R^2/z_j$ 和 $z=0$，而它们都在圆内，因此，圆外并没有增加奇点，(6.10.6)式就是 $|z|=R$ 圆形固壁以外无界流场的复势。

利用圆定理，立即可以得到绕圆柱无环量流动的复势。因为圆外只有直匀流 $f(z)=v_\infty z$，当半径为 R 的圆周为固壁时，圆外流场的复势，按(6.10.6)式应为

$$W(z)=f(z)+\overline{f}\left(\frac{R^2}{z}\right)=v_\infty z+v_\infty\frac{R^2}{z}$$

即
$$W(z)=v_\infty\left(z+\frac{R^2}{z}\right) \tag{6.10.7}$$

此结果与(6.6.6)式相同。

例 6.10.2 已知在 $|z|=R$ 圆形壁以外 $z=z_0$ 处有一强度为 Γ 的点涡，如图 6.10.4 所示，试求圆形壁外无界流场的复势。

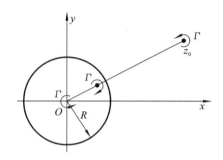

图 6.10.4

解 圆外 $z=z_0$ 处点涡的复势为

$$f(z)=-\frac{\mathrm{i}\Gamma}{2\pi}\ln(z-z_0) \tag{1}$$

所以
$$\overline{f}\left(\frac{R^2}{z}\right)=\frac{\mathrm{i}\Gamma}{2\pi}\ln\left(\frac{R^2}{z}-\overline{z}_0\right) \tag{2}$$

(1)式和(2)式相加得

$$W(z)=-\frac{\mathrm{i}\Gamma}{2\pi}\ln(z-z_0)+\frac{\mathrm{i}\Gamma}{2\pi}\ln\left(\frac{R^2}{z}-\overline{z}_0\right) \tag{3}$$

改写(3)式，去掉常数项，可得

$$W(z)=-\frac{\mathrm{i}\Gamma}{2\pi}\ln(z-z_0)-\frac{\mathrm{i}\Gamma}{2\pi}\ln z+\frac{\mathrm{i}\Gamma}{2\pi}\ln\left(z-\frac{R^2}{\overline{z}_0}\right)$$

结果表明，映像涡有两个：一个在原点逆时针旋转，另一个在反演点 $(R^2/\overline{z}_0)$ 顺时针旋转，环量大小均为 Γ。

6.10.3 地面效应

飞机在起飞和降落过程中，当它离地高度只有一两个翼展（两翼尖之间的距离）时，地面的存在对机翼的升力有显著的有利影响。最简单的飞机升力模型是用一个 Π 形涡代替机翼，如图 6.10.5 所示。两侧平行延伸到 ∞ 处的涡线模拟翼梢拖出的自由涡，而中间那段涡线模拟机翼本身，称为附着涡。这个 Π 形涡的映像涡在地面以下的对称位置上，涡的旋转方向和原涡系相反。映像涡的两个自由涡在原涡系的附着涡处产生向上的诱导速度，使机翼的有效攻角加大，因而升力增大。离地面越近，这个影响越大。

利用地面效应设计的飞行器也可以贴近水面低空飞行，获得升力的增益，我国 1999 年已设计制造成第一架这种旅游飞机。地面效应技术领先的是俄罗斯，在水上军事运输方面已得到应用。

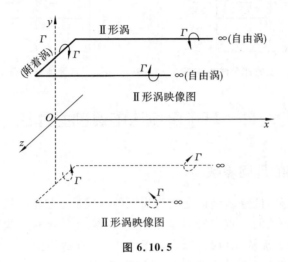

图 6.10.5

6.10.4 风洞壁和水池壁产生的映像

飞行器或其部件在风洞中做实验时，风洞的尺寸是有限的，这一点和飞行器在大气里飞行有差别，需要修正。这种修正叫做洞壁干扰修正。如图 6.10.6 所示，一个机翼在圆形风洞里做升力实验时，其翼梢两个自由涡的强度为 Γ。为了模拟洞壁的影响，只要在圆洞壁外，在与两个翼尖对应的反演点上，旋置两个同等强度，方向相反的点涡就行了。按 6.10.2 节圆定理，圆外一点涡在圆内有两个点涡与之对应。现在原点的两个对应涡相互抵消掉了，所以图 6.10.6 的涡系中没有原点的涡出现。用圆外两个点涡代替圆形洞壁，这两个点涡在机翼上要产生向上的诱导速度，从而使有效攻角加大，升力增加。这种后果就相当于是洞壁造成的，在整理实验数据时要作相应修正。

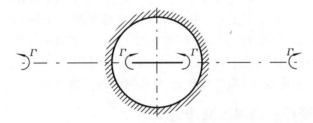

图 6.10.6　圆形风洞壁产生的映像涡

如果风洞壁是矩形的，则映像涡要多得多。由于映像中还有映像，所以这时映像涡系是无穷的，图 6.10.7 中只画出了原机翼最靠近的几个映像机翼。

设水池池壁三面是固壁，一面是自由液面，如图 6.10.8 所示。以固壁为对称面的机翼映像和风洞的一样；以自由面为对称面的机翼映像则要反号(和原形机翼的涡系同符号)。图 6.10.8 中只画出了最靠近原形机翼的四个映像机翼，将图 6.10.8 和图 6.10.7 比较就可看出自由面上的映像之不同。

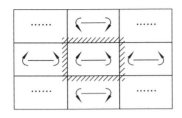
图 6.10.7　矩形风洞壁产生的部分映像涡系

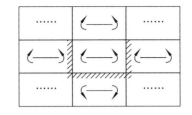
图 6.10.8　水池池壁和自由面产生的部分映像涡系

6.11　基于奇点法的翼剖面理论

6.11.1　翼剖面的几何参数

机翼剖面又称为翼型,低速翼型都是圆头尖尾的流线形(见图 6.11.1)。翼剖面最后面的尖点叫做后缘点,离它最远的一点叫做前缘点。前、后缘两点间的连线称为几何弦,弦长记为 b。翼型上、下表面的坐标都从几何弦量起,如图 6.11.1 所示的坐标系统,而且通常都用相对值 $\bar{x}=x/b, \bar{y}=y/b$,翼剖面最大厚度(简称厚度)定义为

$$\bar{c}=c/b=(\bar{y}_上-\bar{y}_下)_{\max}$$

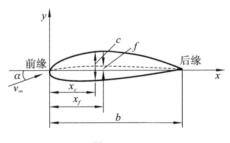

图 6.11.1

常用低速翼型的 $\bar{c} \approx (6 \sim 30)\%$。厚度位置用 $\bar{x}_c = x_c/b$ 表示。翼型的中(弧)线是上、下表面之间中间点的连线;中线与几何弦重合的翼型称为对称翼型。中线的最大纵坐标 f 称为弯度,通常用 $\bar{f}=f/b$ 表示,一般 $f \leqslant 3\%$,弯度位置用 $\bar{x}_f=x_f/b$ 表示。翼型前缘是一段圆弧,其圆心在 $\bar{x}=0.05$ 处的中线之切线上,圆弧半径因翼型的不同而有所差别。

翼型的几何攻角(简称攻角)系指来流 v_∞ 和几何弦之间的夹角。

6.11.2　基于奇点法的翼剖面理论概述

在翼剖面所在空间内部适当位置连续设置源(汇)、旋涡或偶极子之类的奇点,将它们和直匀流叠加,令其满足远前方和物面上的边界条件,由此可以确定代替翼剖面的这些奇点的分布强度。这种方法叫奇点法。奇点法不仅可以解决平面流动问题,而且可以同样有效地解决空间流动问题。

翼剖面绕流问题的影响因素有三个:翼型厚度、弯度和攻角。对于升力,可以只考虑弯度和攻角的影响,厚度问题可以分开另作计算。这样,翼剖面绕流问题可以分成两部分:①对称翼型的对称绕流,对称翼型的厚度分布和原翼型一样。这种流动可以用翼弦上连续分布源(汇)来模拟,也可以用连续分布偶极子的方法来模拟;②有弯度和攻角的无厚度翼型绕流,其

中线和攻角和原翼型一样。这种流动可以用中线上连续分布旋涡(涡面)来模拟。图 6.11.2 所示的就是这个绕流分解情况的一个几何说明。两种流动加在一起,就是一个有厚度和弯度的翼剖面,在给定来流和攻角下的绕流。下面先用数值解法求厚度问题,然后介绍弯度问题的近似理论解——薄翼理论。

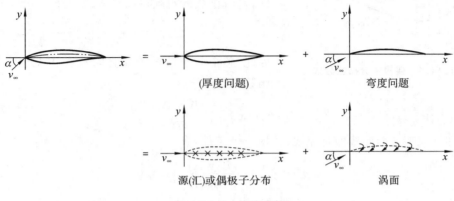

图 6.11.2 绕流分解

6.11.3 对称翼型绕流的数值解

如图 6.11.3 所示,沿 x 轴正向的直匀流流过对称翼型,当弦线与 x 轴重合时,流场是对称于 x 轴的。在翼型弦线上,从 $x=a$ 到 $x=b$ 连续分布着方向为负 x 轴方向的偶极子,设每单位长度上的分布强度为 $2\pi k$,其中,$k=k(\xi)$ 将由绕流的边界条件来确定。$d\xi$ 微段上的偶极子在指定 $P(x,y)$ 点处,对流函数的贡献为(见(6.5.23)式)

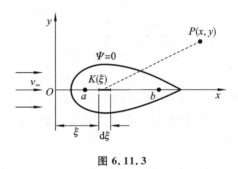

图 6.11.3

$$d\Psi = -\frac{K(\xi)y d\xi}{(x-\xi)^2 + y^2} \tag{6.11.1}$$

式中:$K(\xi)$——单位长度上的偶极矩,也称为偶极子分布强度。

由于直匀流和所有分布偶极子的作用,在 P 点流函数就可以写成:

$$\Psi = v_\infty y - \int_a^b \frac{K(\xi)y}{(x-\xi)^2 + y^2} d\xi \tag{6.11.2}$$

如果翼型的前、后缘处,外形的曲率半径是有限的,则奇点分布的起点 a 和终点 b 都必须和前后缘保持一定距离,不能重合。现在,x 轴线的一部分和翼型表面曲线一起构成一条通过物面上驻点的流线,这种说法和理想流体流过物面必须和物面相切的条件(或者说,法向分速为零的不可穿越条件)是等价的。根据边界条件的这个提法,(6.11.2)式应等于常数,为简单起见,常数取为零,于是

$$v_\infty y - \int_a^b \frac{K(\xi)y}{(x-\xi)^2 + y^2} d\xi = 0 \tag{6.11.3}$$

式中:(x,y)——翼型表面上点的坐标。

(6.11.3)式就是根据边界条件确定偶极子分布强度的方程,这是关于 $K(\xi)$ 的一个积分方程。要解一个积分方程是十分困难的,然而利用计算机,可以在指定的精度范围内用数值方法

求解。

数值方法中,可将偶极子分布区分成 n 段,每一段长度为 $\Delta \xi$(见图 6.11.4),设在每一段长度内,K 为均匀分布。因此,第 j 段偶极子在指定 $P_i(x_i, y_i)$ 点处,对流函数的贡献可以写成

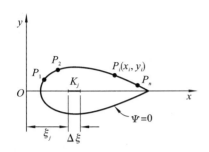

图 6.11.4 偶极子分布区分段

$$\Delta \Psi_j = -\frac{K_j y_i \Delta \xi}{(x_i - \xi_j)^2 + y_i^2} \quad (6.11.4)$$

因此,整个分布偶极子和直匀流在 $P_i(x_i, y_i)$ 点的流函数为

$$\Psi_i = v_\infty y_i - \sum_{j=1}^{n} \frac{K_j y_i \Delta \xi}{(x_i - \xi_j)^2 + y_i^2} \quad (6.11.5)$$

当 $\Psi_i = 0$ 时,翼型表面曲线即是流线,根据这个条件,有

$$v_\infty y_i - \sum_{j=1}^{n} \frac{K_j y_i \Delta \xi}{(x_i - \xi_j)^2 + y_i^2} = 0 \quad (6.11.6)$$

很明显,(6.11.4)式~(6.11.6)式分别和(6.11.1)式~(6.11.3)式对应。令

$$C_{ij} = \frac{y_i \Delta \xi}{(x_i - \xi_j)^2 + y_i^2} \quad (6.11.7)$$

则(6.11.6)式还可以写成

$$\sum_{j=1}^{n} C_{ij} K_j = v_\infty y_i \quad (6.11.8)$$

方程(6.11.8)式为 n 元联立方程,解此方程可以求得 K_j。一旦分布强度已知,就能由方程(6.11.5)式计算翼面上指定点的流函数。取 Ψ 的导数,得到分速度,然后用伯努利方程就可得到压力分布。

6.11.4 薄翼理论

在弯度不大、攻角也不很大的情况下,薄翼型可以用中线上连续分布旋涡形成的涡面来替代(见图 6.11.5),旋涡的分布强度 $\gamma(S)$ 由中线是一条流线这个条件决定。这个条件也可以表述为:中线上法向分速为零。为此,我们来计算中线上任一指定的 M 点处的法向分速度。先按图 6.11.6 所示计算涡面产生的法向分速,该图 y 方向的尺度比图 6.11.5 所示的放大了许多倍,以便于说明问题。在中线一微段 dS 上,强度为 γdS 的旋涡在 M 点处产生的诱导法向分速为

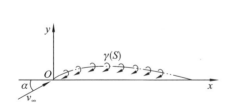

图 6.11.5 薄翼的涡面模型

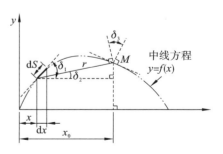

图 6.11.6 涡面产生的诱导速度

$$dv_n = -\frac{\gamma dS}{2\pi r}\cos\delta_3 \tag{6.11.9}$$

考虑到 $r=(x_0-x)/\cos\delta_2$, $dS=dx/\cos\delta_1$, 将(6.11.9)式积分, 得到整个涡面在 M 点产生的诱导速度法向分速

$$v_n = -\frac{1}{2\pi}\int_0^b \frac{\gamma}{x_0-x}\frac{\cos\delta_2\cos\delta_3}{\cos\delta_1}dx \tag{6.11.10}$$

式中, 积分上限为弦长 b。

直匀流 v_∞ 在 M 点处垂直于中线的法向分速为

$$v_{\infty n} = v_\infty \sin\left[\alpha - \arctan\left(\frac{dy}{dx}\right)_{x_0}\right] \tag{6.11.11}$$

所以, 中线上法向分速为零的条件可写成

$$v_{\infty n} + v_n = 0 \tag{6.11.12}$$

在薄翼理论的假设下, $\cos\delta_1\approx 1$, $\cos\delta_2\approx 1$, $\cos\delta_3\approx 1$, 而

$$\sin\left[\alpha-\arctan\left(\frac{dy}{dx}\right)_{x_0}\right]\approx\sin\left[\alpha-\left(\frac{dy}{dx}\right)_{x_0}\right]\approx\alpha-\left(\frac{dy}{dx}\right)_{x_0}$$

因此, 将(6.11.10)式和(6.11.11)式代入(6.11.12)式, 就可得到近似的边界条件:

$$\alpha + \frac{1}{2\pi v_\infty}\int_0^b \frac{\gamma(x)dx}{x_0-x} = \left(\frac{dy}{dx}\right)_{x_0} \tag{6.11.13}$$

解这个积分方程就可以确定分布旋涡的强度 $\gamma(x)$。

为了解方程(6.11.3)式, 需要作如下变换(见图6.11.7):

$$x = \frac{b}{2}(1-\cos\theta) \tag{6.11.14}$$

并将分布强度展成如下傅氏级数:

$$\gamma(\theta) = 2v_\infty\left[A_0\cot\frac{\theta}{2} + \sum_{n=0}^{\infty}A_n\sin(n\theta)\right] \tag{6.11.15}$$

式中, 第一项设为 $\cot\frac{\theta}{2}$ 是为了表达薄翼前缘有无限大负压; 另外, 在后缘 $x=b$ 处, $\theta=\pi$, 这就使得后缘旋涡分布强度为零, 正好满足库塔-儒可夫斯基后缘条件。考虑到三角公式 $\cot\frac{\theta}{2}=(1+\cos\theta)/\sin\theta$, 由(6.11.14)式和(6.11.15)式可得

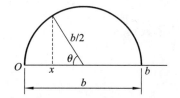

图 6.11.7 变量变换

$$\gamma dx = bv_\infty\left[A_0(1+\cos\theta) + \sum_{n=1}^{\infty}A_n\sin(n\theta)\sin\theta\right]d\theta \tag{6.11.16}$$

因此, 积分方程(6.11.13)式可写成

$$\alpha + \frac{1}{\pi}\int_0^\pi\left\{\frac{A_0(1-\cos\theta)}{\cos\theta_0-\cos\theta} + \frac{\frac{1}{2}\sum_{n=1}^{\infty}A_n[\cos((n-1)\theta)-\cos((n+1)\theta)]}{\cos\theta_0-\cos\theta}\right\}d\theta = \left(\frac{dy}{dx}\right)_{x_0} \tag{6.11.17}$$

式中, θ_0 与 x_0 对应。(6.11.17)式各项积分均可按 Glauerl 公式计算, 即

$$\int_0^\pi \frac{\cos(n\theta)}{\cos\theta-\cos\theta_0}d\theta = \pi\frac{\sin(n\theta_0)}{\sin\theta_0} \tag{6.11.18}$$

积分的结果是 θ_0 的函数,为简洁起见,下面将 θ_0 写成 θ,x_0 写成 x,于是积分后的(6.11.17)式可以写成

$$\alpha - A_0 + \sum_{n=1}^{\infty} A_n \cos(n\theta) = \frac{dy}{dx} \tag{6.11.19}$$

方程(6.11.19)式中的系数 A_0、A_n 等可以用富氏级数常用的方法来决定。这个方法是:将方程(6.11.19)式两边逐次乘以 $1,\cos\theta,\cos(2\theta),\cdots$ 并由 0 到 π 积分,分别可以得到

$$A_0 = \alpha - \frac{1}{\pi} \int_0^\pi \frac{dy}{dx} d\theta \tag{6.11.20}$$

$$A_0 = \frac{2}{\pi} \int_0^\pi \frac{dy}{dx} \cos(n\theta) d\theta \tag{6.11.21}$$

至此,旋涡分布强度就完全确定。

薄翼的升力系数,对前缘的力矩系数可以分别计算如下。

1. 升力系数

翼型的升力按库塔-儒可夫斯基公式计算,即

$$L = \rho v_\infty \Gamma \tag{6.11.22}$$

式中,总环量

$$\Gamma = \int_0^b \gamma(x) dx = \pi v_\infty b \left(A_0 + \frac{A_1}{2} \right) \tag{6.11.23}$$

所以,升力系数为

$$C_L = \frac{L}{\frac{1}{2}\rho v_\infty^2 b} = 2\pi \left(A_0 + \frac{A_1}{2} \right) \tag{6.11.24}$$

2. 力矩系数

对前缘的力矩(抬头力矩取为正值)为

$$M = -\int_0^b \rho v_\infty \gamma(x) x dx = -\frac{\pi}{4} \rho v_\infty^2 b^2 \left(A_0 + A_1 - \frac{A_2}{2} \right) \tag{6.11.25}$$

力矩系数则为

$$C_M = \frac{M}{\frac{1}{2}\rho v_\infty^2 b^2} = \frac{\pi}{4}(A_2 - A_1) - \frac{C_L}{4} \tag{6.11.26}$$

3. 压力中心

定义 如果对一点的力矩等于零,则这一点就是翼型的压力中心,设升力集中在该点,则它对前缘的力矩将恰好平衡力矩 M,因此

$$M - L x_{cp} = 0$$

由此可得压力中心在前缘之后的位置:

$$x_{cp} = \frac{b}{4} - \frac{\pi b}{4} \frac{A_2 - A_1}{C_L} \tag{6.11.27}$$

因为 A_2、A_1 都与攻角无关,它们只取决于中线的形状,因此,(6.11.27)式表明压力中心位置将随升力系数不同而变化。

4. 焦点

定义 如果对一点的力矩与升力系数(或攻角)无关,那么这一点就是翼型的焦点(或气动中心 a.c)。从(6.11.26)式可以看出,如果将翼型的载荷系 (M,L) 从前缘点移到其后 1/4 弦

长处,则对这一点的力矩将与升力系数无关(见图 6.11.8),即

$$C_{Mb/4} = \frac{\pi}{4}(A_2 - A_1) \tag{6.11.28}$$

所以,翼型的焦点在 1/4 弦点上。因为对于所有攻角,包括升力为零的攻角(零升力攻角),$C_{Mb/4}$ 均为常数,所以通常称其为零升力矩。

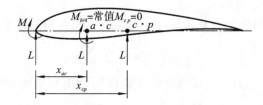

图 6.11.8 前缘、焦点和压力中心处的等价载荷系

5. 零升力攻角

根据方程(6.11.20)式和(6.11.21)式,将 A_0 和 A_1 用等价的积分式代替以后,升力系数的公式(6.11.24)式变为

$$C_L = 2\pi\left[\alpha + \frac{1}{\pi}\int_0^\pi \frac{\mathrm{d}y}{\mathrm{d}x}(\cos\theta - 1)\mathrm{d}\theta\right] \tag{1}$$

升力系数为零所对应的攻角称为零升力攻角(α_0),由(1)式可得

$$\alpha_0 = -\frac{1}{\pi}\int_0^\pi \frac{\mathrm{d}y}{\mathrm{d}x}(\cos\theta - 1)\mathrm{d}\theta \tag{6.11.29}$$

6.12 面 元 法

对于复杂外形物体的绕流,奇点可以直接分布在物面上。奇点的作用是将来流偏转,使流体沿物面流动。利用流体的速度必须与表面相切这一条件,可以得到一组方程,用这一组方程可求解奇点的分布强度。具体实施这个计算方案时,在物面上以适当的间隔选取控制点,过控制点作物面的切面,原物面就被这些小切面取而代之(见图 6.12.1)。这些小切面称为面元(Panel),奇点连续分布在这些面元上,各面元上分布强度不同,但每一个面元上的分布是均匀的。所以这种奇点法称为面元法。对于无升力物体,面元上分布的是源、汇或偶极子;对于有升力物体,面元上还分布有涡。

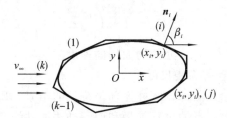

图 6.12.1 k 块面元所覆盖的物面

6.12.1 无升力体的面元法

为了体现物体对来流的"撑开"、"收拢"作用,可在每块面元上布置源(汇)。设第 j 块面元上的分布强度为 q_j,则控制点(x_i, y_i)上的点源速度势为

$$\varphi_j = \frac{q_j}{2\pi} \ln \sqrt{(x-x_j)^2 + (y-y_j)^2} \tag{6.12.1}$$

因此，整个第 j 块面元上的点源速度势就是

$$\Phi_j = \frac{q_j}{2\pi} \int_{S_j} \ln \sqrt{(x-x_j)^2 + (y-y_j)^2} \, dS_j \tag{6.12.2}$$

式中：S_j——第 j 块面元的面积。

在此基础上，直匀流和整个的分布源（汇）形成的合成流动的速度势就可以写成

$$\Phi(x,y) = v_\infty x + \sum_{j=1}^{k} \Phi_j \tag{6.12.3}$$

合成流动在每一个面元的控制点处要满足流动速度与物面相切的条件，也就是法向速度为零的条件，即

$$v_{n(i)} = \frac{\partial \Phi}{\partial n_i} = 0 \quad (i=1,2,\cdots,k) \tag{6.12.4}$$

将(6.12.3)式代入(6.12.4)式，得

$$\frac{\partial}{\partial n_i}\left(v_\infty x + \sum_{j=1}^{k} \Phi_j\right) = 0$$

由于强度为 q_i 的分布源在其自身表面外法线方向的速度大小等于 $q_i/2$，所以上式展开后，可写成

$$v_\infty \cos\beta_i + \sum_{\substack{j=1 \\ j \neq i}}^{k} \frac{q_j}{2\pi} \int_{S_j} \frac{\partial}{\partial n_i}(\ln \sqrt{(x_i-x_j)^2 + (y_i-y_j)^2}) \, dS_j + \frac{q_i}{2} = 0$$

或者

$$\frac{q_i}{2} + \sum_{\substack{j=1 \\ j \neq i}}^{k} \frac{q_j}{2\pi} I_{ij} = -v_\infty \cos\beta_i \quad (i=1,2,\cdots,k) \tag{6.12.5}$$

式中，

$$I_{ij} = \int_{S_j} \frac{\partial}{\partial n_i}(\ln \sqrt{(x_i-x_j)^2 + (y_i-y_j)^2}) \, dS_j \tag{6.12.6}$$

方程(6.12.5)式是关于分布强度 q_i 的 k 阶联立代数方程组，解此方程求出 q_i 以后，再由下面两式计算：

物面速度分布

$$v_{S_i} = \frac{\partial \Phi}{\partial S_i} = v_\infty \sin\beta_i + \sum_{\substack{j=1 \\ j \neq i}}^{k} \frac{q_j}{2\pi} \int_{S_j} \frac{\partial}{\partial S_i}(\ln \sqrt{(x_i-x_j)^2 + (y_i-y_j)^2}) \, dS_j \tag{6.12.7}$$

物面压力系数

$$C_p = 1 - \left(\frac{v_{S_i}}{v_\infty}\right)^2 \tag{6.12.8}$$

式中：v_{S_i}——i 面元上控制点 (x_i, y_i) 处的物面切向速度。

$\partial \Phi/\partial S_i$ 中的 S_i 这里应理解为线尺度。

图 6.12.2 所示的是用面元法计算圆柱无环量绕流的结果。用内接正八边形代替圆，每个面元的中点作为控制点，各控制点的位置矢量和面元外法线共线，其延长线和圆周正交。计算结果表明，八个控制点上的压力系数计算值和理论值十分吻合。对于复杂形体的计算，用八个面元计算是远远不够的，需要有几十个、几百个面元，因此，这种方法只在有了大容量电子计算机之后才成为一种现实有效的方法。

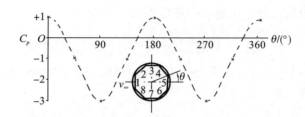

图 6.12.2 用八个面元计算的圆柱绕流结果

6.12.2 升力体的面元法

无升力体的面元法只在面元上分布源（汇），这种面元叫源面元。仅用源面元是算不出升力的，要算升力需要在面元上加上分布涡，于是又有所谓涡面元的说法。现在可以用源面元和涡面元的综合法来解决升力体的计算问题。

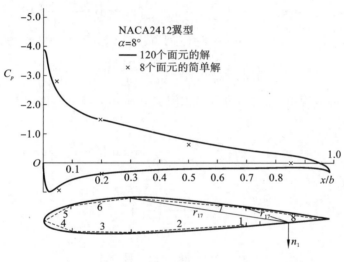

图 6.12.3

以翼型为例，将翼型表面分成 k 块面元，编号顺序由后缘起到后缘止，也就是，第一块面元和最后第 k 块面元交于后缘（图 6.12.3 中 $k=8$）。翼弦与 x 轴重合，来流 v_∞ 与翼弦的夹角（攻角）为 α，由于有攻角存在，原来用源面元推导的无升力体的公式(6.12.5)式和(6.12.7)式这时要稍加改动，写成

$$\frac{q_i}{2} + \sum_{j \neq i}^{k} \frac{q_j}{2\pi} I_{ij} = -v_\infty \cos\beta_i \cos\alpha \tag{6.12.9}$$

$$v_{S_i} = v_\infty \sin\beta_i \cos\alpha + \sum_{j \neq i}^{k} \frac{q_j}{2\pi} \int_{S_j} \frac{\partial}{\partial S_i} (\ln \sqrt{(x_i - x_j)^2 + (y_i - y_j)^2}) \mathrm{d}S_j \tag{6.12.10}$$

现在再考虑涡面元的问题，在 j 面元控制点的一个点涡的速度势为

$$\varphi_j = \frac{\gamma_j}{2\pi} \arctan\left(\frac{y - y_j}{x - x_j}\right) \tag{6.12.11}$$

式中：γ_j——该面元上涡的分布强度。

积分(6.12.11)式之后，得到整个 j 面元上涡的速度势：

$$\Phi_j = \frac{\gamma_j}{2\pi} \int_{S_j} \arctan\left(\frac{y - y_j}{x - x_j}\right) \mathrm{d}S_j \tag{6.12.12}$$

这些分布涡在 i 面元控制点处产生的法向速度为

$$\frac{\partial \Phi_j}{\partial n_i} = \frac{\gamma_j}{2\pi} \int_{S_j} \frac{\partial}{\partial n_i} \arctan\left(\frac{y_i - y_j}{x_i - x_j}\right) dS_j \tag{6.12.13}$$

加上涡面元之后，不应破坏给定的边界条件(6.12.4)式，因此，所有涡面元在各控制点上产生的法向速度之和仍为零，即

$$\sum_{j=i}^{k} \frac{\partial \Phi_j}{\partial n_i} = \sum_{j=i}^{k} \frac{\gamma_j}{2\pi} \int_{S_j} \frac{\partial}{\partial n_i} \arctan\left(\frac{y_i - y_j}{x_i - x_j}\right) dS_j = 0 \tag{6.12.14}$$

由于每个面元上的分布涡在自身所在平面控制点上产生的法向速度之和为零，单独用(6.12.14)式这样的齐次方程，只能得到所有的 $\gamma_j = 0$ 这样的平凡解，因此，必须用库塔-儒可夫斯基后缘条件来加以限定。库塔-儒可夫斯基条件要求，后缘上下两个面元的切向速度相等*，即

$$v_{S_1} + \frac{\gamma_1}{2} + \sum_{j=2}^{k} \frac{\gamma_j}{2\pi} \int_{S_j} \frac{\partial}{\partial S_i} \arctan\left(\frac{y_1 - y_j}{x_1 - x_j}\right) dS_j \tag{6.12.15}$$

$$= v_{S_k} + \frac{\gamma_k}{2} + \sum_{j=1}^{k-1} \frac{\gamma_j}{2\pi} \int_{S_j} \frac{\partial}{\partial S_k} \arctan\left(\frac{y_k - y_j}{x_k - x_j}\right) dS_j$$

将方程(6.12.15)式和(6.12.14)式中去掉面元1(或面元 k)后的 $k-1$ 个方程

$$\sum_{j=2}^{k} \frac{\gamma_j}{2\pi} \int_{S_j} \frac{\partial}{\partial n_i} \arctan\left(\frac{y_i - y_j}{x_i - x_j}\right) dS_j = 0 \tag{6.12.16}$$

一起组成 k 个方程的方程组，用这组方程可求解 Γ_j。求出 Γ_j 之后，再按下式计算：

物面速度分布

$$v = v_{S_i} + \frac{\gamma_i}{2} + \sum_{j \neq i}^{k} \frac{\gamma_j}{2\pi} \int_{S_j} \frac{\partial}{\partial S_j} \arctan\left(\frac{y_i - y_j}{x_i - x_j}\right) dS_j \tag{6.12.17}$$

物面压力系数

$$C_p = 1 - \left(\frac{v}{v_\infty}\right)^2 \tag{6.12.18}$$

6.13 附加质量

6.13.1 基本概念和公式

下面讨论物体作非匀速直线运动的问题。在这个问题中，推动物体的力不仅要为增加物体的动能做功，还要为增加周围流体的动能做功。因此，质量为 m 的物体要获得加速度 $\boldsymbol{a}$，施加在它上面的力 $\boldsymbol{F}$ 将要大于 $m\boldsymbol{a}$，若写成等式

$$\boldsymbol{F} = (m + \lambda)\boldsymbol{a} \tag{6.13.1}$$

则称 λ 为该物体的**附加质量**。将(6.13.1)式改写成

$$\boldsymbol{F} - \lambda \boldsymbol{a} = m\boldsymbol{a} \tag{6.13.2}$$

式中：$-\lambda \boldsymbol{a}$——周围流体给物体的反作用力，称为**附加惯性力**。此力和物体的加速度相反，因此，物体加速时，附加惯性力起阻力作用，物体减速时它起推力作用。

---

* 等强度直涡面上下两面的切向诱导速度只和当地涡的分布强度有关，且

$$\frac{\partial \Phi_k}{\partial S_k} = \frac{\gamma_k}{2}。$$

根据作用和反作用定律,物体加速运动时给流体的作用力就是 λa,或写成 $\lambda dV/dt$,其中,$V=V(t)$ 是物体的运动速度。在 dt 时间内,物体运动的距离是 Vdt,所做的功是 $(\lambda dV/dt)\times(Vdt)$。对于理想流体,这些功全部转化为流体的动能 dT,因而

$$dT = \left(\lambda \frac{dV}{dt}\right)\times(Vdt) = \lambda d\left(\frac{V^2}{2}\right)$$

积分得

$$T = \frac{1}{2}\lambda V^2 \tag{6.13.3}$$

上式表明,如果能够计算流体所获得的动能,也就找到了计算附加质量的公式。

下面计算流体的动能。先考虑一个半径足够大的空间域,球形界面记为 Σ,物体在此空间以速度 $V(t)$ 做变速直线运动,物面记作 S(见图 6.13.1)。物体加速运动使微元流体 $d\tau$ 获得的速度为 v,则空间 τ 中流体的动能就是

$$T = \int_\tau \frac{1}{2}\rho v^2 d\tau = \frac{\rho}{2}\int_\tau v^2 d\tau \tag{6.13.4}$$

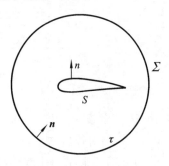

图 6.13.1

理想不可压缩流体在重力场中由静止启动,其运动是无旋的,所以存在速度势 Φ,因而有

$$v^2 = (\nabla\Phi)^2 = \nabla\cdot(\Phi\nabla\Phi) - \Phi\nabla^2\Phi = \nabla\cdot(\Phi\nabla\Phi)$$

即

$$v^2 = \frac{\partial}{\partial x}\left(\Phi\frac{\partial\Phi}{\partial x}\right) + \frac{\partial}{\partial y}\left(\Phi\frac{\partial\Phi}{\partial y}\right) + \frac{\partial}{\partial z}\left(\Phi\frac{\partial\Phi}{\partial z}\right) \tag{6.13.5}$$

将(6.13.5)式代入(6.13.4)式,应用高斯定理,有

$$\begin{aligned}T &= \frac{\rho}{2}\int_\tau\left[\frac{\partial}{\partial x}\left(\Phi\frac{\partial\Phi}{\partial x}\right) + \frac{\partial}{\partial y}\left(\Phi\frac{\partial\Phi}{\partial y}\right) + \frac{\partial}{\partial z}\left(\Phi\frac{\partial\Phi}{\partial z}\right)\right]d\tau \\ &= -\frac{\rho}{2}\int_{\Sigma+S}\left[\left(\Phi\frac{\partial\Phi}{\partial x}\right)\cos(n,x) + \left(\Phi\frac{\partial\Phi}{\partial y}\right)\cos(n,y) + \left(\Phi\frac{\partial\Phi}{\partial z}\right)\cos(n,z)\right]dS \\ &= -\frac{\rho}{2}\int_{\Sigma+S}\Phi\frac{\partial\Phi}{\partial n}dS\end{aligned} \tag{6.13.6}$$

式中,n 的方向均指向 τ 中的流体,因此,应用高斯定理时将出现负号。下面考虑 τ 的外部球形界面半径 r 趋于 ∞ 的情形,这时 Σ 上流体的运动速度趋于零,即 $\nabla\Phi|_\Sigma$ 趋于 0,(6.13.6)式中 Σ 界面上的积分趋于零。这样一来,无界空间中流体的动能仅由物面的积分给出,即

$$T = -\frac{\rho}{2}\int_S \Phi\frac{\partial\Phi}{\partial n}dS$$

令

$$\Phi = V(t)\Phi_0 \tag{6.13.7}$$

则

$$T = \frac{\rho V^2}{2}\int_S \Phi_0 \frac{\partial\Phi_0}{\partial n}dS \tag{6.13.8}$$

将(6.13.8)式和(6.13.3)式比较,得附加质量公式:

$$\lambda = -\rho\int_S \Phi_0 \frac{\partial\Phi_0}{\partial n}dS \tag{6.13.9}$$

式中:$\Phi_0 = \Phi/V(t)$ ——单位速度势。

6.13.2 绝对速度势、相对速度势和牵连速度势

速度势 Φ 是流体的绝对速度势，对应的速度是绝对速度 v 见(6.13.5)式。在 t 瞬时，将坐标固连于物体，通过绝对运动、相对运动和牵连运动之间的关系可以找到相应速度势之间的关系。如图 6.13.2 所示，在 t 瞬时，任意一点 A 处，流体质点的相对速度为 v^*（与流线相切），$V(t)$ 是动坐标系的运动速度——牵连速度，绝对速度 v 是两者的矢量和，因此

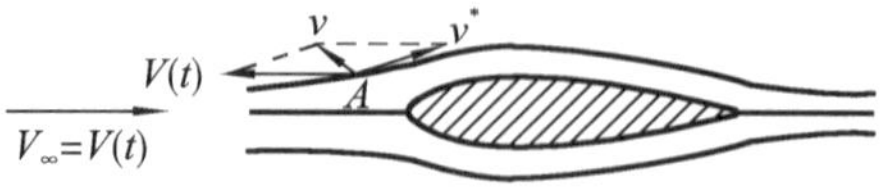

图 6.13.2

$$v = V(t) + v^* \tag{6.13.10}$$

或
$$\nabla\Phi = \nabla\Phi_e + \nabla\Phi^* = \nabla(\Phi_e + \Phi^*)$$

所以
$$\Phi = \Phi_e + \Phi^* \tag{6.13.11}$$

式中：Φ_e——牵连速度势；

Φ^*——相对速度势。

相对运动流场的来流的速度势按直匀流公式为 $V(t)x$，牵连运动方向正好相反，所以牵连速度势可以写成

$$\Phi_e = -V(t)x \tag{6.13.12}$$

因而
$$\Phi_0 = -x + \Phi_0^* \tag{6.13.13}$$

式中：$\Phi_0^* = \Phi^*/V(t)$——单位相对速度势。

从上面的关系中可以看出，单位绝对速度势与时间 t 无关，仅是空间位置的函数，这个函数关系取决于物体的形状和运动方向。由此可以推知，附加质量 λ 也具有同样的性质。

6.13.3 圆柱体的附加质量

无限长圆柱体沿垂直于本身轴线的方向在流体中做非匀速直线运动，求单位长度圆柱体的附加质量。设运动速度为 $V(t)$，参照(6.6.7)式，圆柱绕流的相对速度势可写成

$$\Phi^* = V(t)\left(r + \frac{a^2}{r}\right)\cos\theta$$

式中：a——圆柱半径。将此式代入(6.13.13)式，得

$$\Phi_0 = -x + \left(r + \frac{a^2}{r}\right)\cos\theta = -r\cos\theta + \left(r + \frac{a^2}{r}\right)\cos\theta = \frac{a^2}{r}\cos\theta$$

$$\frac{\partial\Phi_0}{\partial n} = \frac{\partial\Phi_0}{\partial r} = -\frac{a^2}{r^2}\cos\theta$$

按(6.13.9)式计算附加质量：

$$\lambda = -\rho\int_S \left[\frac{a^2}{r}\cos\theta\left(-\frac{a^2}{r^2}\cos\theta\right)\right]_{r=a} dS = -\rho\int_0^{2\pi}[-a\cos^2\theta]a\,d\theta$$

结果是
$$\lambda = \rho\pi a^2 \tag{6.13.14}$$

这表明，圆柱体作变速直线运动时，它的附加质量等于同体积的流体质量。

6.13.4 一般情形

物体的一般变速运动包括平移和旋转,三个平移运动速度分量分别为 V_x,V_y,V_z ,三个旋转角速度分量分别是 $\omega_x,\omega_y,\omega_z$ 。于是,将(6.13.7)式推广到一般,有

$$\Phi = V_1\Phi_{01} + V_2\Phi_{02} + V_3\Phi_{03} + V_4\Phi_{04} + V_5\Phi_{05} + V_6\Phi_{06} = V_k\Phi_{0k} \tag{6.13.15}$$

将(6.13.15)式代入(6.13.6)式,得

$$T = -\frac{\rho}{2}\int_S (V_i\Phi_{0i})\left(V_j\frac{\partial\Phi_{0j}}{\partial n}\right)\mathrm{d}S = -\frac{\rho}{2}V_iV_j\int_S \Phi_{0i}\frac{\partial\Phi_{0j}}{\partial n}\mathrm{d}s$$

此式可以写成

$$T = \frac{1}{2}V_iV_j\lambda_{ij} \tag{6.13.16}$$

式中:λ_{ij}——附加质量,其定义为

$$\lambda_{ij} = -\rho\int_S \Phi_{0i}\frac{\partial\Phi_{0j}}{\partial n}\mathrm{d}S \tag{6.13.17}$$

可以证明,$\lambda_{ij} = \lambda_{ji}$,因此,$\lambda_{ij}$ 只有 21 个是独立的,它们是:

(1) $\lambda_{11},\lambda_{22},\lambda_{33},\lambda_{12},\lambda_{23},\lambda_{31}$ ——具有质量的量纲,它们是由平动引起的;

(2) $\lambda_{14},\lambda_{15},\lambda_{16},\lambda_{24},\lambda_{25},\lambda_{26},\lambda_{34},\lambda_{35},\lambda_{36}$ ——具有质量矩的量纲,由平动和旋转共同产生;

(3) $\lambda_{44},\lambda_{55},\lambda_{66},\lambda_{45},\lambda_{56},\lambda_{64}$ ——具有转动惯量的量纲,由旋转产生。

一旦求得附加质量,附加惯性力就可以根据动能定理来确定。例如,物体作 x 方向的变速平移运动,其速度为 V_1,流体的动能便是 $\frac{1}{2}\lambda_{11}V_1^2$。根据动能定理,在变速运动中,动能的变化率和流体的附加惯性力 F_1 的功率相等,即

$$F_1V_1 = \frac{\mathrm{d}}{\mathrm{d}t}\left(\frac{1}{2}\lambda_{11}V_1^2\right) = \lambda_{11}V_1\frac{\mathrm{d}V_1}{\mathrm{d}t}$$

因此

$$F_1 = \lambda_{11}\frac{\mathrm{d}V_1}{\mathrm{d}t}$$

其他附加惯性力(或力矩)均可按此类似求得。

习 题

6.1 平面不可压缩流动的速度场为

(1) $v_x = y, v_y = -x$;

(2) $v_x = x - y, v_y = x + y$;

(3) $v_x = x^2 - y^2 + x, v_y = -2xy - y$。

判断以上流场是否满足速度势 Φ 和流函数 Ψ 存在的条件,进而求出 Φ 和 Ψ。

6.2 证明函数 $f = xyzt$ 是速度势函数,而且流场不随时间变化。

6.3 有一种二维不可压无旋流动,已知 $v_x = kxy$,k 为常数,求 v_y。

6.4 已知速度势,求复势和流函数:

(1) $\Phi = Ux + \dfrac{x}{x^2+y^2}$,$U$ 为常值速度(下同);

(2) $\Phi = Ux + \dfrac{y}{x^2+y^2}$;

(3) $\Phi = \ln \dfrac{(x-a)^2 + y^2}{(x+a)^2 + y^2}$。

6.5 分析如下流动是由哪些基本流动组成的(式中 U、a、b 和 m 均为常数):

(1) $W(z) = Uz - \mathrm{i}Ua\ln z - \dfrac{Ub^2}{z}$;

(2) $W(z) = (1+\mathrm{i})\ln \dfrac{z+1}{z-4}$;

(3) $W(z) = m\ln\left(z - \dfrac{1}{z}\right)$。

6.6 幂函数 $W = Az^n$,式中 A 为实常数,$n = \pi/\alpha$,当 $\alpha = \pi$,$\alpha = \dfrac{\pi}{2}$,$0 < \alpha < \dfrac{\pi}{2}$,$\dfrac{\pi}{2} < \alpha < \pi$ 时,试分析该函数所代表的平面无旋运动。

6.7 在点 $(a, 0)$ 和点 $(-a, 0)$ 上放置等强度的点源,证明 $x^2 + y^2 = a^2$ 的圆上任意一点的速度都与 y 轴平行,而且速度的大小与 y 成反比。

6.8 设复势为
$$W(z) = (1+\mathrm{i})\ln(z^2+1) + (2-3\mathrm{i})\ln(z^2+4) + \dfrac{1}{z}$$
求:

(1) 沿圆周 $x^2 + y^2 = 9$ 的速度环量 Γ;

(2) 通过该圆的体积流量 Q。

6.9 直径为 2 m 的圆柱在水下 10 m 深处以速度 $v_0 = 10$ m/s 做水平运动(见题图 6.9),水面大气压外 $p_0 = 101325$ N/m²,水密度 $\rho = 1000$ kg/m³,不考虑波浪影响,试计算 A、B、C、D 四点的压力。

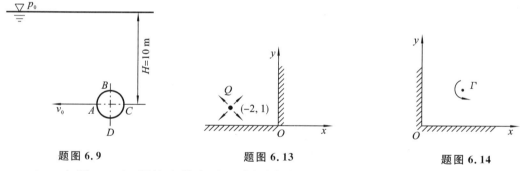

题图 6.9　　　　题图 6.13　　　　题图 6.14

6.10 在题 6.9 中,圆柱在做水平运动的同时以 60 r/min 的角速度绕自身轴旋转,试决定驻点的位置,并计算 B、D 两点的速度和压力。

6.11 已知流函数
$$\Psi = 100y\left(1 - \dfrac{25}{r^2}\right) + \dfrac{628}{2\pi}\ln\dfrac{r}{5}, \quad r = \sqrt{x^2+y^2}$$

试求:

(1) 组成此流动的基本流动;

(2) 驻点的位置;

(3) 绕物体的速度环量;

(4) 无限远处的速度;

(5) 作用在物体上的力。

6.12 直径为 0.6 m 的圆柱体以 6 m/s 的速度在静水内作水平直线运动,同时绕自身轴旋转,每米长度上的升力是 5.88 kN,试计算它的升力系数和转速。

6.13 如题图 6.13 所示,在 $(-2,1)$ 点有一个强度为 Q 的点源,求第二象限直角流场中的复势。

6.14 求题图 6.14 所示点涡的轨迹,已知它通过 $(\sqrt{2},\sqrt{2})$ 点。

6.15 平板绕流,已知攻角 $\alpha=5°$,板长为 1.5 m,来流速度为 50 m/s,来流密度为 1.225 kg/m³,求:

(1) 绕平板的速度环量;

(2) 驻点位置;

(3) 平板的升力。

6.16 一翼型的中线为一段圆弧(曲率半径不变),最大弯度为 kb,k 是常数而 b 为弧长。来流速度为 v_∞,攻角为 α,在 $k\ll 1$ 的假设下,试证明环量分布近似为

$$\gamma = 2v_\infty \left(\alpha \frac{1+\cos\theta}{\sin\theta} + 4k\sin\theta \right)$$

6.17 对于题 6.16 的圆弧翼型,试证明零升力角为 $-2k$(弧度),零升力力矩为 $-\pi k$。

6.18 一翼型的中线方程为 $\bar{y}=4\bar{f}(\bar{x}-\bar{x})^2$,弯度 $\bar{f}=0.04$,式中,无量纲量均对弦长而言。试用薄翼理论计算:

(1) 零升力攻角;

(2) 零升力矩;

(3) $\alpha=5°$ 时的 C_L 值和压力中心位置。

6.19 在深水处有一水平放置的圆柱体,半径为 0.1 m,每米长的重量 $G=196$ N,如果垂直向下对每米长度圆柱作用的力是 $F=392$ N,求圆柱体的运动方程。

6.20 半径为 R 的二维圆柱体在液体中以水平分速 $v_x=v_0 t$ 运动。$t=0$ 时,圆柱位于坐标原点,试求作用在圆柱体上的推力,以及 $t=2$ s 时圆柱所处的位置。已知圆柱体密度为 σ,液体的密度为 ρ。

6.21 如题图 6.21 所示,半径为 R 的二维圆柱体在无界流体中绕 O 轴旋转,角速度为 Ω,同时又以角速度 ω 自转。假设缆绳长度 $l\gg R$,圆柱体重为 G,流体密度为 ρ,求缆绳所受的张力。

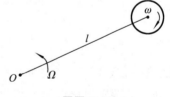

题图 6.21

第 7 章 势流理论(二)

旋转体和机翼是工程技术领域常用的典型形体,在航空、船舶工程、动力工程等许多技术部门都有广泛的应用。本章将介绍这两种形体绕流的基本特点和概念。旋转体轴对称流动中介绍细长体理论,在机翼绕流中介绍升力线理论。这些理论比较简单,且概念清晰,有启发性,还有相当的实用价值。

7.1 轴对称流动

一条曲线绕轴旋转一周形成的物体形状叫旋转体。当远前方来流沿旋转体中轴线方向绕流该物体时,在通过中轴线的各子午面上流动均相同(见图 7.1.1),这种流动称为轴对称流动。根据这种特点,选用圆柱坐标系(x,r,θ)最方便,所有的流动参数均与θ无关,这时质量守恒方程可写成

$$\frac{\partial(rv_r)}{\partial r}+\frac{\partial(rv_x)}{\partial x}=0 \tag{7.1.1}$$

仿照平面流动,参看(6.3.2)式,根据(7.1.1)式可以定义流函数Ψ:

$$rv_r=-\frac{\partial \Psi}{\partial x}, \quad rv_x=-\frac{\partial \psi}{\partial r} \tag{7.1.2}$$

称Ψ为斯托克斯流函数。将(7.1.2)式代入流线方程

$$\frac{\mathrm{d}r}{v_r}=\frac{\mathrm{d}x}{v_x} \tag{7.1.3}$$

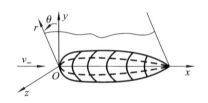

图 7.1.1 轴对称流动

得
$$\mathrm{d}\Psi=0 \quad \text{或} \quad \Psi=\text{常数} \tag{7.1.4}$$

可见,流线方程(7.1.3)式和$\Psi=$常数此时是等价的概念,这一特性和平面流动完全相同。

在 6.3 节中讨论过流函数和流量之间的关系,对于斯托克斯流函数也有类似的关系:通过A、B两点之间的体积流量等于这两点的斯托克斯流函数之差值的2π倍,即

$$Q=2\pi(\Psi_B-\Psi_A) \tag{7.1.5}$$

平面流动中的对应关系是

$$Q=\Psi_B-\Psi_A$$

如果流动是无旋的,斯托克斯流函数应当满足如下无旋条件:

$$\frac{\partial v_r}{\partial x}-\frac{\partial v_x}{\partial r}=0 \tag{7.1.6}$$

将(7.1.2)式代入(7.1.6)式,得

$$\frac{\partial^2 \Psi}{\partial r^2}-\frac{1}{r}\frac{\partial \Psi}{\partial r}+\frac{\partial^2 \Psi}{\partial x^2}=0 \tag{7.1.7}$$

如果将$v_r=\partial\Phi/\partial r$,$v_x=\partial\Phi/\partial x$代入(7.1.1)式,则用速度势表达的质量守恒方程为:

$$\frac{\partial^2 \Phi}{\partial r^2}-\frac{1}{r}\frac{\partial \Phi}{\partial r}+\frac{\partial^2 \Phi}{\partial x^2}=0 \tag{7.1.8}$$

这是拉普拉斯方程。将(7.1.7)式和(7.1.8)式对照就可知道,斯托克斯流函数不能满足拉普拉斯方程,因此,是非调合函数。可见,在轴对称势流中,Φ 和 Ψ 不能像平面流动那样,组成一个解析函数,用复变函数的方法处理问题。不过方程(7.1.7)式是线性方程,叠加原理对斯托克斯流函数依然有效。

7.2 细长旋转体轴向流动的线性理论

轴对称势流问题可以用奇点法解决。下面先介绍空间点源,再讲细长旋转体的线性理论。

7.2.1 空间点源

假设流体是不可压缩的,单位时间内由坐标原点流出的体积为 Q。因为流动是中心对称的,在以原点为球心,以 R 为半径的球面上,各点的径向速度 v_R 都相等(见图 7.2.1),所以有

$$Q = 4\pi R^2 v_R = 4\pi (x^2 + r^2) v_R \tag{7.2.1}$$

设 v_R 和 x 轴之间的夹角为 β,由(7.2.1)式,可得

$$v_x = v_R \cos\beta = \frac{Q}{4\pi(x^2+r^2)} \cdot \frac{x}{\sqrt{x^2+r^2}} = \frac{\partial \Phi}{\partial x} = \frac{1}{r}\frac{\partial \Psi}{\partial r} \tag{7.2.2}$$

$$v_r = v_R \sin\beta = \frac{Q}{4\pi(x^2+r^2)} \cdot \frac{r}{\sqrt{x^2+r^2}} = \frac{\partial \Phi}{\partial r} = -\frac{1}{r}\frac{\partial \Psi}{\partial x} \tag{7.2.3}$$

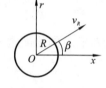

图 7.2.1 原点处的空间点源

从这两个式子立即可以推导出 Φ 和 Ψ 的表达式:

$$\Phi = \frac{-Q}{4\pi\sqrt{x^2+r^2}} \tag{7.2.4}$$

$$\Psi = \frac{-Qx}{4\pi\sqrt{x^2+r^2}} \tag{7.2.5}$$

当 $Q<0$ 时,上面两式也就是空间点汇的速度势和流函数。

7.2.2 细长旋转体的线性理论

图 7.2.2(a)所示的是旋转体轴对称绕流的简图。若在对称轴上适当分布空间点源(汇),则这些源(汇)就可以取代原物体对来流 v_∞ 的扰动作用。因此,常常将这些分布源(汇)等奇点产生的速度称为扰动速度。现在可以将流场总速度势写成两部分的和:

$$\Phi = \Phi_1 + \Phi_2 \tag{7.2.6}$$

式中:Φ_1——平行于 x 轴的直匀流速度势,

$$\Phi_1 = v_\infty x \tag{7.2.7}$$

Φ_2——分布源(汇)的速度势(扰动速度势),

$$\Phi_2 = -\frac{1}{4\pi}\int_0^L \frac{q(\xi)\mathrm{d}\xi}{\sqrt{(x-\xi)^2+r^2}} \tag{7.2.8}$$

(7.2.8)式中,被积函数代表了位于 $(\xi,0)$ 点强度为 $q(\xi)$ 的点源速度势。从物理概念上我们会想到,分布点源的强度应当和旋转体横截面积 $S(x)$ 有一定关系,下面先研究这个问题。

在 $\mathrm{d}\xi$ 微段上取一个半径为 r 的圆柱体作控制体。当 r 很小时,$\mathrm{d}\xi$ 微段上分布源的体积流

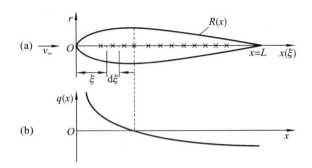

图 7.2.2 旋成体轴对称绕流

量 $q(\xi)\mathrm{d}\xi$ 可以认为都是从小圆柱面上流走的,两端面流走的可略去不计,因此,有

$$q(\xi)\mathrm{d}\xi = 2\pi r v_r \mathrm{d}\xi$$

或

$$v_r = \frac{q(\xi)}{2\pi r} \tag{7.2.9}$$

流动应满足的物面边界条件是

$$\left(\frac{v_r}{v_\infty + v_x}\right)_{r=R} = \frac{\mathrm{d}R}{\mathrm{d}x} \tag{7.2.10}$$

式中:$R(x)$——物体的半径。

这个条件要求流动速度与物面相切。对于细长体,x 方向扰动速度 v_x 很小,可以忽略,于是有近似的边界条件:

$$\left(\frac{v_r}{v_\infty}\right)_{r=R} \approx \frac{\mathrm{d}R}{\mathrm{d}x} \tag{7.2.11}$$

将(7.2.9)式代入(7.2.11)式,可得

$$q(\xi) = 2\pi v_\infty R \frac{\mathrm{d}R}{\mathrm{d}\xi} = v_\infty \frac{\mathrm{d}S}{\mathrm{d}\xi} \tag{7.2.12}$$

此结果表明:点源分布强度与旋转体当地横截面积(S)的变化率成正比。图 7.2.2(b)所示的就是这个关系的示意图,最大直径处 $q(\xi)$ 为零,它的上游分布源,下游分布汇,这样可以得到所需要的封闭物体的绕流场。

到现在为止,我们已经得到物面上的径向速度 $(v_r/v_\infty)_{r=R}$,即(7.2.11)式,如果再求出 $(v_x/v_\infty)_{r=R}$ 这个分量,物面上的速度分布问题就解决了。为此,将(7.2.12)式代入(7.2.8)式,得

$$\Phi_2 = -\frac{v_\infty}{4\pi}\int_0^L \frac{\mathrm{d}S}{\mathrm{d}\xi} \frac{\mathrm{d}\xi}{\sqrt{(x-\xi)^2 + r^2}} \tag{7.2.13}$$

将 Φ_2 对 x 取偏导数,即得

$$\frac{v_x}{v_\infty} = \frac{1}{v_\infty}\frac{\partial \Phi_2}{\partial x} = -\frac{1}{4\pi}\int_0^L \frac{\mathrm{d}S}{\mathrm{d}\xi} \frac{(\xi-x)\mathrm{d}\xi}{[(\xi-x)^2 + r^2]^{3/2}} \tag{7.2.14}$$

对方程(7.2.14)式求出积分之后,再令 $r=R$,其结果就是所要求的。对于细长旋转体,可以设法求得 r^2 趋于 0 时方程(7.2.14)式的近似解,方法如下:

设 $S(\xi)$ 是一条足够光滑的曲线,因此,存在各阶导数,可将 $\mathrm{d}S/\mathrm{d}\xi$ 展成级数:

$$\left(\frac{\mathrm{d}S}{\mathrm{d}\xi}\right)_\xi = \left(\frac{\mathrm{d}S}{\mathrm{d}\xi}\right)_{\xi=x} + (\xi-x)\left(\frac{\mathrm{d}^2 S}{\mathrm{d}\xi^2}\right)_{\xi=x} + \frac{1}{2}(\xi-x)^2\left(\frac{\mathrm{d}^3 S}{\mathrm{d}\xi^3}\right)_{\xi=x} + \cdots \tag{7.2.15}$$

将(7.2.15)式代入(7.2.14)式,所有的积分式都可以写成如下形式:

$$\int_0^L \frac{(\xi-x)^n \mathrm{d}\xi}{\sqrt{(\xi-x)^2+r^2}} \quad (n=0,1,2,\cdots) \tag{7.2.16}$$

现在以 $n=0$ 的积分为例,说明求 r^2 趋于 0 的近似解方法。查数学手册,得

$$\int_0^L \frac{\mathrm{d}\xi}{\sqrt{(\xi-x)^2+r^2}} = \ln\frac{\sqrt{(L-x)^2+r^2}+(L-x)}{\sqrt{x^2+r^2}-x} = \ln\frac{\left(\sqrt{1+\left(\frac{r}{L-x}\right)^2}+1\right)(L-x)}{\left(\sqrt{1+\left(\frac{r}{x}\right)^2}-1\right)x} \tag{1}$$

因为按二项式展开,有

$$\begin{cases} \sqrt{1+\left(\frac{r}{L-x}\right)^2} = 1 + \frac{1/2}{1!}\left(\frac{r}{L-x}\right)^2 + \cdots \\ \sqrt{1+\left(\frac{r}{x}\right)^2} = 1 + \frac{1/2}{1!}\left(\frac{r}{x}\right)^2 + \cdots \end{cases} \tag{2}$$

(2)式中只保留前两项,代入(1)式,得

$$\int_0^L \frac{\mathrm{d}\xi}{\sqrt{(\xi-x)^2+r^2}} \approx \ln\frac{\left[2+\frac{1}{2}\left(\frac{r}{L-x}\right)^2\right](L-x)}{\frac{1}{2}\left(\frac{r}{x}\right)^2} \approx \ln\frac{4(L-x)x}{r^2} \tag{3}$$

$$= 2\ln\frac{2\sqrt{x(L-x)}}{r}$$

这就完成了 $n=0$ 的积分计算。用类似的数学方法再作 $n=1,2$ 等的积分并简化。把简化结果代入(7.2.14)式,就可得到 v_x/v_∞,再令 $r=R$,就可得到物面上的扰动速度分量:

$$\left(\frac{v_x}{v_\infty}\right)_{r=R} = \frac{1}{2\pi}\frac{\mathrm{d}^2 S}{\mathrm{d}x^2}\ln R - \frac{1}{2\pi}\left\{\frac{\mathrm{d}S}{\mathrm{d}x}\cdot\frac{L-2x}{2x(L-x)} + \frac{\mathrm{d}^2 S}{\mathrm{d}x^2}[\ln 2\sqrt{x(L-x)}-1] + \cdots\right\} \tag{7.2.17}$$

流场的合速度 v 应该是来流速度 v_∞ 和扰动速度 v_x、v_r 的和,即

$$v^2 = (v_\infty + v_x)^2 + v_r^2 \tag{7.2.18}$$

对于细长体,通常用小扰动假设: $v_x \ll v_\infty$,$(v_\infty+v_x)^2 \approx v_\infty^2 + 2v_\infty v_x$,所以(7.2.18)式可以简化成

$$v^2 \approx v_\infty^2\left(1 + 2\frac{v_x}{v_\infty} + \frac{v_r^2}{v_\infty^2}\right) \tag{7.2.19}$$

用此速度计算流场的压力系数,得

$$C_p = \frac{p-p_\infty}{\frac{1}{2}\rho v_\infty^2} = 1 - \left(\frac{v}{v_\infty}\right)^2 = -\left(2\frac{v_x}{v_\infty} + \frac{v_r^2}{v_\infty^2}\right) \tag{7.2.20}$$

如果要计算物面上的压力系数,则(7.2.20)式中的 v_x/v_∞ 用(7.2.17)式计算,v_r/v_∞ 用(7.2.11)式计算即可,于是物面上的压力系数公式为

$$(C_p)_{r=R} = -\frac{1}{\pi}\frac{\mathrm{d}^2 S}{\mathrm{d}x^2}\ln R - \frac{1}{\pi}\left\{\frac{\mathrm{d}S}{\mathrm{d}x}\frac{L-2x}{2x(L-x)} + \frac{\mathrm{d}^2 S}{\mathrm{d}x^2}[\ln 2\sqrt{x(L-x)}-1] + \cdots\right\} - \left(\frac{\mathrm{d}R}{\mathrm{d}x}\right)^2 \tag{7.2.21}$$

图 7.2.3 所示的是长细比(长度/最大直径)为 10 的细长旋成抛物体和椭球体的表面压力

系数,而且后者与精确解作了比较。

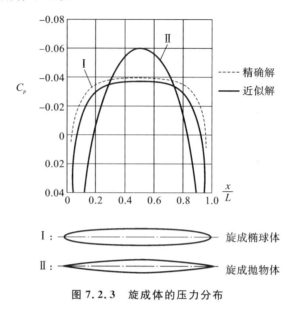

图 7.2.3　旋成体的压力分布

7.3　有限翼展机翼

机翼以升力面、控制面、叶片或桨叶等形式出现在各种工作场合。舰船上的舵、水翼、减摇鳍本身就是机翼,螺旋桨、汽轮机叶片和压缩机叶片也都是利用机翼原理工作的,因此,机翼的基本特性及其应用对船舶工程有重要意义。

7.3.1　机翼的几何参数

机翼的几何参数主要指翼型、机翼的平面形状,扭转角及上(下)反角等。机翼的平面形状指的是机翼在 xz 平面上的投影形状(见图 7.3.1),常用的形状有矩形、梯形和三角形等。在图 7.3.1 中,b_0 为机翼根部弦长;b_e 为梢部弦长;χ_0 为前缘后掠角;χ_1 为后缘后掠角;φ 为上反角;φ 为扭转角。与平面形状有关的常用几何量有:

S——机翼面积,机翼在 xz 平面上的投影面积;

l——机翼展长,两翼端之间的距离;

$\bar{b}$——平均弦长,$\bar{b} = S/l$;

λ——展弦比,$\lambda = l/\bar{b} = l^2/AS$

7.3.2　有限翼展机翼

翼剖面(翼型)是无限翼展机翼,$\lambda = \infty$。实际机翼的展长都是有限的,考察翼展对流动的影响,最好是用对称翼型的直机翼(矩形直翼)。以适当攻角将这种机翼装在风洞中,通过翼面上贴的短丝线可以看到上、下翼面上流体流动方向的不同,通过后缘带小棉球的丝线的转动,可以看到机翼后面拖出的自由涡面。在正攻角下,下翼面是高压区,图 7.3.2 中用"＋"号表示;上翼面是低压区,图中用"－"号表示。由于上、下翼面有压力差,气流在两翼端会向上翻卷,这种现象称为翼端效应(见图 7.3.2),在无限翼展机翼中是不可能出现这种情况的。

在超音速机翼中,翼端效应名符其实只影响到翼端的某一有限区域;在低速机翼中,从理论上讲,翼端效应可以影响到整个机翼。所以,低速机翼后面沿着展向都会有涡出现,形成一个尾涡面(见图 7.3.3)。尾涡面基本上和来流 v_∞ 平行,左右两片涡面各个涡的转向和翼端气流翻卷方向一致。

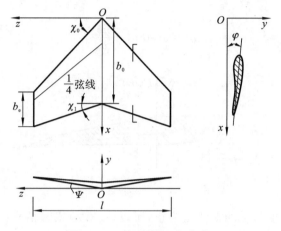

图 7.3.1　机翼的几何参数

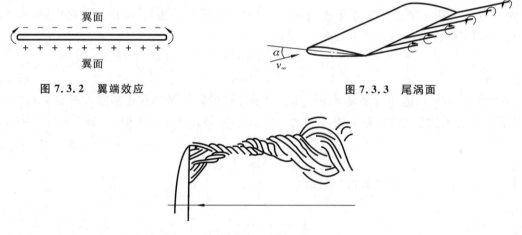

图 7.3.2　翼端效应　　　　图 7.3.3　尾涡面

图 7.3.4　集中涡

尾涡面并不稳定,在涡的诱导作用下,两片涡面在下游不远处会卷成两个大的集中涡,图 7.3.4 所示的是兰彻斯特(Lanchester)描述这个现象所画的一个草图。

7.3.3　下洗和诱导阻力

有限翼展机翼的尾涡系很复杂,无论是采用尾涡面模型,还是采用两个大集中涡模型,它们对机翼所在位置流场的影响,定性上是一致的,都产生向下的诱导速度 w_i,这种现象称为下洗。很多场合,下洗指的就是 w_i。下洗带来的后果是产生诱导阻力。这种阻力在无限翼展机翼(翼型)上是不可能出现的。

无限翼展机翼,每单位长度所受到的升力为 $\rho v_\infty \Gamma$,此力垂直于来流 v_∞,而阻力为零(库塔-儒可夫斯基定理)。现在,由于机翼翼展是有限的,机翼后面将出现尾涡面,进而卷成两个大的集中涡,所有这些尾涡的旋转方向都是内旋的(见图 7.3.3),因此,机翼尾涡系统对机翼流场有向下的诱导速度 w_i。因为尾涡所在平面和 v_∞ 平行,所以 $w_i \perp v_\infty$(见图 7.3.5)。这样一来,机翼上的实际的有效合成速度是 v,它与翼弦之间的夹角 α_e 是有效攻角,它与来流 v_∞ 之间的夹角 α_i,称为下洗角,它们与名义上的几何攻角 α 之间有如下关系:

$$\alpha_e = \alpha - \alpha_i \tag{7.3.1}$$

式中

$$\alpha_i = \arctan\left(-\frac{w_i}{v_\infty}\right) \tag{7.3.2}$$

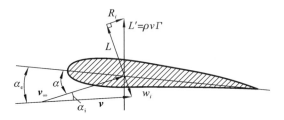

图 7.3.5 下洗和诱导阻力

由于约定向下的诱导速度产生的下洗角为正,所以(7.3.2)式圆括号内有一个负号,向下的诱导速度是负值,负负为正,α_i 就是正值。以上分析表明,有限翼展的影响改变了机翼所在位置速度的大小和方向,按有效的合成速度计算,此时的库塔-儒可夫斯基力为 $L' = \rho v \Gamma$,它与 v 垂直,这个力和无限翼展的库塔-儒可夫斯基力 $\rho v_\infty \Gamma$ 是不同的。力 L' 向升力方向投影,得 L;向阻力方向(即 v_∞ 方向)投影,得 R_i,即

升力
$$L = \rho v \Gamma \cos\alpha_i \tag{7.3.3}$$

诱导阻力
$$R_i = \rho v \Gamma \sin\alpha_i \tag{7.3.4}$$

因为升力和阻力是按远前方来流 v_∞ 的方向,而不是按机翼处局部有效速度方向定义的。R_i 是尾涡系产生的下洗引起的,称为诱导阻力。在大多数情况下,下洗很小,即 $|w_i| \ll |v_\infty|$,因此,有

$$\tan\alpha_i \approx \sin\alpha_i \approx \alpha_i$$

所以(7.3.2)式~(7.3.4)式可以写成

下洗角
$$\alpha_i \approx -\frac{w_i}{v_\infty} \tag{7.3.5}$$

升力
$$L \approx \rho v_\infty \Gamma \tag{7.3.6}$$

诱导阻力
$$R_i \approx L\alpha_i = -\rho w_i \Gamma \tag{7.3.7}$$

7.4 升力线理论

7.4.1 有限翼展机翼的升力模型

薄翼理论中曾经用分布涡构成的涡面去取代翼型。其实,就升力而言,用一个位于焦点的、环量与涡面总环量相等的点涡去取代翼型也行。因此,一个无限长的直涡线可以作为无限长直机翼的最简单的升力模型。对于有限翼展机翼,翼展以外没有机翼,当然也就不能有涡线再向展外延伸。然而按照海姆霍兹定理(见 5.5 节),涡线不能在翼梢中止,它要么形成一个完整的涡圈,要么延伸到流场的边界,或者延伸到无穷远处。对于定常的机翼绕流,基于观察到

的事实,初步可以认为,涡线在翼梢处折转 90°,向下游延伸到无穷远是合理的。这样一来,形成一个 Π 形涡,它的中间部分沿展向置于机翼上,称为**附着涡**;两侧向下游延伸至无穷远处,称为自由涡(见图 7.4.1)。这个 Π 形涡可以作为有限翼展机翼的一个升力模型,但是,它有一个最大的缺点:不能模拟机翼升力沿展向的变化。一般来说,机翼中间部分升力最大,翼梢部分升力为零,因此,沿展向环量应当是变量。单个的 Π 形涡是达不到这种要求的,因为一条涡线的环量沿涡线是不变量。普朗特(Prandtl)为了解决这个问题,提出了便于进行数学描述的计算模型——Π 形涡系列的叠加模型。如图 7.4.2 所示,每一个 Π 形涡环量是不变的,但是,不同长度的附着涡对称地放在一起,环量沿翼展就呈阶梯形变化了。如果用无限多个 Π 形涡叠加在一起(见图 7.4.3),附着涡线上的环量就会连续变化,这样的附着涡线称为升力线。如果升力线的环量分布 $\Gamma(y)$ 已知,其变化率就是 $d\Gamma/dy$,于是,从升力线上任一点向后拖出的尾涡强度就是

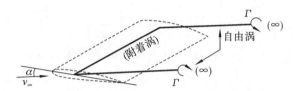

图 7.4.1 有限翼展机翼的 Π 形涡模型

$$d\Gamma = \frac{d\Gamma}{dy}dy \tag{7.4.1}$$

这样,如果知道尾涡面的强度分布,就可以计算升力线各点的下洗速度 w_i 和下洗角 α_i,从而可以按(7.3.6)式、(7.3.7)式计算各翼剖面的升力、诱导阻力,再沿翼展积分就能算出整个有限翼展机翼的升力和诱导阻力。

综上所述,普朗特的升力线理论计算方案可归纳成如下三点:

(1) 大展弦比机翼可以用 Π 形涡叠加得到的升力线表示;

(2) Π 形涡系列引起的流动,可以看成是加在来流上的一种小扰动,因此,可以假设 Π 形涡系列形成的尾涡面是一个沿着来流方向延伸到无穷远的平面,不用考虑尾涡相互之间的诱导作用;

(3) 按上述尾涡面计算出升力线上各点的下洗之后,根据二维流理论,计算各剖面的绕流特性,再沿展向积分,即得整个机翼的绕流特性。

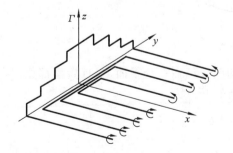

图 7.4.2 同一平面上几个 Π 形涡的叠加

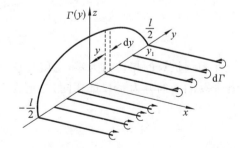

图 7.4.3 同一平面上无限多个 Π 形涡叠加,附着涡在 y 轴上重叠

7.4.2 升力线理论的一般公式

根据升力线理论的假定，dy 宽度上机翼的升力可按二维流计算（见图 7.4.3），即
$$dL = \rho v_\infty \Gamma dy$$
因此，整个机翼的升力
$$L = \rho v_\infty \int_{-l/2}^{l/2} \Gamma dy \tag{7.4.2}$$

再计算下洗，如图 7.4.3 所示，y_1 点拖出的尾涡强度为 $d\Gamma$，这条半无穷长直涡线在升力线上 y 点产生的下洗为
$$dw_i = \frac{d\Gamma}{4\pi(y_1 - y)}$$
因此，整个尾涡面在 y 点产生的下洗为
$$w_i = \int_{-l/2}^{l/2} \frac{d\Gamma/dy_1}{4\pi(y_1 - y)} dy_1 \tag{7.4.3}$$
有了下洗就可以根据(7.3.7)式计算 dy 宽度上机翼的诱导阻力，即
$$dR_i = -\rho w_i \Gamma dy$$
于是，整个机翼的诱导阻力为
$$R_i = -\rho \int_{-l/2}^{l/2} \Gamma dy \int_{-l/2}^{l/2} \frac{d\Gamma/dy_1}{4\pi(y_1 - y)} dy_1 \tag{7.4.4}$$

以上结果表明，只要知道机翼的展向环量分布，就可以算出机翼的有关特性。不同的机翼有不同的环量分布，下面仅以椭圆机翼为例说明升力线理论的计算结果。

7.4.3 椭圆机翼

椭圆机翼的平面图形如图 7.4.4 所示，它由两个"半"椭圆拼合而成，长轴正好是该机翼的 1/4 弦线，弦长的变化满足方程：
$$\frac{b^2}{b_0^2} + \frac{y^2}{(l/2)^2} = 1 \tag{7.4.5}$$

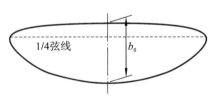

图 7.4.4 椭圆机翼

假设此椭圆机翼的扭转角为零，也就是说，各翼剖面的弦线都在一个平面上，且翼型都相同，那么各个翼剖面的升力系数都相同，并记为 $C_{L\infty}$，翼剖面的升力为
$$\rho v_\infty \Gamma = C_{L\infty} \frac{1}{2} \rho v_\infty^2 b \tag{7.4.6}$$
对称面上
$$\rho v_\infty \Gamma_0 = C_{L\infty} \frac{1}{2} \rho v_\infty^2 b_0 \tag{7.4.7}$$

从以上两式可知，
$$\frac{\Gamma}{\Gamma_0} = \frac{b}{b_0}$$

因此，无扭转 O' 椭圆机翼的环量分布也是椭圆形的，即

$$\frac{\Gamma^2}{\Gamma_0^2} + \frac{y^2}{(l/2)^2} = 1 \tag{7.4.8}$$

为了便于用(7.4.3)式计算下洗，引进变换(见图 7.4.5)：

$$y = \frac{l}{2}\cos\theta \tag{7.4.9}$$

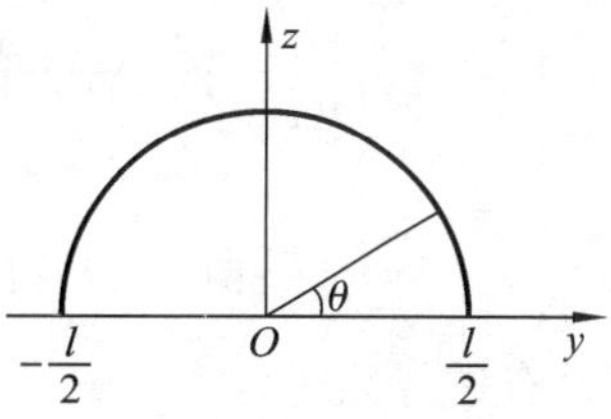

将(7.4.9)式代入(7.4.8)式，得

$$\Gamma(\theta) = \Gamma_0 \sin\theta \tag{7.4.10}$$

将(7.4.9)式和(7.4.10)式两式对应的关系代入(7.4.3)式，得下洗速度

$$w_i = -\frac{\Gamma_0}{2\pi l}\int_0^\pi \frac{\cos\theta_1 \, \mathrm{d}\theta_1}{\cos\theta_1 - \cos\theta} = -\frac{\Gamma_0}{2l} \tag{7.4.11}$$

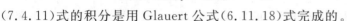

图 7.4.5　变量变换

(7.4.11)式的积分是用 Glauert 公式(6.11.18)式完成的。

用椭圆分布的环量去计算升力，则有

$$L = C_L \frac{1}{2}\rho v_\infty^2 S = \int_{-l/2}^{l/2} \rho v_\infty \Gamma \mathrm{d}y = \frac{\pi}{4}\rho v_\infty \Gamma_0 l$$

从中可以得到

$$\Gamma_0 = 2 C_L v_\infty S / \pi l$$

将以上结果代入(7.4.11)式，整理后，得

$$\alpha_i = -\frac{w_i}{v_\infty} = \frac{C_L}{\pi\lambda} \tag{7.4.12}$$

另外，机翼升力

$$L = C_L \frac{1}{2}\rho v_\infty^2 S = \int_{-l/2}^{l/2} \rho v_\infty \Gamma \mathrm{d}y = \int_{-l/2}^{l/2} \frac{1}{2}\rho v_\infty^2 b C_{L\infty} \mathrm{d}y = \frac{1}{2}C_{L\infty}\rho v_\infty^2 S$$

说明无扭转椭圆机翼的 C_L 和翼型的 $C_{L\infty}$ 相等，因而考虑到下洗，有

$$C_L = C_{L\infty} = \frac{\mathrm{d}C_{L\infty}}{\mathrm{d}\alpha}(\alpha' - \alpha_i) = C_{L\infty}^\alpha (\alpha' - \alpha_i) \tag{7.4.13}$$

式中：α'——从翼型零升力攻角算起的绝对攻角(见图 7.4.6)，将(7.4.12)式的 α_i 代入(7.4.13)式，得

$$C_L = \frac{C_{L\infty}^\alpha}{1 + \frac{C_{L\infty}^\alpha}{\pi\lambda}}\alpha' \tag{7.4.14}$$

这就是考虑了下洗影响的升力系数公式。对 α' 取导得升力系数曲线的斜率

$$C_L^\alpha = \frac{C_{L\infty}^\alpha}{1 + \frac{C_{L\infty}^\alpha}{\pi\lambda}} \tag{7.4.15}$$

结果表明，有限翼展机翼的 C_L^α 比翼型的 $C_{L\infty}^\alpha$ 小，且随着展弦比 λ 的减小而减小(见图 7.4.7)。

诱导阻力按(7.4.4)式计算时，将(7.4.8)式代入(7.4.4)式后，求积分遇到的问题和计算下洗时遇到的问题是一样的，计算过程从略，结果是

$$C_{R_i} = \frac{R_i}{\frac{1}{2}\rho v_\infty^2 S} = \frac{C_L^2}{\pi\lambda} \tag{7.4.16}$$

(7.4.16)式表明，C_{R_i} 和 C_L^2 成正比，与展弦比 λ 成反比；当 λ 趋于 ∞ 时，C_{R_i} 趋于 0，即无限翼展

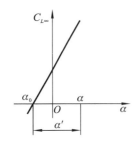

图 7.4.6 绝对攻角

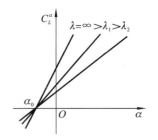

图 7.4.7 有限展机翼升力系数

机翼没有诱导阻力。

7.4.4 其他无扭转机翼

无扭转机翼的展向环量分布可以用三角级数的方法去求,图 7.4.8 所示的是几种机翼的计算结果。有了环量分布函数 $\Gamma(y)$ 就可以计算各自机翼的特性。计算结果可以写成通用形式的公式:

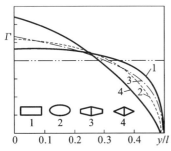

图 7.4.8 几种机翼的展向环量分布

$$C_L = \frac{C_{L\infty}^\alpha \alpha'}{1 + \frac{C_{L\infty}^\alpha}{\pi\lambda}(1+\tau)} \quad (7.4.17)$$

$$\alpha_i = \frac{C_L}{\pi\lambda}(1+\tau) \quad (7.4.18)$$

$$C_{R_i} = \frac{C_L^2}{\pi\lambda}(1+\sigma) \quad (7.4.19)$$

式中:τ,σ——修正系数,都是正值。

将上述结果和椭圆机翼的结果对比,立即可看到,椭圆机翼的诱导阻力是最小的。修正系数 τ 和 σ 的值如表 7.4.1 所示。对于矩形机翼,修正系数还可用如下拟合公式计算:

$$\begin{cases} \tau = 0.0457 + 0.0214\lambda \\ \sigma = -0.0057 + 0.0096\lambda \end{cases} \quad (7.4.20)$$

表 7.4.1 τ 和 σ 的数值

机翼平面形状	$\frac{1}{\pi}(1+\tau)$	$\frac{1}{\pi}(1+\sigma)$	附注
椭圆	0.318	0.318	$\tau=\sigma=0$
梯形	0.318	0.318	根梢比 $\eta=2\sim3$
矩形	0.375	0.335	$\lambda=5\sim8$
矩形翼端后削	0.338	0.318	$\lambda=5\sim8$
矩形翼端倒圆	0.365	0.318	$\lambda=5\sim8$
菱形	0.363	0.363	

7.5 展弦比换算式

升力线理论的结果突出地反映了展弦比对升力和阻力的影响,这预示着不同展弦比机翼的升力、阻力之间存在着一种换算关系。下面先讨论升力系数曲线的换算问题。从(7.4.17)式可知,当 C_L 给定时,机翼的绝对攻角为

$$\alpha' = \frac{C_L}{C_{L\infty}^a} + \frac{C_L}{\pi\lambda}(1+\tau) \tag{7.5.1}$$

式中: $C_L/C_{L\infty}^a = \alpha'_\infty$ ——无限翼展机翼在同一个 C_L 值的绝对攻角。

因此,有

$$\alpha' = \alpha'_\infty + \frac{C_L}{\pi\lambda}(1+\tau) \tag{7.5.2}$$

如果有两个展弦比不同的机翼,在同一个 C_L 值下,它们的绝对攻角将分别是

$$\alpha'_1 = \alpha'_\infty + \frac{C_L}{\pi\lambda_1}(1+\tau_1)$$

$$\alpha'_2 = \alpha'_\infty + \frac{C_L}{\pi\lambda_2}(1+\tau_2)$$

因此,

$$\alpha'_2 = \alpha'_1 + \frac{C_L}{\pi}\left(\frac{1+\tau_2}{\lambda_2} - \frac{1+\tau_1}{\lambda_1}\right) \tag{7.5.3}$$

利用这个换算式,可以将 λ_1 和 λ_2 两机翼的升力曲线相互转换。图 7.5.1 所示的就是这种转换的一个几何说明。

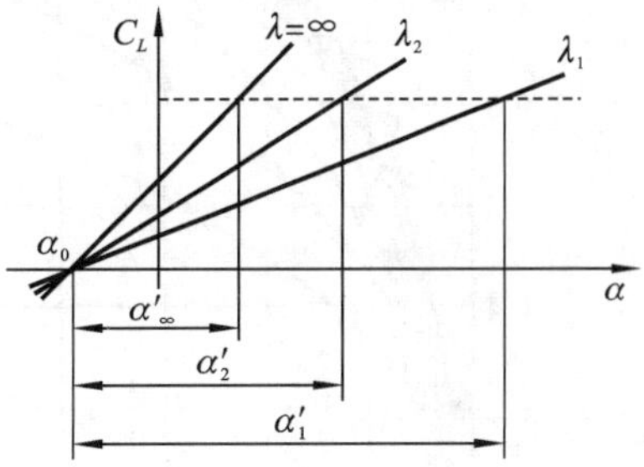

诱导阻力系数之间的转换式可以从(7.4.19)式推导出来,结果是

$$(C_{R_i})_2 = (C_{R_i})_1 + \frac{C_L^2}{\pi}\left(\frac{1+\sigma_2}{\lambda_2} - \frac{1+\sigma_1}{\lambda_1}\right) \tag{7.5.4}$$

图 7.5.1 升力系数曲线的转换

普朗特和贝兹(Betz)对上述转换关系进行了实验验证。图 7.5.2(a)所示的是升力系数曲线,七个矩形机翼的展弦比分别是 $\lambda=1,2,\cdots,7$;图 7.5.2(b)所示的则是利用转换式(7.5.3)式转换得到 $\lambda=5$ 的情形,这时,所有的实验点都近似在一条曲线上,这就有力地说明,(7.5.3)式的正确性。图 7.5.3(a)所示的是上述机翼的极曲线(升力-阻力曲线),图 7.5.3(b)所示的是利用(7.5.4)式转换得到 $\lambda=5$ 的结果,图中还给出了 $\lambda=5$ 的理论曲线。七组曲线经转换能合成一条曲线,这无疑表示,(7.5.4)式的正确性;至于理论曲线和实验曲线之间存在着差别,那是实验曲线中还有其他阻力成分的缘故。

展弦比转换式为船舵设计计算提供了方便,下面列举一个例子来说明。

例 7.5.1 一矩形舵面,舵高为 $l=4$ m,弦长为 $b=5$ m(见图 7.5.4),舵的截面为一对称翼型。当舵角为 $\alpha=20°$时升力系数为 $C_L=0.53$,求此时舵面的有效舵角 α_e 和诱导阻力系数 C_{R_i}。如果舵面积不变,舵高改为 5 m,舵角仍为 20°,试求此时舵面的升力系数。

解 (1)对称翼型的零升力攻角 $\alpha_0=0$,有效舵角 α_e 等于舵角 α 减去下洗角 α_i,即 $\alpha_e=\alpha-\alpha_i$。本题的第一问实际上是要求 α_i 和 C_{R_i},其计算公式为

$$\alpha_i = \frac{C_L}{\pi\lambda}(1+\tau) \tag{1}$$

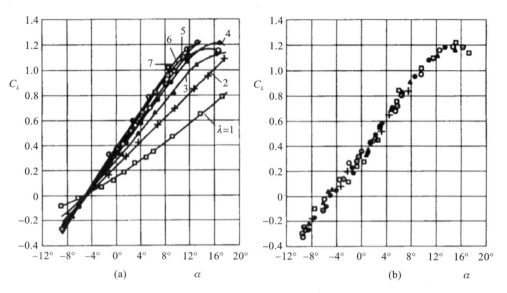

图 7.5.2 升力系数曲线

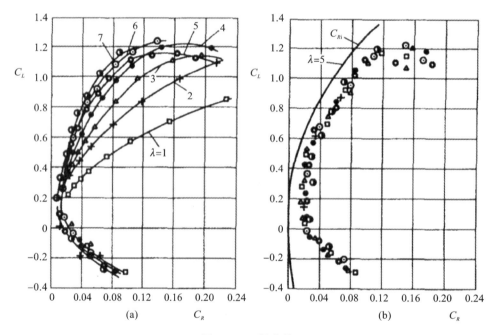

图 7.5.3 极曲线

$$C_{R_i} = \frac{C_L^2}{\pi\lambda}(1+\sigma) \tag{2}$$

根据题设条件可知,展弦比 $\lambda_1 = l/b = 0.8$,$C_L = 0.53$,另外从表 7.4.1 中可查得

$$\frac{1+\tau}{\pi} = 0.375, \quad \frac{1+\sigma}{\pi} = 0.335$$

将以上数据代入(1)式和(2)式,得

$$\alpha_i = \frac{0.53}{0.8} \times 0.375 \text{ rad} = 0.248 \text{ rad} = 14.2°$$

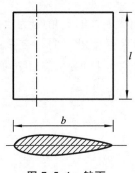

图 7.5.4 舵面

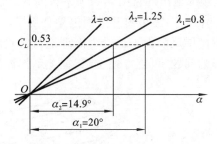

图 7.5.5 对称翼型舵面 C_L-α 曲线

$$C_{R_i} = \frac{0.53^2}{0.8} \times 0.335 = 0.118$$

而有效攻角

$$\alpha_e = \alpha - \alpha_i = 20° - 14.2° = 5.8°$$

(2) 改变舵高后,$\lambda_2 = 1.25$。此时,舵的升力系数 C_{L2} 可以通过(1)中 $\lambda_1 = 0.8$ 的舵面升力系数换算出来。对称翼型舵面的 C_L-α 曲线如图 7.5.5 所示,在同一个 $C_L = 0.53$ 下,α_2 可按 (7.5.3)式计算。因为 $\alpha_0 = 0$,所以,(7.5.3)式此时可写成

$$\alpha_2 = \alpha_1 + \frac{C_L}{\pi}\left(\frac{1+\tau_2}{\lambda_2} - \frac{1+\tau_1}{\lambda_1}\right) = \alpha_1 + \frac{C_L(1+\tau)}{\pi}\left(\frac{1}{\lambda_2} - \frac{1}{\lambda_1}\right)$$

将有关数据代入上式,得(以度为单位)有效攻角为

$$\alpha_2 = 20 + 0.53 \times 0.375 \times \left(\frac{1}{1.25} - \frac{1}{0.8}\right) \times \frac{180}{\pi} = 20° - 5.1° = 14.9°$$

因为升力系数和攻角成正比,所以 $\alpha = 20°$ 对应的升力系数为

$$C_{L2} = \frac{0.53}{14.9} \times 20 = 0.711$$

7.6 小展弦比机翼

小展弦比机翼翼端由下向上卷起的侧缘涡十分明显(见图 7.6.1),其影响比大展弦比机翼大得多,在这样的涡系作用下,C_L 和 α 之间不再保持线性关系,升力线理论不再适用。为此,Bollay(1939)提出如下升力面理论模型(见图 7.6.2):

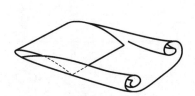

图 7.6.1 小展弦比机翼的侧缘涡和尾涡面

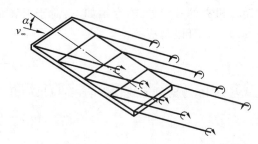

图 7.6.2 Bollay 的升力面模型

(1) 用不同强度的 Ⅱ 形涡沿弦向配置;

(2) 沿展向,环量不变,下洗也不变;

(3) 从侧缘拖出的自由涡系为平行的直线涡,且都与翼面成 $\alpha/2$ 的夹角(α 为攻角)。

Gersten(1957)提出的升力面模型如图 7.6.3 所示,附着涡强度沿展向是变量;沿弦向可以拖出任意多层尾涡面来。升力面理论与实验结果比较如图 7.6.4 所示。关于小展弦比机翼的非线性影响问题,可查专题文献,在此不作详细介绍。

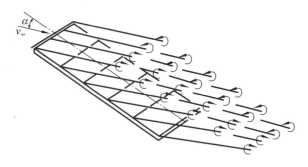

图 7.6.3 Gersten 的升力面模型

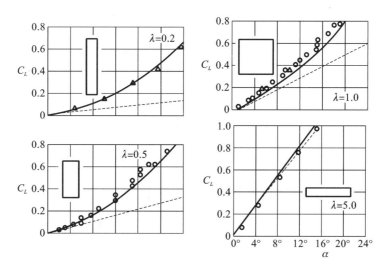

图 7.6.4 升力系数曲线

——升力面;······升力线;·实验值

此外,布拉果根据实验结果,对大展弦比机翼的计算公式作了修正,得到一个适合于小展弦比矩形机翼的升力公式,介绍如下:对于大展弦比机翼,如果取 $C_{L\infty}^{a}=2\pi$,$(1+\tau)/\pi=0.375$,则(7.4.17)式可以写成

$$C_L = 2\pi \frac{2.67\lambda}{2.67\lambda + 2\pi} \alpha'$$

在此式基础上,考虑到非线性影响,布拉果的升力系数公式可写成

$$C_L = 2\pi \frac{2.7\lambda + 2\alpha'}{2.7\lambda + 2\pi} \alpha' \tag{7.6.1}$$

而诱导阻力系数公式不变,仍然用(7.4.19)式,即

$$C_{R_i} = \frac{C_L^2}{\pi\lambda}(1+\sigma) \tag{7.6.2}$$

式中,修正系数 $\sigma \approx 0.50 \sim 0.60$,比大展弦比的相应系数大很多。

习 题

7.1 一旋转体的母线方程为 $\overline{R} = 0.24\overline{x}(1-\overline{x})$,式中,$\overline{R} = R/l, \overline{x} = x/l, l$ 为旋转体全长,试计算攻角为零时物面上的压力分布,作 $C_p \sim \overline{x}$ 曲线。

7.2 一矩形机翼的面积 $S = 20 \text{ m}^2$,翼展 $l = 10 \text{ m}$。如果用一个不变环量的 Π 形涡代替该机翼,在来流速度为 v_0,升力系数 $C_L = 1.0$ 时求环量 Γ 的大小,并计算机翼中部及 1/4 翼展处的下洗速度。

7.3 用一个环量不变的 Π 形涡代替一个有限翼展直机翼,问:
(1) 本身涡系在附着涡中点处的下洗速度多大?
(2) 若有两个相同的机翼并排飞行,两翼梢之间相距一个翼展,再求附着涡中点处的下洗速度,并据此讨论两机并飞时对机翼升力产生的影响。

7.4 如题图 7.4 所示,一有限翼展机翼的展向环量分布为三角形,中间对称剖面处的环量为 Γ_0,求下洗角沿翼展的变化规律 $\alpha_i(z)$ 和升力系数 $C_L(\alpha)$。

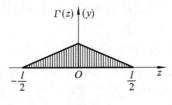

题图 7.4

7.5 机翼弦长办 $b = 2 \text{ m}$,展长 $l = 10 \text{ m}$,以 $v = 360 \text{ km/h}$ 的速度在空中飞行,机翼中间部分环量 $\Gamma_0 = 20 \text{ m}^2/\text{s}$,端部环量为零,沿翼展环量呈椭圆分布,求平均升力系数 C_L 的大小。

7.6 对称翼型 NACA0015 的升力线斜率 $\mathrm{d}C_L/\mathrm{d}\alpha = 0.097(1/(°))$,当翼弦 $b = 1 \text{ m}$ 时,试计算 $\alpha = 0°, 15°$ 时翼型的升力及诱导阻力。如果是同样翼型的有限翼展直机翼,$l = 2 \text{ m}, b = 1 \text{ m}$,在同样的攻角下机翼的升力和诱导阻力又是多少?

7.7 展弦比 $\lambda = 6$,弦长 $b = 10 \text{ cm}$ 的 NACA0018 矩形机翼模型,在风洞风速为 30 m/s、攻角 $\alpha = 8.5°$ 时测到的升力为 23.52 N。现在有一个同样翼型的舵板,宽为 2 m、吃水为 4 m,请利用上述实验数据,求出此舵板在舵角 12°,船速 10 kn(1 kn = 0.514 m/s)时产生的舵力。已知 NACA0018 的 $\mathrm{d}C_L/\mathrm{d}\alpha = 0.0096(1/(°))$。

第 8 章 波 浪 理 论

海洋中周期为 1~30 s 的波浪具有的能量已超过海浪总能量的一半以上,能量峰值对应的周期约为 10 s。这个范围内的波浪主要是由风作为扰动力,重力作为回复力形成的,这种波浪称为重力波。重力波出现在液体表面,当然也影响到液体内部,但随水深的增加其影响越来越小,影响范围只限于表层,所以又称为表面重力波。船舶航行引起的船行波也属于重力波。

海洋上在风区由风形成的波浪简称风浪。反映风浪特性的各物理量随时间和位置而变,具有随机性。风浪脱离发生区以后,风力不再提供能量,但波浪不易衰减,波长越长的波浪向前传播得越快,越远。因此,在远离强风区的水域,可以观察到波峰呈圆滑状,峰线较长的长周期波浪向前传播。这种近似有一定规律的波浪称为涌浪。周期在 4s 以上的波浪,流体黏性引起的衰减已明显下降;周期在 8 s 以上的涌浪可以传播到离风区数百千米以外;周期在 19 s 以上的涌浪行程可达 12 000 km 而不见衰减的迹象。这些观察使我们确信,在讨论波浪问题时,一般都可以假定流体是无黏性的理想流体。

波浪的分类方法主要有以下几种:依照波浪的尺度大小是否受重力影响(如表面张力波、重力波),依照波浪的形态(如规则波、不规则波),依照波长与水深的关系(深水波、有限水深波或浅水波),依照波浪运动状态(如振荡波、推移波),依照波浪破碎与否(如破碎波、未破碎波和破后波)等。波长大小与水深、重力间的关系,皆会影响到波浪的传输速度、运动方式以及海表面破碎等关系,当波长尺度或能量过大时(如海啸),则表面运动的扰动则可以忽略。

水是正压流体,重力是有势的质量力,流体黏性的影响可以忽略不计。在这些条件下,流体从静止开始运动,根据海姆霍兹定理,这种运动将是无旋的。因此,研究波浪问题可以用势流理论。不可压缩流体运动的速度势满足拉普拉斯方程,这无疑表明可用叠加原理去研究复杂的波浪运动。正因为如此,本章将着重介绍小振幅波(线性波)理论,小振幅波是一种简化了的最简单的波动。小振幅波的周期解是用余弦函数表达的余弦波(又称谐波或规则波,也可以用正弦函数表达),它可以作为涌浪的简化模型。分析这种最简单的波动,对解决较复杂的波动问题是十分必要的,它是研究有限振幅波和随机波动的基础。

8.1 波浪运动的基本方程与边界条件

波浪的主要特征参数是波高 H,波长 L 和周期 T,如图 8.1.1 所示。波高是波峰与相邻波谷之间的垂直距离。波长是相邻两波峰(或两波谷)之间的水平距离。此外,还可以定义波幅 A,它是波峰到静水面的垂直距离,在规则波中波高等于两倍的波幅,即 $H=2A$。

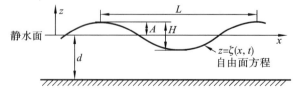

图 8.1.1 波浪特征示意图

波剖面的特性可以用波高、波长和静水面深度 d 所组成的无量纲参数表示，常用的三个参数是：波陡 H/L，相对波高 H/d 和相对水深 d/L。

下面先建立波浪运动的基本方程，给出边界条件，然后用小振幅波理论假设将边界条件线性化。为简明起见，只讨论平面问题。

8.1.1 基本方程

波浪运动是理想不可压缩流体的无旋运动，因此，存在速度势 $\Phi(x,z,t)$，它满足拉普拉斯方程

$$\frac{\partial^2 \Phi}{\partial x^2} + \frac{\partial^2 \Phi}{\partial z^2} = 0 \quad (-d \leqslant z \leqslant \zeta, -\infty < x < \infty) \tag{8.1.1}$$

通过 Φ 确定速度，再用柯西-拉格朗日积分就可以得到压力分布，这个积分是(6.2.9)式，即

$$\frac{v^2}{2} + \frac{p}{\rho} + gz + \frac{\partial \Phi}{\partial t} = C(t) \tag{8.1.2}$$

若令

$$\varphi = \Phi + \frac{p_a}{\rho} t - \int_0^t C(t) \, dt \tag{8.1.3}$$

则(8.1.2)式可以写成：

$$\frac{v^2}{2} + \frac{p - p_a}{\rho} + gz + \frac{\partial \varphi}{\partial t} = 0 \tag{8.1.4}$$

式中：p_a——自由液面上的大气压力。速度的平方 v^2 可用速度势表示，即

$$v^2 = \left(\frac{\partial \varphi}{\partial x}\right)^2 + \left(\frac{\partial \varphi}{\partial z}\right)^2 \tag{8.1.5}$$

速度势 φ 满足拉普拉斯方程，即

$$\frac{\partial^2 \varphi}{\partial x^2} + \frac{\partial^2 \varphi}{\partial z^2} = 0 \tag{8.1.6}$$

以上，拉普拉斯方程(8.1.6)式和柯西-拉格朗日积分(8.1.4)式组成波浪运动的基本方程组。

8.1.2 边界条件

波浪运动要满足如下三个边界条件。

1. 底部不可穿透边界条件

底部不可穿透边界条件可表述为：底部法向分速等于零，即

$$\left. \frac{\partial \varphi}{\partial n} \right|_{z=-d} = 0$$

2. 自由面上动力学边界条件

自由面上动力学边界条件是：在自由面上液体的压力等于大气压力，换言之，自由面上液体的相对压力为零。将此条件用于(8.1.4)式，得

$$\zeta = -\frac{1}{g}\left(\frac{v^2}{2} + \frac{\partial \varphi}{\partial t}\right)_{z=\zeta} \tag{8.1.7}$$

(8.1.7)式为自由面上动力学边界条件的一种表达式。

3. 自由面上运动学边界条件

自由面上运动学边界条件是：自由面上的液体质点永远在自由面上。可以用拉格朗日法

推导这个条件的表达式。设自由面方程为
$$F(x,z,t) = 0 \tag{8.1.8}$$
自由面上某质点 P 的坐标为
$$\begin{cases} x = f(a,b,t) \\ z = h(a,b,t) \end{cases} \tag{8.1.9}$$
式中：a,b——$t=0$ 时该质点的坐标。

根据运动学条件，P 点的坐标应永远满足自由面方程，于是，
$$F[f(a,b,t),h(a,b,t),t] \equiv 0 \tag{8.1.10}$$
式中：a 和 b——常量。因此，有
$$\frac{\mathrm{d}F}{\mathrm{d}t} = 0$$
即
$$\frac{\partial F}{\partial t} + \frac{\partial F}{\partial x}\frac{\mathrm{d}x}{\mathrm{d}t} + \frac{\partial F}{\partial z}\frac{\mathrm{d}z}{\mathrm{d}t} = 0 \tag{8.1.11}$$

因为 $F(x,z,t) = \zeta(x,t) - z$（见图 8.1.1），代入上式，得
$$\frac{\partial \zeta}{\partial t} + \frac{\partial \zeta}{\partial x}\frac{\mathrm{d}x}{\mathrm{d}t} - \frac{\mathrm{d}z}{\mathrm{d}t} = 0 \tag{8.1.12}$$
式中：$\mathrm{d}z/\mathrm{d}t$——质点 P 的 z 方向分速度，即
$$\frac{\mathrm{d}z}{\mathrm{d}t} = \left.\frac{\partial \varphi}{\partial z}\right|_{z=\zeta}$$
$\mathrm{d}x/\mathrm{d}t$——x 方向的分速度，即
$$\frac{\mathrm{d}x}{\mathrm{d}t} = \left.\frac{\partial \varphi}{\partial x}\right|_{z=\zeta}$$
因此，(8.1.12)式可以写成
$$\left.\frac{\partial \varphi}{\partial z}\right|_{z=\zeta} = \frac{\partial \zeta}{\partial t} + \left.\frac{\partial \varphi}{\partial x}\right|_{z=\zeta}\frac{\partial \zeta}{\partial x} \tag{8.1.13}$$

(8.1.13)式就是自由面上所要求的运动学条件。可以看出，自由面上质点的垂直分速度由两部分组成：$\partial \zeta/\partial t$ 是随着自由面升降的速度；最后一项则是质点在自由面上移动产生的垂直分速度。

8.1.3 小振幅波理论假设和边界条件的线性化

自由面上的边界条件是非线性的，而且还要求在不定的边界 $z = \zeta(x,t)$ 上成立，这就使得求解变得十分困难。为了避开这些问题，现假定：
(1) 波动是小振幅的，即 $H/L \ll 1$；
(2) 流体质点的运动缓慢，因此，v^2 趋于 0；
(3) 水深 $d=$ 常数。

根据假设(1)，将 $z=\zeta$ 的条件改为 $z=0$，这就避开了在不定的边界上满足边界条件的困难。在这个假设下，还可以推知，$\partial \zeta/\partial x$ 趋于 0，因此，自由面上运动学条件(8.1.13)式可以简化成
$$\left.\frac{\partial \varphi}{\partial z}\right|_{z=0} = \frac{\partial \zeta}{\partial t} \tag{8.1.14}$$

根据假设(1)和(2)，自由面上的动力学边界条件可简化成

$$\zeta = -\frac{1}{g}\frac{\partial \varphi}{\partial t}\bigg|_{z=0} \tag{8.1.15}$$

(8.1.14)式和(8.1.15)式两个条件合在一起可以写成

$$\frac{\partial \varphi}{\partial z}\bigg|_{z=0} + \frac{1}{g}\frac{\partial^2 \varphi}{\partial t^2}\bigg|_{z=0} = 0 \tag{8.1.16}$$

根据假设(3),底部边界条件可写成

$$\frac{\partial \varphi}{\partial z}\bigg|_{z=-d} = 0 \tag{8.1.17}$$

在假设(2)的条件下,柯西-拉格朗日积分也可作相应简化,结果是

$$\frac{p - p_a}{\rho} = -gz - \frac{\partial \varphi}{\partial t} \tag{8.1.18}$$

很明显,(8.1.18)式右边第一项是静压力项;第二项是波动引起的动压力项。

下面介绍在上述简化(线性化)边界条件下拉普拉斯的周期解,进而讨论小振幅波的特性。

8.2 小振幅波的速度势

二维小振幅波的速度势 $\varphi(x,z,t)$ 由下列方程和边界条件确定:

$$\begin{cases} \dfrac{\partial^2 \varphi}{\partial x^2} + \dfrac{\partial^2 \varphi}{\partial z^2} = 0 \quad (-d \leqslant z < 0, -\infty < x < +\infty) \\ \dfrac{\partial \varphi}{\partial z}\bigg|_{z=-d} = 0 \\ \zeta = -\dfrac{1}{g}\dfrac{\partial \varphi}{\partial t}\bigg|_{z=0} \\ \dfrac{\partial \varphi}{\partial z}\bigg|_{z=0} = \dfrac{\partial \zeta}{\partial t} \end{cases} \text{或} \quad \dfrac{\partial \varphi}{\partial z}\bigg|_{z=0} + \dfrac{1}{g}\dfrac{\partial^2 \varphi}{\partial t^2}\bigg|_{z=0} = 0 \tag{8.2.1}$$

这里不讨论给定初始条件会产生怎样的波动,而只研究小振幅波随时间作简谐振动的周期解。为此,用分离变量法求解拉普拉斯方程时,可以直接假设:

$$\varphi(x,z,t) = Z(z)\sin(kx - \sigma t) \tag{8.2.2}$$

式中: $Z(z)$——关于 z 的待定函数;

k,σ——常数,其物理意义在下一节介绍。

因为一般情况下 $\sin(kx-\sigma t) \neq 0$,所以将(8.2.2)式代入拉普拉斯方程,得

$$Z'' - k^2 Z = 0 \tag{8.2.3}$$

式中: Z''——Z 对 z 的二阶导数。

方程(8.2.3)式是常系数二阶齐次常微分方程,有现成的解法,通解是

$$Z = A_1 e^{kz} + A_2 e^{-kz} \tag{8.2.4}$$

将(8.2.4)式代入(8.2.2)式,得

$$\varphi = (A_1 e^{kz} + A_2 e^{-kz})\sin(kx - \sigma t) \tag{8.2.5}$$

将(8.2.5)式代入(8.2.1)式的第二式,由底部边界条件可以找到 A_1 和 A_2 的关系,即

$$A_2 = A_1 e^{-2kd}$$

因此,速度势(8.2.5)式可以写成

$$\varphi = 2A_1 e^{-kd}\frac{e^{k(z+d)} + e^{-k(z+d)}}{2}\sin(kx - \sigma t) \tag{8.2.7}$$

或用双曲函数*写成：
$$\varphi = A_3 \text{ch} k(z+d) \sin(kx - \sigma t) \tag{8.2.8}$$

式中：A_3——一个新常数；

$\text{ch} k(z+d)$——$k(z+d)$的双曲余弦。

将(8.2.8)式再代入(8.2.1)式的第三式，由自由面动力学条件，可得波面方程
$$\zeta = A\cos(kx - \sigma t) \tag{8.2.9}$$

式中：A——波幅 $A = A_3 \sigma \text{ch} kd$。

利用 A 和 A_3 的关系，速度势可以写成
$$\varphi = \frac{Ag}{\sigma} \frac{\text{ch} k(z+d)}{\text{ch} kd} \sin(kx - \sigma t) \tag{8.2.10}$$

当水深 d 趋于 ∞ 时，速度势为
$$\varphi = \frac{Ag}{\sigma} e^{kz} \sin(kx - \sigma t) \tag{8.2.11}$$

波面方程仍然是(8.2.9)式。

小振幅波是在线性边界条件下得到的，所以又称为线性波。这个理论是 Airy 最先提出的，故又称为 Airy 波或微幅波理论。

8.3 小振幅波的要素

小振幅波波面方程为
$$\zeta = A\cos(kx - \sigma t) \tag{8.3.1}$$
波形如图 8.3.1 所示。A 是波幅，$kx - \sigma t = \theta$ 称为位相。下面先讨论波的要素：波长 L 和波数 k，周期 T 和圆频率 σ 之间的关系。然后再推导波速公式，并分析相对水深的影响。

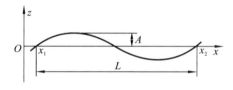

图 8.3.1　余弦波

8.3.1　波长 L 和波数 k

余弦函数的周期是 2π，若同一时刻两点间的相位差为 2π，即
$$(kx_2 - \sigma t) - (kx_1 - \sigma t) = 2\pi$$
那么这两点间的距离就是一个波长，即
$$L = x_2 - x_1 = \frac{2\pi}{k} \tag{8.3.2}$$

---

* 双曲函数的定义：
$\text{ch} x = \dfrac{e^x + e^{-x}}{2}$，$\text{sh} x = \dfrac{e^x - e^{-x}}{2}$，$\text{th} x = \dfrac{\text{sh} x}{\text{ch} x}$ 分别是 x 的双曲余弦，双曲正弦和双曲正切。此外还有三个双曲函数，它们彼此间的关系如同普通三角函数。

若将(8.3.2)式写成 $kL=2\pi$,则意味着 2π 距离内有 k 个波长为 L 的波,所以 k 称为波数。

8.3.2 周期 T 和圆频率 σ

如果同一点 x 在两个时刻的相位差为 2π,即
$$(kx-\sigma t_2)-(kx-\sigma t_1)=2\pi$$
那么这两时刻的时间差就是波动周期,即
$$T=|t_2-t_1|=\frac{2\pi}{\sigma} \tag{8.3.3}$$
式中:σ——圆频率。

此外还有频率
$$n=1/T$$

8.3.3 波速(相速度)

当 $kx-\sigma t=m\pi, m=0,1,2,\cdots$ 时,它的余弦值为1,对应的 x 就是余弦波波峰(或波谷)的位置,即
$$x=\frac{m\pi}{k}+\frac{\sigma}{k}t \tag{8.3.4}$$
(8.3.4)式表明,随着时间 t 的推移,峰和谷的位置将向正 x 方向移动,所以,(8.3.1)式的余弦波是行(进)波。x 随时间 t 的变化率 dx/dt 就是波速(位相移动速度,或简称相速度),记为 c。从(8.3.4)式可知,波速
$$c=\frac{dx}{dt}=\frac{\sigma}{k}=\frac{L}{T} \tag{8.3.5}$$
如果将(8.2.10)式的速度势代入(8.2.1)式,根据自由面上的综合边界条件,可得
$$\sigma^2=kg\,\text{th}kd \tag{8.3.6}$$
(8.3.6)式称为色散关系式。对于无限水深情形,$\text{th}kd$ 趋近于1,这时,有
$$\sigma^2=kg \tag{8.3.7}$$
将(8.3.6)式代入(8.3.5)式,得到有限水深波速的公式:
$$c=\sqrt{\frac{gL}{2\pi}\text{th}\frac{2\pi d}{L}} \tag{8.3.8a}$$
或
$$c=\sqrt{\frac{gd}{kd}\text{th}kd} \tag{8.3.8b}$$
按(8.3.8)式绘制的曲线如图8.3.2所示。波速公式在一定水深范围内可以简化,结果是:对于深水波($d/L \geqslant 1/2$),
$$c=\sqrt{\frac{gL}{2\pi}} \quad (+0.2\%) \tag{8.3.9}$$
对于浅水波($d/L \leqslant 1/20$),
$$c=\sqrt{gd} \quad (+1.6\%) \tag{8.3.10}$$
从以上公式可以看出,当 $d/L>1/20$ 时,波速都与波长有关,这种波叫**色散波**。波速与波长无关的叫**非色散波**,浅水波就是非色散波的一例。因为浅水区的波速决定于水深,是一定值,如果扰动源运动速度大于此值,扰动源后面就不会出现新的波动,这一推断得到了观察的证实。

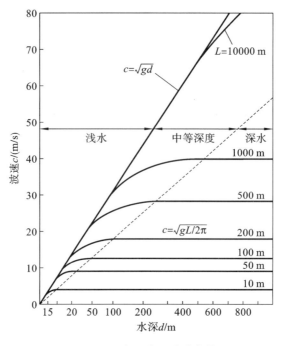

图 8.3.2 有限水深波速曲线

需要说明的是，以上公式都是在水深 $d=$ 常数的情况下导出来的，如果要考虑近岸倾斜海底的影响，可以假定周期不变，在此前提下再用已有公式算出其他波浪参数的变化，详见 8.7 节。

8.4 流体质点的运动、压力分布

8.4.1 流体质点的运动速度

已知波动的速度势，可以求得速度场。以无限水深中的小振幅波为例，由(8.2.11)式可以得到

$$\begin{cases} v_x = \dfrac{\partial \varphi}{\partial x} = A\sigma e^{kz} \cos(kx - \sigma t) \\ v_z = \dfrac{\partial \varphi}{\partial z} = A\sigma e^{kz} \sin(kx - \sigma t) \end{cases} \quad (8.4.1)$$

流体质点运动的速度为

$$v = \sqrt{v_x^2 + v_z^2} = A\sigma e^{kz} \quad (8.4.2)$$

波面上质点速度最大，随着水深度的加大，质点运动速度变小。将水下一个波长深度位置的质点速度 $v_{z=-L}$ 和波面上质点速度 $v_{z=0}$ 作一个比较，我们就会有一个数量的概念。为此求二者的比值，即

$$\frac{v_{z=-L}}{v_{z=0}} = e^{-kL} = e^{-2\pi} = \frac{1}{535}$$

结果表明，超过一个波长的深度后，流体几乎不受表面波动的影响，这就是小振幅波的表面性。

再将波面上质点的速度和波动相速度作一比较，有

$$\frac{v_{z=0}}{c} = \frac{A\sigma}{\sigma/k} = Ak = A\frac{2\pi}{L} = \pi\frac{H}{L} \ll 1$$

可见,流体质点的运动速度远比波速小。

8.4.2 无限水深行波中质点的运动轨迹

轨迹的微分方程为

$$\begin{cases} \dfrac{\mathrm{d}x}{\mathrm{d}t} = v_x = A\sigma \mathrm{e}^{kz}\cos(kx - \sigma t) \\ \dfrac{\mathrm{d}z}{\mathrm{d}t} = v_z = A\sigma \mathrm{e}^{kz}\sin(kx - \sigma t) \end{cases} \tag{8.4.3}$$

这个方程的积分不能用初等函数表示。对于小振幅水波,流体质点将只在原来的静止平衡位置(x_0, y_0)附近振荡,若令(8.4.3)式右边的$x = x_0, z = z_0$为常数,可以得到轨迹方程的近似积分:

$$\begin{cases} x - x_0 = -A\mathrm{e}^{kz_0}\sin(kx_0 - \sigma t) \\ x - z_0 = A\mathrm{e}^{kz_0}\cos(kx_0 - \sigma t) \end{cases} \tag{8.4.4a}$$

或

$$(x - x_0)^2 + (z - z_0)^2 = (A\mathrm{e}^{kz_0})^2 \tag{8.4.4b}$$

这是一个圆方程。它表明,在无限水深情况下,波动中的流体质点均围绕其静平衡点作近似于圆的运动,轨迹圆的半径为$A\mathrm{e}^{kz_0}$,质点的圆周速度为$A\sigma \mathrm{e}^{kz_0}$(见(8.4.2)式)。为了辨别质点旋转的方向,将轨迹圆的参数方程(8.4.4a)式写成:

$$\begin{cases} \xi = x - x_0 = -A\mathrm{e}^{kz_0}\sin\theta = A\mathrm{e}^{kz_0}\cos\left(\dfrac{\pi}{2} + \theta\right) \\ \eta = x - z_0 = A\mathrm{e}^{kz_0}\cos\theta = A\mathrm{e}^{kz_0}\sin\left(\dfrac{\pi}{2} + \theta\right) \end{cases} \tag{8.4.5}$$

于是,可以认为θ是以负η轴为极轴的极角(见图8.4.1)。由$\theta = kx_0 - \sigma t$可知,θ将随时间的增加而减小,这表明质点沿圆周的运动是顺时针旋转(对应的波传播方向是正x轴方向,即右行波;若是左行波,质点将逆时针旋转)。这样,在波峰处质点运动方向与波传播方向相同,在波谷处则相反(见图8.4.2),在水下$z = z_0$处的流体质点也在波动过程中围绕其平衡位置做绕圆的运动,它们形成的波面叫次波面,其波幅为$A\mathrm{e}^{kz_0}$,波形方程可以写成

$$\zeta^* = A\mathrm{e}^{kz_0}\cos(kx - \sigma t) \tag{8.4.6}$$

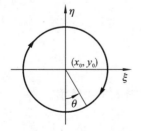

图 8.4.1 质点在轨迹圆上的转向(右行波)

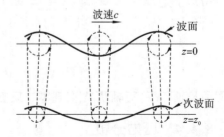

图 8.4.2 无限水深的波面和质点轨迹圆

需要指出的是,以上结果是在近似假定的基础上得到的,它可以定性地说明波动过程中流体质点运动的特征,如要严格加以追究,就难免出现矛盾。例如,我们说,波动过程中质点以不变的速度$A\sigma \mathrm{e}^{kz_0}$围绕平衡点做圆周运动,果真如此的话,波形就应该是摆线,现在余弦波面上

的流体质点做圆周运动，显然是一种近似结果。

8.4.3 有限水深行波中质点的运动轨迹

用(8.2.10)式的速度势求出 v_x, v_z 后，可以写出如下轨迹微分方程：

$$\begin{cases} \dfrac{\mathrm{d}x}{\mathrm{d}t} = v_x = A\sigma \dfrac{\mathrm{ch}(k(z+d))}{\mathrm{sh}(kd)}\cos(kx - \sigma t) \\ \dfrac{\mathrm{d}z}{\mathrm{d}t} = v_z = A\sigma \dfrac{\mathrm{sh}(k(z+d))}{\mathrm{sh}(kd)}\sin(kx - \sigma t) \end{cases} \quad (8.4.7)$$

和 8.4.2 小节处理无限水深的问题一样，可以得到(8.4.7)式的近似积分：

$$\frac{(x-x_0)^2}{\alpha^2} + \frac{(z-z_0)^2}{\beta^2} = 1 \quad (8.4.8)$$

式中：

$$\alpha = A\frac{\mathrm{ch}(k(z_0+d))}{\mathrm{sh}(kd)}, \quad \beta = A\frac{\mathrm{sh}(k(z_0+d))}{\mathrm{sh}(kd)} \quad (8.4.9)$$

上述结果表明，波动中的质点轨迹是一个椭圆。椭圆的中心在原来的静平衡位置 (x_0, z_0)。因为 z_0 在水下，应是负值，所以随 z_0 的增加，椭圆的长、短半轴都将减小，这个变化范围是：

$$\begin{cases} \alpha = A\coth(kd) \to A/\mathrm{sh}(kd) \\ \beta = A \to 0 \end{cases} \quad (8.4.10)$$

椭圆轨迹及其随深度的变化示意如图 8.4.3 所示。

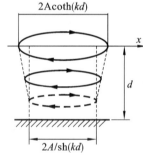

图 8.4.3 有限水深质点轨迹椭圆

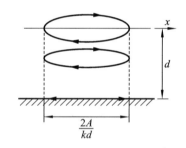

图 8.4.4 浅水中质点轨迹的变化

在浅水范围 $d/L \leqslant 1/20$，当 $z_0 = 0$ 趋于 $(-d)$ 时，$\mathrm{ch}(k(z_0+d)) \approx 1$，$\mathrm{sh}(k(z_0+d))$ 趋于 $k(z_0+d)$，于是

$$\begin{cases} \alpha = \dfrac{A}{kd} \\ \beta = \dfrac{A(z_0+d)}{d} \end{cases} \quad (8.4.11)$$

椭圆的长轴不变，短轴从 A 变到零。质点的轨迹曲线示意如图 8.4.4 所示。

8.4.4 压力分布

压力分布可用简化的柯西-拉格朗日积分计算，此积分为

$$\frac{p - p_a}{\rho} = -gz - \frac{\partial \varphi}{\partial t} \quad (8.4.12)$$

将(8.2.10)式代入(8.4.12)式，可以得到相对压力：

$$p - p_a = \rho g \left[\frac{\operatorname{ch}(k(z+d))}{\operatorname{ch}(kd)} \zeta - z \right] \tag{8.4.13}$$

式中：$\zeta = A\cos(kx - \sigma t)$，它随波动相位的变化而变化，这一项是波动压力，后一项是静水压力。要注意，$z=0$ 时 $p - p_a = \rho g \zeta$。当 $\zeta > 0$ 时，正值的 $p - p_a$ 可说是静水压力的贡献，然而，$\zeta < 0$ 时对应的负值 $p - p_a$ 与事实不符，这时应取

$$p - p_a = 0$$

对于 $d/L \geqslant 1/2$ 的深水波，将(8.2.11)式代入(8.4.12)式可得

$$p - p_a = \rho g (e^{kz}\zeta - z) \tag{8.4.14}$$

当 $|z| \geqslant L$ 时，(8.4.14)式右边第一项可以忽略不计，深水部分的压力为静压力，即

$$p - p_a = \rho g z \tag{8.4.15}$$

8.5 波能及其传递

8.5.1 波能

波能有两部分：(1)流体质点运动所具有的动能 E_k；(2)流体偏离平衡位置引起的势能增量 E_p。小振幅波是规则波，只需要计算一个波长范围(见图 8.5.1)的波能就能说明问题。

1. 动能

$$E_k = \int_0^L \int_{-d}^{\zeta} \frac{1}{2}\rho v^2 \mathrm{d}x\mathrm{d}z = \frac{\rho}{2} \int_S \left[\left(\frac{\partial \varphi}{\partial x}\right)^2 + \left(\frac{\partial \varphi}{\partial z}\right)^2 \right] \mathrm{d}S \tag{8.5.1}$$

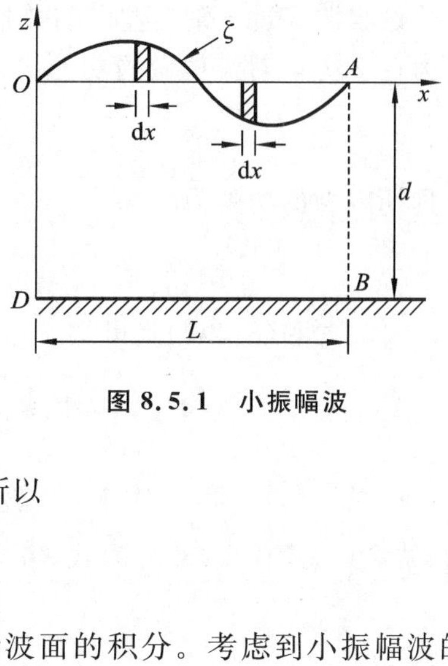

式中：$\mathrm{d}S = \mathrm{d}x\mathrm{d}z$，积分区域 S 的边界由波面 OA，平底 DB 和两个铅垂面 OD 及 AB 组成。利用 Green 定理，(8.5.1)式的面积分可化为如下线积分：

$$E_k = \frac{\rho}{2} \int_l \varphi \frac{\partial \varphi}{\partial n} \mathrm{d}l \tag{8.5.2}$$

式中：l——前述积分域 S 的封闭边界线。

图 8.5.1 小振幅波

由于铅垂面 OD 和 AB 各对应点的 $\varphi \dfrac{\partial \varphi}{\partial n}$ 等值反号，所以

$$\int_{OD+AB} \varphi \frac{\partial \varphi}{\partial n} \mathrm{d}l = 0$$

此外，平底上 $\partial \varphi / \partial n = 0$，因此，(8.5.2)式的积分只剩下沿波面的积分。考虑到小振幅波的假设，沿波面的积分可用沿 x 轴的线积分代替，于是，

$$E_k = \frac{\rho}{2} \int_0^L \left(\varphi \frac{\partial \varphi}{\partial z} \right)_{z=0} \mathrm{d}x \tag{8.5.3}$$

将(8.2.10)式有限水深的速度势代入(8.5.3)式，考虑到色散关系(8.3.6)式，化简得

$$E_k = \frac{\rho}{2} \int_0^L A^2 g \sin^2(kx - \sigma t) \mathrm{d}x = \frac{\rho}{2} \int_0^L A^2 g \frac{1}{2} [1 - \cos(2(kx - \sigma t))] \mathrm{d}x$$

积分结果为

$$E_k = \frac{1}{4} \rho g A^2 L \tag{8.5.4}$$

2. 势能

计算势能时,以静水线为基准计算势能的增量。如图 8.5.1 所示,在波面线和静水线(x 轴线)之间所取的微元流体 $\zeta \mathrm{d}x$ 从静水线以下搬到线上反对称位置,势能增加量为 $(\zeta \mathrm{d}x \rho g)\zeta$,所以一个波长范围内的势能增量为

$$E_\mathrm{p} = \int_0^{L/2} \rho g \zeta^2 \mathrm{d}x \tag{8.5.5}$$

将波面方程(8.2.9)式代入(8.5.5)式积分得

$$E_\mathrm{p} = \frac{1}{4} \rho g A^2 L \tag{8.5.6}$$

3. 单位长度平均能量

根据以上计算,一个波长内的波能为

$$E = E_\mathrm{k} + E_\mathrm{p} = \frac{1}{2} \rho g A^2 L \tag{8.5.7}$$

其中动能和势能各占一半——能量均分。单位长度的平均能量为

$$\overline{E} = \frac{E}{L} = \frac{1}{2} \rho g A^2 \tag{8.5.8}$$

8.5.2 波能的传递

假设水波穿过 z 轴自左向右传播,$\mathrm{d}t$ 时间内通过该轴所在截面转移的能量应等于该截面上压力在 x 方向对流体做的功:

$$\mathrm{d}W = \int_{-d}^{\zeta} p \mathrm{d}z v_x \mathrm{d}t$$

一个周期内做的功则为

$$W = \int_{-d}^{\zeta} \mathrm{d}z \int_0^T p v_x \mathrm{d}t \tag{8.5.9}$$

由(8.4.13)式和(8.4.7)式可知

$$p = p_\mathrm{a} + \rho g \left[\frac{\mathrm{ch}(k(z+d))}{\mathrm{ch}(kd)} A \cos(kx - \sigma t) - z \right] \tag{1}$$

$$v_x = A\sigma \left[\frac{\mathrm{ch}(k(z+d))}{\mathrm{sh}(kd)} \cos(kx - \sigma t) \right] \tag{2}$$

将(1)式和(2)式代入(8.5.9)式,考虑到

$$\int_0^T \cos(kx - \sigma t) \mathrm{d}t = 0$$

结果为

$$W = \frac{2A^2 \sigma \rho g}{\mathrm{sh}(2kd)} \int_{-d}^{0} \mathrm{ch}^2(k(z+d)) \mathrm{d}z \int_0^T \cos^2(kx - \sigma t) \mathrm{d}t$$

积分得

$$W = \frac{2A^2 \sigma \rho g}{\mathrm{sh}(2kd)} \frac{T}{2} \frac{1}{4k} (2kd + \mathrm{sh}(2kd)) \tag{8.5.10}$$

因此,单位时间做的功,也就是单位时间内通过该截面转移的能量:

$$\overline{W} = \frac{W}{T} = \frac{1}{2} \rho g A^2 \frac{c}{2} \left(1 + \frac{2kd}{\mathrm{sh}(2kd)} \right)$$

即

$$\overline{W} = \overline{E} c_g \tag{8.5.11}$$

式中：c——波速；

c_g——单位长度平均能量 $\overline{E}$ 的传递速度，简称能量传递速度，

$$c_g = \frac{c}{2}\left(1 + \frac{2kd}{\text{sh}(2kd)}\right) \tag{8.5.12}$$

8.6 波群和群速度

波浪常常成群出现，一群大浪，一群小浪相继向前推进。下面用两个小振幅行波的叠加来说明这种现象。

假设两个波幅和传播方向相同的波仅波长和周期略有不同（也就是 $k_1 \approx k_2$，$\sigma_1 \approx \sigma_2$）它们的波面方程分别为

$$\zeta_1 = A\cos(k_1 x - \sigma_1 t) \tag{8.6.1}$$
$$\zeta_2 = A\cos(k_2 x - \sigma_2 t) \tag{8.6.2}$$

将它们叠加在一起，得到合成波

$$\zeta = \zeta_1 + \zeta_2 = A^* \cos(kx - \sigma t) \tag{8.6.3}$$

式中：

$$k = \frac{k_1 + k_2}{2} \approx k_1 (\text{或 } k_2)$$

$$\sigma = \frac{\sigma_1 + \sigma_2}{2} \approx \sigma_1 (\text{或 } \sigma_2)$$

这说明合成波的波长和周期与两个组成波的波长和周期差不多，但是，波幅

$$A^* = 2A\cos\left(\frac{k_1 - k_2}{2}x - \frac{\sigma_1 - \sigma_2}{2}t\right) \tag{8.6.4}$$

是在 $\pm 2A$ 之间按余弦规律变化的。图 8.6.1 所示的虚线是波幅变化的包络线（波幅调制波），就是按(8.6.4)式画出来的。这些包络线将合成波分成一个一个的波群，每个波群的长度是

$$\frac{1}{2}\frac{2\pi}{(k_1 - k_2)/2} = \frac{2\pi}{k_1 - k_2}$$

合成波的相速度为

$$c = \frac{\sigma}{k} \tag{8.6.5}$$

而波群的推进速度（群速度）为

$$c_g = \frac{(\sigma_1 - \sigma_2)/2}{(k_1 - k_2)/2} = \frac{d\sigma}{dk} \tag{8.6.6}$$

对于一般有限深度水域，用 $\sigma^2 = kg\,\text{th}\,kd$ 求导可得群速度：

$$c_g = \frac{c}{2}\left[1 + \frac{2kd}{\text{sh}(2kd)}\right] \tag{8.6.7}$$

(8.6.7)式和(8.5.12)式完全一样，说明波群推进速度就是单位长度平均能量的传递速度。

对于不同的相对水深，群速度不同，例如，在深水（kd 趋于 ∞）中，

$$c_g = \frac{c}{2} \tag{8.6.8}$$

在浅水（kd 趋于 0）中，

$$c_g = c \tag{8.6.9}$$

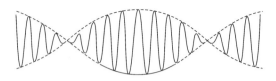

图 8.6.1 波群

从以上三个公式可以看出,一般情况下表面重力波的群速度都比相速度小,所以在深水区可以观察到:每个波群中的波列(合成波)会以相对速度 $c-c_g$ 在波群之间穿行。另外,海洋中的波浪向静水域传播时,总是有一个波前存在,后续波动会追赶波前,但只要趋近到波前便会消失。这种现象在长水池用造波机造波时也可以观察到。波动能量随着波前向前传递,这在物理上是容易理解的,所以波前的推进速度和波能传递速度相同,都是群速度。

8.7　波浪的浅水效应

在倾斜的海底上小振幅波的传播是复杂的。随着水深变浅,波浪的特征量:波速、波长、波高要发生一系列变化,直到波浪发生破碎为止。严格地说,分析这些变化要用非线性理论。但是当波陡 H/L 很小,且只讨论破波之前的运动时,利用线性理论可以给出一些实际可用的近似结果。

下面讨论二维波动。倾斜的海底如图 8.7.1 所示,坐标原点设在静水线和斜海底线的交点上,水深 $d(x)=x\tan\alpha$,其中 α 是平直斜海底和 x 轴之间的夹角(常数)。波由外海深水域沿负 x 轴传向海岸时,水深变浅将引起波速、波长、波高的变化,这种变化称为波浪的浅水效应。

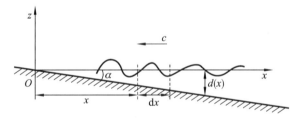

图 8.7.1　倾斜海底

8.7.1　波峰守恒原理

在 x 和 $x+\mathrm{d}x$ 处取铅垂控制面,划定一个控制区。在单位时间内,该控制区内增加的波峰数等于同一时间内净传入的波峰数。这就是波峰守恒原理。

我们知道,$\sigma/2\pi=1/T=n$;式中,n 是频率,表明单位时间内波动的次数,每一次波动含一个波峰和一个波谷,因而 $\sigma/2\pi$ 可以表示单位时间内通过某控制面的波峰数,$\dfrac{\partial}{\partial x}\left(\dfrac{\sigma}{2\pi}\right)\mathrm{d}x\mathrm{d}t$ 就代表 $\mathrm{d}t$ 时间内净传入控制区的波峰数。另外 $k/2\pi=1/L$ 表示单位长度上的波数,也就是波峰数,因此,$\dfrac{\partial}{\partial t}\left(\dfrac{k}{2\pi}\right)\mathrm{d}t\mathrm{d}x$ 是控制区内 $\mathrm{d}t$ 时间内增加的波峰数。按波峰守恒原理,有

$$\frac{\partial}{\partial t}\left(\frac{k}{2\pi}\right)\mathrm{d}t\mathrm{d}x = \frac{\partial}{\partial x}\left(\frac{\sigma}{2\pi}\right)\mathrm{d}x\mathrm{d}t$$

即
$$\frac{\partial k}{\partial t} - \frac{\partial \sigma}{\partial x} = 0 \tag{8.7.1}$$

考虑到取定的控制区内波数 k 不随时间变化,因此,有 $\partial\sigma/\partial x=0$。由于控制区选取的任意性,故可得

$$\sigma = \sigma_0 \quad \text{或} \quad T = T_0 \tag{8.7.2}$$

式中,σ_0,T_0——深水域的圆频率和周期(深水域的波动参数值均带下标 0,下同)。

(8.7.2)式表明,按照波峰守恒原理,在倾斜的海底上的波动周期(圆频率)是不变量。

8.7.2 波数 k、波长 L 和波速 c

假设海底变化平缓,那么可以用等深度小振幅波理论计算倾斜海底上的波动参数,于是倾斜海底上波的色散关系式为

$$\sigma^2 = kg\,\text{th}(kd) \tag{1}$$

而深水的色散关系为

$$\sigma_0^2 = k_0 g \tag{2}$$

将(1)式和(2)式代入(8.7.2)式,得

$$\frac{k_0}{k} = \text{th}(kd) \tag{8.7.3}$$

利用波长和波数的关系(8.3.2)式,由(8.7.3)式可推出:

$$\frac{L}{L_0} = \frac{k_0}{k} = \text{th}(kd)$$

再利用(8.3.5)式,可得

$$\frac{c}{c_0} = \frac{L}{L_0} = \frac{k_0}{k} = \text{th}(kd) = \text{th}\left(2\pi\frac{d/L_0}{L/L_0}\right) \tag{8.7.4}$$

8.7.3 浅水系数 H/H_0

假设单位时间内通过各铅垂断面的波动能量相等,即 $\overline{W}=\overline{W}_0$,按照(8.5.11)式,就有

$$\overline{E}c_g = \overline{E}_0 c_{g0}$$

即

$$\frac{1}{2}\rho g A^2 \frac{c}{2}\left(1 + \frac{2kd}{\text{sh}(2kd)}\right) = \frac{1}{2}\rho g A_0^2 \frac{c_0}{2} \tag{3}$$

再利用(8.7.4)式,可将(3)式改写成

$$\frac{H}{H_0} = \frac{A}{A_0} = \left[\frac{c_0}{c}\frac{1}{1+\dfrac{2kd}{\text{sh}(2kd)}}\right]^{1/2}$$

或者

$$\frac{H}{H_0} = \frac{A}{A_0} = \left(\frac{2\text{ch}^2(kd)}{2kd+\text{sh}(2kd)}\right)^{1/2} = \left[\frac{2\text{ch}^2\left(2\pi\dfrac{d}{L}\right)}{4\pi\dfrac{d}{L}+\text{sh}\left(4\pi\dfrac{d}{L}\right)}\right]^{1/2}$$

波高的比值 H/H_0 称为浅水系数。

从(8.7.4)式和(8.7.6)式可以看出,H/H_0,c/c_0,L/L_0,d/L_0 都是 d/L 的单值函数。这些关系可以列成数值表或绘制成曲线备查,图 8.7.2 所示的是对数坐标曲线。表 8.7.1 只列出了 d/L 和 d/L_0 的数据,d/L_0 和 d/L 之比值就是 c/c_0 和 L/L_0,浅水系数 H/H_0 可按

(8.7.6)式计算。

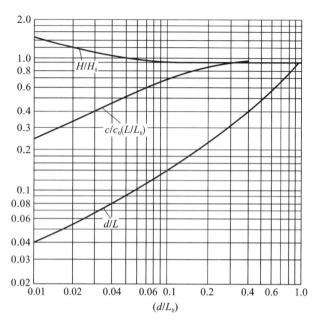

图 8.7.2　小振幅波浅水效应计算曲线

表 8.7.1　d/L-d/L_0 数值表

d/L_0	d/L	d/L_0	d/L	d/L_0	d/L	d/L_0	d/L
0.000	0.0000	0.075	0.119	0.23	0.251	0.41	0.415
0.002	0.0179	0.080	0.123	0.24	0.259	0.42	0.424
0.004	0.0253	0.085	0.128	0.25	0.268	0.43	0.434
0.006	0.0311	0.090	0.132	0.26	0.277	0.44	0.443
0.008	0.0360	0.095	0.137	0.27	0.285	0.45	0.453
0.010	0.0403	0.10	0.141	0.28	0.294	0.46	0.463
0.015	0.0496	0.11	0.150	0.29	0.303	0.47	0.472
0.020	0.0576	0.12	0.158	0.30	0.312	0.48	0.482
0.025	0.0648	0.13	0.167	0.31	0.321	0.49	0.492
0.030	0.0713	0.14	0.175	0.32	0.330	0.50	0.502
0.035	0.0775	0.15	0.183	0.33	0.339	∞	∞
0.040	0.0833	0.16	0.192	0.34	0.349		
0.045	0.0888	0.17	0.200	0.35	0.358		
0.050	0.0942	0.18	0.208	0.36	0.367		
0.055	0.0995	0.19	0.218	0.37	0.377		
0.060	0.104	0.20	0.225	0.38	0.386		
0.065	0.109	0.21	0.234	0.39	0.395		
0.070	0.114	0.22	0.242	0.40	0.405		

当 $d/L \leqslant 0.05$ 时，小振幅波已进入浅水区域，这时由(8.7.6)式可以得到如下近似关系：

$$\frac{H}{H_0} \approx \left(\frac{2 \times 1}{4\pi d/L + 4\pi d/L}\right)^{1/2} = \left(4\pi \frac{d}{L}\right)^{-1/2} \tag{8.7.7}$$

由(8.7.4)式，有

$$\frac{L}{L_0} = \text{th}\left(2\pi \frac{d/L_0}{L/L_0}\right) \approx 2\pi \frac{d/L_0}{L/L_0} \tag{8.7.8a}$$

即

$$\frac{d}{L} \approx \left(\frac{1}{2\pi} \frac{d}{L_0}\right)^{1/2} \tag{8.7.8b}$$

将(8.7.8b)式代入(8.7.7)式，得到浅水系数的近似关系式：

$$\frac{H}{H_0} \approx \left(8\pi \frac{d}{L_0}\right)^{-1/4} \tag{8.7.9}$$

(8.7.9)式表明，波高将以 d/L_0 的 $-1/4$ 次幂的规律增高，Iversen 的实验结果和(8.7.9)式基本相符。

8.8 二维船波

8.8.1 兴波阻力

船舶以等速 U 在平静的深水域做直线运动，下游只存在以相同速度 $c=U$ 传播的波浪，不必注重船体附近的流动细节，注意力集中在船后远下游的波系上(见图 8.8.1)。在远下游取一个固定的控制面 Ⅰ—Ⅰ，这时船舶和控制面之间的距离以速度 U 加长，不断兴起新波浪。单位时间内新兴起的波浪具有的能量为

$$c\overline{E} = \frac{1}{2}\rho g A^2 U \tag{8.8.1}$$

其中一部分由已有的波浪通过波能传递的方式提供，这部分能量为

$$c_g \overline{E} = \frac{1}{2}\rho g A^2 \frac{c}{2} = \frac{1}{4}\rho g A^2 U \tag{8.8.2}$$

其余部分来自船舶克服兴波阻力 R_w 所做的功，单位时间内作的功为 $R_w U$，因此有

$$c\overline{E} = c_g \overline{E} + R_w U \tag{8.8.3}$$

将(8.8.1)式和(8.8.2)式代入(8.8.3)式，得兴波阻力

$$R_w = \frac{1}{4}\rho g A^2 \tag{8.8.4}$$

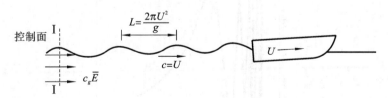

图 8.8.1

兴波阻力公式(8.8.4)式仅表明 R_w 和 A^2 成正比，并没有提供一个计算兴波阻力的方法。波幅 A 的值既与船体的形状、大小有关，也与运动速度有关，此外，还受波系之间的干扰因素的影响。下面通过例子来说明波系的干扰影响。

8.8.2 两个扰源引起的兴波阻力

第一个扰源单独以速度 U 做等速直线运动,像 8.8.1 小节介绍的那样,将产生一个波幅为 A 的小振幅波,在运动坐标系(固连于扰源上的坐标系)上,此波的波面方程为

$$\zeta_1 = A\cos(kx + \varepsilon) \tag{8.8.5}$$

式中:$k = g/c^2 = g/U^2$;

ε——相位角,可以任意设定。

根据(8.8.4)式,第一个扰源要克服的兴波阻力为

$$R_{w1} = \frac{1}{4}\rho g A^2 \tag{8.8.6}$$

现在将第二个扰源加上去。第二个扰源在第一个的下游,相隔距离为 l,它引起的波幅大小和第一个一样,但方向正好相反,因而第二个扰源引起的波面方程为

$$\zeta_2 = -A\cos(kx + \varepsilon + kl) \tag{8.8.7}$$

两个波叠加得

$$\zeta = \zeta_1 + \zeta_2 = A[\cos(kx + \varepsilon) - \cos(kx + \varepsilon + kl)]$$

ζ 可以用复变函数的实部表达,即

$$\zeta = \text{Re}[A e^{i(kx+\varepsilon)}(1 - e^{ikl})] \tag{8.8.8}$$

因此,合成波的最大波幅

$$A_{\max} = A|1 - e^{ikl}| = A\sqrt{(1-\cos kl)^2 + \sin^2 kl}$$

即

$$A_{\max} = 2A\sin\frac{kl}{2} \tag{8.8.9}$$

于是,两个扰源产生的兴波阻力为

$$R_w = \frac{1}{4}\rho g A_{\max}^2 = \rho g A^2 \sin^2 \frac{kl}{2} \tag{8.8.10}$$

因此

$$\frac{R_w}{R_{w1}} = 4\sin^2\frac{kl}{2} = 4\sin^2\left(\frac{1}{2Fr}\right) \tag{8.8.11}$$

式中:Fr——弗劳德(Fronde)数,是无量纲特征数,它代表运动惯性力和重力之比,

$$F_r = U/\sqrt{gl} \tag{8.8.12}$$

(8.8.11)式的曲线如图 8.8.2 所示。

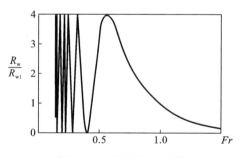

图 8.8.2 兴波阻力曲线

从(8.8.11)式可知,当 $\dfrac{kl}{2} = m\pi$,m 为任意整数,也就是 $l = m2\pi/k = mL$ 时,$R_w/R_{w1} = 0$;当

$\frac{kl}{2} = \left(m + \frac{1}{2}\right)\pi$，也就是 $l = \left(m + \frac{1}{2}\right)L$ 时，$R_w/R_{w1} = 4$，干扰达到了极大值；当 $Fr > 0.955$ 时，对于兴波阻力的不利影响不再存在。

上面这个例子可以用来定性说明实船首波系和尾波系之间的干扰。

现在将第二扰源的扰动改成正的，即令

$$\zeta_2' = A\cos(kx + \varepsilon + kl) \tag{8.8.13}$$

将它和 ζ_1 叠加，得

$$\zeta = \zeta_1 + \zeta_2' = \mathrm{Re}[Ae^{i(kx+\varepsilon)}](1 + e^{ikl})] \tag{8.8.14}$$

这时

$$A'_{\max} = A|1 + e^{ikl}| = 2A\cos\left(\frac{kl}{2}\right) \tag{8.8.15}$$

相应的兴波阻力

$$R_w' = \rho g A^2 \cos^2\left(\frac{kl}{2}\right) \tag{8.8.16}$$

兴波阻力的比

$$\frac{R_w'}{R_{w1}} = 4\cos^2\left(\frac{kl}{2}\right) = 4\cos^2\left(\frac{1}{2Fr}\right) \tag{8.8.17}$$

这个比值的曲线变化和图 8.8.2 所示的差不多，在低速时（$Fr < 1$），干扰的影响大，当两扰源相距整数波长（$l = mL$）时，$R_w'/R_{w1} = 4$；当 $l = \left(m + \frac{1}{2}\right)L$ 时，$R_w'/R_{w1} = 0$，不过比值为零并不一定意味着两个扰源的兴波阻力都为零，也可能第一个扰源受到兴波阻力，而第二个扰源受到一个大小相等，方向相反的推力。这个例子显示的推力效应在船舶编队航行时也是起作用的。冲浪板运动员在上游船舶所产生的波系上也可以设法利用这种效应。

*8.9 开尔文波

本节将利用运动坐标系中定常波动的特性和群速度的概念介绍深水水面上一个运动扰源形成的波系——开尔文（Kelvin）波，它和船舶航行时形成的波系的定性特征非常一致。

一个沿 x 轴正向传播的平面行波，其波面方程为

$$\zeta_1 = A\cos(kx - \sigma t) \tag{8.9.1}$$

假若这个波是沿 x' 轴传播的，如图 8.9.1 所示，仿照 (8.9.1) 式，其波面方程就是

$$\zeta = A\cos(kx' - \sigma t) \tag{8.9.2}$$

根据坐标系的旋转变换，有

$$x' = x\cos\theta + y\sin\theta \tag{8.9.3}$$

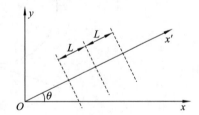

图 8.9.1 平面行波沿 θ 方向传播
虚线表示波峰线

所以，(8.9.2) 式可以写成

$$\zeta = A\cos[k(x\cos\theta + y\sin\theta) - \sigma t] \tag{8.9.4}$$

如果扰源以速度 V 沿 x 轴向右运动，将坐标系固连于扰源上，那么只需将 (8.9.4) 式中的 x 换成 $x + Vt$，就可得到新的运动坐标系中的波面方程，即

$$\zeta = A\cos[k(x\cos\theta + y\sin\theta) - (\sigma - kV\cos\theta)t] \tag{8.9.5}$$

若

$$\sigma - kV\cos\theta = 0 \tag{8.9.6}$$

相应地，有

$$\zeta = A\cos[k(x\cos\theta + y\sin\theta)] \tag{8.9.7}$$

这是一个与时间无关的定常波,它必须满足(8.9.6)式的条件。这个条件又可写成：

$$c = \frac{\sigma}{k} = V\cos\theta \tag{8.9.8}$$

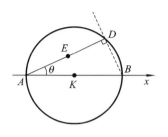

图 8.9.2 (8.9.8)式的几何意义

现分析此条件的几何意义,如图 8.9.2 所示,扰源在 dt 时间内从 A 点移动到 B 点,它在 A 点产生的波沿着与 x 轴成 θ 角的方向传到 D 点,而且 $AB=Vdt$, $AD=cdt$,若是定常波,则要满足(8.9.8)式的条件：

$$AD = AB\cos\theta \tag{8.9.9}$$

这个条件在几何上意味着 A、B、D 三点共圆。因为过 D 点的波峰线与 AD 线垂直, D 点在以 AB 为直径的圆周上。

以上只考虑了运动坐标系中沿某一指定方向传播的一个平面行波。实际上扰源产生的波动要同时向各个方向传播,这些波的合成波要以群速度传播。在深水中,群速度只是相速度的一半,因此,图 8.9.2 中沿 θ 方向的波在 dt 时间内只能到达 E 点,且 $AE=AD/2$；沿 x 轴向的波只能传到 K 点,且 $AK=AB/2$。由于这个物理原因,当扰源在 dt 时间内到达 B 点时,它在 A 点引起的波动只能到达 A、K、E 三点所共有的圆上,这个小圆和大圆相切于 A 点,其直径为 AK(见图 8.9.3)。过 B 点作小圆的切线交小圆于 G、P 两点,这两条切线所围的无穷扇形区是扰源到达 B 点之前各时刻产生的扰动传播区,例如,扰源在 A_1 点产生的扰动波,此刻,在 x 方向传到 K_1 点,以 A_1K_1 为直径的圆内切于扇形边界。扇形半顶角 α 可以通过几何关系算出,过 G 点作扇形边界的垂线,此辅助线通过小圆的圆心 O,因此,

$$\alpha = \arcsin(1/3) = 19.5° \tag{8.9.10}$$

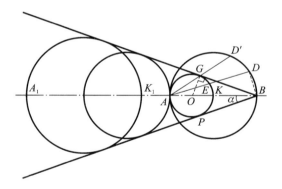

图 8.9.3 扰动波传播区

同时可以推算出扇形边界线上各点的波向角,例如,在 G 点,波向角就是 AG 和 AB 之间的夹角,设为 θ_G,则

$$\theta_G = \frac{1}{2}\left(\frac{\pi}{2} - \alpha\right) = 35° \tag{8.9.11}$$

下面计算扰源引起波动的波峰线形状。为此设扰源从右向左运动,在运动坐标系中,扰源就在坐标原点上(见图 8.9.4)。扰源在 A 点,即

$$x = Vt = X$$

这个位置上产生的扰动波沿 θ 方向传到了 E 点, E 点的坐标为

$$\begin{cases} x = X - \dfrac{1}{2}X\cos^2\theta \\ y = \dfrac{1}{2}X\cos\theta\sin\theta \end{cases} \quad (8.9.12)$$

注意到，E 点处波峰线与 AE 垂直，因此，该点波峰线的斜率为

$$\frac{\mathrm{d}y}{\mathrm{d}x} = \cot\theta \quad (8.9.13)$$

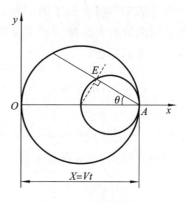

图 8.9.4 扰源的运动

将(8.9.12)式代入(8.9.13)式，即得

$$\frac{\mathrm{d}X}{\mathrm{d}\theta} = -X\tan\theta \quad (8.9.14)$$

方程(8.9.14)式表明了沿波峰线上，X 和 θ 的变化关系。它的一个解是

$$X = X_1\cos\theta \quad (8.9.15)$$

式中：X_1——常数。

将这个解回代到(8.9.12)式，得

$$\begin{cases} x = X_1\cos\theta\left(1 - \dfrac{1}{2}\cos^2\theta\right) \\ y = \dfrac{1}{2}X_1\cos^2\theta\sin\theta \end{cases} \quad (8.9.16)$$

对于不同的常数 X_1，给定一组 θ，由上式算出 x,y，根据这些数据画出的波峰线形状如图 8.9.5 所示，通常称之为开尔文波。图中在虚线表示的边界线上，所有波峰都有尖点。边界线外虚点线是想表明，波幅在边界线上不会突然变为零。详细计算表明，在边界线外波幅将按指数规律减小。图中波峰线分两支：一支为横波，另一支为散波。计算表明，较大的 θ 值对应的是散波，因此，散波的波长较短；另外散波是向原点收敛的。在边界线上横波和散波相交，有相同的波向角(35°)，图中，55°角是从波向角换算出来的。横波的波长较长。船舶波系的航空录像和照片为开尔文波系的定性特征提供了很好的证明。长波、短波与 Fr 数有关。在低 Fr 数时长波占优，也就是横波比较清楚；相反，快艇在高 Fr 数航行时，短波占优，散波很突出。

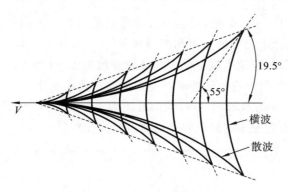

图 8.9.5 开尔文波

船舶在水中航行时，船首和船尾各有一个类似于开尔文波的波系，这两个波系在不同 Fr 数下干扰是不同的，特别是横波之间的干扰对兴波阻力有很大影响，设计船舶时，应使船舶在设计航速下处于兴波阻力曲线的"谷"点，充分利用有利的干扰。另一方面随着航速的提高，兴

波阻力占船舶总阻力的比例不断上升,高速舰船的兴波阻力可达到总阻力的 50% 以上,因此,如何应用消波的方法减弱或消除船行波,从而减小兴波阻力以进一步提高航速,就成为一个很有现实意义的问题。

习　题

8.1　证明 $W(\zeta) = A\cos(k(\zeta + \mathrm{i}d - ct))$ 是水深为 d 的水域中行波的复势,其中 $\zeta = x + \mathrm{i}z$,z 轴垂直向上,原点在静水面。并证明

$$c^2 = \frac{g}{k}\mathrm{th}(kd)$$

8.2　$d = 10$ m 的等深度水域中有一沿 x 轴正向传播的平面小振幅波,波长 $L = 10$ m,波幅 $A = 0.1$ m,试求:
(1) 波速、波数、周期;
(2) 波面方程;
(3) 平衡位置在水平面以下 0.5 m 处流体质点的运动轨迹。

8.3　观测到浮标每分钟升降 10 次,假定波动是无限水深水域中的小振幅平面波,试求其波长和波的传播速度。又问水面以下多深才开始感觉不到波动?

8.4　两个反向行波叠加,其速度势为

$$\varphi = \frac{Ag}{2\sigma}\mathrm{e}^{kz}\left[\sin(kx - \sigma t) + \sin(kx + \sigma t)\right]$$

试证明合成波是一个驻波(波峰、波谷的位置不随时间变化),波长 $L = \frac{2\pi}{k}$,周期 $T = \frac{2\pi}{\sigma}$。

8.5　船沿某方向作等速直线航行,船长为 70 m,船速为 v,船后有一同方向传播的波浪追赶该船,波速为 c,它追赶一个船长的距离需时 16.5 s,超过一个波长的距离则需时 6 s,求波长和船速。

8.6　一个深水余弦波的波高 $H = 1$ m,波形的最大坡度角(波形切线和水平线之间的最大夹角)$\beta = \frac{\pi}{12}$,试求波面上流体质点的旋转角速度。

8.7　在深水水面以下 $z = z_0$ 处,用压力传感器记录到沿 x 方向传播的行波的压力 $p(t)$,试根据这个记录确定水面上波动的振幅和圆频率。

8.8　假设在无限深的宽阔水域中波浪的波长分别为 15 m 和 150 m,当波浪传入河口时,此处水深只有 10 m,试分别讨论两种情况下波浪运动参数的变化。

8.9　在水深 $d = 7$ m 的水域,表面行波的波幅为 1.5 m,波长为 35 m,如果此波浪是从无限深水域中传播来的,求它原来的波长和传播速度是多少?

第 9 章　黏性流体动力学

前几章讨论了理想流体的运动问题。对于流线型物体表面的压力分布，机翼升力，以及波浪运动，都可以用理想流体模型获得比较满意的结果。如果涉及阻力、流动分离、流态的复杂变化，那就必须考虑黏性的影响。黏性流体运动的基本方程是纳维-斯托克斯（Navier-Stokes）方程，这是二阶非线性偏微分方程，除少数简单的特殊情况以外，无法求到它的解析解。为了解决工程问题，往往需要进行模型实验。为此，需要了解黏性流体运动的相似律，以及量纲分析在实验研究方面的应用。这是本章的第一个重点。

用流动的特征速度 V、特征长度 L 和黏性系数 ν 定义的雷诺数 $Re=VL/\nu$，这是黏性流体运动的重要相似参数。黏性流体的运动状态会随 Re 数发生变化。当 Re 数超过某一限度时，运动状态会从层流变到湍流。自然界和工程领域的绝大多数流动都是湍流，因此湍流研究具有重大意义。

湍流具有宽带高频脉动，直接用纳维-斯托克斯方程研究湍流量的瞬时变化是不可能的，也没有实际意义。湍流流动的随机性并不表示完全没有规律，通过对整个流场进行统计处理，可以发现流动的一些规律。因此可采用平均的方法来研究湍流运动，将纳维-斯托克斯方程平均化得到雷诺方程。这两个方程形式上基本一样，但是雷诺方程多出一项湍流应力（雷诺应力），使湍流问题的基本方程组不封闭，因此，湍流应力的模型化就成为关键。9.5 节至 9.7 节将对湍流的有关问题作简要介绍，最后三节讨论工程上应用广泛的圆管中的流动。

大雷诺数流动中，流场大部分区域惯性力起主导作用，黏性影响只限于贴近壁面的很薄的一个流层——边界层，第 10 章将专门讨论这个问题。

9.1　纳维-斯托克斯方程

一般形式的流体运动方程为

$$\rho \frac{Dv_i}{Dt} = \rho f_i + \frac{\partial p_{ji}}{\partial x_j} \quad (i,j=1,2,3) \tag{9.1.1}$$

方程中的应力张量 p_{ji} 有九个分量，因为剪应力互等：$p_{ji}=p_{ij}$，故只有六个分量是独立的。即便如此，对于黏性不可压缩流体的运动来说，质量守恒方程和上述运动方程组成的方程组也是不封闭的，必须设法找到应力张量和流体变形率张量之间的关系作为补充方程。

9.1.1　变形率张量

5.1 节曾对流体微团的运动（主要是对旋转运动）做过几何分析，除了旋转运动、平移运动之外，还有变形运动。下面通过运动速度的分解给出变形率张量的概念。

在流体微团中任取一点 $M_0(x,y,z)$ 作为参考点，其速度为 v_0，它的一个邻点 $M(x+\mathrm{d}x, y+\mathrm{d}y, z+\mathrm{d}z)$ 的速度为 v。现将 v 在 M_0 点的邻域展成泰勒级数，略去二阶以上小量后，得

$$v = v_0 + \frac{\partial v}{\partial x}\mathrm{d}x + \frac{\partial v}{\partial y}\mathrm{d}y + \frac{\partial v}{\partial z}\mathrm{d}z \tag{9.1.2}$$

(9.1.2)式可以写成分量形式，即

$$v_i = v_{0i} + \frac{\partial v_i}{\partial x_j} \mathrm{d} x_j \tag{9.1.3}$$

或

$$\mathrm{d} v_i = v_i - v_{0i} = \frac{1}{2}\left(\frac{\partial v_i}{\partial x_j} - \frac{\partial v_j}{\partial x_i}\right)\mathrm{d} x_j + \frac{1}{2}\left(\frac{\partial v_i}{\partial x_j} + \frac{\partial v_j}{\partial x_i}\right)\mathrm{d} x_j \tag{9.1.4}$$

(9.1.4)式的矩阵形式为

$$\begin{bmatrix}\mathrm{d}v_1\\\mathrm{d}v_2\\\mathrm{d}v_3\end{bmatrix} = \begin{bmatrix} 0 & \frac{1}{2}\left(\frac{\partial v_1}{\partial x_2} - \frac{\partial v_2}{\partial x_1}\right) & \frac{1}{2}\left(\frac{\partial v_1}{\partial x_3} - \frac{\partial v_3}{\partial x_1}\right) \\ \frac{1}{2}\left(\frac{\partial v_2}{\partial x_1} - \frac{\partial v_1}{\partial x_2}\right) & 0 & \frac{1}{2}\left(\frac{\partial v_2}{\partial x_3} - \frac{\partial v_3}{\partial x_2}\right) \\ \frac{1}{2}\left(\frac{\partial v_3}{\partial x_1} - \frac{\partial v_1}{\partial x_3}\right) & \frac{1}{2}\left(\frac{\partial v_3}{\partial x_2} - \frac{\partial v_2}{\partial x_3}\right) & 0 \end{bmatrix}\begin{bmatrix}\mathrm{d}x_1\\\mathrm{d}x_2\\\mathrm{d}x_3\end{bmatrix}$$

$$+ \begin{bmatrix} \frac{\partial v_1}{\partial x_1} & \frac{1}{2}\left(\frac{\partial v_1}{\partial x_2} + \frac{\partial v_2}{\partial x_1}\right) & \frac{1}{2}\left(\frac{\partial v_1}{\partial x_3} + \frac{\partial v_3}{\partial x_1}\right) \\ \frac{1}{2}\left(\frac{\partial v_2}{\partial x_1} + \frac{\partial v_1}{\partial x_2}\right) & \frac{\partial v_2}{\partial x_2} & \frac{1}{2}\left(\frac{\partial v_2}{\partial x_3} + \frac{\partial v_3}{\partial x_2}\right) \\ \frac{1}{2}\left(\frac{\partial v_3}{\partial x_1} + \frac{\partial v_1}{\partial x_3}\right) & \frac{1}{2}\left(\frac{\partial v_3}{\partial x_2} + \frac{\partial v_2}{\partial x_3}\right) & \frac{\partial v_3}{\partial x_3} \end{bmatrix}\begin{bmatrix}\mathrm{d}x_1\\\mathrm{d}x_2\\\mathrm{d}x_3\end{bmatrix} \tag{9.1.5}$$

很明显，(9.1.5)式右边第一项是运动的旋转部分，第二项是与流体变形有关的部分。这两项中都有由九个分量组成的二阶张量，即

$$[\boldsymbol{\omega}] = \boldsymbol{\omega}_{ij} = \frac{1}{2}\left(\frac{\partial v_i}{\partial x_j} - \frac{\partial v_j}{\partial x_i}\right) \tag{9.1.6}$$

$$[\boldsymbol{\varepsilon}] = \boldsymbol{\varepsilon}_{ij} = \frac{1}{2}\left(\frac{\partial v_i}{\partial x_j} + \frac{\partial v_j}{\partial x_i}\right) \tag{9.1.7}$$

式中：$[\boldsymbol{\omega}]$——转动角速度张量；

$[\boldsymbol{\varepsilon}]$——变形率张量。

$[\boldsymbol{\varepsilon}]$的主对角线上三个分量就是5.1节注解中指出的线变形率，其余六个就是角变形率。显然，$\varepsilon_{ij} = \varepsilon_{ji}$，所以变形率张量也是二阶对称张量。

9.1.2 广义牛顿内摩擦定律

在1.3节介绍过牛顿内摩擦定律：

$$\tau = \mu \frac{\mathrm{d}v}{\mathrm{d}y} \tag{9.1.8}$$

它说明 x 方向的剪应力 τ 与相应方向速度的梯度成比例，或者说二者之间成线性关系，这是由平面平行剪切流动实验得到的结果，它也可以表述为剪应力与角变形率成比例（见5.1节注解*）。对于一般的三维流动，用实验方法直接确定应力张量和变形率张量之间的关系是很难办到的，这时可以采用如下三个斯托克斯假设导出的所谓广义牛顿内摩擦定律。这三个假设是：(1)应力张量与变形率张量之间呈线性关系；(2)流体是各向同性的；(3)流体静止时只有法向应力，且等于静压力 p。

根据假设(1)，可以写出：

$$p_{ij} = a\delta_{ij} + b\varepsilon_{ij} \tag{9.1.9}$$

根据假设(2),无论坐标系如何选取,应力张量与变形率张量之间的关系都应该一样,因此,(9.1.9)式中的 a 和 b 应该是坐标变换的不变量。下面先确定不变量 b。将(9.1.9)式用于平面平行剪切流动,和(9.1.8)式比较,即得

$$b = 2\mu \tag{9.1.10}$$

再确定不变量 a。用(9.1.9)式计算 p_{11}, p_{22}, p_{33} 代入

$$\bar{p} = -\frac{1}{3}(p_{11} + p_{22} + p_{33})$$

计算出平均压力,可得

$$a = -\bar{p} - \frac{b}{3}\varepsilon_{kk} \tag{9.1.11}$$

式中,$\varepsilon_{kk} = \partial v_k/\partial x_k = \nabla \cdot v$,现将 a, b 的表达式(9.1.11)式和(9.1.10)式代入(9.1.9)式,可得

$$p_{ij} = -\bar{p}\delta_{ij} + 2\mu\varepsilon_{ij} - \frac{2\mu}{3}\varepsilon_{kk}\delta_{ij} \tag{9.1.12}$$

根据假设(3),静止时 p_{ij} 应等于静压力 p,因此,可以引进第二黏性系数 λ,将上式写成

$$p_{ij} = -p\delta_{ij} + 2\mu\varepsilon_{ij} + \lambda\varepsilon_{kk}\delta_{ij} \tag{9.1.13}$$

(9.1.13)式就是通常说的广义牛顿内摩擦定律,也称为牛顿流体的本构方程。通常可取 $\lambda = -2\mu/3$;一些特殊情况下,λ 的值如何选取,以至它究竟是否可作为热力学特性看待都存在着争议,这里不详细介绍。对于不可压缩流体,$\varepsilon_{kk} = 0$,因而,可以避开 λ,将(9.1.13)式简化成

$$p_{ij} = -p\delta_{ij} + \mu\left(\frac{\partial v_i}{\partial x_j} + \frac{\partial v_j}{\partial x_i}\right) \tag{9.1.14}$$

9.1.3 纳维-斯托克斯方程

这里只讨论不可压缩黏性流体的运动方程。将(9.1.14)式代入(9.1.1)式,其中,

$$\begin{aligned}\frac{\partial p_{ji}}{\partial x_j} &= \frac{\partial}{\partial x_j}(-p\delta_{ij}) + \frac{\partial}{\partial x_j}\left[\mu\left(\frac{\partial v_i}{\partial x_j} + \frac{\partial v_j}{\partial x_i}\right)\right] \\ &= \frac{\partial}{\partial x_i}(-p\delta_{ii}) + \mu\frac{\partial}{\partial x_j}\left(\frac{\partial v_i}{\partial x_j}\right) + \mu\frac{\partial}{\partial x_j}\left(\frac{\partial v_j}{\partial x_i}\right) \\ &= -\frac{\partial p}{\partial x_i} + \mu\frac{\partial^2 v_i}{\partial x_j^2} + \mu\frac{\partial}{\partial x_i}\left(\frac{\partial v_j}{\partial x_j}\right)\end{aligned} \tag{1}$$

(1)式中最后一项对于不可压流体来说为零,因而

$$\frac{\partial p_{ji}}{\partial x_j} = -\frac{\partial p}{\partial x_i} + \mu\frac{\partial^2 v_i}{\partial x_j^2} \tag{9.1.15}$$

所以(9.1.1)式可以写成

$$\frac{\mathrm{D}v_i}{\mathrm{D}t} = f_i - \frac{1}{\rho}\frac{\partial p}{\partial x_i} + \nu\frac{\partial^2 v_i}{\partial x_j^2} \tag{9.1.16a}$$

或

$$\frac{\mathrm{D}v_i}{\mathrm{D}t} = f_i - \frac{1}{\rho}\frac{\partial p}{\partial x_i} + \nu\left(\frac{\partial^2 v_i}{\partial x_1^2} + \frac{\partial^2 v_i}{\partial x_2^2} + \frac{\partial^2 v_i}{\partial x_3^2}\right) \tag{9.1.16b}$$

这就是不可压黏流的运动方程——纳维-斯托克斯方程,简称 N-S 方程。在直角坐标系中,N-S 方程为

$$\begin{cases} \dfrac{\mathrm{D}v_x}{\mathrm{D}t} = f_x - \dfrac{1}{\rho}\dfrac{\partial p}{\partial x} + \nu\left(\dfrac{\partial^2 v_x}{\partial x^2} + \dfrac{\partial^2 v_x}{\partial y^2} + \dfrac{\partial^2 v_x}{\partial z^2}\right) \\ \dfrac{\mathrm{D}v_y}{\mathrm{D}t} = f_y - \dfrac{1}{\rho}\dfrac{\partial p}{\partial y} + \nu\left(\dfrac{\partial^2 v_y}{\partial x^2} + \dfrac{\partial^2 v_y}{\partial y^2} + \dfrac{\partial^2 v_y}{\partial z^2}\right) \\ \dfrac{\mathrm{D}v_z}{\mathrm{D}t} = f_z - \dfrac{1}{\rho}\dfrac{\partial p}{\partial z} + \nu\left(\dfrac{\partial^2 v_z}{\partial x^2} + \dfrac{\partial^2 v_z}{\partial y^2} + \dfrac{\partial^2 v_z}{\partial z^2}\right) \end{cases} \qquad (9.1.17)$$

它的矢量形式为

$$\frac{\mathrm{D}\boldsymbol{v}}{\mathrm{D}t} = \boldsymbol{f} - \frac{1}{\rho}\nabla p + \nu\nabla^2 \boldsymbol{v} \qquad (9.1.18)$$

当 $\mu =$ 常数时，N-S 方程和质量守恒方程

$$\nabla \cdot \boldsymbol{v} = 0 \qquad (9.1.19)$$

一起组成不可压缩黏性流体运动的基本方程组。四个方程含四个未知数：p, v_x, v_y, v_z，方程组是封闭的。联立求解，正好解决常黏性（$\mu =$ 常数）不可压缩流体运动的速度场和压力场问题。

当然，基本方程组的定解条件（初始条件和边界条件）要根据具体问题给定。要使方程组的解唯一，初边值条件必须充分，一般原则是，定解条件的个数应该等于各个自变量最高阶导数的阶数之和。例如，对于方程 $U_{xxx} + U_{yy} = 0$，第一项是对 x 的三阶偏导数，第二项是对 y 的二阶偏导数，因此，各偏导数最高阶数之和等于 5。所以，要使该方程的解唯一，就需要给出 x 坐标上的三个条件和 y 坐标上的两个条件。

边界条件大体可分为三类：①固体壁面上的条件；②不同流体分界面上的条件；③管道进口和出口的条件。其中许多条件对于理想流体运动和黏性流体运动是一样的，这里要强调的是，黏性流体在固体壁面上必须满足无滑移条件：

$$\begin{cases} v_n = 0 \\ v_\tau = 0 \end{cases} \qquad (9.1.20)$$

这就是说，流体在固体壁面上的法向分速和切向分速都等于零（如果壁面是可穿透的，v_n 的大小要根据具体情况给定），或者说，在不可穿透壁面上，黏性流体与壁面的相对速度为零。因而，无滑移条件又称为黏附条件。

对于封闭的方程组，原则上说，可以根据定解条件去求相应的解。但是，对于 N-S 方程这类二阶非线性偏微分方程，目前尚无普遍有效的求解方法，只在一些简单情况下可以求得准确解。一般情况下，需要对 N-S 方程加以简化，再设法求近似解。例如，对于工程上的绕流问题，采用边界层近似就是一种有效的方法（详见第 10 章）。随着计算机的发展与应用，用数值方法直接求解 N-S 方程也是一种有效的途径。这种数值方法已经发展为专门的学科——计算流体力学。

9.2 黏性流体运动的相似律

由于流体流动的复杂性，在工程设计和科学研究中，实验往往是必不可少的重要手段，这样就需要知道在什么条件下模型实验的流场能真实地再现实物流场，黏流的相似律可以回答这个问题。为简明起见，下面只讨论常黏性不可压缩流体运动的相似律。

9.2.1 流动相似

流体力学的实验要模拟真实情况，首先要保证模型和实物在几何上相似。在初等几何中

知道：对应线段成比例，对应角相等的几何形状称为几何相似。将这个概念推广到整个流场，就有相似流场（或相似流动）：在几何相似的基础上，时（间）空（间）对应点上各同名物理量都自成一定比例（若是矢量，还要方向相同）的两个流场称为相似流场。

两个流动要相似，首先要几何相似。用下标"1"和"2"表示两个流动，几何相似是说，如果流动 1 有个点 (x_1, y_1, z_1)，流动 2 必有一个点 (x_2, y_2, z_2) 与之对应；如果流动 1 中有一线段 L_1，流动 2 必有一线段 L_2 与之对应，并且任意两对应线段的比值都等于同一常数，即

$$\frac{x_1}{x_2} = \frac{y_1}{y_2} = \frac{z_1}{z_2} = \frac{L_1}{L_2} = C_l \tag{9.2.1}$$

式中：C_l——长度比尺。

在几何相似的基础上，两流场相似时，在时空对应点上有

$$\begin{cases} \dfrac{v_{x_1}}{v_{x_2}} = \dfrac{v_{y_1}}{v_{y_2}} = \dfrac{v_{z_1}}{v_{z_2}} = \dfrac{v_1}{v_2} = C_v \\ \dfrac{t_1}{t_2} = C_t, \dfrac{p_1}{p_2} = C_p \\ \dfrac{f_1}{f_2} = C_f, \dfrac{\rho_1}{\rho_2} = C_\rho, \dfrac{\mu_1}{\mu_2} = C_\mu \end{cases} \tag{9.2.2}$$

式中，$C_v, C_t, C_p, C_f, C_\rho$ 和 C_μ——速度比尺、时间比尺、压力比尺、质量力比尺、密度比尺和黏性比尺，这些比尺在全流场均为常数。

9.2.2 特征量和无量纲量

流场中某一指定状态的物理量称为特征量，例如：

特征长度 L——可以用物体的长度，如机翼的平均弦长，或圆柱的直径作为此特征量；

特征速度 V——可以用远前方来流速度作为此特征量；

特征时间 T——在定常流中，可以用特征长度和特征速度的比值 L/V，在非定常流中可用振动频率的倒数作为此特征量。

其他还有特征压力、特征黏性系数、特征密度等。

物理量与其特征量之比为无量纲量，常用上标"‾"表示之。例如，$\bar{v}_x = v_x/V, \bar{p} = p/p_0, \bar{t} = t/(L/V)$ 等分别是无量纲速度分量、无量纲压力、无量纲时间等。

在相似流场中，对应点的同名无量纲量相等。这一重要特性可以直接从相似流场的定义得到证明。

以速度为例，根据流场相似的定义(9.2.1)式和(9.2.2)式，在任意两组对应点上，它们的速度比尺一样，因而有

$$\frac{v_{i1}}{v_{i2}} = \frac{V_1}{V_2} = C_v$$

若取 V_1 和 V_2 这一组为特征量，就有无量纲量

$$\bar{v}_{i1} = \frac{v_{i1}}{V_1} = \frac{v_{i2}}{V_2} = \bar{v}_{i2}$$

所以，对应点上无量纲速度相等。同样可以证明，任意一个物理量的无量纲量在对应点上均相等。

9.2.3 流动相似的充要条件

利用相似流场对应点的同名无量纲量相等这一特性，可以找到流动相似的充要条件。因

为两个相似的流动应当有同一个无量纲的解,这个解只有从相同的无量纲方程和定解条件才能得到,因此,找到了相同的无量纲方程和定解条件,也就找到了流动相似的充要条件。

常黏性不可压缩流动有量纲变量的纳维-斯托克斯方程组为

$$\begin{cases} \dfrac{\partial v_i}{\partial x_i} = 0 \\ \dfrac{\partial v_i}{\partial t} + v_j \dfrac{\partial v_i}{\partial x_j} = f_i - \dfrac{1}{\rho}\dfrac{\partial p}{\partial x_i} + \dfrac{\mu}{\rho}\dfrac{\partial}{\partial x_j}\left(\dfrac{\partial v_i}{\partial x_j}\right) \end{cases} \quad (9.2.3)$$

定义如下无量纲量:

$$\bar{t} = \dfrac{t}{T},\quad \bar{x}_i = \dfrac{x_i}{L},\quad \bar{v}_i = \dfrac{v_i}{V},\quad \bar{f}_i = \dfrac{f_i}{g},\quad \bar{p} = \dfrac{p}{p_0} \quad (9.2.4)$$

式中:g——重力加速度,以此作为单位质量力的特征量,这说明质量力只考虑重力。根据上述定义,方程(9.2.3)可以写成

$$\begin{cases} \left(\dfrac{V}{L}\right)\dfrac{\partial \bar{v}_i}{\partial \bar{x}_i} = 0 \\ \left(\dfrac{V}{T}\right)\dfrac{\partial \bar{v}_i}{\partial \bar{t}} + \left(\dfrac{V^2}{L}\right)\bar{v}_j \dfrac{\partial \bar{v}_i}{\partial \bar{x}_j} = (g)\bar{f}_i - \left(\dfrac{p_0}{\rho L}\right)\dfrac{\partial \bar{p}}{\partial \bar{x}_i} + \left(\dfrac{\mu V}{\rho L^2}\right)\dfrac{\partial}{\partial \bar{x}_j}\left(\dfrac{\partial \bar{v}_i}{\partial \bar{x}_j}\right) \end{cases} \quad (9.2.5)$$

将质量方程除以(V/L),N-S方程除以V^2/L(迁移惯性力项的系数),得到如下无量纲方程:

$$\begin{cases} \dfrac{\partial \bar{v}_i}{\partial \bar{x}_i} = 0 \\ St\dfrac{\partial \bar{v}_i}{\partial \bar{t}} + \bar{v}_j \dfrac{\partial \bar{v}_i}{\partial \bar{x}_j} = \dfrac{1}{Fr^2}\bar{f}_i - Eu\dfrac{\partial \bar{p}}{\partial \bar{x}_i} + \dfrac{1}{Re}\dfrac{\partial}{\partial \bar{x}_j}\left(\dfrac{\partial \bar{v}_i}{\partial \bar{x}_j}\right) \end{cases} \quad (9.2.6)$$

式中:St——斯特劳哈尔(Strouhal)数,

$$St = \dfrac{L}{VT} \quad (9.2.7)$$

Fr——弗劳德(Froude)数,

$$Fr = \dfrac{V}{\sqrt{gL}} \quad (9.2.8)$$

Eu——欧拉(Euler)数,

$$Eu = \dfrac{p_0}{\rho V^2} \quad (9.2.9)$$

Re——雷诺(Reynolds)数,

$$Re = \dfrac{LV}{\nu} \quad (9.2.10)$$

边界条件的无量纲表达式有

固壁条件:
$$\bar{v}_i = 0 \quad (9.2.11)$$

来流条件:
$$\bar{v}_{0i} = \cos\alpha_i \quad (9.2.12)$$

自由面运动学条件:
$$\bar{v}_z = St\dfrac{\partial \bar{\zeta}}{\partial \bar{t}} + \bar{v}_x\dfrac{\partial \bar{\zeta}}{\partial \bar{x}} \quad (9.2.13)$$

它们的有量纲式分别是 $v_i = 0$(黏附条件);$V_i = V\cos\alpha_i$(α_i 是 V 的方向余弦角);$v_z = \dfrac{\partial \zeta}{\partial t} + v_x\dfrac{\partial \zeta}{\partial x}$(见(8.1.13)式)。

从以上无量纲基本方程(9.2.6)式和边界条件(9.2.11)式~(9.2.13)式可知,它们含有无

量纲参数 St、Fr、Eu、Re 和 α_i，因此，解的一般形式为

$$\begin{cases} \overline{v}_i = \overline{v}_i(\overline{x}_i, \overline{t}, St, Fr, Eu, Re, \alpha_i) \\ \overline{p} = \overline{p}(\overline{x}_i, \overline{t}, St, Fr, Eu, Re, \alpha_i) \end{cases} \quad (9.2.14)$$

几何相似的两个流场的 α_i 必相等，如果两个流场的无量纲参数 St、Fr、Eu、Re 相等，无量纲方程和边界条件就完全一样，因而，若有同一个无量纲解，两流场就是相似的。于是，流动相似的充要条件是：几何相似的流场中，若无量纲参数 St、Fr、Eu、Re 相等，则流动相似。确切地说，这只是常黏性不可压缩流体运动的相似律。可压缩流动还要求马赫(Mach)数 Ma 相等，若考虑到传热、传质问题，则还要求更多的无量纲参数相等。

9.2.4 相似参数的物理意义

流动相似的充要条件要通过无量纲参数，St、Fr、Eu、Re 是否相等来加以判定，所以常常将这些参数称为相似参数。这些参数的物理意义可以从(9.2.5)式到(9.2.6)式的过程，以及各参数在(9.2.6)式中的位置看出来。下面对它们的物理意义作简要说明。

1. 雷诺数 Re

雷诺数是惯性力与黏性力的量级之比：

$$\frac{惯性力}{黏性力} \sim \frac{V^2/L}{\dfrac{\mu V}{\rho L^2}} = \frac{LV}{\nu} = Re$$

雷诺数相等的两个流场中，一切与黏性有关的现象都相似，如流态是层流还是湍流、流态在何处发生变化、流动在什么地方产生旋涡、流动发生分离的情况如何等。另外，雷诺数数值的大小还反映黏性作用的大小，Re 小意味着黏性作用大，Re 大则黏性作用小，这都是相对于惯性力而言的。

2. 弗劳德数 Fr

弗劳德数是惯性力与重力的量级之比：

$$\frac{惯性力}{重力} \sim \frac{V^2/L}{g} = \frac{V^2}{Lg} = Fr^2$$

和重力有关的现象都是由 Fr 决定的。例如，波浪运动、船舶的兴波阻力等问题都和 Fr 有关。如果 Fr 变大，则重力的影响将变得较小，反之则大。

3. 斯特劳哈尔数 St

斯特劳哈尔数是当地加速度和迁移加速度量级之比：

$$\frac{当地加速度}{迁移加速度} \sim \frac{V/T}{V^2/L} = \frac{L}{VT} = St$$

St 数是非定常性的标志，而且只有当 L、v、T 独立给出时，St 才是与 Re 无关的参数。然而，像圆柱尾流中产生的卡门涡街那种情况，在没有外部强迫而产生的非定常流中，St 和 Re 就有密切的关系。在螺旋桨理论中，与 St 相当的是螺旋桨相对进程(进速系数)：

$$J = \frac{V_A}{nD} \quad (9.2.15)$$

式中：V_A——螺旋桨进速；

D——螺旋桨的直径；

n——转速。

这时转速 n 是独立给出的，因而 J 是独立的相似参数。

4. 欧拉数 Eu

欧拉数是压力与惯性力量级之比：

$$\frac{压力}{惯性力} \sim \frac{p_0/(\rho L)}{V^2/L} = \frac{p_0}{\rho V^2} = Eu$$

可见，Eu 数反映了压力和单位体积的质点动能的相对大小。压力系数

$$C_p = \frac{p - p_\infty}{\frac{1}{2}\rho v_\infty^2} \tag{9.2.16}$$

和空泡流中的空泡数

$$\sigma = \frac{p - p_v}{\frac{1}{2}\rho v_\infty^2} \tag{9.2.17}$$

都是 Eu 数的不同表达方式，(9.2.17)式中的 p_v 是液体的饱和蒸气压力。

9.2.5 相似理论的应用

1. 风洞和水池

风洞和水池是流体力学的两类重要试验设备，它们根据不同的用途又可分为好几种类型。按照相似律，只要能保证所需要的相似参数相等，两类设备的试验结果是可以通用的。例如，浸没体水下的流体动力试验既可在水池做，也可以在风洞中做。这时可以不计自由面波动的影响，只要满足 Re 数相等的条件就可以了。试验结果用无量纲形式整理出来就可以直接用于实体的流场。

2. 局部相似

Re 相等：
$$\frac{v_m L_m}{\nu} = \frac{v_p L_p}{\nu} \Rightarrow v_m = v_p \frac{L_p}{L_m} > v_p$$

Fr 相等：
$$\frac{v_m}{\sqrt{L_m g}} = \frac{v_p}{\sqrt{L_p g}} \Rightarrow v_m = v_p \sqrt{\frac{L_m}{L_p}} < v_p$$

很明显，这两个条件根本无法同时满足。因此，要分开做试验，每次只保证一个相似参数相等。这就是所谓局部相似。

例 9.2.1 一潜艇长为 $L=78$ m，水下航速为 10 kn，水面航速为 13 kn。现在用 1/50 缩尺模型在风洞中测水下航行的黏性阻力，在水池中测水面航行的兴波阻力，试确定风洞试验的风速和水池拖车的拖曳速度。

解 实艇水下航行速度
$$v_{p1} = 10 \times 0.515 \text{ m/s} = 5.15 \text{ m/s}$$

实艇的雷诺数
$$Re_p = \frac{v_{p1} L}{\nu} = \frac{5.15 \times 78}{1.145 \times 10^{-6}} = 3.5 \times 10^8$$

实艇水面航行速度
$$v_{p2} = 13 \times 0.515 \text{ m/s} = 6.70 \text{ m/s}$$

实艇的弗劳德数
$$Fr_p = \frac{v_{p2}}{\sqrt{Lg}} = \frac{6.70}{\sqrt{78 \times 9.81}} = 0.242$$

(1) 风洞试验。按 Re 相等条件

$$\frac{v_{m1} L \times (1/50)}{\nu_{空气}} = Re_p$$

可知

$$v_{m1} = \frac{Re_p \nu_{空气}}{L(1/50)} = \frac{3.5 \times 10^8 \times 1.45 \times 10^{-5}}{78 \times (1/50)} \text{ m/s} = 3250 \text{ m/s}$$

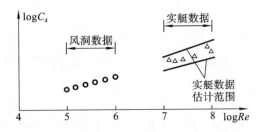

图 9.2.1 阻力数据的外插

这个速度在风洞中是无法达到的。根据经验,只要细长流线形模型的试验雷诺数 $Re \geqslant 3 \times 10^6$ 就行了。风洞试验数据和高雷诺数实艇测试数据的比较表明:在阻力系数 C_d 和 Re 的对数坐标曲线上可以直线外插(见图 9.2.1)。所以,本次风洞试验的最大风速定为 $v_{m1} \approx 32$ m/s。

(2) 水池试验。按 Fr 数相等条件

$$\frac{v_{m2}}{\sqrt{L \times (1/50) \times 9.81}} = Fr_p$$

可得模型试验速度

$$v_{m2} = Fr_p \sqrt{L \times (1/50) \times 9.81} = 0.242 \sqrt{78 \times (1/50) \times 9.81} \text{ m/s} = 0.95 \text{ m/s}$$

9.3 量纲分析

如前所述,通过基本方程和边界条件的无量纲化,可以找出流动相似的无量纲参数。当基本方程和边界条件已知时,这是最合适的方法。不过,在工程设计和科研工作中,常常遇到这样的情况:凭经验、理解或直观分析,只知道所研究的问题和××物理因素有关,究竟是什么关系并不清楚。例如,浸没物体的阻力(R)问题,只知道它和物体的长度 L,流体的密度 ρ,流体的黏性系数 μ,以及运动速度 v 有关。仅此而已,只能写出一个待定的一般函数关系式:

$$R = f(\mu, \rho, v, L) \tag{9.3.1}$$

确定这个函数关系就需要做模型试验。关键在于,事先要找到(9.3.1)式的无量纲方程,从中找到所需要的无量纲相似参数,据此好安排试验、整理数据。量纲分析可以解决问题。经分析,(9.3.1)式的无量纲式为

$$C_R \equiv \frac{R}{\frac{1}{2}\rho v^2 L^2} = f_1\left(\frac{vL\rho}{\mu}\right) = f_1\left(\frac{vL}{\nu}\right) = f_1(Re) \tag{9.3.2}$$

量纲分析的依据是,物理方程各项的量纲相同,这一特性又称为量纲齐次性。应用这个特性将有量纲关系式变为无量纲关系式的方法就叫量纲分析法。

量纲分析至少有两方面的好处。第一,变量的数目减少了,可以大量节省时间、人力和财力。以浸没体阻力问题为例,为考察变量对问题的影响,每个变量如果取 10 个试验点,原来四

个变量就需要安排 10^4 次试验;现在无量纲变量只一个 Re(见(9.3.2)式),将 Re 的变化范围分 10 档,做 10 次试验就可以了。第二,按无量纲参数整理的试验结果可以原封不动地用于实物。量纲分析不仅是试验研究工作的有力工具,在理论分析中也有广泛应用(例如,9.4 节就要用到)。

下面介绍量纲分析的两个具体方法:指数法和 Π 定理。

9.3.1 指数法

不可压缩流体动力学涉及的物理量是三个基本量的导出量,在国际单位制(SI)中,这三个基本量是:质量$[M]$,长度$[L]$,时间$[T]$,括号中的符号是它们的量纲。导出量 X 的量纲$[X]$可以用基本量纲表成

$$[X] = M^a L^b T^c \tag{9.3.3}$$

并称之为量纲公式。式中,指数 a、b、c 为实数;若指数全为零,则 X 为无量纲量。部分常用量的量纲如表 9.3.1 所示,所有物理量的量纲都可以通过它的定义公式导出。例如,流函数 Ψ,因为

$$v_x = \frac{\partial \Psi}{\partial y}$$

所以

$$[\Psi] = [v_x][y] = LT^{-1} \cdot L = L^2 T^{-1}$$

表 9.3.1　常用量的量纲

名称	量纲	名称	量纲
速度	$[v] = LT^{-1}$	压力	$[p] = ML^{-1}T^{-2}$
密度	$[\rho] = ML^{-3}$	动力黏度	$[\mu] = ML^{-1}T^{-1}$
力	$[F] = MLT^{-2}$	运动黏度	$[\nu] = L^2 T^{-1}$

现在以(9.3.1)式为例,说明如何应用量纲齐次性来导出它的无量纲函数关系的。因为阻力 R 与 μ, ρ, v, L 四个变量有关,可以定义一个无量纲量 Π,即令

$$\Pi = \frac{R}{\mu^a \rho^b v^c L^d} \tag{9.3.4}$$

式中,指数 a,b,c,d 待定。由于分母和分子的量纲相同,所以有如下量纲方程:

$$[R] = [\mu]^a [\rho]^b [v]^c [L]^d \tag{9.3.5}$$

将各物理量的量纲公式代入上式,得

$$MLT^{-2} = M^{a+b} L^{-a-3b+c+d} T^{-a-c} \tag{9.3.6}$$

等式两边各基本量纲的指数应分别相等,于是,可得一组代数方程,即

对于 M,
对于 L,
对于 T,
$$\begin{cases} a+b+0+0 = 1 \\ -a-3b+c+d = 1 \\ -a+0-c+0 = -2 \end{cases} \tag{9.3.7}$$

三个方程只能解出三个未知数,为此可以任意指定一个未知量作参变量,例如,选 a 为参变量,从方程组(9.3.7)式可解出:

$$b = 1-a, \quad c = 2-a, \quad d = 2-a$$

将此结果回代到(9.3.4)式,得

$$\Pi = \frac{R}{\mu^a \rho^{1-a} v^{2-a} L^{2-a}} = \frac{R}{\rho v^2 L^2 \left(\frac{\mu}{\rho v L}\right)^a} = \frac{R}{\rho v^2 L^2 Re^{-a}}$$

因为 Π 是无量纲纯数,所以上式表明无量纲量 $R/(\rho v^2 L^2)$ 和 Re 之间存在某种待定的函数关系,并可写成

$$C_R \equiv \frac{R}{\frac{1}{2}\rho v^2 L^2} = f_1(Re)$$

这就是用所谓指数法得到的结果。指数法的特点是,只定义一个无量纲量 Π,不管自变量有多少个,都一起放在分母的位置上写出 Π 的定义。因此,在解待定指数的代数方程时就出现选参变量的问题。上面的例子中,如果选待定指数 b 作参变量,就有

$$a = 1-b, \quad c = 1+b, \quad d = 1+b$$

于是,

$$\Pi = \frac{R}{\mu^{1-b}\rho^b v^{1+b} L^{1+b}} = \frac{R}{\mu v L \left(\frac{\rho v L}{\mu}\right)^b} = \frac{R}{\mu v L (Re)^b}$$

这样就有

$$\frac{R}{\mu v L} = f_2(Re) \tag{9.3.8}$$

这说明,无量纲函数关系可能有不同的形式,究竟采用哪一种好,可以通过对实验结果的分析作出选择。本例以(9.3.2)式的形式为好,阻力系数与动压 $\frac{1}{2}\rho v^2$ 及特征面积(量纲为 L^2)有关,有清晰的物理概念。

9.3.2 Π 定理

求无量纲参数的方法有好几种,现在介绍白金汉(Buckingham,1914)的 Π 定理。符号 Π 仅用做无量纲量的符号,没有其他数学意义。

定理 若问题由 m 个物理量构成,即

$$u_1 = f(u_2, u_3, \cdots, u_m) \tag{9.3.9}$$

涉及的基本量是 n 个,那么此问题可以用 $m-n$ 个无量纲参数 Π 来表述,即

$$\Pi_1 = F(\Pi_2, \Pi_3, \cdots, \Pi_{m-n}) \tag{9.3.10}$$

证明 在 $u_1, u_2, \cdots, u_m$ 中取 n 个量纲不同的量作特征量,为方便起见,将这些特征量记为 $u_{m-n+1}, u_{m-n+2}, \cdots, u_m$,并用它们去定义其他量的无量纲数,即

$$\Pi_i = \frac{u_i}{u_{m-n+1}^{\alpha} u_{m-n+2}^{\beta} \cdots u_m^{\gamma}} \quad (i=1,2,\cdots,m-n) \tag{9.3.11}$$

式中:指数 $\alpha, \beta, \cdots, \gamma$ 待定。根据量纲的齐次性有如下量纲方程:

$$[u_{m-n+1}]^{\alpha}[u_{m-n+2}]^{\beta}\cdots[u_m]^{\gamma} = [u_i] \tag{9.3.12}$$

(9.3.12)式两边对应的量纲指数应相等,于是有如下代数方程组:

$$\begin{cases} k_{11}\alpha + k_{12}\beta + \cdots + k_{1n}\gamma = k_1 \\ k_{21}\alpha + k_{22}\beta + \cdots + k_{2n}\gamma = k_2 \\ \quad\quad\quad\quad\quad \vdots \\ k_{n1}\alpha + k_{n2}\beta + \cdots + k_{nn}\gamma = k_n \end{cases} \tag{9.3.13}$$

式中：$k_1, k_2, \cdots, k_n$——u_i 的量纲指数，$k_{1j}, k_{2j}, \cdots, k_{nj}$ 是第 j 个特征量 u_{m-n+j} 的相应量纲指数。解上述方程组可求得 $\alpha, \beta, \cdots, \gamma$，代回到(9.3.1)式，即得 $\Pi_i, i=1,2,\cdots,m-n$，因此，就有(9.3.10)式所表示的无量纲函数关系式。

作为算例，下面用 Π 定理重新求(9.3.1)式的无量纲函数关系。选 ρ, v, L 作为特征量，依次对 R 和 μ 定义无量纲量 Π_1 和 Π_2。

（1）令
$$\Pi_1 = \frac{R}{\rho^\alpha v^\beta L^\gamma} \tag{1}$$

于是
$$[\rho]^\alpha [v]^\beta [L]^\gamma = [R]$$

即
$$(ML^{-3})^\alpha (LT^{-1})^\beta (L)^\gamma = MLT^{-2}$$

因此，有

对于 M

对于 L
$$\begin{cases} \alpha + 0 + 0 = 1 \\ -3\alpha + \beta + \gamma = 1 \\ 0 - \beta + 0 = -2 \end{cases} \tag{2}$$

对于 T

解方程组，得
$$\alpha = 1, \quad \beta = 2, \quad \gamma = 2 \tag{3}$$

将(3)式代入(1)式，即得
$$\Pi_1 = \frac{R}{\rho v^2 L^2}$$

（2）令
$$\Pi_2 = \frac{\mu}{\rho^\alpha v^\beta L^\gamma} \tag{4}$$

以下过程全部与(1)相同。只需将 μ 的量纲 $(ML^{-1}T^{-1})$ 中的指数 $(1,-1,-1)$ 依次代入方程(2)各式的右边，解方程，即得
$$\alpha = 1, \quad \beta = 1, \quad \gamma = 1$$

于是有
$$\Pi_2 = \frac{\mu}{\rho v L} = \frac{1}{Re} \tag{5}$$

根据 Π 定理，最后结果可以写成
$$\frac{R}{\frac{1}{2}\rho v^2 L^2} = F(Re)$$

这和指数法的结果是一样的。

指数法和 Π 定理的应用在本质上是一样的，基本步骤也相同。指数法采用指定参变量一次找出各无量纲量；Π 定理是先选定特征量，再如法炮制，一个一个求无量纲量。在变量较多的情况下用 Π 定理较好。

9.4 黏性不可压缩流动的准确解

黏性流动的基本方程是二阶非线性偏微分方程，到目前为止，尚无求解的普遍有效方法。在一些较为简单的流动中，当非线性的惯性项 $v_j \dfrac{\partial v_i}{\partial x_j}$ 等于零，或者可以化为非常简单的形式时，该方程才可以找到准确解。下面是两个例子。

9.4.1 直圆管中充分发展的定常层流

管壁对流动的影响从管道进口开始沿流动方向是逐步发展的,壁面摩擦产生的有旋流动沿程(沿着流程)向管道中心扩散,直到下游截面上整个都是有旋流为止,管内流动才进入所谓"充分发展"阶段。充分发展管流的特征是:速度是纯轴向的,并且只随横向坐标变化,与轴向坐标无关,相当于无限长圆管中的流动。

鉴于直圆管内流动的轴对称性,采用圆柱坐标系(r,θ,x),如图 9.4.1 所示。黏性不可压缩流动的基本方程在圆柱坐标系中的表达式为

$$\begin{cases} \dfrac{\partial v_r}{\partial r} + \dfrac{1}{r}\dfrac{\partial v_\theta}{\partial \theta} + \dfrac{\partial v_x}{\partial x} + \dfrac{v_r}{r} = 0 \\[4pt] \dfrac{\partial v_r}{\partial t} + v_r\dfrac{\partial v_r}{\partial r} + \dfrac{v_\theta}{r}\dfrac{\partial v_r}{\partial \theta} + v_x\dfrac{\partial v_r}{\partial x} - \dfrac{v_\theta^2}{r} = f_r - \dfrac{1}{\rho}\dfrac{\partial p}{\partial r} + \nu\left(\nabla^2 v_r - \dfrac{v_r}{r^2} - \dfrac{2}{r^2}\dfrac{\partial v_\theta}{\partial \theta}\right) \\[4pt] \dfrac{\partial v_\theta}{\partial t} + v_r\dfrac{\partial v_\theta}{\partial r} + \dfrac{v_\theta}{r}\dfrac{\partial v_\theta}{\partial \theta} + v_x\dfrac{\partial v_\theta}{\partial x} + \dfrac{v_r v_\theta}{r} = f_\theta - \dfrac{1}{\rho}\dfrac{r\partial p}{\partial \theta} + \nu\left(\nabla^2 v_\theta + \dfrac{2}{r^2}\dfrac{\partial v_r}{\partial \theta} - \dfrac{v_\theta}{r^2}\right) \\[4pt] \dfrac{\partial v_x}{\partial t} + v_r\dfrac{\partial v_x}{\partial r} + \dfrac{v_\theta}{r}\dfrac{\partial v_x}{\partial \theta} + v_x\dfrac{\partial v_x}{\partial x} = f_x - \dfrac{1}{\rho}\dfrac{\partial p}{\partial x} + \nu\,\nabla^2 v_x \end{cases} \quad (9.4.1)$$

管壁上的边界条件为

当 $r=R$ 时, $\qquad\qquad\qquad v_r = v_\theta = v_x = 0 \qquad\qquad\qquad (9.4.2)$

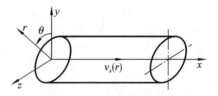

图 9.4.1 直圆管内的流动

应用基本方程和边界条件求解问题时,首先要分析具体问题的特征,根据特征来简化方程和选用最方便的解法。在本问题中,假定圆管是水平放置的,则可以忽略质量力的作用,流体只在轴向压力差驱动下流动,由于圆管流动是轴对称性的,其流场为

$$v_x = v, \quad v_r = v_\theta = 0, \quad \dfrac{\partial}{\partial \theta} = 0 \qquad (9.4.3)$$

对于这种情况,(9.4.1)式可以简化成

$$\begin{cases} \dfrac{\partial v}{\partial x} = 0 \\[4pt] 0 = \dfrac{\partial p}{\partial r} \\[4pt] 0 = 0 \\[4pt] 0 = -\dfrac{1}{\rho}\dfrac{\partial p}{\partial x} + \nu\left(\dfrac{\partial^2 v}{\partial r^2} + \dfrac{1}{r}\dfrac{\partial v}{\partial r}\right) \end{cases} \qquad (9.4.4)$$

此结果表明:$p=p(x)$,$v=v(r)$,因此,整个方程组可用下式取代:

$$\dfrac{1}{\mu}\dfrac{\mathrm{d}p}{\mathrm{d}x} = \dfrac{1}{r}\dfrac{\mathrm{d}}{\mathrm{d}r}\left(r\dfrac{\mathrm{d}v}{\mathrm{d}r}\right) \qquad (9.4.5)$$

方程(9.4.5)式左边是 x 的函数,右边是 r 的函数。要方程成立,两边必为常量,因此,(9.4.5)式是关于 v 的一个二阶常微分方程。积分两次,得

$$v = \frac{1}{4\mu}\frac{\mathrm{d}p}{\mathrm{d}x}r^2 + C_1 \ln r + C_2 \tag{9.4.6}$$

根据问题的物理性质可知,管内流速应处处为有限值,所以,必有 $C_1 = 0$,再由管壁的边界条件,可得

$$C_2 = -\frac{1}{4\mu}\frac{\mathrm{d}p}{\mathrm{d}x}R^2$$

因此,圆管截面上的速度分布为

$$v = -\frac{1}{4\mu}\frac{\mathrm{d}p}{\mathrm{d}x}(R^2 - r^2) \tag{9.4.7}$$

这是一个抛物线型分布(子午面上)。在中心线上有最大速度:

$$v_{\max} = -\frac{R^2}{4\mu}\frac{\mathrm{d}p}{\mathrm{d}x} \tag{9.4.8}$$

因此,无量纲速度分布为

$$\frac{v}{v_{\max}} = 1 - \left(\frac{r}{R}\right)^2 \tag{9.4.9}$$

有了速度分布,就可以算出下述各量:

体积流量

$$Q = \int_0^R v(2\pi r)\mathrm{d}r = -\frac{\pi R^4}{8\mu}\frac{\mathrm{d}p}{\mathrm{d}x} \tag{9.4.10}$$

平均流速

$$v_{\mathrm{av}} = \frac{Q}{\pi R^2} = -\frac{R^2}{8\mu}\frac{\mathrm{d}p}{\mathrm{d}x} = \frac{v_{\max}}{2} \tag{9.4.11}$$

壁面剪应力

$$\tau_\mathrm{w} = \mu\left(-\frac{\mathrm{d}v}{\mathrm{d}r}\right)_{r=R} = \frac{4\mu v_{\mathrm{av}}}{R} \tag{9.4.12}$$

壁面摩擦系数

$$C_f = \frac{\tau_\mathrm{w}}{\frac{1}{2}\rho v_{\mathrm{av}}^2} = \frac{16}{Re} \tag{9.4.13}$$

式中,雷诺数

$$Re = \frac{Dv_{\mathrm{av}}}{\nu}, \quad D = 2R \tag{9.4.14}$$

魏德曼(Wiedemann,1856)得到上述理论结果之前,哈根(Hagen,1839)和泊肃叶(Poiseuille,1840)先后通过实验已得到圆管的流量公式(9.4.10)式,所以圆管中这种层流运动又称为哈根-泊肃叶流动。管内流动状态和 Re 有关,上述结果只适用于 $Re \leqslant 2000$ 的层流流动。当 Re 增大时,流动将出现不稳定状态,最后转换成湍流状态。湍流的特性和层流有很大差别,这将在9.5节和9.8节介绍。

*9.4.2 平面驻点附近的流动

在研究平面驻点附近的黏性流动之前,先就势流作些说明。设势流场的两个速度分量为

$$U = ax, \quad V = -ay \tag{9.4.15}$$

式中:a——常数。

图9.4.2所示的是该势流在上半平面上的流谱(参见图3.2.5),下半平面和上半平面是

对称的。x 轴线是流线,其作用相当于固壁;O 点是驻点,所以,(9.4.15)式这个势流公式描写了平面驻点附近的理想流体运动。

在实际的流动中,由于流体具有黏性,壁面上流体将被滞止。确切地讲,在 $y=0$ 的平面上各点的流速均为零,因此,x 方向的黏性流动的分速不会像势流那样与 y 无关,故可设

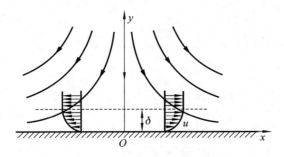

图 9.4.2 平面驻点附近的流动

$$\begin{cases} u = xf_1(y) \\ v = -f_2(y) \end{cases} \tag{9.4.16}$$

显然,所设的黏流场要满足质量守恒方程,即

$$\frac{\partial u}{\partial x} + \frac{\partial v}{\partial y} = f_1(y) - f_2'(y) = 0$$

可得

$$f_1(y) = f_2'(y)$$

因此,可将假设的黏流场改写成

$$\begin{cases} u = xf'(y) \\ v = -f(y) \end{cases} \tag{9.4.17}$$

黏性流动在壁面上应满足无滑移条件,此外,离壁面足够远处,应有 $u=U, v=V$,这两个边界条件可以写成

$$f(0) = f'(0) = 0, \quad f'(\infty) = a \tag{9.4.18}$$

在这些边界条件下解 N-S 方程,如能确定未知函数 $f(y)$,那么问题就解决了。

不计质量力,在直角坐标系中二维的 N-S 方程为

$$u\frac{\partial u}{\partial x} + v\frac{\partial u}{\partial y} = -\frac{1}{\rho}\frac{\partial p}{\partial x} + \nu\left(\frac{\partial^2 u}{\partial x^2} + \frac{\partial^2 u}{\partial y^2}\right) \tag{9.4.19a}$$

$$u\frac{\partial u}{\partial x} + v\frac{\partial v}{\partial y} = -\frac{1}{\rho}\frac{\partial p}{\partial y} + \nu\left(\frac{\partial^2 v}{\partial x^2} + \frac{\partial^2 v}{\partial y^2}\right) \tag{9.4.19b}$$

将(9.4.17)式代入(9.4.19a)式和(9.4.19b)式,得

$$xf'^2 - xff'' = -\frac{1}{\rho}\frac{\partial p}{\partial x} + \nu xf''' \tag{9.4.20a}$$

$$ff' = -\frac{1}{\rho}\frac{\partial p}{\partial y} - \nu f'' \tag{9.4.20b}$$

将(9.4.20b)式沿 y 方向积分,得

$$\frac{p}{\rho} = -\nu f' - \frac{1}{2}f^2 + g(x) \tag{9.4.21}$$

再将(9.4.21)式对 x 取偏导数,然后,代入(9.4.20a)式,得

$$\frac{g'(x)}{x} = \nu f''' + ff'' - f'^2 \tag{9.4.22}$$

方程(9.4.22)式左边是 x 的函数,右边是 y 的函数,等式成立,则两边均为常数 C。利用边界条件 $f'(\infty)=a$,因而 $f''=f'''=0$,可以确定常数 $C=-a^2$,因而(9.4.22)式可改写成

$$\nu f''' + ff'' - f'^2 = -a^2 \tag{9.4.23}$$

可以用量纲分析的方法找到(9.4.23)式中 f 和 y 的无量纲变量。因为 $[\nu]=L^2T^{-1}$,$[a]=T^{-1}$,$[y]=L$,$[f]=LT^{-1}$,令

$$F(\eta) = \Pi_1 = \frac{f(y)}{a^\alpha \nu^\beta}, \quad \eta = \Pi_2 = \frac{y}{a^\alpha \nu^\beta}$$

可得

$$F(\eta) = f(y)\sqrt{\frac{1}{a\nu}}, \quad \eta = y\sqrt{\frac{a}{\nu}} \tag{9.4.24}$$

从而得到

$$\begin{cases} f(y) = F\sqrt{a\nu} \\ f' = F'\dfrac{\partial \eta}{\partial y}\sqrt{a\nu} = F'a \\ f'' = F''\sqrt{\dfrac{a^3}{\nu}} \\ f''' = F'''\dfrac{a^2}{\nu} \end{cases} \tag{9.4.25}$$

将(9.4.25)式代入(9.4.23)式,得无量纲方程:

$$F''' + FF'' - F'^2 + 1 = 0 \tag{9.4.26}$$

相应的边界条件为

$$F(0) = F'(0) = 0, \quad F'(\infty) = 1 \tag{9.4.27}$$

现在问题归结为:在(9.4.27)式所表示的边界条件下,求三阶常微分方程(9.4.26)式的解。遗憾的是,这个方程没有解析解,只有用数值方法求得的准确解,结果如图 9.4.3 所示。下面讨论几个问题。

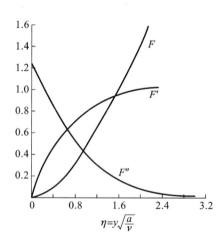

图 9.4.3　平面驻点附近流动的解

1. 速度分布和边界层厚度

如图 9.4.3 所示 $F'=u/U$ 曲线 * 表示物面外法线上各点的 x 方向速度分布。数值计算表明,当 $\eta=2.4$ 时,$F'=0.99$,所以 $\eta>2.4$ 对应的流动可以认为是势流,黏性只在 $\eta<2.4$ 的范围内起作用。因此,$\eta=2.4$ 可以作为一个界限,对应的 $y=\delta$,并称为边界层厚度,其值为

$$\delta = 2.4\sqrt{\frac{\nu}{a}} \tag{9.4.28}$$

还可以按下式定义当地雷诺数

$$Re_x = \frac{Ux}{\nu} \tag{9.4.29}$$

将(9.4.28)式改写成

$$\delta = \frac{2.4x}{\sqrt{Re_x}} \tag{9.4.30}$$

它表明:(层流)边界层厚度与当地雷诺数 Re_x 的平方根成反比。因为 $U=ax$,所以平面驻点附近的边界层厚度是不变的,这从(9.4.28)式可以看得很清楚。

2. 边界层排挤厚度

根据(9.4.17)式、(9.4.24)式等式容易证明:

$$v = V + (\eta - F)\frac{U}{\sqrt{Re_x}} = -a\left[y - (\eta - F)\frac{x}{\sqrt{Re_x}}\right] \tag{9.4.31}$$

数值计算结果表明:在 $\eta \geqslant 2.4$ 的外部势流场中,$(\eta-F)=0.65$ 为常值,因此,外部势流中 y 点的 y 向分速为

$$V(y) = -a\left[y - 0.65\frac{x}{\sqrt{Re_x}}\right] \tag{1}$$

在理想流体运动中,根据(9.4.15)式,同样大小的速度对应的 y 坐标应是 $\overline{Y}$,而且

$$V(y) = -a\overline{Y} \tag{2}$$

在(1)式和(2)式中,因为 a 相同,所以 $y \neq \overline{Y}$,于是有

$$\delta^* = y - \overline{Y} = 0.65\frac{x}{\sqrt{Re_x}} \tag{9.4.32}$$

这表明,实际流动的外部势流比理想流体运动的势流场向外推移了一个距离,所以 δ^* 称为排挤厚度。

3. 压力场

由(9.4.21)式和(9.4.22)式,可得

$$\frac{p-p_0}{\rho} = -a\nu\left(F' + \frac{1}{2}F^2\right) - \frac{1}{2}(ax)^2 \tag{9.4.33}$$

式中:p_0——驻点压力。

对于点 (x,y),先算 y 的无量纲坐标 η,根据 η 查出 F 和 F',这样可以逐点按(9.4.33)式进行计算,从而得到整个压力场。

4. 壁面剪应力

根据(9.1.14)式,壁面剪应力 τ_w 可以表示为

---

* 由(9.4.25)第一式求导得 $f' = F'\frac{\partial \eta}{\partial y}\sqrt{a\nu}$,再考虑到(9.4.15)式和(9.4.17)式即得。

$$\tau_w = (\tau_{xy})_w = \mu\left(\frac{\partial u}{\partial y} + \frac{\partial v}{\partial x}\right)_w = \mu\left(\frac{\partial u}{\partial y}\right)_w$$

再利用(9.4.15)式、(9.4.17)式、(9.4.24)式等式,不难得到

$$\tau_w = \frac{1}{2}\rho U^2 \frac{2}{\sqrt{Re_x}} F''(0) \tag{9.4.34}$$

9.5 层流和湍流

流动有两种根本不同的形态:层流和湍流。可以肯定,观察和分析湍流现象的第一个人并不是雷诺(O. Reynolds)。哈根(Hagen,1854)已经认识到由层流到湍流的转变,但是,雷诺(1883)却进行了系统的实验研究,并且指出,只有当后来人们称之为雷诺数的无量纲参数超过某一临界值时,层流才能变为湍流。

图 9.5.1 所示的是雷诺实验的装置示意图。在水箱中装了一根长玻璃管,进口处通过尖嘴细管注入有色液体,这样可以直观地观察到管中的流动状态。玻璃管出口附近的调节阀可以控制管中水流速度。用秒表和一个计量容器可以换算出管中水流的平均流速 v_{av}。当流速小的时候,有色液体形成一丝与管轴平行的细直流束,这表明流动状态很稳定,各流层之间互不干扰。这种规则、平稳的流态就是层流。慢慢增加流速,当达到某一速度时,流动状态会突然发生变化,原来细直的有色流束受到激烈的搅动而破散,在下游迅速扩散到管壁,整个下游区域呈现一片混乱,这种流态就是湍流(或紊流)。

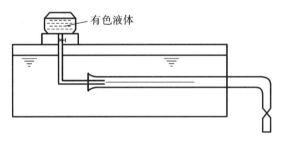

图 9.5.1 雷诺实验装置示意图

流速的增加最终导致流态的变化,但流速的变化只是众多影响因素之一。加大管径所起的作用和增加流速是一样的,也会促使层流转变为湍流。加大流体的黏度(ν)则起着相反的作用。总之,影响流态的因素是三者组成的无量纲数——雷诺数,即

$$Re = \frac{v_{av}D}{\nu} \tag{9.5.1}$$

式中:v_{av}——平均流速,按(9.4.11)式计算;

D——管径;

ν——运动黏性系数。

流态发生转变所对应的雷诺数称为临界雷诺数,在圆管流动中其下限为 $Re=2000$;在特殊控制的环境下,管中层流可以维持到 $Re=10^5$,看来没有一个确定的上限。这表明,从层流变为湍流这一阶段,流动性质很复杂,受环境因素影响很大。在工程管路计算中可取 $Re=2300$ 为临界值,以此作为判断管路中流态的依据,凡是 $Re \geqslant 2300$ 的管流均作湍流处理。

在其他的流动中也同样存在层流转变为湍流的现象。例如,光滑平板上的边界层流动,在

$Re=U_\infty x/\nu=3.5\times10^5\sim3.5\times10^6$ 范围内,层流会变为湍流,式中,x 是转捩点(流态转变点)到平板前缘点的距离;在绕圆柱和圆球的边界层流动中 $Re=U_\infty D/\nu\approx2.5\times10^5$ 时也会出现从层流到湍流的转变。

湍流不是流体的特性,它是流动的一种形态。湍流最明显的特征是运动的不规则性。这使各种流动参数均随时间和空间坐标的变化呈现随机的脉动。图 9.5.2 所示的是湍流速度随时间变化而变化的曲线,曲线的变化几乎包括了所有振动频率。由于其随机性,可以用统计方法处理。

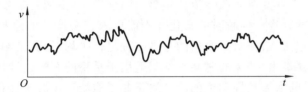

图 9.5.2　湍流速度的热线记录曲线

湍流的第二个特点是它的扩散性。这使湍流能更有效地将动量、能量、物质浓度、温度等向各方向扩散(输运和掺混)。只有物理量变化的随机性而没有掺混和输运过程就不是湍流,例如,海洋中的风生浪是随机的波动,但不是湍流。由于湍流加强了流体内部动量的掺混和输运,速度分布就会比层流的更加均匀,图 9.5.3 所示的是在同一体积流量下测出的管流平均速度分布曲线。可以看出,由于动量交换充分,湍流在管中心部分的速度分布比层流均匀得多,因而靠近管壁的速度梯度远比层流大,可以预料,湍流的摩擦阻力会比层流的大。

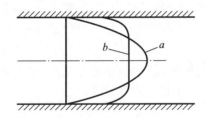

图 9.5.3　圆管中的平均速度分布

a—层流,$v/v_{\max}=1-(r/R)^2$——(9.4.9)式;

b—湍流,$v/v_{\max}=(1-r/R)^{1/7}$——$Re=1.1\times10^5$ 实测

湍流是个非定常非线性的动力系统,流场中充满着各种尺度的涡,整个流场的特性与这些涡的不断产生、发展和消亡密切相关,这就使得对湍流现象的理解、描述和控制变得十分困难。湍流的表观特点长期以来给人们的印象是,湍流完全是随机运动,毫无规律可言。随着流场观察和实测技术的改进,特别是计算机的发展与应用,条件采样(conditional sampling)成为可能,湍流中各种有序运动的相位信息才得以记录下来。长期以来,流动显示只能在小 Re 数下进行,未超出定性研究的范围。现在计算机图像处理技术有了迅速发展,可以在大 Re 数下利用多探头的定量测量结果构成图像,使流场显示技术超出了直接用肉眼观察的范围。这样的测量与流场观察使人们重新认识到,湍流并非完全随机的无序运动,流场中相对小的涡结构是一些复杂而紊乱的随机结构,而相对大的涡结构有些则是相当有规律的。湍流场中,这些相对有规律的涡结构称为相干结构(coherent structure),或称拟序结构。湍流中的相干结构尽管有规律,但它不是完全确定性的结构,现在还不能预测,在某条件下某一瞬时会在某一位置出现某一形状的确定结构,而只能指出在某一条件下会有某种结构出现,它的出现概率比其他结

构大得多。也就是说,相干结构仍然只是在统计意义上显现出来的有规律结构,这种结构与具体流动的类型及边界条件有关。作为背景流场的随机小涡结构基本上与具体流动的类型、边界条件无关。换言之,各种湍流场中的小涡结构有一定共性。这就是现代关于小涡背景流场中存在不同尺度相干结构的湍流概念。

9.6 湍流的基本方程

雷诺认为,湍流的出现并没有改变流体本身的物理性质,湍流各参数的瞬时值依然满足流动的基本规律及相应的方程。但瞬时的变化并不能反映整个流动的总趋势,重要的是看平均运动如何。基于这种想法,雷诺对瞬时值的基本方程进行平均,得到了湍流平均运动的基本方程——雷诺方程。需要指出,湍流的时间平均只适用于平稳的湍流(长时间平均和起始时刻无关);例如,湍流边界层的来流是周期性的流动属于非平稳湍流。对于这种非平稳湍流,用长时间平均方法,将使周期性变化和不规则湍流一起过滤掉。现代湍流应用系综平均概念,将一次湍流试验的流场作为一个样本,在相同的边界条件下,重复无数次试验的样本平均称为系综平均,在实际物理实验或数值模拟过程中,以足够多的样本平均作为系综平均。

9.6.1 平均值、脉动值和湍流度

设 $\bar{f}$ 为平均值,f' 为脉动值,则流动参数的瞬时值可以写成

$$f = \bar{f} + f' \tag{9.6.1}$$

如果 $\bar{f}$ 随时间变化,则湍流平均运动就是非定常的;如果 $\bar{f}$ 与时间无关,则湍流平均运动就是定常的。按(9.6.1)式的定义,湍流瞬时速度的三个分量为

$$v_i = \bar{v}_i + v'_i \quad (i = 1,2,3) \tag{9.6.2}$$

无论平均运动是三维的,还是二维的,脉动量总是三维的,这是湍流的一个特点。可以根据脉动速度和总的速度平均值 $\bar{v}$ 来定义流场的湍流度:

$$\sigma = \frac{1}{\bar{v}} \sqrt{\frac{1}{T}\int_0^T \frac{1}{3}(v'^2_x + v'^2_y + v'^2_z)\mathrm{d}t} \tag{9.6.3}$$

式中:$\bar{v}^2 = \bar{v}^2_x + \bar{v}^2_y + \bar{v}^2_z$;

T——时间间隔。

对于各向同性湍流(例如,风洞试验段中心部分的湍流)有

$$\overline{v'^2_x} \approx \overline{v'^2_y} \approx \overline{v'^2_z}$$

于是,

$$\sigma = \frac{1}{\bar{v}} \sqrt{\frac{1}{T}\int_0^T v'^2_x \mathrm{d}t} = \frac{\sqrt{\overline{v'^2_x}}}{\bar{v}} \tag{9.6.4}$$

由(9.6.4)式不难看出,湍流度是脉动量的平均量和平均运动量之比,它能体现流场中湍流脉动的相对强弱。湍流度是风洞的重要性能指标之一。一般,风洞湍流度为 0.005,低湍流度风洞的湍流度可以达到 0.0002。

取平均值的方法有几种:按时间取平均的时均法,按空间取平均的体均法,一般非定常非均匀流动采用的概率平均法等。如果非定常的特征时间比湍流脉动的特征时间长很多,时均法的结果不仅可以反映平均值随时间的变化,而且完全可以取代概率平均值。采用时均法的一个优点是,它便于测量校核。时均值的定义是

$$\overline{f} = \frac{1}{T}\int_0^T f\,\mathrm{d}t \tag{9.6.5}$$

设 f 和 g 是两个湍流参数，根据上述定义可以证明下列关系成立：

$$\begin{cases} \overline{\overline{f}} = \overline{f} \\ \overline{f'} = 0 \\ \overline{f'g} = 0 \\ \overline{f+g} = \overline{f}+\overline{g} \\ \overline{fg} = \overline{f}\,\overline{g} + \overline{f'g'} \\ \overline{\overline{f}g} = \overline{f}\,\overline{g} \\ \overline{\dfrac{\partial f}{\partial S}} = \dfrac{\partial \overline{f}}{\partial S} \end{cases} \tag{9.6.6}$$

式中：S——空间坐标或时间坐标。这里对上式不加证明，直接当做法则来用。

9.6.2 质量守恒方程的时均化

质量守恒方程的时间平均为

$$\overline{\frac{\partial v_i}{\partial x_i}} = \frac{\partial \overline{v_i}}{\partial x_i} = 0$$

因此，湍流平均运动的质量守恒方程就是

$$\frac{\partial \overline{v_i}}{\partial x_i} = 0 \tag{9.6.7}$$

再用瞬时值的质量守恒方程

$$\frac{\partial v_i}{\partial x_i} = \frac{\partial (\overline{v_i}+v'_i)}{\partial x_i} = 0 \tag{9.6.8}$$

减去(9.6.7)式，得湍流脉动的质量守恒方程：

$$\frac{\partial v'_i}{\partial x_i} = 0 \tag{9.6.9}$$

9.6.3 N-S 方程的时均化

N-S 方程的时间平均为

$$\overline{\frac{\partial v_i}{\partial t} + v_j \frac{\partial v_i}{\partial x_j}} = \overline{f_i - \frac{1}{\rho}\frac{\partial p}{\partial x_i} + \nu \frac{\partial^2 v_i}{\partial x_j^2}} \tag{9.6.10}$$

质量力 f_i 是外界对流体的作用力，ρ 和 ν 是流体本身的物理性质参数，它们均无脉动问题，根据(9.6.6)式，(9.6.10)式可以写成

$$\frac{\partial \overline{v_i}}{\partial t} + \overline{v_j \frac{\partial v_i}{\partial x_j}} = f_i - \frac{1}{\rho}\frac{\partial \overline{p}}{\partial x_i} + \nu \frac{\partial^2 \overline{v_i}}{\partial x_j^2} \tag{9.6.11}$$

非线性项的时均值还可写成

$$\overline{v_j \frac{\partial v_i}{\partial x_j}} = \overline{v_j}\frac{\partial \overline{v_i}}{\partial x_j} + \overline{v'_j \frac{\partial v'_i}{\partial x_j}} = \overline{v_j}\frac{\partial \overline{v_i}}{\partial x_j} + \left(\overline{\frac{\partial v'_i v'_j}{\partial x_j}} - \overline{v'_i \frac{\partial v'_j}{\partial x_j}}\right)$$
$$= \overline{v_j}\frac{\partial \overline{v_i}}{\partial x_j} + \frac{\partial \overline{v'_i v'_j}}{\partial x_j} \tag{1}$$

上述推导过程中用到(9.6.9)式，即 $\partial v'_j / \partial x_j = 0$，将(1)式代入(9.6.11)式，可得

$$\frac{\partial \overline{v_i}}{\partial t} + \overline{v_j}\frac{\partial \overline{v_i}}{\partial x_j} = f_i - \frac{1}{\rho}\frac{\partial \overline{p}}{\partial x_i} + \frac{1}{\rho}\frac{\partial}{\partial x_j}\left(\mu\frac{\partial \overline{v_i}}{\partial x_j} - \rho\overline{v_i'v_j'}\right) \tag{9.6.12}$$

这个时均化的 N-S 方程称为**雷诺方程**，它就是湍流平均运动的**动量方程**。式中，$-\rho\overline{v_i'v_j'}$ 称为**湍流应力**（或雷诺应力），它是一个二阶对称张量，可以写成

$$R_{ij} = \begin{bmatrix} -\rho\overline{v_1'v_1'} & -\rho\overline{v_1'v_2'} & -\rho\overline{v_1'v_3'} \\ -\rho\overline{v_2'v_1'} & -\rho\overline{v_2'v_2'} & -\rho\overline{v_2'v_3'} \\ -\rho\overline{v_3'v_1'} & -\rho\overline{v_3'v_2'} & -\rho\overline{v_3'v_3'} \end{bmatrix} \tag{9.6.13}$$

层流的纳维-斯托克斯方程组是封闭的，湍流平均运动的雷诺方程组（9.6.7）式和（9.6.12）式）却不封闭，因为湍流应力是未知的。只有找到关于湍流应力的补充方程之后，才可能使雷诺方程组封闭。在寻求方程组封闭的努力过程中，一些有代表性的方法要用湍流脉动量的方程。(9.6.9)式就是脉动量的质量守恒方程，如果用湍流瞬时值的 N-S 方程减雷诺方程，还可以得到脉动量的动量方程：

$$\frac{\partial v_i'}{\partial t} + v_j\frac{\partial v_i'}{\partial x_j} + v_j'\frac{\partial v_i'}{\partial x_j} + v_j'\frac{\partial \overline{v_i}}{\partial x_j} - \frac{\partial \overline{v_i'v_j'}}{\partial x_j} = -\frac{1}{\rho}\frac{\partial p'}{\partial x_i} + v\frac{\partial^2 v_i'}{\partial x_j^2} \tag{9.6.14}$$

9.7 湍流模式理论

雷诺方程组的封闭是个老大难问题，这方面的工作正沿着两个不同的方向在进行。一个方向是发展湍流的统计理论，其进展程度离解决实际问题还相差甚远。另一个方向是半经验理论，它根据一些假设建立湍流应力和平均速度场之间的关系，再针对某些特定流动，通过实验去确定这些关系中若干未知的参数。这种方法能解决一些工程问题，但有局限性。为了解决众多的生产实际问题，目前发展了许多较复杂的半经验理论，形成了许多封闭模式。这样，半经验理论又称为湍流模式理论，本节主要介绍湍流黏性假设和混合长度理论，其余只介绍一般概念，因为湍流模式理论这个问题过于专门化了。

9.7.1 湍流黏性假设

布斯涅斯克（Boussinesq,1877）是第一个提出用半经验理论方法处理湍流问题的学者，他把湍流微团的脉动比拟为分子运动的涨落，把微团的平均速度比拟为分子的宏观平均速度，把平均湍流脉动的动量输运比拟为分子运动涨落产生的动量输运。在分子运动的统计理论中，分子运动涨落产生的统计平均动量输运等于宏观的黏性应力；在湍流统计理论中，平均湍流脉动的动量输运等于湍流应力。因此，基于这种比拟的想法，湍流脉动产生的湍流应力封闭关系式，应当和分子运动产生的黏性应力有类似的形式。以平面平行剪切流动为例，层流里黏性剪应力公式为

$$\tau_1 = \mu\frac{\mathrm{d}\overline{v_x}}{\mathrm{d}y} \tag{9.7.1}$$

式中：μ——"分子"黏性系数。

类似可以定义一个湍流黏性系数 μ_t，将湍流剪应力写成与(9.7.1)式同样的形式，即

$$\tau_t = -\rho\overline{v_x'v_y'} = \mu_t\frac{\mathrm{d}\overline{v_x}}{\mathrm{d}y} \tag{9.7.2}$$

实际上，湍流黏性系数 μ_t 不是流体的物理属性，它是湍流的一种流动特性，与平均湍流场、边

界的几何条件等诸多因素有关。对于不同的流动,或同一流动中的不同位置,μ_t 值都可能不同。因为理论上解决不了 μ_t 和平均湍流场之间的关系,只好针对一些典型情况,通过实验去确定 μ_t 的表达式,所以这种方法是半经验性的。和运动黏性系数 ν 对应,还可以定义湍流的运动黏性系数:

$$\nu_t = \frac{\mu_t}{\rho} \tag{9.7.3}$$

9.7.2 混合长度理论

普朗特(Prandtl)1925 年提出了混合长度假设。考虑壁面上的平面平行剪切湍流,如图 9.7.1 所示。假设位于 y_1 点的流体微团以 $+v'_y$ 的速度到达 y_0 点,由于它原来的平均运动速度较上层的小,它在 y_0 点将引起一个 $-v'_x$ 扰动。如果微团从 y_1 到 y_0 期间,在 l 距离内,其平均运动动量保持不变,只在到达 y_0 点才与该点原来流体微团碰撞,从而产生动量交换,那么就有

$$v'_x \approx -l \left(\frac{\mathrm{d} \overline{v_x}}{\mathrm{d} y} \right)_{y_0}$$

若 y_2 点的微团跑到 y_0 点,情况则相反:这时 $-v'_y$ 的脉动将引起一个 $+v'_x$ 扰动,即

$$v'_x \approx l \left(\frac{\mathrm{d} \overline{v_x}}{\mathrm{d} y} \right)_{y_0}$$

因此,y_0 点平均速度的脉动绝对值平均为

$$\overline{|v'_x|} = l \left(\frac{\mathrm{d} \overline{v_x}}{\mathrm{d} y} \right)_{y_0}$$

由于湍流脉动的随机性,可以假设 v'_y 和 v'_x 同量级,于是,

$$\overline{|v'_y|} = C_1 \overline{|v'_x|} = C_1 l \left(\frac{\mathrm{d} \overline{v_x}}{\mathrm{d} y} \right)_{y_0}$$

式中:C_1——比例常数。

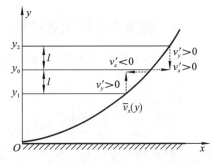

图 9.7.1 壁面上的平面平行剪切湍流

另外,从图 9.7.1 可以看到,不管是上层的微团,还是下层的微团撞入 y_0 点,对应的 v'_x 和 v'_y 总是反号的,因而 $v'_x v'_y < 0$,鉴于这种情况,有

$$\overline{v'_x v'_y} = -C_2 \overline{|v'_x|} \cdot \overline{|v'_y|} = -C_1 C_2 l^2 \left(\frac{\mathrm{d} \overline{v_x}}{\mathrm{d} y} \right)^2_{y_0} \tag{1}$$

式中:C_2——引进的比例常数。

l——未知数,可以将 $C_1 C_2$ 吸收到 l 中去,三者合为一,仍写为 l_0^2;

y_0——任意指定点。

(1)式更一般地可以写成

$$\overline{v'_x v'_y} = -l^2 \left(\frac{\mathrm{d} \overline{v_x}}{\mathrm{d} y} \right)^2 \tag{9.7.4}$$

因而,湍流剪应力的绝对值为

$$|\tau_t| = |-\rho \overline{v'_x v'_y}| = \rho l^2 \left(\frac{\mathrm{d} \overline{v_x}}{\mathrm{d} y} \right)^2$$

考虑到湍流剪应力和黏性剪应力作用方向一致,其表达式最后可写成

$$\tau_t = \rho l^2 \left| \frac{\mathrm{d} \overline{v_x}}{\mathrm{d} y} \right| \frac{\mathrm{d} \overline{v_x}}{\mathrm{d} y} \tag{9.7.5}$$

式中:l——混合长度。(9.7.5)式给出了 τ_t 和 $\mathrm{d} \overline{v_x}/\mathrm{d} y$ 的关系,称为普朗特混合长度公式,对

照(9.7.2)式可知,

$$\mu_t = \rho l^2 \left| \frac{d \overline{v_x}}{dy} \right| \tag{9.7.6}$$

或

$$\nu_t = l^2 \left| \frac{d \overline{v_x}}{dy} \right| \tag{9.7.7}$$

普朗特的理论假设是不严格的,物理模型显然不真实,连续介质中的流体微团和分子的运动是无法相比的。可是,混合长度公式还很有用,平板附近的湍流,圆管中的湍流等等情况下,通过适当选择混合长度,都能给出合理的速度分布和可靠的摩擦阻力结果。其原因在于,普朗特的理论也有其合理成分,这就是它把湍流中的速度脉动动量以及湍流应力与当地的平均速度场 $\overline{v_x}(y)$ 联系起来了,而且保留一个待定的参数(混合长度)由实验确定,从而使这个封闭模式的结果尽可能地符合实际。对于工程上经常碰到的壁面剪切湍流,混合长度 l 在壁面附近与距离 y 成正比,即

$$l = \kappa y \tag{9.7.8}$$

式中:κ——卡门(kármán)常数,

$$\kappa = 0.4$$

9.7.3 湍流模式和大涡模拟

在 9.6.3 小节已经得到湍流脉动动量的方程组:

$$\frac{\partial v'_i}{\partial x_i} = 0 \tag{2}$$

$$\frac{\partial v'_i}{\partial t} + \overline{v_j}\frac{\partial v'_i}{\partial x_j} + v'_j\frac{\partial v'_i}{\partial x_j} + v'_j\frac{\partial \overline{v_i}}{\partial x_j} - \frac{\partial \overline{v'_x v'_y}}{\partial x_j^2} = -\frac{1}{\rho}\frac{\partial p'}{\partial x_i} + \nu \frac{\partial^2 v'_i}{\partial x_j^2} \tag{3}$$

从(2)式、(3)式出发可以导出如下 8 个方程。

湍流应力方程($\overline{v'_i v'_j}$ 方程,仅有 6 个独立的方程):

$$\frac{D}{Dt}(\overline{v'_i v'_j}) = -\frac{\partial}{\partial x_m}\left[\overline{v'_i v'_j v'_m} + \overline{\frac{p'}{\rho}(\delta_{mj} v'_i + \delta_{mi} v'_j)} - \nu \frac{\partial \overline{v'_i v'_j}}{\partial x_m}\right] \\ - \left[\overline{v'_i v'_m}\frac{\partial \overline{v_j}}{\partial x_m} + \overline{v'_j v'_m}\frac{\partial \overline{v_i}}{\partial x_m}\right] - 2\nu \overline{\frac{\partial v'_i}{\partial x_m}\frac{\partial v'_j}{\partial x_m}} + \overline{\frac{p'}{\rho}\left[\frac{\partial v'_i}{\partial x_j} + \frac{\partial v'_j}{\partial x_i}\right]} \tag{9.7.9}$$

湍流动能方程(κ 方程):

$$\kappa = \overline{\frac{v'_i v'_i}{2}}$$

$$\frac{D}{Dt}\left(\overline{\frac{v'_i v'_i}{2}}\right) = -\frac{\partial}{\partial x_m}\left[\overline{v'_m\left(\frac{v'_i v'_i}{2} + \frac{p'}{\rho}\right)} - \nu\frac{\partial \kappa}{\partial x_m}\right] - \overline{v'_i v'_m}\frac{\partial \overline{v_i}}{\partial x_m} - \nu \overline{\frac{\partial v'_i}{\partial x_m}\frac{\partial v'_i}{\partial x_m}} \tag{9.7.10}$$

耗散率方程(ε 方程):

$$\varepsilon = \nu \overline{\frac{\partial v'_i}{\partial x_j}\frac{\partial v'_i}{\partial x_j}}$$

$$\frac{D\varepsilon}{Dt} = -\frac{\partial}{\partial x_m}\left[\overline{\nu v'_m \frac{\partial v'_i}{\partial x_j}\frac{\partial v'_i}{\partial x_j}} + \frac{2\nu}{\rho}\overline{\frac{\partial v'_m}{\partial x_j}\frac{\partial p'}{\partial x_j}} - \nu\frac{\partial \varepsilon}{\partial x_m}\right] \\ - 2\nu\left[\overline{v'_m \frac{\partial v'_i}{\partial x_j} \cdot \frac{\partial^2 \overline{v_i}}{\partial x_m \partial x_j}} + \frac{\partial \overline{v_i}}{\partial x_m}\left(\overline{\frac{\partial v'_i}{\partial x_j}\frac{\partial v'_m}{\partial x_j}} + \overline{\frac{\partial v'_j}{\partial x_m}\frac{\partial v'_j}{\partial x_i}}\right)\right] \\ - 2\nu \overline{\frac{\partial v'_i}{\partial x_j}\frac{\partial v'_i}{\partial x_m}\frac{\partial v'_m}{\partial x_j}} - 2\overline{\left[\nu\frac{\partial^2 v'_i}{\partial x_m \partial x_j}\right]^2} \tag{9.7.11}$$

这些方程统称为**湍流输运方程**。它们包含着湍流脉动动量的多方面内在信息。如能充分利用这些信息，找到联系，就有可能用来解决雷诺方程的封闭问题。问题在于，每引用一个这样的方程就要引出更多的未知量，例如，三阶关联 $\frac{\partial}{\partial x_m}(\overline{v_i'v_j'v_m'})$ 等。因此，必须设法简化这些输运方程。

8 个输运方程加雷诺方程组的 4 个方程共有 12 个方程，其中有基本未知量：$\overline{v_i}, \overline{p}, \overline{v_i v_j}, \kappa$ 和 ε 等共 12 个，除此之外，还有许多新的未知量。为了使这组方程封闭，可以在一些合理的假设下，设法用 12 个基本未知量去表示其他的未知量，这样引进的待定系数再通过典型的实验加以确定。用这种方法得到的简化方程称为原方程的**模型方程**。根据实际问题的需要，可以用一个模型方程，或两个模型方程作补充方程使方程组封闭。这时就说，此问题采用了**一方程模式**，或**两方程模式**。也可以直接说出模型方程的名称，例如：采用了 κ 方程模式、$\kappa\varepsilon$ 方程模式、应力方程模式等。像混合长度理论一类的简单半经验理论，不用湍流输运方程，也可以沿此称之为**零方程模式**。

还有一类封闭模式叫**大涡模拟**。这是基于湍流相干结构的概念提出的方法。它试图避免上述各种模式及其经验常数要依不同流动而改变的缺点，将大涡和小涡分开。小涡接近于各向同性，较少受边界条件的影响，有望找到一种通用的模式；湍流中的大涡占有大部分湍流动能，强烈依赖于边界条件，对它们难以用统一的湍流模式来描述。为此，可以从三维非定常纳维-斯托克斯方程组出发，通过滤波计算，将小于某一格子尺度的小涡诸量过滤掉，从而得到描写大涡运动的方程组，其中小涡对大涡的作用仍用模式理论。由于大涡模拟计算量很大，目前只对一些简单流动进行过尝试。

在不对湍流流动建立模型时，还可以通过对控制方程进行直接数值计算的方式来研究湍流问题。由于湍流是多尺度的不规则流动，要想获得所有尺度的流动信息，需要很高的空间和时间分辨率，因此直接数值模拟计算量大、耗时长、对于计算机内存依赖性强。目前，直接数值模拟仅在一些较低雷诺数的简单流动中应用，例如槽道和圆管湍流。

9.8 圆管中充分发展湍流的速度分布

本节只讨论光滑圆管中的湍流速度分布。假设湍流已经充分发展，换言之，不考虑管口（进口和出口）的影响，各管截面上的流动参数分布都是一样的。下面先分层介绍圆管湍流的速度分布，最后给出实用公式。

9.8.1 黏性底层

圆管中的流动是充分发展的湍流，但是贴近壁面总存在一个底层，在这里，湍流脉动会受到壁面的抑制。普朗特曾经认为，底层的流动具有层流的性质，称其为层流底层。后来发现，在十分贴近壁面的地方也能测量到法向的脉动。即便这个方向的脉动受到抑制，另外两个方向，特别是平均流动方向的脉动还很明显。所以，现在将底层称为黏性底层。

在黏性底层中，与黏性应力 $\mu \dfrac{d\overline{u}}{dy}$ 相比，湍流应力可以略去；另外，黏性底层很薄，可以假设速度分布是线性的。于是，壁面剪应力可写成

$$\tau_w = \mu\left(\frac{d\overline{u}}{dy}\right)_w = \mu\frac{d\overline{u}}{dy} \tag{9.8.1}$$

式中：$\bar{u}$——截面上的时均速度；
y——离壁面的垂直距离。

积分(9.8.1)式,可得

$$\bar{u} = \frac{\tau_w}{\rho} \frac{y}{\nu}$$

或

$$u^+ = y^+ \tag{9.8.2}$$

式中：u^+、y^+——内层变量,定义为

$$u^+ = \frac{\bar{u}}{u^*}, \quad y^+ = \frac{u^* y}{\nu} \tag{9.8.3}$$

而

$$u^* = \sqrt{\frac{\tau_w}{\rho}} \tag{9.8.4}$$

称为摩擦速度。用内层变量表示的线性速度分布是(9.8.2)式,实验结果(见图9.8.1)证明它是正确的。测量结果还表明,黏性底层的范围是 $0 \leqslant y^+ \leqslant 5$。

和黏性底层有关的一个概念是"**水力光滑**"。如果壁面的粗糙度高度为 Δ,当

$$\Delta^+ = \frac{u^* \Delta}{\nu} < 5 \tag{9.8.5}$$

时,粗糙表面全部在黏性底层内,无需考虑粗糙度对管内湍流的影响。满足上述条件的壁面就称为水力光滑壁面。图9.8.1所示的实验数据就是在这种光滑圆管中测到的。

9.8.2 对数层(完全湍流层)

在黏性底层以外,随着离壁面距离的增加,黏性剪应力将减小,而湍流剪应力将增大。到一定距离后,黏性剪应力可以忽略不计,如果再假设总的剪应力为常数,则有

$$-\rho \overline{u'v'} = \tau_w \tag{9.8.6}$$

根据普朗特的混合长度理论,参照(9.7.4)式和(9.7.8)式,可将(9.8.6)式写成

$$\rho \kappa^2 y^2 \left(\frac{d\bar{u}}{dy}\right)^2 = \tau_w$$

或

$$\kappa y \frac{d\bar{u}}{dy} = u^* \tag{1}$$

按内层变量的定义(9.8.3)式,(1)式还可写成

$$\frac{du^+}{dy^+} = \frac{1}{\kappa y^+} \tag{2}$$

积分(2)式,得

$$u^+ = \frac{1}{\kappa} \ln y^+ + B \tag{9.8.7}$$

这里积分常数 B 和卡门常数 κ 均由实验确定。根据尼古拉兹(Niku-radse)光滑圆管的实验结果,即图9.8.1所示数据,可以得到如下拟合式

$$u^+ = 5.75 \lg y^+ + 5.5 \tag{9.8.8}$$

将(9.8.7)式和(9.8.8)式对比,经换算可得

$$k = 0.4, \quad B = 5.5 \tag{9.8.9}$$

以上结果表明,完全湍流层的速度分布符合对数规律,因此该层又称为**对数层**。

9.8.3 过渡层

在黏性底层和对数层之间有一个过渡层,它的范围是 $5 \leqslant y^+ \leqslant 30$。在这个区域,黏性剪应力和湍流剪应力有相同的量级,二者都不能忽略。过渡层内湍流度大,常用实验给出近似的表达式:

$$u^+ = 5\ln y^+ - 3.05 \tag{9.8.10}$$

9.8.4 中心区

无量纲坐标变量 $\bar{y} = y/R > 0.4$ 的区域为中心区。以 y/R 为变量,中心区的速度公式可以直接从对数公式中推出。在圆管轴线上,$y=R$,$u=u_{\max}$,将这个关系代入(9.8.7)式,得

$$u_{\max}^+ = \frac{1}{\kappa}\ln R^+ + B \tag{9.8.11}$$

再用(9.8.7)式减(9.8.11)式,得

$$\frac{\bar{u}_{\max} - \bar{u}}{u^*} = 2.5\ln\frac{y}{R} \tag{9.8.12}$$

(9.8.12)式就是中心区的速度分布公式,称为速度亏损律,它不仅适用于光滑圆管,也适用于粗糙圆管。

9.8.5 壁面律

前面将整个圆管截面上的速度分布分为四个层次作了介绍。其中黏性底层,过渡层,完全湍流层又可以合起来称为内层(或壁面区)。为了求得整个内层的时均速度分布(壁面律)的统一表达式,人们作了许多努力。其中有

Van Driest(1956):

$$u^+ = \int_0^{y^+} \frac{2\mathrm{d}y^+}{1 + \sqrt{1 + (2\kappa y^+)^2 [1 - \mathrm{e}^{(-y^+/2b)}]^2}} \quad (\kappa = 0.4) \tag{9.8.13}$$

Spalding(1961):

$$y^+ = u^+ + \mathrm{e}^{(-\kappa B)}\left[\mathrm{e}^{(\kappa u^+)} - 1 - \kappa u^+ - \frac{(ku^+)^2}{2!} - \frac{(ku^+)^3}{3!}\right] \tag{9.8.14}$$

式中,

$$\kappa = 0.4, \quad B = 5.5$$

Musker(1979):

$$u^+ = 5.42\arctan\left(\frac{2y^+ - 8.15}{16.7}\right) + 2\log\left[\frac{(y^+ + 10.6)^{4.8}}{y^{+2} - 8.15y^+ + 86}\right] - 3.52 \tag{9.8.15}$$

以上三个公式均得到实验结果的证实,十分吻合。除此以外,还有 Rotta(1950)、Reichardt(1951)、Mellor(1968)等人的经验公式,在此不一一列举。

9.8.6 实用的经验公式

整个内层的壁面律公式十分复杂,即便用对数公式(9.8.7)式作近似解,算起来也不方便,因此,工程计算中常采用如下幂函数形式的经验公式:

$$\frac{\bar{u}}{u_{\max}} = \left(\frac{y}{R}\right)^n \tag{9.8.16}$$

式中:n——指数,随 Re 数的不同而变化,表 9.8.1 所示。

表 9.8.1

Re	4×10^3	10^5	10^6	$>2.0\times10^6$
n	1/6	1/7	1/9	1/10

9.9 光滑圆管的阻力系数

9.9.1 压力降 Δp 和阻力系数 λ

如图 9.9.1 所示，一段长为 L 的直圆管中，上游截面的平均压力 p_1 和下游截面平均压力 p_2 之差称为这段管流的**压力降**，即

$$\Delta p = p_1 - p_2 \tag{9.9.1}$$

由管壁摩擦形成的这种压力损失在管流中又称为沿程损失。为了保持管内的定常流动，这种压力降又是必需的。设圆管直径为 D，半径为 R，平均流速为 v_{av}，管壁上的摩擦应力为 τ_w，则有如下力的平衡关系式：

$$\Delta p \pi R^2 = \tau_w 2\pi R L \tag{9.9.2}$$

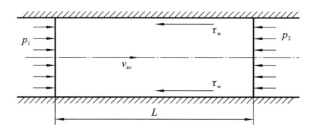

图 9.9.1 圆管的压力降

采用(9.4.13)式定义的壁面摩擦系数 C_f，将(9.9.2)式写成

$$\Delta p = 4C_f \frac{1}{2}\rho v_{av}^2 \frac{L}{D} \tag{9.9.3}$$

再定义圆管阻力系数（又称 Darcy 摩擦系数）：

$$\lambda = 4C_f = 4\frac{\tau_w}{\frac{1}{2}\rho v_{av}^2} \tag{9.9.4}$$

则

$$\Delta p = \lambda \frac{1}{2}\rho v_{av}^2 \frac{L}{D} \tag{9.9.5}$$

9.9.2 光滑圆管的 λ 计算公式

1. 圆管层流的 λ

圆管层流的 C_f 用(9.4.13)式计算，将它代入(9.9.4)式，即得

$$\lambda = \frac{64}{Re} \tag{9.9.6}$$

对于一般工程计算，$Re<2300$ 时上式有效。

2. 圆管湍流的 λ

将阻力系数的定义式(9.9.4)式用 Re 表达：

$$\lambda = 4\frac{\tau_w}{\frac{1}{2}\rho \bar{v}_{av}^2} = \frac{8v^{*2}}{\bar{v}_{av}^2} = \frac{32R^{+2}}{Re^2} \tag{9.9.7}$$

式中：R^+——无量纲半径， $\qquad R^+ = v^* R/\nu$

而 Re 数定义为 $\qquad\qquad\qquad Re = \bar{v}_{av} D/\nu \tag{1}$

由(1)式可以看出，从计算 Re 入手就可以找到阻力系数的表达式。为此，先计算平均流速：

$$\bar{v}_{av} = \frac{1}{\pi R^2}\int_0^R 2\pi r \bar{v} \, dr \tag{2}$$

将柱坐标中的 r 坐标换成从壁面算起的 y 坐标，即令 $r = R - y$，于是，$dr = -dy$，(2)式经过坐标变换后，代入(1)式，得

$$Re = \frac{\bar{v}_{av} D}{\nu} = 4\int_0^{R^+} v^+ \, dy^+ - \frac{4}{R^+}\int_0^{R^+} v^+ y^+ \, dy^+ \tag{9.9.8}$$

将对数公式

$$v^+ = \frac{1}{\kappa}\ln y^+ + B$$

代入(9.9.8)式，积分，再用(9.9.7)式中的参数关系作代换，整理得

$$\frac{1}{\sqrt{\lambda}} = 2.035\log(Re\sqrt{\lambda}) - 0.913 \tag{9.9.9}$$

(9.9.9)式最先是普朗特导出的，经与实验结果比较，式中常数需要略加调整，最后结果是

$$\frac{1}{\sqrt{\lambda}} = 2.0\log(Re\sqrt{\lambda}) - 0.8 \quad (10^5 \leqslant Re \leqslant 3\times 10^6) \tag{9.9.10}$$

普朗特公式是隐式，计算不方便，怀特(White)建议用(9.8.14)式的计算结果，得到的曲线可以拟合成如下公式：

$$\lambda = 1.02(\log Re)^{-2.5} \tag{9.9.11}$$

用(9.9.11)式作计算比用(9.9.10)式容易得多。

(9.9.6)式、(9.9.10)式和(9.9.11)式的曲线如图 9.9.2 所示。

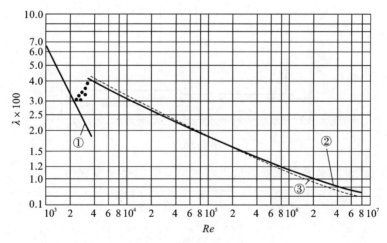

图 9.9.2　光滑圆管阻力系数
①(9.9.6)式的层流曲线；②(9.9.10)式的湍流曲线；③(9.9.11)式的湍流曲线

9.10 管路计算

管路系统的损失分为两类：①由壁面摩擦产生的损失，通常称为沿程损失；②因管路截面变化、管路弯曲，以及局部的障碍物（如阀门）等产生的能量损失统称为局部损失。管路损失可用一维流假设作简化计算，基本方程是推广的伯努利方程。伯努利方程(4.1.5)式是在理想流体假设下推导出来的，它实际上是理想流体沿流线作定常流动的机械能守恒方程。用于黏性流体沿管路的运动计算时，只需将能量损失考虑在内即可，于是有推广的伯努利方程：

$$z_1 + \frac{p_1}{\rho g} + \frac{v_1^2}{2g} = z_2 + \frac{p_2}{\rho g} + \frac{v_2^2}{2g} + h_\mathrm{f} \qquad (9.10.1)$$

式中：h_f——单位重量流体在管路 1-2 截面间的能量损失，它可以写成两部分之和：

$$h_\mathrm{f} = \sum h_{\mathrm{f}1} + \sum h_{\mathrm{f}2} \qquad (9.10.2)$$

式中，局部损失 $h_{\mathrm{f}2}$ 常用局部损失系数 ζ 给出：

$$h_{\mathrm{f}2} = \zeta \frac{v^2}{2g} \qquad (9.10.3)$$

系数 ζ 通常由实验确定，在水力学手册上也可查到（注意相应的速度 v 的取法）。沿程损失 $h_{\mathrm{f}1}$ 则按(9.9.5)式的形式给出：

$$h_{\mathrm{f}1} = \lambda \frac{l}{D} \frac{v^2}{2g} \qquad (9.10.4)$$

所以总的能量损失可以写成

$$h_\mathrm{f} = \frac{1}{2g} \left[\sum_{i=1}^{m} \left(\lambda \frac{l}{D} v^2\right)_i + \sum_{j=1}^{n} (\zeta v^2)_j \right] \qquad (9.10.5)$$

例 9.10.1 设两个水槽的水位相差 18 m，底部用一根 12 m 长的水平圆管连通，且粗管、细管各 6 m（见图 9.10.1），直径分别为 $d_1 = 0.0254$ m，$d_2 = 0.0508$ m。已知进口损失系数 $\zeta_1 = 0.5$，突扩损失系数 $\zeta_2 = 0.56$（用突扩前的速度计算），$\nu = 10^{-6}$ m²/s，按光滑管计算，求管流的体积流量。

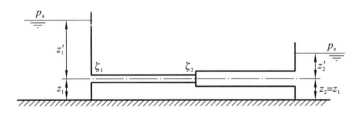

图 9.10.1

解 根据题设条件，水平串联管路从进口到出口的伯努利方程为：

$$0 + \frac{z_1' \rho g + p_\mathrm{a}}{\rho g} + \frac{v_1^2}{2g} = 0 + \frac{z_2' \rho g + p_\mathrm{a}}{\rho g} + \frac{v_2^2}{2g} \\ + \frac{1}{2g}\left[v_1^2\left(\lambda_1 \frac{l_1}{d_1} + 0.5 + 0.56\right) + v_2^2\left(\lambda_2 \frac{l_2}{d_2}\right)\right] \qquad (1)$$

因为粗管和细管的流量相等，所以 $v_2 = 0.25 v_1$，将此结果和已知数据代入(1)式，经计算整理，得

$$v_1 = \sqrt{\frac{352.8}{0.1225 + 236.2\lambda_1 + 7.38\lambda_2}} \tag{2}$$

式中，λ_1，λ_2 与 Re 有关因而也和 v_1 有关，所以只好先给 λ_1，λ_2 一个初值，用迭代法求解。

设 $\lambda_1 = \lambda_2 = 0.02$，由(2)式算得

$$v_1 = 8.4 \text{ m/s}$$

故有

$$Re_1 = 2.13 \times 10^5, \quad Re_2 = 0.5 Re_1$$

因为 $Re_1 > Re_2 > 2300$，所以两管均为湍流，其阻力系数为

$$\lambda = 1.02(\log Re)^{-2.5} \tag{3}$$

由(3)式计算得 $\lambda_1 = 0.016$，$\lambda_2 = 0.018$，再从此处开始新的一轮计算。

四次迭代计算的结果为

$$v_1 = 9.65 \text{ m/s}$$

$$Q = \frac{\pi d_1^2}{4} v_1 = 0.0049 \text{ m}^3/\text{s}$$

习　题

9.1　在一定的速度范围内，垂直于来流的圆柱体后面会产生交替的旋涡，引起垂直于来流方向的交变力。产生旋涡的频率 f 与来流速度 U，流体密度 ρ，黏性系数 μ，以及圆柱直径 d 等因素有关。试用量纲分析法导出 f 的无量纲函数关系。

9.2　水面船舶的阻力 R 和船长 l、航速 v、重力加速度 g、水的密度 ρ 和黏性系数 μ 等因素有关，试用量纲分析的指数法导出阻力的无量纲式。

9.3　黏性流体在圆管中流动，压力降 Δp 决定于管长 l、管径 d、流速 u、密度 ρ 及黏性系数 ν。试用 Π 定理证明：

$$\frac{\Delta p}{\frac{1}{2}\rho u^2} = f\left(\frac{l}{d}, \frac{ud}{\nu}\right)$$

9.4　研究表明，湍流中非常靠近壁面的流体速度 v 和下列因素有关：离壁面的距离 y，壁面上的剪应力 τ_w，流体的密度 ρ 和黏性系数 μ。试用量纲分析法给出无量纲式。

9.5　水下爆炸冲击波压力的一般函数式为

$$p = f(p_a, R, \rho, E, m)$$

式中，p_a 是大气压，R 为距离爆炸中心的距离，ρ 为水的密度，E 为水的弹性模量，m 为炸药的质量，试用量纲分析法决定相似参数。若试爆过程中大气压力不变，要想在不同距离上每次都能测到同样大小的压力，这时使用的炸药量和距离有怎样的关系？

9.6　实船航速为 37 km/h，要用 1/30 的缩尺模型在船池中测定它的兴波阻力，问拖车的速度应该多大？如果测得船模的兴波阻力为 10.19 N，实船的兴波阻力又是多少？

9.7　深海中海流速度为 6 km/h，为确定水雷在这种条件下受到的阻力，准备用 1/3 缩尺模型在风洞中做试验，问如何确定风洞试验段的风速。如果已知水雷模型的阻力为 125.44 N，水雷的阻力该是多少？假定实际水温 8 ℃，风洞试验气温为 15 ℃。

9.8　在船池中进行潜艇深潜航行阻力试验，模型长度 $l = 1.5$ m，拖车速度 $v = 3$ m/s，水温 20 ℃，测得模型阻力为 14 kN。如果改在风洞中试验，气温 15 ℃，模型尺度不变，在满足动力相似的条件下，风洞试验风速该多大？模型上作用的阻力（估计值）多大？

9.9 气球在 20 ℃ 的空气中匀速上升,其直径为 1 m,上升速度为 3 cm/s;塑料小球在 20 ℃ 的水中匀速下沉,其直径为 2 cm。问塑料小球下沉速度多大时,它和气球的运动是动力相似的? 若塑料小球的比重为 1.5 时,它在水中恰好以上述动力相似所要求的速度下沉,求气球所受的空气阻力。

9.10 对于完全发展的定常等截面直管道内的层流,N-S 方程(9.1.17)式可以简化成

$$\frac{\partial^2 v_x}{\partial y^2} + \frac{\partial^2 v_x}{\partial z^2} = \frac{1}{\mu}\frac{\mathrm{d}p}{\mathrm{d}x} = 常数$$

请说明简化过程和理由。

9.11 两平行平板间的流动如题图 9.11 所示,假设黏性流体是不可压缩的,流动定常,质量力可以略去不计,两板之间的距离为 $2h$,求两板间流体的速度分布。

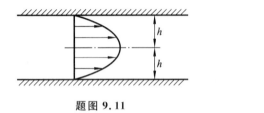

题图 9.11

题图 9.12

9.12 如题图 9.12 所示,两同心圆管之间是不可压流体的完全发展的定常层流,求速度分布。

9.13 直径 50 mm 的圆管内水流平均速度为 1.7 m/s,已知 $\nu=1.006\ \mathrm{mm}^2/\mathrm{s}$,试计算黏性底层、过渡层及完全湍流层的厚度。

9.14 已知光滑圆管内流体的速度分布为

$$\frac{v}{v^*} = 8.74\left[\frac{(R-r)v^*}{\nu}\right]^{1/7}$$

式中,v^* 是摩擦速度,R 是圆管半径,r 是径向距离。求管流阻力系数 λ 和 Re 之间的关系。

9.15 某种油料的密度为 780 kg/m³,动力黏性系数为 7.4×10^{-3} N·S/m²,流过长度为 12.2 m 直径为 1.26 cm 的水平置放的圆管,试计算油流保持为层流的最大平均速度是多少? 维持这种流动所需的压力降多大? 若油料从这根管流入另一细管,细管直径为 0.63 cm,长度也是 12.2 m,问流过细管的压力降又是多少?

9.16 如题图 9.16 所示,两座水池由三根圆管水平串联起来,$l_1=1500$ m,$l_2=900$ m,$l_3=600$ m,相应的管径分别是 $d_1=0.45$ m,$d_2=0.4$ m,$d_3=0.3$ m,当水温为 15 ℃ 时,管道的体积流量为 0.11 m³/s,求两水池的水位差。图中局部流动损失均按下游管流速度加以计算。

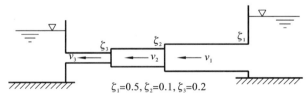

题图 9.16

第 10 章　边界层理论

黏性不可压缩流体运动基本方程组的准确解为数极少,远不能满足工程实际的需要。小 Re 问题的近似解也只能解决范围较窄的一部分实际问题。大量工程问题如航空、宇宙飞行、水利等方面所遇到的课题绝大部分都属于大 Re 问题。这是因为大自然中最主要的流体是空气和水,它们的黏性系数 μ 都很小,如果物体的特征长度及特征速度不太小的话,那么 Re 数就可以达到很高的数值。例如水动力学的绕流问题,若水翼弦长 $L=1$ m,来流速度 $V=10$ m/s,水的运动黏性系数 $\nu=1.14\times10^{-6}$ m^2/s,则 $Re\approx1.14\times10^{7}$,由此可见,研究大 Re 问题具有重大的实际意义。本章讨论大 Re 问题下的流动问题——普朗特(Prandtl)边界层理论。

普朗特(1904)在大 Re 绕流的实验研究中发现,贴近物面的流体运动很慢,但离开物面很小距离以外的流动,与理想流体势流理论预测的基本一致。这表明,流体黏性只在贴近物面极薄的一层内起作用,这一流层称为边界层(或附面层)。在 1.3 节,曾经从数量级上对边界层厚度 δ 作过估计(见(1.3.6)式),若用特征长度 L、特征速度 U_∞ 定义 Re 数,那么就有

$$\frac{\delta}{L}\sim\frac{1}{\sqrt{Re}},\quad Re=\frac{U_\infty L}{\nu} \tag{10.0.1}$$

大 Re 数时边界层确实很薄,观察和分析的结论是完全一致的。普朗特用量级分析的方法导出了边界层方程,并从中发现:绕流流场可以由外部流场(主流)和内部流场共同组成;外部流场受欧拉方程控制,内部流场受边界层方程控制。图 10.0.1 所示就是这种流场划分的示意图,物面上的边界层流动在物体后面形成了尾流。普朗特的发现为近代空气动力学奠定了基础,其理论经过不断发展已在各种实际问题中得到应用,使经典的流体力学成为一门真正实用的科学,在流体力学发展史上有着里程碑的意义。

图 10.0.1　大 Re 绕流场示意图

边界层理论主要解决物体的黏性阻力问题:研究黏性阻力的性质、成因、计算和减小的方法。黏性阻力包括摩擦阻力和黏压阻力。黏压阻力在舰船总阻力中占有很大的百分比,对于低速水面舰船,占总阻力 80% 以上;高速水面舰船占 40% 以上;而对于水下的潜艇与潜器,则占 100%。

本章将介绍普朗特的边界层方程,讨论布拉修斯的光滑平板层流边界层精确解;介绍卡门动量积分方程,平板湍流边界层问题,以及平板阻力的工程估算;最后介绍边界层分离和减阻问题。

10.1　普朗特边界层方程

假定黏性不可压缩流体作平面定常运动中,忽略质量力,ν 为常数。这时 N-S 方程和质量

守恒方程分别为

$$v_x \frac{\partial v_x}{\partial x} + v_y \frac{\partial v_x}{\partial y} = -\frac{1}{\rho}\frac{\partial p}{\partial x} + \nu\left(\frac{\partial^2 v_x}{\partial x^2} + \frac{\partial^2 v_x}{\partial y^2}\right) \qquad (10.1.1a)$$

$$v_x \frac{\partial v_y}{\partial x} + v_y \frac{\partial v_y}{\partial y} = -\frac{1}{\rho}\frac{\partial p}{\partial y} + \nu\left(\frac{\partial^2 v_y}{\partial x^2} + \frac{\partial^2 v_y}{\partial y^2}\right) \qquad (10.1.1b)$$

$$\frac{\partial v_x}{\partial x} + \frac{\partial v_y}{\partial y} = 0 \qquad (10.1.2)$$

现在以物体的特征长度 L 和远前方来流速度 U_∞ 定义如下无量纲变量：

$$\begin{cases} \tilde{x} = x/L \\ \tilde{y} = y/L \\ \tilde{v}_x = v_x/U_\infty \\ \tilde{v}_y = v_y/U_\infty \\ \tilde{p} = p/\rho U_\infty^2 \end{cases} \qquad (10.1.3)$$

将(10.1.3)式代入(10.1.1)式和(10.1.2)式,可以得到相应的无量纲方程：

$$\tilde{v}_x \frac{\partial \tilde{v}_x}{\partial \tilde{x}} + \tilde{v}_y \frac{\partial \tilde{v}_x}{\partial \tilde{y}} = -\frac{\partial \tilde{p}}{\partial \tilde{x}} + \frac{1}{Re}\left(\frac{\partial^2 \tilde{v}_x}{\partial \tilde{x}^2} + \frac{\partial^2 \tilde{v}_x}{\partial \tilde{y}^2}\right) \qquad (10.1.4a)$$
$\quad(1)(1)\quad(\tilde{\delta})(\tilde{\delta}^{-1})\qquad\qquad(\tilde{\delta}^2)(1)\quad(\tilde{\delta}^{-2})$

$$\tilde{v}_x \frac{\partial \tilde{v}_y}{\partial \tilde{x}} + \tilde{v}_y \frac{\partial \tilde{v}_y}{\partial \tilde{y}} = -\frac{\partial \tilde{p}}{\partial \tilde{y}} + \frac{1}{Re}\left(\frac{\partial^2 \tilde{v}_y}{\partial \tilde{x}^2} + \frac{\partial^2 \tilde{v}_y}{\partial \tilde{y}^2}\right) \qquad (10.1.4b)$$
$\quad(1)(\tilde{\delta})\quad(\tilde{\delta})(1)\qquad\qquad(\tilde{\delta}^2)(\tilde{\delta})\quad(\tilde{\delta}^{-1})$

$$\frac{\partial \tilde{v}_x}{\partial \tilde{x}} + \frac{\partial \tilde{v}_y}{\partial \tilde{y}} = 0 \qquad (10.1.5)$$
$\quad(1)\qquad(1)$

式中,
$$Re = U_\infty L/\nu$$

每个方程下面圆括号标出的是相应物理量的数量级,其中 $\delta = \delta/L \ll 1$。可以根据物理量的可能取值范围估计出无量纲量的数量级。例如：

(1) $x = 0 \to L$（意即 x 的取值范围是从 0 到 L),即 $\tilde{x} = x/L = 0 \to 1$,因此,$\tilde{x}$ 的数量级是"1",记为 $O(1)$,同样 $\partial \tilde{x}$ 的数量级也是 $O(1)$;

(2) $y = 0 \to \delta$ 即 $\tilde{y} = y/L = 0 \to \tilde{\delta}$,因此,$\tilde{y}$ 以及 $\partial \tilde{y}$ 的数量级是 $O(\tilde{\delta})$;

(3) $v_x = 0 \to U_\infty$,即 $\tilde{v}_x = v_x/U_\infty = 0 \to 1$,因此,$\tilde{v}_x$ 的数量级是 $O(1)$;

(4) 根据(10.0.1)式,$1/Re \sim \tilde{\delta}^2$,因此,其数量级就是 $O(\tilde{\delta}^2)$。

几个物理量相乘除时,数量级的估计可按以下公式运算：

$$\begin{cases} O(\tilde{\delta}^m) \cdot O(\tilde{\delta}^n) = O(\tilde{\delta}^{m+n}) \\ \dfrac{O(\tilde{\delta}^m)}{O(\tilde{\delta}^n)} = O(\tilde{\delta}^{m-n}) \\ O(\tilde{\delta}^0) = O(1) \end{cases} \qquad (10.1.6)$$

偏导数算符 $\partial/\partial \tilde{x}$ 和 $\partial/\partial \tilde{y}$ 的数量级分别是 $\partial \tilde{x}$ 和 $\partial \tilde{y}$ 数量级的倒数。对于本问题,有

$$\frac{\partial}{\partial \tilde{x}} \sim \frac{1}{O(1)} = O(1); \quad \frac{\partial}{\partial \tilde{y}} \sim \frac{1}{O(\tilde{\delta})} = O(\tilde{\delta}^{-1})$$

二阶偏导数算符的数量级估计可以如法炮制,即

$$\frac{\partial^2}{\partial \tilde{x}^2} = \frac{\partial}{\partial \tilde{x}}\left(\frac{\partial}{\partial \tilde{x}}\right) \sim \frac{1}{O(1)}\frac{1}{O(1)} = O(1)$$

$$\frac{\partial^2}{\partial \tilde{y}^2} = \frac{\partial}{\partial \tilde{y}}\left(\frac{\partial}{\partial \tilde{y}}\right) \sim \frac{1}{O(\tilde{\delta})}\frac{1}{O(\tilde{\delta})} = O(\tilde{\delta}^{-2})$$

$$\frac{\partial^2}{\partial \tilde{x}\partial \tilde{y}} = \frac{\partial}{\partial \tilde{x}}\left(\frac{\partial}{\partial \tilde{y}}\right) \sim \frac{1}{O(1)}\frac{1}{O(\tilde{\delta})} = O(\tilde{\delta}^{-1})$$

按(10.1.6)式,可算出:

$$\frac{\partial \tilde{v}_x}{\partial \tilde{x}} \sim O(1)O(1) = O(1)$$

质量守恒方程的两项必须具有相同的数量级,因此,$\partial \tilde{v}_y/\partial \tilde{y}$ 的数量级也是 $O(1)$,进而可以算出 $\tilde{v}_y$ 的数量级是 $O(\tilde{\delta})$。至此,所需要的数量级已全部算出。

通过数量级比较,要简化的方程是(10.1.4a)式和(10.1.4b)式两式。现在质量守恒方程的两项都具有 $O(1)$ 的量级,所以,(10.1.4)式两式中的惯性力和黏性力也都只保留数量级为 $O(1)$ 的项,所有量级为 $O(\delta)$ 以上的高阶小量都可以去掉,这样,简化后的方程还原为有量纲量,得

$$v_x\frac{\partial v_x}{\partial x} + v_y\frac{\partial v_x}{\partial y} = -\frac{1}{\rho}\frac{\partial p}{\partial x} + \nu\frac{\partial^2 v_x}{\partial y^2} \tag{10.1.7a}$$

$$\frac{\partial p}{\partial y} = 0 \tag{10.1.7b}$$

$$\frac{\partial v_x}{\partial x} + \frac{\partial v_y}{\partial y} = 0 \tag{10.1.8}$$

这就是控制边界层流动的普朗特方程。

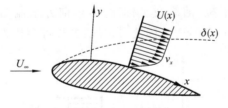

图 10.1.1　边界层坐标系

对于曲面上的边界层流动,要采用正交曲线坐标系,如图 10.1.1 所示,x 轴沿物面指向下游,y 轴与物面外法线重合。只要物面曲率不大,上述基本微分方程仍然成立。如果曲率过大,则 y 方向会出现一个由离心力造成的压力梯度。

边界层方程(10.1.7b)式表明,在边界层内,压力沿物面法线方向不变。因此,$p = p(x)$,$\partial p/\partial x = \mathrm{d}p/\mathrm{d}x$,而且沿物面的压力分布和沿边界层外边缘的势流压力分布相同。势流压力和速度之间满足伯努利方程:

$$p + \frac{1}{2}\rho U^2 = C$$

因此,

$$\frac{1}{\rho}\frac{\mathrm{d}p}{\mathrm{d}x} = -U\frac{\mathrm{d}U}{\mathrm{d}x} \tag{10.1.9}$$

将(10.1.9)式代入(10.1.7)式,边界层基本微分方程就可以写成

$$\begin{cases} v_x \dfrac{\partial v_x}{\partial x} + v_y \dfrac{\partial v_x}{\partial y} = U \dfrac{\mathrm{d} U}{\mathrm{d} x} + \nu \dfrac{\partial^2 v_x}{\partial y^2} \\ \dfrac{\partial v_x}{\partial x} + \dfrac{\partial v_y}{\partial y} = 0 \end{cases} \quad (10.1.10)$$

边界条件为

$$\begin{cases} y = 0: & v_x = 0, \quad v_y = 0 \\ y = \infty: & v_x = U \end{cases} \quad (10.1.11)$$

边界层方程比 N-S 方程简化了许多。首先，y 方向的方程不存在了，只有 x 方向的动量方程和质量守恒方程。此外，在动量方程的黏性力部分舍掉了 $\partial^2 v_x/\partial x^2$ 项，只剩下 $\partial^2 v_x/\partial y^2$，方程由椭圆型变为抛物线型。但是边界层方程仍然是非线性的，要在数学上求解仍很困难，只能对一些典型情况求得精确解。

工程计算可以采用内、外区耦合的近似解法：①首先用理想流体边界条件求解物体绕流的势流方程，得到物面上的势流解；②按物面势流解规定边界层外边界条件，求解边界层方程；③考虑到边界层对外部势流的排挤作用，修改物体外形，再重复①的势流计算，随后以修改外形的势流参数为边界层外边界条件，求解边界层方程，一直到当相邻的两次计算结果满足给定精度要求时即可终止计算。可以用排挤厚度 $\delta^*(x)$（见 10.3 节）修改物形，如果物面方程为 $y=y(x)$，那么改形物面的坐标将是 $y_1=y+\delta^*$。必要时，修改一次基本上就能满足要求，不必反复修正。

10.2 平板层流边界层的精确解

下面研究零攻角光滑平板上的层流边界层流动问题。如图 10.2.1 所示，假设沿 x 轴放置一个半无限长、厚度为零的平板，前缘在坐标原点，远前方来流 U 与板面平行。根据势流理论，这时平板上的 $U=$ 常数，$\mathrm{d}U/\mathrm{d}x=0$，因此，边界层方程可简化为：

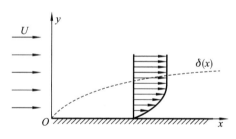

图 10.2.1

$$\begin{cases} v_x \dfrac{\partial v_x}{\partial x} + v_y \dfrac{\partial v_x}{\partial y} = \nu \dfrac{\partial^2 v_x}{\partial y^2} \\ \dfrac{\partial v_x}{\partial x} + \dfrac{\partial v_y}{\partial y} = 0 \end{cases} \quad (10.2.1)$$

引进流函数 $\Psi(x,y)$，则有 $v_x = \partial \Psi/\partial y$，$v_y = -\partial \Psi/\partial x$，方程(10.2.1)式可写成

$$\dfrac{\partial \Psi}{\partial y} \dfrac{\partial^2 \Psi}{\partial x \partial y} - \dfrac{\partial \Psi}{\partial x} \dfrac{\partial^2 \Psi}{\partial y^2} = \nu \dfrac{\partial^3 \Psi}{\partial y^3} \quad (10.2.2)$$

相应的边界条件为

$$\begin{cases} y=0: & \dfrac{\partial \Psi}{\partial y}=\dfrac{\partial \Psi}{\partial y}=0 \\ y=\infty: & \dfrac{\partial \Psi}{\partial y}=U \end{cases} \qquad (10.2.3)$$

布拉修斯(1904)将(10.2.2)式无量纲化，他选的无量纲自变量基本上是 $\eta=y/\delta$，只是稍有变化。因为由数量级分析得知(见(10.0.1))，

$$\frac{\delta}{x}\sim\sqrt{\frac{\nu}{Ux}}$$

所以布拉修斯将无量纲自变量定义为

$$\eta = y\sqrt{\frac{U}{\nu x}} \qquad (10.2.4)$$

于是，可以用对 η 的导数来表达 $\dfrac{\partial}{\partial x}$ 和 $\dfrac{\partial}{\partial y}$，即

$$\begin{cases} \dfrac{\partial}{\partial x}=\dfrac{\partial}{\partial \eta}\dfrac{\partial \eta}{\partial x}=-\dfrac{y}{2x}\sqrt{\dfrac{U}{\nu x}}\dfrac{\partial}{\partial \eta} \\ \dfrac{\partial}{\partial y}=\dfrac{\partial}{\partial \eta}\dfrac{\partial \eta}{\partial y}=\sqrt{\dfrac{U}{\nu x}}\dfrac{\partial}{\partial \eta} \\ v_x=\dfrac{\partial \Psi}{\partial y}=\sqrt{\dfrac{U}{\nu x}}\dfrac{\partial \Psi}{\partial \eta} \\ v_y=-\dfrac{\partial \Psi}{\partial x}=\dfrac{y}{2x}\sqrt{\dfrac{U}{\nu x}}\dfrac{\partial \Psi}{\partial \eta} \end{cases} \qquad (10.2.5)$$

将上面 v_x 的表达式写成

$$\frac{v_x}{U}=\frac{1}{\sqrt{\nu x U}}\frac{\partial \Psi}{\partial \eta}$$

因为 v_x/U 和 η 都是无量纲的，所以 $\Psi/\sqrt{\nu x U}$ 就是一个无量纲量，因此，可以定义

$$f(\eta)=\frac{\Psi}{\sqrt{\nu x U}} \qquad (10.2.6)$$

这样(10.2.2)式中 Ψ 对 x、对 y 的各阶偏导数都可以用 f 及其各阶导数 $f'=\mathrm{d}f/\mathrm{d}\eta$，$f''=\mathrm{d}^2f/\mathrm{d}\eta^2$，…表达，结果是

$$\begin{cases} v_x=\dfrac{\partial \Psi}{\partial y}=Uf' \\ v_y=-\dfrac{\partial \Psi}{\partial x}=\dfrac{U}{2}\sqrt{\dfrac{\nu}{xU}}(\eta f'-f) \\ \dfrac{\partial v_x}{\partial x}=\dfrac{\partial^2 \Psi}{\partial x \partial y}=-\dfrac{U}{2x}\eta f'' \\ \dfrac{\partial v_x}{\partial y}=\dfrac{\partial^2 \Psi}{\partial y^2}=U\sqrt{\dfrac{U}{\nu x}}f'' \\ \dfrac{\partial^2 v_x}{\partial y^2}=\dfrac{\partial^3 \Psi}{\partial y^3}=U\left(\dfrac{U}{\nu x}\right)f''' \end{cases} \qquad (10.2.7)$$

将(10.2.7)式代入(10.2.2)式，得到一个非线性的三阶常微分方程：

$$2f'''+ff''=0 \qquad (10.2.8)$$

边界条件(10.2.3)式则变成

$$\begin{cases} f(0) = f'(0) = 0 \\ f'(\infty) = 1 \end{cases} \tag{10.2.9}$$

这个方程没有解析解,布拉修斯(1904)用级数方法得到了极为精确的结果。如果直接作数值积分,那么该方程的解可以达到任意精度。不过三阶常微分方程的积分从壁面开始,这时要将(10.2.9)式中 $f'(\infty)=1$ 的条件换成相当的壁面条件 $f''(0)=A$。可以取一系列 A 值进行试算,从中可以找到正确的 A 值。不过,可以证明:如果第一次用 $f_1''(0)=B$ 计算的结果 $f_1'(\infty)$ 不满足要求,那么正确的壁面条件应当是

$$f''(0) = A = B[f_1'(\infty)]^{-3/2} \tag{10.2.10}$$

丢费尔(Töpfer,1912)计算的结果是

$$f''(0) = A = 0.33206$$

布拉修斯解的相应数据为 0.332,可见是相当精确的。后来,霍华斯(Howarth,1938)又给出了详细的数值结果,如表 10.2.1 所示。下面根据表中数据计算边界层的有关特性。

表 10.2.1 平板层流边界层的数值表

$\eta = y\sqrt{\dfrac{U}{\nu x}}$	f	$f' = \dfrac{v_x}{U}$	f''
0	0	0	0.33206
0.2	0.00664	0.06641	0.33199
0.4	0.02656	0.13277	0.33147
0.6	0.05974	0.19894	0.33008
0.8	0.10611	0.26471	0.32739
1.0	0.16557	0.32979	0.32301
1.2	0.23795	0.39378	0.31659
1.4	0.32298	0.45627	0.30787
1.6	0.42032	0.51676	0.29667
1.8	0.52952	0.57477	0.28293
2.0	0.65003	0.62977	0.26675
2.2	0.78120	0.68132	0.24835
2.4	0.92230	0.72899	0.22809
2.6	1.07252	0.77246	0.20646
2.8	1.23099	0.81152	0.18401
3.0	1.39682	0.84605	0.16136
3.2	1.56911	0.87609	0.13913
3.4	1.74696	0.90177	0.11788
3.6	1.92954	0.92333	0.09809
3.8	2.11605	0.94112	0.08013
4.0	2.30576	0.95552	0.06424
4.2	2.49806	0.96696	0.05052

续表

$\eta = y\sqrt{\dfrac{U}{\nu x}}$	f	$f' = \dfrac{v_x}{U}$	f''
4.4	2.69238	0.97587	0.03897
4.6	2.88826	0.98269	0.02946
4.8	3.08534	0.98779	0.02187
5.0	3.28329	0.99155	0.01591
5.2	3.48189	0.99425	0.01134
5.4	3.68094	0.99616	0.00793
5.6	3.88031	0.99748	0.00543
5.8	4.07990	0.99838	0.00365
6.0	4.27964	0.99898	0.00240
6.2	4.47948	0.99937	0.00155
6.4	4.67938	0.99961	0.00098
6.6	4.87931	0.99977	0.00061
6.8	5.07928	0.99987	0.00037
7.0	5.27926	0.99992	0.00022
7.2	5.47925	0.99996	0.00013
7.4	5.67924	0.99998	0.00007
7.6	5.87924	0.99999	0.00004
7.8	6.07923	1.00000	0.00002
8.0	6.27923	1.00000	0.00001
8.2	6.47923	1.00000	0.00001
8.4	6.67923	1.00000	0.00000
8.6	6.87923	1.00000	0.00000
8.8	7.07923	1.00000	0.00000

1. 速度分布

根据(10.2.7)式,无量纲速度为

$$\begin{cases} \dfrac{v_x}{U} = f' \\ \dfrac{v_y}{U} = \dfrac{1}{2\sqrt{Re_x}}(\eta f' - f) \end{cases} \quad (10.2.11)$$

式中,
$$Re_x = Ux/\nu$$

速度分布曲线如图 10.2.2 所示,v_x/U 的曲线近似为抛物线,和尼古拉兹及李普曼(Liepmann)等人的实验结果完全符合。法向速度靠近边界层外边缘时,增长率变小,并迅速趋近于一个常数:

$$\dfrac{v_y}{U}\sqrt{Re_x} = 0.8604$$

这表明,边界层对外部势流的排挤作用直到无穷远都存在,但随 x 增加,这种作用将减弱。因此,边界层会使外部流场发生畸变。

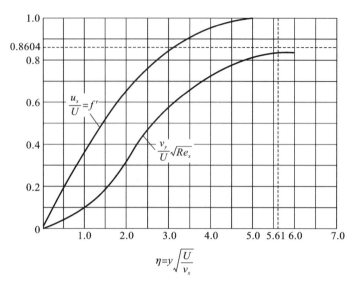

图 10.2.2 平板层流边界层速度分布

2. 边界层厚度 δ、排挤厚度 δ^* 和动量损失厚度 θ

按边界条件,只有当 $y=\infty$(因而 $\eta=\infty$)时,才有 $v_x=U$。不过,这个渐近过程在壁面附近进行得很快,通常约定:当 v_x 达到 $0.99U(x)$ 时,对应的 y 值定为边界层厚度。从表 10.2.1 中查到 $\eta=5.0$ 时符合此约定,取 $\delta\sqrt{\dfrac{U}{\nu x}}=5.0$,于是

$$\delta=\frac{5.0}{\sqrt{Re_x}} \tag{10.2.12}$$

在边界层流动近似方法中,要用到如下定义的厚度:

排挤厚度

$$\delta^*=\int_0^\infty\left(1-\frac{v_x}{U}\right)dy \tag{10.2.13}$$

动量损失厚度

$$\theta=\int_0^\infty\frac{v_x}{U}\left(1-\frac{v_x}{U}\right)dy \tag{10.2.14}$$

利用(10.2.7)式的有关表达式可以得到

$$\delta^*=\sqrt{\frac{\nu x}{U}}\int_0^\infty(1-f')d\eta=\sqrt{\frac{\nu x}{U}}(\eta-f)\bigg|_0^\infty$$

查数值表 10.2.1,可以算出:

$$\delta^*=\frac{1.7208x}{\sqrt{Re_x}} \tag{10.2.15}$$

同样,有

$$\theta=\sqrt{\frac{\nu x}{U}}\int_0^\infty f'(1-f')d\eta=\sqrt{\frac{\nu x}{U}}\int_0^\infty(1-f')df$$

分部积分后,利用(10.2.8)式,可得

$$\theta = -\sqrt{\frac{\nu x}{U}} 2[f''(\infty) - f''(0)]$$

查表 10.2.1，经计算得

$$\theta = \frac{0.664x}{\sqrt{Re_x}} \tag{10.2.16}$$

3. 壁面摩擦系数 C_f

壁面摩擦应力

$$\tau_w = \mu\left(\frac{\partial v_x}{\partial y}\right)_{y=0} = \mu U \sqrt{\frac{U}{\nu x}} f''(0)$$

所以

$$C_f = \frac{\tau_w}{\frac{1}{2}\rho U^2} = 2\sqrt{\frac{\nu}{Ux}} f''(0) \tag{10.2.17a}$$

查表 10.2.1 计算得

$$C_f = \frac{0.664}{\sqrt{Re_x}} \tag{10.2.17b}$$

4. 摩擦阻力系数 C_d

长度为 L 的平板上一侧表面受到的摩擦阻力为

$$D = \int_0^L \tau_w \, dx \tag{10.2.18}$$

定义摩擦阻力系数

$$C_d = \frac{D}{\frac{1}{2}\rho U^2 (L \times 1)} \tag{10.2.19}$$

因此，

$$C_d = \frac{1}{L}\int_0^L C_f \, dx \tag{10.2.20}$$

将(10.2.17)式代入(10.2.20)式，计算得

$$C_d = \frac{1.328}{\sqrt{Re_L}} \tag{10.2.21}$$

式中，
$$Re_L = UL/\nu$$

(10.2.21)式适用的范围是 $10^4 \leqslant Re_L \leqslant 2\times 10^5 \sim 6\times 10^5$，若超越上限，边界层将发生转捩，由层流变为湍流；若低于下限，可用郭永怀的修正公式

$$C_d = \frac{1.328}{\sqrt{Re_L}} + \frac{4.1}{Re_L} \tag{10.2.22}$$

10.3 平板边界层的动量分析

下面运用动量定理分析平板边界层流动，所用控制体如图 10.3.1 所示，求平板单面所受摩擦阻力 R_f。进口截面 $x=0$ 处，$y=h$，出口截面 x 处，$y=h+\delta^*$，这里 δ^* 表示边界层外流线的位移量，取图中所示流线为控制体的外边界，平板壁面为内边界。

先对控制体运用质量守恒定律。对于不可压缩流动，有

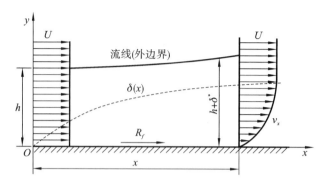

图 10.3.1　分析平板边界层流动的控制体

$$Uh = \int_0^{h+\delta^*} v_x \mathrm{d}y \tag{10.3.1}$$

或

$$Uh = \int_0^{h+\delta^*} (U + v_x - U)\mathrm{d}y = U(h+\delta^*) - \int_0^{h+\delta^*}(U - v_x)\mathrm{d}y$$

所以

$$\delta^* \int_0^{h+\delta^*}\left(1 - \frac{v_x}{U}\right)\mathrm{d}y = \int_0^{\delta}\left(1 - \frac{v_x}{U}\right)\mathrm{d}y = \int_0^{\infty}\left(1 - \frac{v_x}{U}\right)\mathrm{d}y \tag{10.3.2}$$

称之为排挤厚度（或位移厚度）。(10.3.2)式中积分上限的三种写法是等价的，因为在边界层以外，有 $v_x/U \approx 1$，v_x 趋近于 U 的渐近过程不会影响积分的数值。将(10.3.2)式写成

$$\rho U \delta^* = \int_0^{\delta} \rho(U - v_x)\mathrm{d}y \tag{1}$$

可以看出，(1)式右边是黏性阻滞作用使边界层内减少的流量，它与厚度为 δ^* 的外部势流流量相当。这部分流体被挤到边界层外，外部势流流线就会产生相应的位移。这就是排挤厚度（或位移厚度）一词的由来。

下面对控制体运用动量定理。由于零攻角平板上的压力梯度为零，根据边界层理论，边界层外边缘上的压力梯度为零，进而控制体外边界上的压力梯度也为零。于是，各控制面上的压力均相等，对控制体动量变化不产生影响。力的作用只考虑平板的摩擦反力 $-R_f$。根据动量定理，它应等于 x 方向单位时间内的动量净流出量，因此，有

$$-R_f = \int_0^{h+\delta^*} v_x \rho v_x \mathrm{d}y - \int_0^h U\rho U \mathrm{d}y$$

即

$$R_f = \rho U^2 h - \int_0^{h+\delta^*} \rho v_x^2 \mathrm{d}y \tag{10.3.3}$$

利用(10.3.1)式将(10.3.3)式改写成

$$R_f = \rho U^2 \int_0^{h+\delta^*}\frac{v_x}{U}\mathrm{d}y - \int_0^{h+\delta^*}\rho v_x^2 \mathrm{d}y = \rho U^2 \int_0^{h+\delta^*}\frac{v_x}{U}\left(1 - \frac{v_x}{U}\right)\mathrm{d}y$$

定义　动量损失厚度（简称动量厚度）

$$\theta = \int_0^{h+\delta^*}\frac{v_x}{U}\left(1 - \frac{v_x}{U}\right)\mathrm{d}y = \int_0^{\delta}\frac{v_x}{U}\left(1 - \frac{v_x}{U}\right)\mathrm{d}y = \int_0^{\infty}\frac{v_x}{U}\left(1 - \frac{v_x}{U}\right)\mathrm{d}y \tag{10.3.4}$$

则

$$R_f = \rho U^2 \theta \tag{10.3.5}$$

上式表明，流体给平板以摩擦力 R_f 时，流体自身要损失 $\rho U^2 \theta$ 这么多动量，它相当于厚度为 θ 的势流所具有的动量。因为上式可以写成

$$\theta = \frac{R_f}{\rho U^2} = \frac{1}{\rho U^2}\int_0^x \tau_w \mathrm{d}x = \frac{1}{2}\int_0^x C_f \mathrm{d}x$$

所以
$$\frac{\mathrm{d}\theta}{\mathrm{d}x} = \frac{C_f}{2} \tag{10.3.6}$$

这个方程称为平板边界层的动量积分方程，对于层流和湍流均适用，只要知道速度分布函数 $v_x(y)$，就可以算出边界层的特性参数。

10.4 平板层流边界层的近似解

波尔豪森(Pohlhausen,1921)将无量纲速度 v_x/U 表示为无量纲法向坐标变量 $\eta = y/\delta$ 的多项式：

$$\frac{v_x}{U} = a\eta + b\eta^2 + c\eta^3 + d\eta^4 \tag{10.4.1}$$

根据物面上的边界条件和外边界处的边界条件，可以把待定系数 a,b,c,d 之间的关系定下来。这些条件是

$$\begin{cases} y=0: & v_x = 0, \quad \dfrac{\partial^2 v_x}{\partial y^2} = \dfrac{1}{\mu}\dfrac{\mathrm{d}p}{\mathrm{d}x} = -\dfrac{U}{\nu}\dfrac{\mathrm{d}U}{\mathrm{d}x} \\ y=\infty: & v_x = U, \quad \dfrac{\partial v_x}{\partial y} = 0, \quad \dfrac{\partial^2 v_x}{\partial y^2} = 0 \end{cases} \tag{10.4.2}$$

式中，有关压力梯度的条件是从边界层微分方程(10.1.7a)式得来的。多项式(10.4.1)式满足 $y=0$ 时 $v_x = 0$，所以只用其余四个条件就可以求出待定系数，从而得到

$$\frac{v_x}{U} = (2\eta - 2\eta^3 - \eta^4) + \frac{\Lambda}{6}\eta(1-\eta)^3 \tag{10.4.3}$$

式中：
$$\Lambda = \frac{\delta^2}{\nu}\frac{\mathrm{d}U}{\mathrm{d}x}$$

(10.4.3)式称为波尔豪森速度剖面。对于平板，有

$$\frac{v_x}{U} = 2\eta - 2\eta^3 - \eta^4 \tag{10.4.4}$$

用这个速度剖面可以算出：

$$\frac{\delta^*}{\delta} = \frac{3}{10}, \quad \frac{\theta}{\delta} = \frac{37}{315}, \quad \tau_w = \mu\left(\frac{\partial v_x}{\partial y}\right)_{y=0} = \frac{2\mu U}{\delta} \tag{10.4.5}$$

将 θ 和 τ_w 的结果代到动量积分方程(10.3.6)式，得

$$\frac{37}{315}\frac{\mathrm{d}\delta}{\mathrm{d}x} = \frac{2\nu}{\delta U}$$

在 $x=0$ 时 $\delta=0$ 的条件下积分，可得

$$\delta = \frac{5.84x}{\sqrt{Re_x}} \quad (+17\%) \tag{10.4.6}$$

回代到(10.4.5)式，得
$$\delta^* = \frac{1.751x}{\sqrt{Re_x}} \quad (+1.7\%) \tag{10.4.7}$$

$$\theta = \frac{0.685x}{\sqrt{Re_x}} \quad (+3.2\%) \tag{10.4.8}$$

$$C_f = \frac{0.685}{\sqrt{Re_x}} \quad (+3.2\%) \tag{10.4.9}$$

平板的单面摩擦阻力系数

$$C_d = \frac{1}{L}\int_0^L C_f \, dx = \frac{1.370}{\sqrt{Re_L}} \quad (+3.2\%) \tag{10.4.10}$$

式中：
$$Re_L = UL/\nu$$

各公式后附的相对误差是和精确解比较得来的。

10.5 湍流边界层的速度分布

湍流边界层沿厚度方向可以分为内外两层。内层厚度 $y<0.2\delta$，它又可分为三层：黏性底层、过渡层和对数层（完全湍流层）。内层的速度分布和圆管湍流（见 9.8 节）的完全一样。外层又分为外律层（$0.25\delta \leqslant y \leqslant 0.4\delta$）和黏性超外层（$y>0.4\delta$）两层。在黏性超外层中，主要是大尺度湍流涡团的运动，它们和层外主流相接触，形成犬牙交错的瞬时边界（见图 10.5.1）。在这个区域里作定点观测，将该点出现湍流的时间和整个观测时间的比值定义为**间歇因子** γ。可以看到，在 $y=0.4\delta$ 附近，$\gamma=1$，直到在 $y=1.2\delta$ 附近，才有 $\gamma=0$（见图 10.5.2）。尽管超外层有间歇现象，瞬时外边界又不整齐，但是平均速度分布依然是连续的。边界层外的主流本是无旋的，当它被裹进边界层以后就变成有旋的了。没有黏性起作用，无旋流是不会变为有旋流的。"黏性"超外层强调的正是这一点。

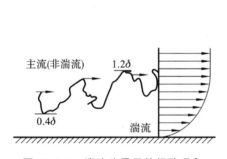

图 10.5.1 湍流边界层的间歇现象

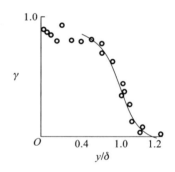

图 10.5.2 间歇因子

湍流边界层的速度分布和圆管湍流速度分布很相像，都有分层的特点，特别是近壁内层的壁面律更是完全相同，9.8.1～9.8.3 和 9.8.5 小节的那些公式都可照常使用。

在湍流边界层的外层，柯勒斯（Coles）分析了大量的试验结果，他发现，实际测量值 $u_\text{实}^+$ 与按对数律计算的计算值之差的相对比值，是外层变量 y/δ 的函数，即

$$\frac{v_\text{实}^+ - \left(\frac{1}{k}\ln y^+ + B\right)_\text{计}}{v_\text{实}^+ - \left(\frac{1}{k}\ln \delta^+ + B\right)_\text{计}} \approx \frac{1}{2} W\left(\frac{y}{\delta}\right) \tag{10.5.1}$$

式中：$W(y/\delta)$——尾迹函数，可用下面的经验公式表达

$$W\left(\frac{y}{\delta}\right) = 1 - \cos\left(\pi \frac{y}{\delta}\right) \tag{10.5.2}$$

压力梯度对速度分布的影响如图 10.5.3 所示。随着逆压梯度的加强，内层的区域变小，在极强的逆压作用下，内层的对数层都会不复存在，流动发生分离。

考虑到上述因素的影响,柯勒斯将速度分布写成

$$v^+ = \frac{1}{k}\ln y^+ + B + \frac{\Pi}{k}W(y/\delta) \tag{10.5.3}$$

式中:Π——尾迹参数,

$$\Pi = 0.8(\beta + 0.5)^{0.75} \tag{10.5.4}$$

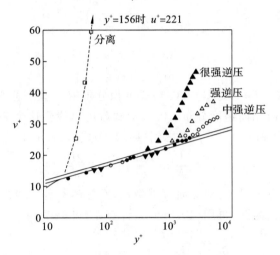

图 10.5.3 压力梯度对速度分布的影响

β——平衡参数,

$$\beta = \frac{\delta^*}{\tau_w}\frac{\mathrm{d}p}{\mathrm{d}x} = -\lambda^2 H \frac{\theta}{U}\frac{\mathrm{d}U}{\mathrm{d}x} \tag{10.5.5}$$

H——形状因子,
$$H = \delta^*/\theta \tag{10.5.6}$$

λ——摩擦系数,
$$\lambda = \sqrt{\frac{2}{C_f}} = \frac{U}{v^*} = U^+ \tag{10.5.7}$$

外层的速度分布称为尾迹律。这里"尾迹"是指外层外边界的流动状况和钝物体后面的流动状况相像。外层的速度分布,是在内层速度分布的基础上,加上修正得来的。(10.5.3)式是在对数律的基础上得到的。还有其他经验性的公式,在此不一一列举。

湍流边界层的速度分布也可以用幂次律公式

$$\frac{v}{U} = \left(\frac{y}{\delta}\right)^{\frac{1}{n}} \tag{10.5.8}$$

用这个速度分布去计算 δ^*、θ 和 H,可得

$$\begin{cases} \delta^* = \delta/(n+1) \\ \theta = n\delta/[(n+1)(n+2)] \\ H = \delta^*/\theta = (n+2)/n \end{cases} \tag{10.5.9}$$

由(10.5.9)式中第三式得到 $n=2/(H-1)$,因此,幂次律(10.5.8)式可写成

$$\frac{v}{U} = \left(\frac{y}{\delta}\right)^{\frac{H-1}{2}} \tag{10.5.10}$$

(10.5.10)式的优点是避开了 n 受 Re 数的影响(在圆管湍流中用的(9.8.16)式有这个问题)。在三维边界层计算中,常作辅助公式用,很方便。

10.6 平板湍流边界层计算

假设从平板前缘开始的整个板面上全部是湍流边界层。动量积分方程(10.3.6)式可以用 Re 数的形式写成

$$Re_x = 2\int_0^{Re_\theta} \frac{\mathrm{d}Re_\theta}{C_f} \tag{10.6.1}$$

式中：
$$Re_x = Ux/\nu$$
$$Re_\theta = U\theta/\nu$$

如果有补充方程 $C_f = C_f(Re_\theta)$，则(10.6.1)式可积分求解。这个补充方程 $C_f = C_f(Re_\theta)$ 叫做**表面摩擦关系式**。用柯勒斯速度分布(10.5.3)式就可以找到这个关系。在(10.5.3)式中令 $y=\delta$，相应地有 $W(y/\delta)$，和 $u^+ = U^+$，考虑到(10.5.7)式，(10.5.3)式就可以写成

$$\lambda = \frac{1}{k}\ln\left(\frac{Re_\delta}{\lambda}\right) + B + \frac{2\Pi}{k} \tag{10.6.2}$$

这就是尾迹律的表面摩擦关系式，对 λ 而言是隐式，而且还不是 λ 和 θ 之间的关系式，所以，还需要另外的补充关系式。为此，再用(10.5.3)式计算 δ^* 和 θ，得

$$\begin{cases} \dfrac{\delta^*}{\delta} = \dfrac{1+\Pi}{k\lambda} \\ \dfrac{\theta}{\delta} = \dfrac{\delta^*}{\delta} - \dfrac{2+3.179\Pi+1.5\Pi^2}{(k\lambda)^2} \end{cases} \tag{10.6.3}$$

将(10.6.2)式和(10.6.3)式改写如下：

$$\begin{cases} Re_\delta = \lambda\exp(k\lambda - kB - 2\Pi) \\ Re_{\delta^*} = \dfrac{1+\Pi}{k\lambda}Re_\delta \\ Re_\theta = \left(\dfrac{1+\Pi}{k\lambda} - \dfrac{2+3.179\Pi+1.5\Pi^2}{k^2\lambda^2}\right)Re_\delta \end{cases} \tag{10.6.4}$$

式中，$k=0.4, B=5.5, \Pi=0.5$。给定 λ 可求 Re_δ，再求 Re_{δ^*} 和 Re_θ，就可以找到 λ 和 θ 的关系，只不过这是数值关系。但是可以用曲线拟合法得到近似的函数表达式：

$$C_f = 0.012Re_\theta^{-1/6} = 0.018Re_{\delta^*}^{-1/6} = 0.0128Re_\delta^{-1/6} \tag{10.6.5}$$

将其中的 $C_f(Re_\theta)$ 关系式代入(10.6.1)式，在 $x=0, \theta=0$ 的条件下积分，得

$$Re_\theta = 0.0142Re_x^{6/7} \tag{10.6.6}$$

将(10.6.6)式结果代入(10.6.5)式，得

$$C_f = 0.026Re_x^{-1/7} * \tag{10.6.7}$$
$$Re_\delta = 0.14Re_x^{6/7} \tag{10.6.8}$$
$$Re_{\delta^*} = 0.018Re_x^{6/7} \tag{10.6.9}$$

有了上面的各式就可以计算长度为 L，面积为 $L\times 1$ 的单面平板上的摩擦阻力 R_f。因为摩擦阻力系数

$$C_d = \frac{R_f}{\frac{1}{2}\rho U^2 L \times 1} = \frac{1}{L}\int_0^L C_f \mathrm{d}x \tag{1}$$

---

* 计算的系数为 0.025，和实验比较后调整为 0.026。

将(10.6.7)式代入(1)式,积分得

$$C_d = 0.0303 Re_L^{-1/7} \quad (\pm 3\%) \quad (10.6.10)$$

(10.6.10)式的误差是在 $10^6 \leqslant Re_L \leqslant 10^9$ 范围内与 Spalding 的准确数值结果比较得来的(下同)和层流边界层比较,所有当地的边界层厚度 $\delta(x)$、$\delta^*(x)$、$\theta(x)$ 都以 $x^{6/7}$ 的关系随 x 的增加而增长,层流时是 $x^{1/2}$ 的关系。显然,湍流边界层厚度增长起来要快得多。

常用的平板摩阻系数公式主要有如下两个。

普朗特-施里希丁(Prandtl(1927)-Schlichting(1960))公式:

$$C_d = \frac{0.455}{(\lg Re_L)^{2.58}} \quad (\pm 3\%) \quad (10.6.11)$$

卡门-桑海(kármán(1931)-Schoenherr(1932))公式:

$$\sqrt{C_d} \lg(Re_L C_d) = 0.242 \quad (\pm 2\%) \quad (10.6.12)$$

另外,作者曾对 Spalding 的数值结果作过拟合,得

$$C_d = \frac{0.365}{(\lg Re_L)^{2.47}} \quad (\pm 1\%) \quad (10.6.13)$$

这个公式的误差是最小的。各公式计算值的比较如表 10.6.1 所示,其曲线如图 10.6.1 所示。

表 10.6.1 光滑平板摩阻系数计算值的比较

Re_L	Spalding	(10.6.13)式		(10.6.11)式		(10.6.10)式	
		C_d	%	C_d	%	C_d	%
4×10^5	0.005090	0.005175	+1.7	0.005337	+4.8	0.004799	-5.7
10^6	0.004344	0.004368	+0.6	0.004471	+2.9	0.004210	-3.1
10^7	0.003015	0.002985	-1.0	0.003004	-0.4	0.003030	+0.5
10^8	0.002169	0.002146	-1.1	0.002128	-1.9	0.002181	+0.5
10^9	0.001612	0.001604	-0.5	0.001571	-2.05	0.001571	-2.5
10^{10}	0.001236	0.001237	+0.1	0.001197	-3.2	0.001131	-8.5

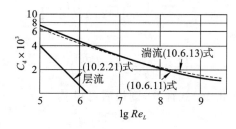

图 10.6.1 零攻角光滑平板的阻力系数曲线

10.7 平板阻力的工程估算

10.7.1 平板混合边界层计算

物面上实际存在的边界层流动,从前缘开始的一段一定是层流。如果雷诺数充分大,在下游某一位置 x_{crit},如图 10.7.1(a)所示,层流开始丧失稳定性,流态发生变化,直到 x_{tr} 点以后,

边界层内的流动完全变成湍流。这样两种流态并存的边界层流动称为混合边界层流动。x_{tr} 点称为转捩点,x_{crit} 为临界点,x_{crit} 到 x_{tr} 的区间为转捩区。

前面学习过的计算方法都是对单一流态讲的。为了对混合边界层流动进行计算,需要将图 10.7.1 中图(a)所示流动简化成图(b)所示的流动。换句话说,我们的计算模型中没有转捩区,只有转捩点(实际是截面)。对于平板上的混合边界层,转捩雷诺数 $Re_{tr} = Ux_{tr}/\nu \approx 5 \times 10^5$。根据这个雷诺数就可以确定转捩点的位置 x_{tr}。

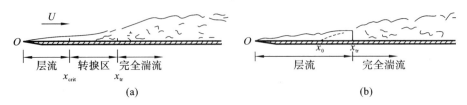

图 10.7.1 混合边界层流动

(a)实际的边界层流动;(b) 流动的简化模型

按图 10.7.1(b)所示简化模型计算,还需要作如下两点假设:(1) x_{tr} 后面的湍流边界层和某一个从 x_0 点开始的单一流态的完全湍流边界层(以下简称相当湍流边界层)的对应部分完全等同;(2)相当湍流边界层在 x_{tr} 点的动量厚度 θ_t 和从前缘开始的层流边界层在 x_{tr} 点的动量厚度 θ_1 相等,即 $\theta_t = \theta_1$。

动量定理的结果表明,平板的摩擦阻力 $R_f = \rho U^2 \theta$(见(10.3.5)式),这个公式无论对层流还是湍流都成立。因此,根据上述假设,从 O 点到 x_{tr} 点这段层流阻力 R_{f1},和 x_0 点到 x_{tr} 点这段相当湍流的阻力 R'_{ft} 应相等。因此可以得到这样的结论:混合边界层的总阻力 R_f 就等于从 x_0 点开始的完全湍流边界层(下面简称为相当湍流边界层)的阻力 R^*_{ft},即

$$R_f = R^*_{ft} \tag{10.7.1}$$

现在的关键问题是确定 x_0 点的位置。如果用(10.6.6)式计算 θ_t,根据 $\theta_t = \theta_1$ 的假设条件就有

$$\frac{x_0}{x_{tr}} = 1 - \left[\left(\frac{\theta_1}{0.0142 x_{tr}}\right)^7 Re_{tr}\right]^{1/6} \tag{10.7.2}$$

将 $Re_{tr} = 5 \times 10^5$ 代入上式,得

$$\frac{x_0}{x_{tr}} = 1 - 1275 \left(\frac{\theta_1}{x_{tr}}\right)^{7/6} \tag{10.7.3}$$

式中,θ_1 如果用精确公式(10.2.16)式计算,则最后可得

$$x_0 = 0.625 x_{tr}$$

因此,如果给定的混合边界层的板长为 L,那么相当湍流边界层的长度就是

$$L^* = L - 0.625 x_{tr} \tag{10.7.4}$$

相应的雷诺数 $Re_l^* = UL^*/\nu$。再选用一个合适的湍流边界层阻力公式计算阻力系数 C_d^*,经换算,可以得到混合边界层的阻力系数

$$C_d = \frac{R_f}{\frac{1}{2}\rho U^2 L} = \frac{R^*_{ft}}{\frac{1}{2}\rho U^2 L^*} \frac{L^*}{L} = C_d^* \frac{L^*}{L} \tag{10.7.5}$$

例 10.7.1 设 $Re_L = 10^7$,求平板单面的阻力系数 C_d。

解 因为 $Re_L > Re_{tr} = 5 \times 10^5$,本问题是混合边界层问题。可用相当湍流边界层作计算,

这时
$$Re_L^* = Re_L - 0.625Re_{tr} = 0.97 \times 10^7$$
按(10.6.13)式,有
$$C_d^* = \frac{0.365}{(\lg Re_L^*)^{2.47}} = 0.002999$$
所以,平板单面的阻力系数
$$C_d = \frac{R_f}{\frac{1}{2}\rho U^2 L} = \frac{L^*}{L}C_d^* = 0.97 \times 0.002999 = 0.002909$$

10.7.2 船体摩擦阻力的估算

工程设计时,船体摩擦阻力可以按"等价平板"(或"相当平板")进行估算。所谓等价平板是指它的长度和船体水线长度相等,面积和船体湿面积(Ω)相等的一块光滑平板。这块平板在零攻角下计算的摩擦阻力系数 $C_{d板}$ 乘以修正系数 κ 就是船体的摩擦阻力系数,即
$$C_{d船} = \kappa C_{d板} \tag{10.7.6}$$
因此,光滑船体的摩擦阻力就可直接写成
$$R_{f船} = \kappa C_{d板} \frac{1}{2}\rho U^2 \Omega \tag{10.7.7}$$
式中,修正系数 κ 与船的长宽比(L/B)有关,在 $6 \leqslant L/B \leqslant 12$ 范围内,$\kappa \approx 1.04 \sim 1.01$,也可用下列经验公式计算:
$$\kappa = 1.01 + 0.005\left(12 - \frac{L}{B}\right) \tag{10.7.8}$$

*10.8 动量积分方程及其解法

10.8.1 动量积分方程

为了计算曲面上的边界层流动,需要建立动量积分方程,这是边界层流动近似解法中用得最多的一个方程。可以采用 10.3 节用过的有限控制体积法导出动量积分方程。更简洁的是将边界层微分方程直接从 $y=0$ 到 $y=\infty$ 积分,这同样可以得到表面摩擦应力 τ_w 和截面上动量变化率之间的关系。

将边界层微分方程(10.1.10)式写成:
$$\begin{cases} \dfrac{\partial v_x}{\partial x} + \dfrac{\partial v_y}{\partial y} = 0 \\ v_x \dfrac{\partial v_x}{\partial x} + v_y \dfrac{\partial v_x}{\partial y} = U\dfrac{dU}{dx} + \dfrac{1}{\rho}\dfrac{\partial \tau}{\partial y} \end{cases} \tag{10.8.1}$$
式中:τ——总剪应力,
$$\tau = \tau_l + \tau_t = \mu \frac{\partial v_x}{\partial y} - \rho \overline{v_x' v_y'} \tag{10.8.2}$$

(10.8.1)式对层流和湍流边界层都适用。层流时,v_x 等是瞬时值;湍流时,v_x 等就是时均值($\overline{v_x}$ 等)的省略写法。

现在将方程(10.8.1)式中的动量方程积分。由质量守恒方程可知,

$$v_y = -\int_0^y \frac{\partial v_x}{\partial x}\,\mathrm{d}y \tag{1}$$

将(1)式代入(10.8.1)式中的第 2 式,从 $y=0$ 到 $y=h(>\delta)$ 积分,得

$$\int_0^h \left(v_x \frac{\partial v_x}{\partial x} - \frac{\partial v_x}{\partial y}\int_0^y \frac{\partial v_x}{\partial x}\,\mathrm{d}y - U\frac{\mathrm{d}U}{\mathrm{d}x} \right)\mathrm{d}y = -\frac{\tau_w}{\rho} \tag{2}$$

式中:$\tau_w = \tau|_{y=0}$——表面摩擦应力。

(2)式用分部积分法积分,经整理得

$$\int_0^h \frac{\partial}{\partial x}[v_x(U-v_x)]\,\mathrm{d}y + \frac{\mathrm{d}U}{\mathrm{d}x}\int_0^h (U-v_x)]\,\mathrm{d}y = \frac{\tau_w}{\rho}$$

按照莱布尼兹(Leibniz)法则*,将求导符号提到积分号外,再将积分上限由 h 推到 ∞,得

$$\frac{\mathrm{d}}{\mathrm{d}x}\int_0^\infty v_x(U-v_x)\,\mathrm{d}y + \frac{\mathrm{d}U}{\mathrm{d}x}\int_0^\infty (U-v_x)]\,\mathrm{d}y = \frac{\tau_w}{\rho} \tag{10.8.3}$$

这就是著名的卡门动量积分方程,可以写成如下形式:

$$\frac{\mathrm{d}\theta}{\mathrm{d}x} + (H+2)\frac{\theta}{U}\frac{\mathrm{d}U}{\mathrm{d}x} = \frac{C_f}{2} \tag{10.8.4}$$

式中:$H = \delta^*/\theta$ 是(10.5.6)式定义的形状因子,δ^* 和 θ 分别按(10.3.2)式和(10.3.4)式确定。对于零攻角平板边界层,因其 $\mathrm{d}U/\mathrm{d}x=0$,(10.8.4)式退化为(10.3.6)式。

卡门动量积分方程(10.8.4)式对层流边界层和湍流边界层都适用。

10.8.2 波尔豪森法及改进的单参数法

波尔豪森的速度剖面(10.4.3)式是以 $\Lambda = \dfrac{\delta^2}{\nu}\dfrac{\mathrm{d}U}{\mathrm{d}x} = \dfrac{\delta^2 U'}{\nu}$ 为参数的单参数速度剖面:

$$\frac{v_x}{U} = (2\eta - 2\eta^3 + \eta^4) + \frac{\Lambda}{6}\eta(1-\eta)^3 \tag{10.8.5}$$

式中:参数 Λ 有一定的取值范围。因为 $0 \leqslant \eta < 1$ 时必须满足 $v_x/U \leqslant 1$ 的条件,因此,有 $\Lambda \leqslant 12$,另外,边界层分离点与 $(\partial v_x/\partial y)_{y=0} = 0$ 对应(见 10.9 节),其对应的 $\Lambda = -12$(见(10.8.7)式),所以参数 Λ 的取值范围为

$$-12 \leqslant \Lambda \leqslant 12 \tag{10.8.6}$$

由(10.8.5)式可以算出:

$$\begin{cases} \dfrac{\delta^*}{\delta} = \dfrac{3}{10} - \dfrac{\Lambda}{120} \\ \dfrac{\theta}{\delta} = \dfrac{1}{63}\left(\dfrac{37}{5} - \dfrac{\Lambda}{15} - \dfrac{\Lambda^2}{144} \right) \\ \dfrac{\tau_w \delta}{\mu U} = 2 + \dfrac{\Lambda}{6} \end{cases} \tag{10.8.7}$$

将这些关系代入动量积分方程(10.8.4)式,得到关于 Λ 的常微分方程:

$$\frac{\mathrm{d}\Lambda}{\mathrm{d}x} = \frac{U'}{U}g(\Lambda) + \frac{U''}{U'}K(\Lambda) \tag{10.8.8}$$

将(10.8.8)式改写成

---

* 莱布尼兹法则:

$$\int_{a(x)}^{b(x)} \frac{\partial}{\partial x} f(x,y)\,\mathrm{d}y = \frac{\mathrm{d}}{\mathrm{d}x}\int_{a(x)}^{b(x)} f(x,y)\,\mathrm{d}y + f(x,a)\frac{\mathrm{d}a}{\mathrm{d}x} - f(x,b)\frac{\mathrm{d}b}{\mathrm{d}x}$$

$$\frac{dZ}{dx} = \frac{1}{U}g(\Lambda) + U''h(\Lambda)Z^2 \tag{10.8.9}$$

式中：

$$\begin{cases} Z = \Lambda/U' \\ g(\Lambda) = \dfrac{15120 - 2784\Lambda + 79\Lambda^2 + 5\Lambda^3/3}{(12-\Lambda)(37+25\Lambda/12)} \\ h(\Lambda) = \dfrac{K(\Lambda) - \Lambda}{\Lambda^2} = \dfrac{8 + 5\Lambda/3}{(12-\Lambda)(37+25\Lambda/12)} \end{cases} \tag{10.8.10}$$

方程(10.8.9)式在驻点有奇性，如果前驻点不是尖点，那么该处 dZ/dx 应为有限值。因此，通过 $g(\Lambda_0) = 0$ 的条件，可以求出驻点的 $\Lambda_0 = 7.052$（另外两个根：-70.7 和 17.75 不满足(10.8.6)式的要求）。当给定势流的 $U = U(x)$ 以后，可以从驻点开始进行积分。

波尔豪森法对于顺压梯度（$dp/dx < 0$）情况，可以得到令人满意的结果，但在逆压梯度（$dp/dx > 0$）情况下，误差较大。如果用 Λ_s 表示分离点处的 Λ 值，波尔豪森法预计的结果为 $\Lambda_s = -12$ [*]，实际上分离多半在 $\Lambda_s \approx -5$ 处。另外，方程(10.8.9)式的形式欠佳，整个积分过程都要用到势流速度的二阶导数 U''，这会带来计算误差。

Holstein 和 Bohlen(1940)对波尔豪森法的改进是这样的。将(10.8.4)式通乘以 $Re_\theta = U\theta/\nu$，经整理得

$$\frac{U}{2}\frac{d}{dx}\left(\frac{\theta^2 U'}{\nu}\frac{1}{U'}\right) + (H+2)\frac{\theta^2 U'}{\nu} = \frac{\tau_w \theta}{\mu U} \tag{10.8.11}$$

定义新的型参数：

$$\lambda = \frac{\theta^2 U'}{\nu} = \left(\frac{\theta^2}{\delta}\right)\Lambda \tag{10.8.12}$$

由(10.8.7)式的结果可知，对于一个以 λ 作为参数的速度剖面，会有如下通用函数关系成立：

$$H = \frac{\delta^*}{\theta} = H(\lambda) \tag{10.8.13}$$

$$\frac{\tau_w \theta}{\mu U} = S(\lambda) \tag{10.8.14}$$

因此，(10.8.11)式可以写成参数 λ 的微分方程：

$$\frac{dZ^*}{dx} = \frac{F(\lambda)}{U} \tag{10.8.15}$$

式中：

$$\begin{cases} Z^* = \lambda/U' \\ F(\lambda) = 2[S(\lambda) - (H(\lambda) + 2)\lambda] \end{cases} \tag{10.8.16}$$

以上公式对于任何一个单参数速度剖面都适用。积分过程与 U'、U'' 等导数无关。

在改进单参数积分法的过程中，斯威茨(Thwaites, 1949)发现，$F(\lambda)$ 对于 λ 的曲线十分接近一条直线，他提出用下列一次式拟合，即式中，$a = 0.45, b = 6.0$。

将(10.8.17)式代入(10.8.15)式，得到一阶常微分方程：

$$\frac{d}{dx}\left(\frac{\theta^2}{\nu}\right) + \frac{U'b}{U}\left(\frac{\theta^2}{\nu}\right) = \frac{a}{U} \tag{10.8.17}$$

积分的结果是：

---

[*] 二维分离的判据是 $\tau_w = 0$，详见 10.9.2 小节。

$$\frac{\theta^2}{\nu} = aU^{-b}\left(\int_0^x U^{b-1}\mathrm{d}x + C\right) \tag{10.8.18}$$

在驻点，$x=0$，常数 $C=0$，否则 C/U^b 要变成无限大。将 a、b 的值代入(10.8.18)式可得

$$\theta^2 \approx \frac{0.45\nu}{U^6}\int_0^x U^5 \mathrm{d}x \tag{10.8.19}$$

一旦给定边界层外边界的势流 $U(x)$，用(10.8.19)式就可以算出 θ^2，再由(10.8.12)式算出 λ，查表 10.8.1 可以得到通用函数 $H(\lambda)$ 的值，从而算出 δ^*，再由 $S(\lambda)$ 算出 τ_w。

表 10.8.1 Thwaites 方法的通用函数($\lambda \leqslant -0.064$ 为 Curier 和 Skan 的修改值)

λ	$H(\lambda)$	$S(\lambda)$	λ	$H(\lambda)$	$S(\lambda)$
0.250	2.00	0.500	−0.040	2.81	0.153
0.200	2.07	0.463	−0.048	2.87	0.138
0.140	2.18	0.404	−0.052	2.90	0.130
0.120	2.23	0.382	−0.056	2.94	0.122
0.100	2.28	0.359	−0.060	2.99	0.113
0.080	2.34	0.333	−0.064	3.04	0.104
0.064	2.39	0.313	−0.068	3.09	0.095
0.048	2.44	0.291	−0.072	3.15	0.085
0.032	2.49	0.268	−0.076	3.22	0.072
0.016	2.55	0.244	−0.080	3.30	0.056
0.000	2.61	0.220	−0.084	3.39	0.038
−0.008	2.64	0.208	−0.086	3.44	0.027
−0.016	2.67	0.195	−0.088	3.49	0.015
−0.024	2.71	0.182	−0.090	3.55	0.000
−0.032	2.75	0.168			

10.8.3　湍流边界层的积分法

动量积分方程中三个未知量 C_f、θ 和 H 之间的关系很复杂，往往在给出补充方程的同时又出现新的未知量，不得不追加补充方程，因此，湍流边界层积分法的精度在很大程度上取决于这些补充方程。

C_f、θ 和 H 之间的关系式叫做表面摩擦关系式。在讨论平板湍流边界层问题时，曾得到柯勒斯尾迹律的表面摩擦关系式 $C_f = C_f(Re_\theta)$，现在的问题更复杂，要想得到 C_f 的显式，可按如下方法处理。

由(10.6.4)式中的第二式和第三式，可得

$$\lambda = \sqrt{\frac{2}{C_f}} = \frac{H}{H-1}\left[\frac{2 + 3.17\Pi + 1.5\Pi^2}{k(1+\Pi)}\right] \tag{10.8.20}$$

再由(10.6.4)式中的第一式和第二式，并考虑到上式，可写出：

$$Re_\theta = \frac{1+\Pi}{kH}\exp(k\lambda - kB - 2\Pi) \tag{10.8.21}$$

在上述两式中，以 H 为参数，在实用的范围内依次设定 Π，由(10.8.20)式算出 λ，再由

(10.8.21)式算出 Re_θ。重复这个计算过程,最后可以得到一组 $Re_\theta = Re_\theta(H,\lambda)$ 的函数关系曲线,经过曲线拟合,得柯勒斯表面摩擦关系式:

$$\lambda^2 = \frac{2}{0.3} e^{1.33H} (\lg Re_\theta)^{1.74+0.31H} \tag{10.8.22}$$

除了用一些著名的速度剖面推出的关系式外,还有由实验方法得到的公式,例如 Ludwieg-Tillmann 关系式:

$$C_f = 0.246(10)^{-0.67H} Re_\theta^{-0.268} \tag{10.8.23}$$

这是最早得到公认而至今仍被广泛采用的公式。

将(10.8.22)式作为动量积分方程(10.8.4)式的第一补充方程。假设起始点的 θ 和 λ 值分别为 $\theta^{(0)}$ 和 $\lambda^{(0)}$,由(10.8.22)式可算出 $H^{(0)}$,随后由动量积分方程算出 $(d\theta/dx)^{(0)}$,从而求得下一站的 $\theta^{(1)} = \theta^{(0)} + (d\theta/dx)^{(0)} \Delta x$。为了在下一站能重复上述计算过程,要设法求出 $\lambda^{(1)}$。为此,选(10.8.20)式作为第二个补充方程,这时引进一个新未知量 Π,因此需要一个新的补充方程。新的补充方程由(10.5.4)式和(10.5.5)式两式组成,即

$$\Pi = 0.8 \left(0.5 - \lambda^2 H \frac{\theta}{U} \frac{dU}{dx} \right)^{0.75} \tag{10.8.24}$$

于是,得到如下联立方程组:

$$\frac{d\theta}{dx} + (H+2) \frac{\theta}{U} \frac{dU}{dx} = \frac{C_f}{2} = \frac{1}{\lambda^2} \tag{10.8.25a}$$

$$\lambda^2 = \frac{2}{0.3} e^{1.33H} (\lg Re_\theta)^{1.74+0.31H} \tag{10.8.25b}$$

$$\lambda = \frac{2 + 3.176\Pi + 1.5\Pi^2}{\kappa(1+\Pi)} \cdot \frac{H}{H-1} \tag{10.8.25c}$$

$$\Pi = 0.8 \left(0.5 - \lambda^2 H \frac{\theta}{U} \frac{dU}{dx} \right)^{0.75} \tag{10.8.25d}$$

设起始点的 θ 和 λ 为 $\theta^{(0)}$ 和 $\lambda^{(0)}$,因为势流的速度分布 $U(x)$ 及 $U'(x)$ 已知,由(10.8.25b)式算出 $H^{(0)}$,由(10.8.25a)式算出 $\theta^{(1)}$,再利用(10.8.25)式的(b)、(c)、(d)三式迭代算出 $\lambda^{(1)}$ 和 $H^{(1)}$,于是计算可以逐站依次进行,直到分离点(对应于 $\lambda = \infty$)或最后一站为止。这种算法称为卡门法。

10.9 曲面边界层内的流动和分离

10.9.1 压力梯度对速度剖面的影响

曲面上的流动一般都有一个最小压力点,如图 10.9.1 所示的 M 点,这一点的压力梯度 $(dp/dx)_M = 0$。在 M 点之前,来流加速流动,压力沿流向是逐步下降的,即 $dp/dx < 0$,这种压力变化称为**顺压梯变**。流过 M 点之后,流动减速,压力逐步回升,这时 $dp/dx > 0$,这种压力变化称为**逆压梯度**。下面讨论两种压力梯度下边界层速度剖面的特点

从边界层的运动方程(10.1.7a)式来看,当 $y = 0$ 时,$v_x = v_y = 0$,因此,有

$$\left(\frac{\partial^2 v_x}{\partial y^2} \right)_{y=0} = \frac{1}{\mu} \frac{dp}{dx} \tag{10.9.1}$$

此式左边代表了速度分布曲线 $v_x(y)$ 在 $y = 0$ 处的曲率,它直接由物面上的压力梯度所决定。由于在边界层内 $\partial p/\partial y = 0$,该曲率也直接由边界层外主流(势流)的压力梯度所决定,

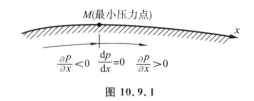

图 10.9.1

$\partial^2 v_x/\partial y^2 = 0$ 的点是速度分布曲线上的拐点。显然，最小压力点 M 本身就是该处速度剖面的拐点。速度剖面上是否存在拐点，以及拐点的位置如何都和压力梯度有关。不论压力梯度如何，当 y 趋于 δ 时 v_x 趋于 U，$\partial v_x/\partial y$ 越来越小，因此，在边界层外边界，$\partial^2 v_x/\partial y^2$ 将由负值趋于零。在顺压梯度的情况下，$\mathrm{d}p/\mathrm{d}x<0$，$(\partial^2 v_x/\partial y^2)_{y=0}<0$ 所以在 $y=0$ 趋于 δ 的过程中，$\partial^2 v_x/\partial y^2$ 始终为负值，不会出现 $\partial^2 v_x/\partial y^2=0$ 的情况。因此，顺压梯度的速度剖面不可能有拐点(见图 10.9.2(a))。在逆压梯度时，$\mathrm{d}p/\mathrm{d}x>0$，$(\partial^2 v_x/\partial y^2)_{y=0}>0$。在 $y=0$ 趋于 δ 的过程中，$\partial^2 v_x/\partial y^2$ 将由正值变为负值，再趋于零(见图 10.9.2(b))，因此，必然会有拐点($\partial^2 v_x/\partial y^2=0$ 的点)出现。拐点离物面距离也取决于逆压梯度，逆压梯度越大，拐点离壁面越远。根据以上分析，对速度剖面的特征应有如下认识：顺压梯度的速度剖面没有拐点；拐点最先出现在壁面的最小压力点上，随逆压梯度加大，拐点将逐渐远离壁面。

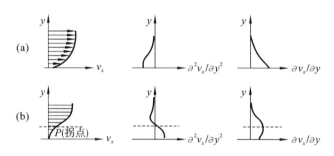

图 10.9.2　两类速度剖面
(a)顺压、无拐点；(b)逆压、有拐点

10.9.2　边界层分离

从上面的分析可以看出，逆压区的速度剖面都是有拐点的，有近壁处速度剖面型线内凹(见图 10.9.2(b))。如果沿流动方向继续保持逆压状态，压力梯度和壁面摩擦都将使流体质点进一步减速。这就有可能在壁面上某一点 S 处出现 $(\partial v_x/\partial y)_{y=0}=0$ (见图 10.9.3)，在 S 点的下游，近壁流体质点在逆压作用下形成倒流，即 $(\partial v_x/\partial y)_{y=0}<0$。这种现象通常称为流动分离，$S$ 点称为分离点。在二维流动中，分离流在 S 点下游形成一个大的涡旋，上游来的边界层流动被它隔离于壁面之外。分离区的外边界就是经过分离点 S 的流线。分离区基本上是一个等压区，区内各点的压力都近似等于分离点的压力(见图 6.6.3)所示圆柱的测量结果；机翼在大攻角下的测压实验也能证实这一点。分离点的位置可按普朗特提出的如下条件决定：

$$\tau_\mathrm{w} = \mu\left(\frac{\partial v_x}{\partial y}\right)_{y=0} = 0 \tag{10.9.2}$$

这个流动分离的判据只能用于二维流动。三维流动分离模式比较复杂，马斯克(Maskell)利用极限流线的包络概念描述了三维分离；莱特希尔(Lighthill)直接用物面摩擦力线的概念并用奇点分析方法研究了三维分离,认为三维分离线是从鞍点发出的一条摩擦力线;王国璋发现还存在一种不从任何奇点发出的三维分离线,称之为开式分离。这些专题在此不作进一步介绍。

在连续的光滑曲面上,流动分离出现在什么地方跟边界层的流态有关。湍流边界层因其内部动量交换充分,不像层流那样容易分离,因此,湍流边界层的分离点靠后,层流的分离点靠前。这无疑表明,流动分离和 Re 数有关,圆柱体绕流随 Re 数的变化最能说明这个问题。图 10.9.4 所示的是圆柱体绕流随 Re 数变化的几个典型示意图。当 $Re<5$ 时,流动附体,无分离。$5\sim15 \leqslant Re<40$ 时,圆柱后面形成一对稳定的驻涡。$40 \leqslant Re < 150$ 时,尾流中开始出现脱落的旋涡,逐渐形成两边交替出现的稳定涡列——Kármán 涡街,涡街的斯特劳哈尔数 St 和雷诺数 Re 之间的近似关系为*

$$St = 0.212(1 - 21.2/Re)$$

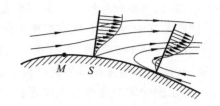

图 10.9.3 二维流动分离

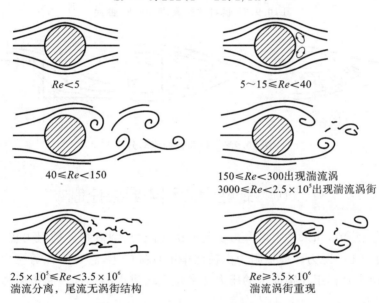

图 10.9.4 圆柱绕流随 Re 数的变化

在这个 Re 数范围,边界层的分离属于层流分离,分离点的位置在 $\theta \approx \pm 84°$ 附近不断摆动。$150 \leqslant Re < 300$ 时,尾流中的层流涡转变为湍流涡,相应的 $St \approx 0.16 \sim 0.20$。$300 \leqslant Re < 2.5 \times 10^5$ 为亚临界区,这时尾流已形成湍流涡街,$St \approx 0.2$,然而柱面上边界层仍是层流分离。$2.5 \times 10^5 \leqslant Re < 3.5 \times 10^6$ 是临界区和超临界区,边界层从层流分离转变为湍流分离,分离点在 $\theta \approx \pm 120°$ 附近,旋涡脱落由规则变为不规则,流动现象呈现随机性。当 $Re \geqslant 3.5 \times 10^6$ 时,湍流涡街再度出现,尾流又呈现出周期性的特征。在以上整个雷诺数范围内,圆柱体的 St 数变化规律如图 10.9.5 所示,其中在 $3 \times 10^5 < Re < 3 \times 10^6$ 范围内,St 的数值是不确定的。

光滑物面上流动分离和雷诺数有关,分离点的位置也不固定在一处。但是,如果物体有外

---

* $Re = Ud/\nu$,而 $St = fd/U$,定义中的 U 是来流速度,d 是圆柱体直径,ν 是运动黏性系数,f 是旋涡脱落频率。

突的棱角，流动空间在棱角后突然扩大，那么必然会在棱角处发生分离，图10.9.6所示的就是几个例子。其中图(c)上第一折角挡住了来流的去路，在它前面形成了一个驻点区，有很强的逆压梯度，迫使来流在 S_1 点分离。它的第二折角 S_2 外突，分离点就固定在该折角上了。图(a)和图(b)所示物体都有外突的棱角，分离就发生在这些地方。和圆柱体绕流一样，图(a)和图(b)所示的物体后面也会出现尾涡。

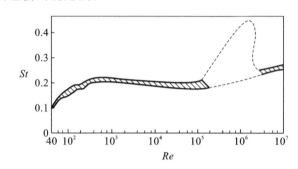

图 10.9.5　圆柱体绕流的 $St \sim Re$ 曲线

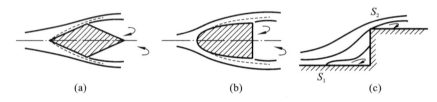

图 10.9.6　折角处的流动分离

10.10　黏性阻力和边界层控制

对于定常低速绕流，如果不考虑升力引起的诱导阻力，绕流物体的阻力仅由两部分组成，这就是摩擦阻力和压差阻力。摩擦阻力由黏性作用直接产生，它是摩擦剪应力在来流方向投影的总和；压差阻力是作用在物面上的压力在来流方向投影的总和。摩擦阻力和压差阻力之和又称为黏性阻力。

钝体的阻力特性可以用圆柱体和球的情况加以说明。图10.10.1所示的是圆柱体和圆球的黏性阻力系数随雷诺数变化的曲线。如同上一节对圆柱体绕流所作的说明一样，圆球绕流也有相似的特点，尽管圆球尾流中的涡结构和二维的截然不同，但阻力系数随雷诺数变化的曲线仍具有同样的特性。在雷诺数较低时，边界层是层流，这时分离点在物面最大截面附近，分离形成的尾流较宽，产生的压差阻力很大。在 $10^3 < Re < 2 \times 10^5$ 范围（亚临界区）内，阻力系数大致和速度的平方成比例，基本上没有太大的变化。当 $Re > 2 \times 10^5$ 以后，圆柱体和圆球的阻力系数先后突然出现急剧下降的情况，这一现象称为"阻力危机"（这是所有钝体绕流的一个共同特点）。出现"阻力危机"的原因是：当 $Re > 2 \times 10^5$ 以后，边界层由层流转变到湍流的转捩点逐步提前，一直提前到层流分离点之前，使层流边界层在分离前转变成湍流。由于湍流边界层内流体的动量交换大，推迟了分离，分离点向下游移动了一段距离。其结果是，分离产生的尾流宽度减小，分离区的压力相对有所提高。这样一来，压差阻力显著减小，总阻力系数随之猛降而产生"危机"。在第一次碰到这个"危机"时，普朗特就是这样解释"危机"的成因的，并且用实验证实了这种设想。普朗特在较低的 Re 数下做圆球阻力实验,没有发现"阻力危机"。后来,在估计的层流分离点前装设一圈细的扰流线,使边界层人为地提前转捩,结果如他所料,就出现了前述的"阻力危机"。普朗特所用的人工转捩方法,现在得到了广泛的应用,是流体力学实验室控制边界层流态(产生湍流)的一种基本方法。基于人工转捩的同样设想,各种扰流片在工程上也得到了广泛的应用。扰流片产生的扰动推迟了层流的分离,有效地改变了局部流场的性能,可以取得意想不到的效果。当然,这些措施一定要建立在可靠的实验基础之上。

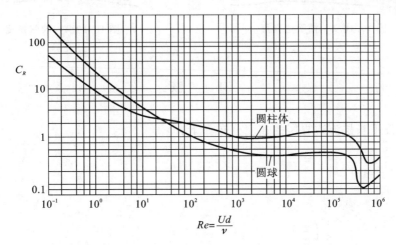

图 10.10.1　圆柱和圆球的阻力系数曲线

流线形物体在小攻角绕流中受到的阻力主要是摩擦阻力。层流边界层的摩擦阻力小,湍流边界层的摩擦阻力大,从减小摩阻的角度来说,总希望物面上的边界层尽可能地保持为层流。只要设法延长顺压区,将最大厚度位置向后推移就能达到这个目的。所谓"层流翼型"就是本着这种思想设计的,"最小阻力旋转体"也是如此。在大攻角下,流线形物体上的边界层终究会出现分离。分离区的压力大致等于分离点的压力,压力不能再回升,因此,压差阻力会大幅度增加。不仅如此,由于整个绕流的环量发生了变化,升力还会大幅度下降,这就是所谓失速现象。为了获得最大升力,减小阻力,避免失速,需要对边界层流动实行控制。控制的主要方法有如下几种。

1. 多翼段翼型

这是由可动的前缘缝翼、襟翼组成的翼型。如图 10.10.2 所示,气流经可调节的缝隙由下翼面进入上翼面,增加了上翼面边界层流体的动能,这可以防止发生分离。此外,缝隙的张开使整个翼型的弯度加大,这对提高升力也是极有好处的。

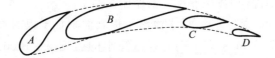

图 10.10.2　四翼段翼型

A—前缘缝翼;B—主部件;C、D—双缝襟翼

2. 抽吸边界层

抽吸边界层内受阻滞的流体,使外层动能较大的流体进入内层,这也可防止气流分离。此法还可以增加流动的稳定性,推迟边界层转捩,从而减小摩擦阻力(见图 10.10.3)。

3. 吹喷作用

沿物面切向吹气,可以增加边界层内流体的动能,这可防止或推迟边界层的分离。图 10.10.4 所示的是吹气襟翼。

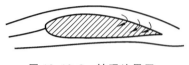

图 10.10.3　抽吸边界层

图 10.10.4　吹气襟翼

习　题

10.1　假设平板层流边界层的速度分布如下:

(1) $\dfrac{u}{U} = \dfrac{y}{\delta}$。

(2) $\dfrac{u}{U} = 2\dfrac{y}{\delta} - \left(\dfrac{y}{\delta}\right)^2$。

(3) $\dfrac{u}{U} = \dfrac{3}{2}\left(\dfrac{y}{\delta}\right) - \dfrac{1}{2}\left(\dfrac{y}{\delta}\right)^3$。

(4) $\dfrac{u}{U} = \sin\left(\dfrac{\pi}{2}\dfrac{y}{\delta}\right)$。

试计算 $\delta, \delta^*, \theta, C_f, C_d$。

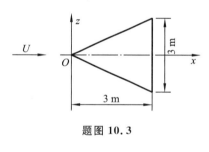

题图 10.3

10.2　一矩形平板长为 2 m,宽为 2.25 m,在海平面上气流以 $U = 4$ m/s 的速度沿板长方向流过平板,求单面平板上的摩擦力。

10.3　题图 10.3 所示的是等腰三角形平板,底边长为 3 m,高为 3 m,在海平面上气流以 $U = 4$ m/s 的速度无攻角且左右对称地流过平板。假设边界层是层流,求单面平板上的摩擦力。

10.4　假设平板湍流边界层的速度分布为

$$\dfrac{v}{v^*} = 8.74\left(\dfrac{v^* y}{\nu}\right)^{\frac{1}{7}}$$

式中,v^* 为摩擦速度。试计算边界层厚度 δ 及摩阻系数 C_d。

10.5　平板长为 10 m,宽为 2 m,设水流沿平板表面垂直于板的长边方向流过平板,设流速为:(1) 0.01 m/s,(2) 1.6 m/s,(3) 6 m/s,已知水的密度 $\rho = 1000$ kg/m³,$\nu = 1.4 \times 10^{-6}$ m²/s,试计算平板的单面摩擦阻力。

10.6　一流线形潜艇,尺度为 $L \times B \times T = 134$ m $\times 11$ m $\times 8$ m,排水体积 $\nabla = 5896$ m³,水下航速 35 kn (1 kn = 0.514 m/s)。水温 15 ℃,试按相当平板的概念计算该艇的摩擦阻力,浸湿面积按下式计算:

$$\Omega = L(0.685T + 4C_b B)$$

式中,$C_b = \nabla/(L \times B \times T)$ 为方形系数。

10.7 一长为 50 m,浸湿面积为 469 m² 的船,以 10 m/s 的速度在静水中航行,试求该船的摩擦阻力及克服此阻力所消耗的功率。设水的 $\nu=1.14\times10^{-6}$ m²/s。

10.8 试用 Thwaites 法计算平板的 C_f 及 δ^*。

附　　录

附录 A　运动黏性系数和密度表

附表 A.1　水的运动黏性系数和密度（$p=101325$ Pa）

淡水		温度	海水	
$\nu \times 10^6/(m^2/s)$	$\rho/(kg/m^3)$	$t/℃$	$\nu \times 10^6/(m^2/s)$	$\rho/(kg/m^3)$
1.7922	999.9802	0		1028.2282
1.7313	1000.0223	1		1763
1.6739	0626	2		0762
1.6194	0831	3		0017
1.5678	0831	4		1027.9085
1.5189	0831	5	1.5650	8164
1.4725	0831	6	1.5195	6712
1.4284	0312	7	1.4755	5271
1.3864	999.9596	8	1.4339	3829
1.3463	9184	9	1.3942	2280
1.3081	8252	10	1.3563	0426
1.2718	7331	11	1.3202	1026.9083
1.2370	6399	12	1.2857	7229
1.2037	4957	13	1.2527	4856
1.1719	3506	14	1.2211	3002
1.1413	2064	15	1.1907	0629
1.1122	0731	16	1.1617	1025.8776
1.0842	998.8867	17	1.1338	6089
1.0574	7014	18	1.1071	3833

续表

淡水		温度	海水	
$\nu \times 10^6/(m^2/s)$	$\rho/(kg/m^3)$	$t/℃$	$\nu \times 10^6/(m^2/s)$	$\rho/(kg/m^3)$
1.0315	5141	19	1.0813	1558
1.0067	3307	20	1.0565	1024.8773
0.9829	1042	21	1.0327	5959
0.9599	997.9080	22	1.0098	3213
0.9379	6501	23	0.9878	0428
0.9167	4226	24	0.9664	1023.7642
0.8962	1451	25	0.9458	4338
0.8765	996.9185	26	0.9261	1562
0.8575	6400	27	0.9070	1022.8767
0.8391	3615	28	0.8885	4962
0.8214	0830	29	0.8706	1658
0.8043	995.7535	30	0.8533	1021.8363

附表 A.2 空气的运动黏性系数和密度（$p=101325$ Pa）

$t/℃$	$\rho/(kg/m^3)$	$\mu \times 10^6/(kg/(m \cdot s))$	$\nu \times 10^6/(m^2/s)$
−20	1.394	16.15	11.59
−15	1.367	16.41	12.00
−10	1.341	16.66	12.42
−5	1.316	16.91	12.85
0	1.292	17.16	13.28
5	1.269	17.41	13.72
10	1.247	17.65	14.15
15	1.225	17.89	14.60
20	1.204	18.13	15.06
25	1.184	18.37	15.52
30	1.164	18.61	15.99
35	1.146	18.84	16.44
40	1.127	19.08	16.93

附录B 常用公式

1. 直角坐标系 (x,y,z)

$V = u\boldsymbol{i} + v\boldsymbol{j} + w\boldsymbol{k}$

$\nabla\varphi = \boldsymbol{i}\dfrac{\partial\varphi}{\partial x} + \boldsymbol{j}\dfrac{\partial\varphi}{\partial y} + \boldsymbol{k}\dfrac{\partial\varphi}{\partial z}$

$\nabla\cdot V = \dfrac{\partial u}{\partial x} + \dfrac{\partial v}{\partial y} + \dfrac{\partial w}{\partial z}$

$\nabla\times V = \left(\dfrac{\partial w}{\partial y} - \dfrac{\partial v}{\partial z}\right)\boldsymbol{i} + \left(\dfrac{\partial u}{\partial z} - \dfrac{\partial w}{\partial y}\right)\boldsymbol{j} + \left(\dfrac{\partial v}{\partial x} - \dfrac{\partial u}{\partial y}\right)\boldsymbol{k}$

$\nabla^2\varphi = \dfrac{\partial^2\varphi}{\partial x^2} + \dfrac{\partial^2\varphi}{\partial y^2} + \dfrac{\partial^2\varphi}{\partial z^2}$

$V\cdot\nabla V = \left(u\dfrac{\partial u}{\partial x} + v\dfrac{\partial u}{\partial y} + w\dfrac{\partial u}{\partial z}\right)\boldsymbol{i} + \left(u\dfrac{\partial v}{\partial x} + v\dfrac{\partial v}{\partial y} + w\dfrac{\partial v}{\partial z}\right)\boldsymbol{j} + \left(u\dfrac{\partial w}{\partial x} + v\dfrac{\partial w}{\partial y} + w\dfrac{\partial w}{\partial z}\right)\boldsymbol{k}$

$\nabla^2 V = \nabla^2 u\boldsymbol{i} + \nabla^2 v\boldsymbol{j} + \nabla^2 w\boldsymbol{k}$

2. 圆柱坐标系 (r,θ,z)

$V = V_r\boldsymbol{e}_r + V_\theta\boldsymbol{e}_\theta + V_z\boldsymbol{e}_z$

$\nabla\varphi = \dfrac{\partial\varphi}{\partial r}\boldsymbol{e}_r + \dfrac{\partial\varphi}{r\partial\theta}\boldsymbol{e}_\theta + \dfrac{\partial\varphi}{\partial z}\boldsymbol{e}_z$

$\nabla\cdot V = \dfrac{\partial V_r}{\partial r} + \dfrac{V_r}{r} + \dfrac{\partial V_\theta}{r\partial\theta} + \dfrac{\partial V_z}{\partial z}$

$\nabla\times V = \left(\dfrac{1}{r}\dfrac{\partial V_z}{\partial\theta} - \dfrac{\partial V_\theta}{\partial z}\right)\boldsymbol{e}_r + \left(\dfrac{\partial V_r}{\partial z} - \dfrac{\partial V_z}{\partial r}\right)\boldsymbol{e}_\theta + \left(\dfrac{\partial V_\theta}{\partial r} + \dfrac{V_\theta}{r} - \dfrac{\partial V_r}{r\partial\theta}\right)\boldsymbol{e}_z$

$\nabla^2\varphi = \dfrac{\partial^2\varphi}{\partial r^2} + \dfrac{\partial\varphi}{r\partial r} + \dfrac{\partial^2\varphi}{r^2\partial\theta^2} + \dfrac{\partial^2\varphi}{\partial z^2}$

$V\cdot\nabla V = \left(V_r\dfrac{\partial V_r}{\partial r} + \dfrac{V_\theta}{r}\dfrac{\partial V_r}{\partial\theta} + V_z\dfrac{\partial V_r}{\partial z} - \dfrac{V_\theta^2}{r}\right)\boldsymbol{e}_r + \left(V_r\dfrac{\partial V_\theta}{\partial r} + \dfrac{V_\theta}{r}\dfrac{\partial V_\theta}{\partial\theta} + V_z\dfrac{\partial V_\theta}{\partial z} - \dfrac{v_r v_\theta}{r}\right)\boldsymbol{e}_\theta$

$\qquad + \left(V_r\dfrac{\partial V_z}{\partial r} + \dfrac{V_\theta}{r}\dfrac{\partial V_z}{\partial\theta} + V_z\dfrac{\partial V_z}{\partial z}\right)\boldsymbol{e}_z$

$\nabla^2 V = \left(\nabla^2 V_r - \dfrac{V_r}{r^2} - \dfrac{2}{r^2}\dfrac{\partial V_\theta}{\partial\theta}\right)\boldsymbol{e}_r + \left(\nabla^2 V_\theta - \dfrac{V_\theta}{r^2} + \dfrac{2}{r^2}\dfrac{\partial V_r}{\partial\theta}\right)\boldsymbol{e}_\theta + \nabla^2 V_z\boldsymbol{e}_z$

附录C 质量守恒方程、N-S方程和流线方程(不可压流)

1. 矢量形式

质量守恒方程 $\qquad\qquad \nabla\cdot V = 0$

N-S方程 $\qquad\qquad \dfrac{\partial V}{\partial t} + V\cdot\nabla V = \boldsymbol{f} - \dfrac{\nabla p}{\rho} + \nu\nabla^2 V$

流线方程 $\qquad\qquad \mathrm{d}\boldsymbol{s}\times V = 0$

2. 直角坐标系

质量守恒方程 $\qquad\qquad \dfrac{\partial V_x}{\partial x} + \dfrac{\partial V_y}{\partial y} + \dfrac{\partial V_z}{\partial z} = 0$

N-S 方程
$$\frac{\partial V_x}{\partial t}+V_x\frac{\partial V_x}{\partial x}+V_y\frac{\partial V_x}{\partial y}+V_z\frac{\partial V_x}{\partial z}=f_x-\frac{1}{\rho}\frac{\partial p}{\partial x}+\nu\boldsymbol{\nabla}^2 V_x$$
$$\frac{\partial V_y}{\partial t}+V_x\frac{\partial V_y}{\partial x}+V_y\frac{\partial V_y}{\partial y}+V_z\frac{\partial V_y}{\partial z}=f_y-\frac{1}{\rho}\frac{\partial p}{\partial y}+\nu\boldsymbol{\nabla}^2 V_y$$
$$\frac{\partial V_z}{\partial t}+V_x\frac{\partial V_z}{\partial x}+V_y\frac{\partial V_z}{\partial y}+V_z\frac{\partial V_z}{\partial z}=f_z-\frac{1}{\rho}\frac{\partial p}{\partial z}+\nu\boldsymbol{\nabla}^2 V_z$$

流线方程
$$\frac{\mathrm{d}x}{V_x}=\frac{\mathrm{d}y}{V_y}=\frac{\mathrm{d}z}{V_z}$$

3. 圆柱坐标系

质量守恒方程
$$\frac{\partial V_r}{\partial r}+\frac{V_r}{r}+\frac{\partial V_\theta}{r\partial \theta}+\frac{\partial V_z}{\partial z}=0$$

N-S 方程
$$\frac{\partial V_r}{\partial t}+V_r\frac{\partial V_r}{\partial r}+\frac{V_\theta}{r}\frac{\partial V_r}{\partial \theta}+V_z\frac{\partial V_r}{\partial z}-\frac{v_\theta^2}{r}=f_x-\frac{1}{\rho}\frac{\partial p}{\partial r}+\nu\left(\boldsymbol{\nabla}^2 v_r-\frac{V_r}{r^2}-\frac{2}{r^2}\frac{\partial V_\theta}{\partial \theta}\right)$$
$$\frac{\partial V_\theta}{\partial t}+V_r\frac{\partial V_\theta}{\partial r}+\frac{V_\theta}{r}\frac{\partial V_\theta}{\partial \theta}+V_z\frac{\partial V_\theta}{\partial z}+\frac{V_r V_\theta}{r}=f_y-\frac{1}{\rho}\frac{\partial p}{r\partial \theta}+\nu\left(\boldsymbol{\nabla}^2 v_\theta-\frac{V_\theta}{r^2}+\frac{2}{r^2}\frac{\partial V_r}{\partial \theta}\right)$$
$$\frac{\partial V_z}{\partial t}+V_r\frac{\partial V_z}{\partial r}+\frac{V_\theta}{r}\frac{\partial V_z}{\partial \theta}+V_z\frac{\partial V_z}{\partial z}=f_z-\frac{1}{\rho}\frac{\partial p}{\partial z}+\nu\boldsymbol{\nabla}^2 V_z$$

流线方程
$$\frac{\mathrm{d}r}{V_r}=\frac{r\mathrm{d}\theta}{V_\theta}=\frac{\mathrm{d}z}{V_z}$$

习题参考答案

第1章

1.1 $E = 2.12 \times 10^9 \sim 2.83 \times 10^9$ Pa;$\partial\rho/\rho \approx 2\%$

1.2 用试算法 $n \approx 6.2$;$B \approx 41253$

1.3 水 $c = 1459$ m/s(-2.1%);水银 $c = 1383$ m/s(-4.6%)

1.4 $R_f = 2\dfrac{\mu v_0}{h}lb$;$\tau_{h/2} = \mu \dfrac{v_0}{h}$;$\tau_{3h/2} = 0$

1.5 $R = 4\pi\mu v_{\max}$

1.6 $\mu = 72.2 \times 10^{-3}$ Pa·s

1.7 转矩 $T = \mu\Omega\pi R^4/h$

1.8 $v = 0.925$ m/s

第2章

2.2 199100 Pa;98100 Pa

2.3 300186 Pa;2263 N

2.4 29.43 kN·m^{-2};120.17 kN·m^{-2}

2.6 $p - p_a = g[\rho_1(h_1 + h_3) - \rho_2 h_2]$

2.7 $H = 5.83$ m

2.8 Δh 的相对误差为 -17.6%,绝对压力的相对误差为 -8.6%

2.9 (1) 23838 N,1.2 m;(2) 103299 N,3.97 m

2.10 30.89 kN,926 mm

2.11 上铰 $R_{Ax} = 11.17$ kN,$R_{Ay} = 132.4$ kN;下铰 $R_{Bx} = -164$ kN,$R_{By} = 132.4$ kN(y 轴在闸门门面上且与门轴垂直)

2.12 6.15 N

2.13 $h_1 = 2.154$ m,$h_2 = 3.110$ m,$h_3 = 3.736$ m

2.14 10.3 kN

2.15 77.2 r/min

2.16 0.94 m

第3章

3.1 $\boldsymbol{v} = 3\boldsymbol{i} + 4\boldsymbol{j}$,$\partial\boldsymbol{v}/\partial t = 0$,$(\boldsymbol{v} \cdot \nabla)\boldsymbol{v} = 24\boldsymbol{i} + 6\boldsymbol{j}$,$\boldsymbol{a}_\tau = 11.52\boldsymbol{i} + 15.36\boldsymbol{j}$,$\boldsymbol{a}_n = 12.48\boldsymbol{i} - 9.36\boldsymbol{j}$

3.2 (1) $a_x = 35$,$a_y = 15$;(2) 260

3.3 (1) $ay^2 = C$;(2) $y = Ax$,$z = B$,A 和 B 为常数;(3) $x^2 + y^2 = C$;(4) $r = C_1\sin\theta$,$z = C_2$,C_1 和 C_2 为常数

习题参考答案

3.4 流线 $\begin{cases}(ax+t^2)(ay+t^2)=常数\\ z=常数\end{cases}$

迹线 $\begin{cases}x=C_1 e^{at}-\dfrac{t^2}{a}-\dfrac{2t}{a^2}-\dfrac{2}{a^3}\\ y=C_2 e^{-at}-\dfrac{t^2}{a}+\dfrac{2t}{a^2}-\dfrac{2}{a^3}\\ z=C_3\end{cases}$

3.6 $v_z=\dfrac{1}{2}ez^2+(d-2a)xz+H(x,y)$

3.8 $\partial p/\partial x=0$

3.9 $p+\dfrac{1}{2}\rho v^2=常数$

第 4 章

4.1 93.2 m/s

4.2 0.99 m/s

4.3 $p_{min}=42377$ Pa, $v_\infty=30$ m/s

4.4 $v_2=\sqrt{2gH}$, $p_3-p_a=-\rho g(H+L)$

4.5 $Q=0.02053$ m³/s

4.6 $v=Vx/b$, $p=\dfrac{\rho}{2}\left(\dfrac{V}{b}\right)^2(L^2-x^2)$

4.7 $x=\sqrt{4(H-h)H}$, $y=H-h$

4.9 $H=1.56$ m

4.10 360 N,与粗管轴线平行且相距 $0.28l$

4.11 60.36 N·m,顺时针

4.12 497 N, $\alpha=41.81°$

4.14 483.5 kN;2417 kW

第 5 章

5.1 (1) $\boldsymbol{\Omega}=\boldsymbol{i}+\boldsymbol{j}+\boldsymbol{k}$, $\begin{cases}x=y+C_1\\ y=z+C_2\end{cases}$

(2) $J=0.0001$ m²/s

5.2 $\begin{cases}v_\theta=\omega r & (r\leqslant a)\\ v_\theta=\dfrac{\omega a^2}{r} & (r\geqslant a)\end{cases}$

$rv_r=$ 常数

5.3 $0,\Gamma,\Gamma$

5.4 $0,\Gamma_0,0,0$

5.5 $\dfrac{\Gamma}{2a}$, 临界值 $a/R=86$

5.6 半径 $r=1$ 的圆, $\theta=\dfrac{3\Gamma}{4\pi}t$

5.7 $v=17.7$ m/s；11.1 s

5.8 核内 $p \sim r^2$，核外 $p \sim \dfrac{1}{r^2}$

5.9 原点的涡不动，另外两个涡绕原点做圆周运动，圆半径 $r=a$，$\theta = \dfrac{3\Gamma}{4\pi a^2}t$；无穷长涡链不动

5.10 $v_i = \dfrac{\Gamma}{2\pi ax}(ax + \sqrt{a^2+x^2})$

5.11 $R=0.3$；$z=-0.917$

第6章

6.1 (1) $\psi = \dfrac{1}{2}(x^2+y^2)$；(2) 全无；(3) $\varphi = \dfrac{x^3}{3} + \dfrac{x^2}{2} - xy^2 - \dfrac{y^2}{2}$，$\psi = x^2y + xy - \dfrac{y^3}{3}$

6.3 $v_y = \dfrac{k}{2}(x^2-y^2) + C$

6.4 (1) $W = Uz + \dfrac{1}{z}$；(2) $W = Uz + \dfrac{i}{z}$；(3) $W = 2\ln\dfrac{z-a}{z+a}$

6.5 (1) 匀直流、点涡和偶极子；(2) 点源、点涡(2个)和点汇；(3) 两个点源和一个点汇

6.8 (1) $\Gamma = 8\pi$；(2) $Q = 12\pi$

6.9 $p_A = p_c = 249.4$ kN/m²；$p_B = 39.6$ kN/m²；$p_D = 59.2$ kN/m²

6.10 驻点位置：$\theta_1 = 198.3°$；$\theta_2 = 341.7°$；$p_B = -105.8$ kN/m²；$p_D = 165.1$ kN/m²

6.11 (1) 匀直流、偶极子和点涡；(2) 驻点在 $r=5$ 的圆柱面上；$\theta_1 = -5°44'$；$\theta_2 = -174°16'$；(3) $\Gamma = 628$ m²/s；(4) $v_\infty = 100$ m/s；(5) $L = \rho v_\infty \Gamma$，$R=0$

6.12 $C_L = 0.54$，$n = 16.5$ r/min

6.13 $W = \dfrac{Q}{2\pi}\ln(z^2-z_0^2)(z^2-\bar{z}_0^2)$，$z_0 = -2+i$

6.14 $\dfrac{1}{x_0^2} + \dfrac{1}{y_0^2} = 1$

6.15 20.5 m²/s；-0.75 m；1258 N

6.18 (1) $-4.58°$；(2) -0.126；(3) $C_L = 1.05$；$\bar{x}_{ep} = 37\%$

6.19 等加速运动，$h = h_0 + v_0 t + 2.73 t^2$

6.20 $\pi R^2 (\rho + \sigma) V_0$；$\left(2V_0, \dfrac{\rho-\sigma}{\rho+\sigma} 2g\right)$

6.21 $2\pi \rho R^2 \omega \Omega l + \left(\dfrac{G}{g} + \rho \pi R^2\right)\Omega^2 l$

第7章

7.1 $C_p = -0.0576[(1-6\bar{x}+6\bar{x}^2)(\ln \bar{x}(1-\bar{x}) - 1.24) + (1-2\bar{x})^2]$

7.2 v_0(m²/s)；$0.0318v_0$(m/s)；$0.0424v_0$(m/s)

7.3 (1) 下洗 $w_{i1} = \dfrac{\Gamma}{\pi l}$，$l$ 为展长；(2) 下洗 $w_{i2} = \dfrac{14\Gamma}{15\pi l}$

7.4 $\alpha_i(z) = \dfrac{\Gamma_0}{2\pi v_\infty l}\ln\left[1-\left(\dfrac{l}{2z}\right)^2\right]$；$C_L = C_{L\infty}(\alpha - \alpha_0 - \alpha_i)$

习题参考答案

7.5　$C_L = 0.157$

7.6　$L = 0, R_i = 0; L = 0.7275\rho V^2 (\text{N}), R_i = 0$

$L = 0, R_i = 0; L = 0.713\rho V^2 (\text{N}), R_i = 0.085\rho V^2 (\text{N})$

7.7　66.47 kN

第 8 章

8.2　(1) $C=3.95$ m/s, $k=0.628$, $T=2.531$

(2) $\zeta = 0.1\cos(0.628x - 2.483t)$

(3) $x - x_0 = 0.1e^{-0.314}\cos\left(\dfrac{\pi}{2} + \theta\right)$

$z + 0.5 = 0.1e^{-0.314}\sin\left(\dfrac{\pi}{2} + \theta\right)$

8.3　$L=56.1$ m, $C=9.35$ m/s，一个波长的深度

8.5　$L=25.45$ m, $v=2.06$ m/s

8.6　$\omega = 2.29$ s^{-1}

8.7　$A = \overline{\Delta p}/2\rho g e^{kz_0}$, $\sigma = 2\pi n$，式中$\overline{\Delta p}$为压力落差的平均值，n是出现压力落差的频率。

8.8　15 m 波长的波不变。150 m 波长的波要考虑浅水效应，如 $L \approx 90$ m，等等。

8.9　$L_0 = 41.2$ m, $C_0 = 8.03$ m/s

第 9 章

9.1　$\dfrac{fd}{U} = F\left(\dfrac{\rho U d}{\mu}\right)$

9.2　$\dfrac{R}{\dfrac{1}{2}\rho v^2 l^2} = f(Re, Fr)$

9.4　$v^+ = f(y^+)$

9.5　$\dfrac{p}{p_a} = f\left(\dfrac{E}{p_a}, \dfrac{R^3 P}{m}\right); m \propto R^3$

9.6　1.88 m/s; 2.75 kN

9.7　51 m/s; 1015 N

9.8　43.5 m/s; 3.61 kN

9.9　$v=10$ cm/s, 0.0056 N

9.11　$v = -\dfrac{1}{2\mu}\dfrac{\mathrm{d}p}{\mathrm{d}x}(h^2 - y^2)$

9.12　$v = \dfrac{1}{4\mu}\dfrac{\mathrm{d}p}{\mathrm{d}x}\left[r^2 - a^2 - \dfrac{a^2 - b^2}{\ln(a/b)}\ln(r/a)\right]$

9.13　0.061 mm; 0.789 mm; 48.3 mm(直径)

9.14　$\lambda = \dfrac{0.3057}{\sqrt[4]{Re}}$

9.15　1.73 m/s; 31419 Pa; 1.44 MPa

9.16　46.75 m

第 10 章

10.1

$\dfrac{u}{U}$	$\delta/\sqrt{\dfrac{\nu x}{U}}$	δ^*/δ	θ/δ	$C_f\sqrt{Re_x}$	$C_d\sqrt{Re_L}$
$\dfrac{y}{\delta}$	3.46	$\dfrac{1}{2}$	$\dfrac{1}{6}$	0.578	1.156
$2\left(\dfrac{y}{\delta}\right)-\left(\dfrac{y}{\delta}\right)^2$	5.49	$\dfrac{1}{3}$	$\dfrac{2}{15}$	0.729	1.458
$\dfrac{3}{2}\left(\dfrac{y}{\delta}\right)-\dfrac{1}{2}\left(\dfrac{y}{\delta}\right)^3$	4.64	$\dfrac{3}{8}$	$\dfrac{39}{280}$	0.647	1.294
$\sin\left(\dfrac{\pi}{2}\cdot\dfrac{y}{\delta}\right)$	4.80	$\dfrac{\pi-2}{\pi}$	$\dfrac{4-\pi}{2\pi}$	0.654	1.308

10.2 0.079 N

10.3 0.086 N

10.4 $\dfrac{\delta}{x}=\dfrac{0.3709}{\sqrt[5]{Re_x}}, C_d=\dfrac{0.072}{\sqrt[5]{Re_L}}$

10.5 0.01 N;84.9 N;1066.8 N

10.6 859 kN

10.7 43.4 kN;434 kW

10.8 $C_f=0.670\sqrt{\dfrac{\nu}{Ux}};\delta^*=1.71\sqrt{\dfrac{\nu x}{U}}$

参 考 文 献

[1] 徐华舫. 空气动力学基础(上册)[M]. 北京:北京航空学院出版社,1987.
[2] 许维德. 流体力学(修订版)[M]. 北京:机械工业出版社,1989.
[3] 周光坰等. 流体力学[M]. 北京:高等教育出版社,1992.
[4] 张长高. 水动力学[M]. 北京:高等教育出版社,1993.
[5] 马乾初等. 流体力学[M]. 大连:大连海事大学出版社,1994.
[6] G.K.巴切勒. 流体动力学引论[M]. 沈青,等,译. 北京:科学出版社,1997.
[7] White F M. 流体力学[M]. 陈建宏,译. 北京:世界图书出版公司北京分公司,1992.
[8] Kuethe A M,Chow C-Y. Foundations of Aerodynamics:Bases of Aerodynamic Design[M]. 3rd ed. New York:John Wiley & sons,1976.
[9] L.M 米尔恩-汤姆森. 理论流体动力学[M]. 李裕立,等,译. 北京:机械工业出版社,1984.
[10] J.N.纽曼. 船舶流体动力学[M]. 周树国,译. 北京:人民交通出版社,1986.
[11] 竺艳蓉. 海洋工程波浪力学[M]. 天津:天津大学出版社,1991.
[12] 富勇正英. 海洋波动[M]. 关孟儒,译. 北京:科学出版社,1984.
[13] Lighthill M J. Waves in fluids[M]. Cambridge:Cambridge Univ. Press,1979.
[14] 夏雪湔,等. 工程分离流动力学[M]. 北京:北京航空航天大学出版社,1991.
[15] 孟宪鹏,等. 现代学科大辞典[M]. 北京:海洋出版社,1990.
[16] 姜振寰,等. 自然科学学科辞典[M]. 北京:中国经济出版社,1991.
[17] 赵汉中. 工程流体力学[M]. 武汉:华中科技大学出版社,2011.
[18] 林宗虎. 变幻流动的科学——多相流体力学[M]. 北京:清华大学出版社;广州:暨南大学出版社,2000.
[19] 刘岳元,等. 水动力学基础[M]. 上海:上海交通大学出版社,1990.
[20] 朱仁庆,等. 船舶流体力学[M]. 北京:国防工业出版社,2015.
[21] 邹志利. 海岸动力学[M]. 北京:人民交通出版社,2009.
[22] 罗惕乾. 流体力学[M]. 北京:机械工业出版社,2017.
[23] 张兆顺,等. 流体力学[M]. 北京:清华大学出版社,2015.
[24] 林建忠,等. 流体力学[M]. 北京:清华大学出版社,2013.